EXPOSITION ANTITHÉOLOGIQUE

DU

SYSTÈME DU MONDE

MEAUX
IMPRIMERIE A. LALOT, 16, QUAI VICTOR-HUGO

1901

Editeur : Constant REUILLE à Darney (Vosges)

EXPOSITION ANTITHÉOLOGIQUE

DU

SYSTÈME DU MONDE

ΚΑΙ

ΓΝΩΣΕΣΘΕ ΤΗΝ ΑΛΗΘΕΙΑΝ

ΚΑΙ Η ΑΛΗΘΕΙΑ ΕΛΕΥΘΕΡΩΣΕΙ ΥΜΑΣ.

ΠΕΙΛΑΤΟΣ : ΤΙ ΕΣΤΙΝ ΑΛΗΘΕΙΑ ;

MEAUX
IMPRIMERIE A. LALOT, 16, QUAI VICTOR-HUGO
—
1901

Editeur : Constant REUILLE à Darney (Vosges)

RÉFUTATION DE LA THÉOLOGIE

Encore le hideux, méprisable Athéisme ! On a l'audace ! Quel accueil peut-on se promettre chez les sommités de l'intelligence humaine ?

Voici Georges Cuvier qui, dans une mémorable séance du Grand Institut, a bien voulu dire : « Un athée ne peut être qu'un fou ou un fripon ! » — Ainsi vous voyez, un si grand docteur !

Le fort de la Halle aux Rimes, Victor Hugo : « Un athée ! qu'est ce que cela peut signifier ? Un être à face humaine, digne de prendre rang parmi les bêtes ! » — Ainsi voyez, une si magnifique lumière, en un clin d'œil ! il vous aurait mis cela en rime.

Monseigneur Meignan, auteur de l'*Homme primitif* : « Comment concevoir cela, qu'il soit possible de méconnaître l'Intelligence suprême en présence d'un monde où resplendit l'intelligence ! » — Vous voyez, un homme si respectable, une si belle intelligence !

M. l'abbé Moigno, directeur du *Cosmos* : « C'est inimaginable ; on n'hésite pas à rapporter une horloge à un horloger, un dîner à un cuisinier, et l'on refuse de rendre hommage au sublime Architecte de cet admirable univers ! » — Voyez, un savant si estimé !

Monseigneur et Monsieur s'expriment encore décemment ; aux autres, ou à leurs dévots, il faut répondre sur le même ton, sans cela ils croiraient qu'on les estime, que des brutalités peuvent toujours passer pour des arguments.

Encore un orateur, se croyant grand philosophe :

« L'éducation sans Dieu, qui prive l'homme et de
» son point de départ et de son point d'arrivée dans la
» vie, qui lui enlève son but, le ravale forcément au
» rang des bêtes. »

L'*Autorité*, Paul de Cassagnac : « Une indicible hor
» reur du Matérialisme... Ces hommes, des aveugles
» nés reniant l'énigme de Dieu, parce qu'ils ne peuvent
» pas la déchiffrer. »

Lamartine du Triste-Lac : « Elle est enfin déchiffrée
— Bonheur ! »

Si vous croyez qu'ils sont dans le vrai, que je suis,
comme ils disent, un fou-fripon, une brute à face
humaine, il est indigne d'un homme raisonnable de
continuer à me lire. Moi donc je vais foncer sur eux,
présenter d'abord un résumé de nos preuves et arguments, établissant que ce sont eux-mêmes qui sont les
fous, les brigands, les monstres; si vous trouvez ensuite
que j'ai réussi, alors vous pourrez encore prendre
connaissance du détail, si cela pique votre curiosité. Va
donc pour le résumé seulement, si cela vous amuse.

Est ce que ce sont des athées qui tant de siècles ont
manœuvré sur la scène du monde ? Infâmes menteurs,
horribles crétins !

L'homme, produit par une force inconsciente, en
vertu d'un mécanisme aujourd'hui reconnu, et jeté nu
sur le sable, abandonné à son ignorance, condamné à
se débrouiller, chercher sa voie, faire lui-même son
éducation, c'est-à-dire à trébucher d'erreur en erreur,
de crime en crime, tandis que l'animal, sans chercher,
s'égarer, suit le chemin que lui indique son organisation, ne s'inquiète jamais de son origine, de sa fin, de la
raison des choses, évite ainsi les stupides, atroces
combinaisons de la réflexion ignorante, ce misérable
abandonné en vint nécessairement, comme nous verrons,
à se figurer cet énorme univers, ces forces gigantesques
comme l'œuvre, la manifestation d'une volonté toute
puissante, crue admirable, adorable en raison de sa
force, d'un souverain Créateur et Seigneur, par surcroît,
Père parfait de tout ce qui existe, dont l'homme doit
s'efforcer de gagner la faveur par toutes les grimaces,
démonstrations, flatteries possibles, dont de rusés
faiseurs acquirent bientôt la direction, le monopole, pour
asservir, exploiter à leur aise de lâches, vils crétins.
Le méchant crétin fait son dieu, ce qui sera démontré
par des faits matériels; il le fait nécessairement à sa
propre image et ressemblance.

Le méchant crétin hait son propre frère, comme un concurrent dangereux; lestement il écrit pour le Livre saint juif, que c'est le dieu qui hait ce frère et veut qu'on le haïsse : « Moi le Père sage et juste et bon, j'ai » aimé Jacob et j'ai haï Esaü, déjà même avant leur » naissance, avant qu'ils eussent fait aucun bien ni » aucun mal. » Voilà l'éducation avec Dieu !

Le méchant crétin désire que toutes les gloires et délices lui soient réservées; il veut un Dieu qui en soit très avare et crée la plupart des hommes pour les haïr, comme objets de sa colère! Il est donc clair que ce Dieu, comme cette nature, est un être privé de raison, de sentiment, une saloperie, une monstruosité, un rêve immonde d'un méchant crétin. Je ne dirai pas que ce rocher est une monstruosité, il ne sait pas traiter convenablement les êtres sensibles, il n'en fait pas; mais cette nature qui, non moins que le rocher, ne sait rien, ne sent rien, cette brutalité a ce pouvoir, comme nous le verrons, et il en résulte cette inexprimable horreur, la guerre perpétuelle de tous contre tous : le dieu du méchant crétin aurait préparé, voudrait toujours toutes ces atrocités; aucun cheveu ne tombe, aucun assassinat ne se commet sans sa volonté !

Et des êtres humains persistent encore aujourd'hui à l'adorer, à se courber, ramper devant une saloperie : folie, monstruosité !

Le méchant crétin a faim et soif du bien des autres et brûle de tout massacrer pour en jouir : le Dieu du Pentateuque donne ce bien à ses Juifs, et leur commande de tout tuer : « Si vous ne tuez pas tout, je vous ferai à » vous-mêmes tout le mal que je voulais leur faire à ces » enfants que j'ai faits à mon image et à ma ressem- » blance !!! »

Ainsi Dieu le veut, il faut agir : Action avec Dieu, en Dieu. Le Juif Jésus adore tout cela et une vile canaille aryenne adore à outrance !

Cette rage de procréer, il faudrait donc l'attribuer à un être conscient, qui refuserait obstinément de s'occuper de l'éducation de ses enfants, préférant ses voluptés immondes : « Dieu, dit Salomon, se souvient » peu des jours de la vie de l'homme, car Dieu occupe » son cœur de délices. Le vin est agréable à Dieu et aux

» hommes. » Juges. Et le Zuzu : « Soyez parfaits, » comme votre Père céleste est parfait »!!!

L'éducation avec Dieu : Tuons, tuons tout, Dieu le veut !

L'homme abandonné a donc, dans les ténèbres, traversé tous ces siècles, cent siècles, deux cents siècles chargé de crimes, de honte, avec le culte d'un Père parfait, dieu de la guerre, s'amusant divinement à voir ses enfants se transpercer, tailler en pièces; on applaudit encore lorsque le bondieusard Joseph de Maistre chante : «La Guerre est divine!» Est-ce la vie normale ou l'insanité ?

L'état présent de l'humanité, toujours folle de gloire, absolument le même que l'état passé, l'idée que tous, éduqués par eux mêmes, aussi méchants crétins les uns que les autres, se sont faite de leur Dieu, leur Père toutpuissant, dieu des armées, des massacres, c'est réellement, pour quiconque n'est pas un aliéné assassin, l'irréfutable preuve morale de l'absence d'un Dieu toutpuissant, père raisonnable, juste bon, parfait, se respectant lui même dans ses œuvres, comprenant que ses enfants ont absolument besoin d'être toujours protégés, toujours conduits par la main, pour ne jamais déshonorer leur Père en se conduisant comme des monstres.

L'évêque dit au Général (Chanzy) : « Le Clergé et l'Armée, il n'y a que cela ! » Du haut des chaires retentissent des éloges passionnés des massacres : c'est l'éducation avec Dieu ! Ce sont des faits ; il n'y a pas à contester. Seulement, si vous croyez que cette éducation-là vous élève au-dessus des bêtes, il y a lieu de rectifier; voilà une bête, Horatius Flaccus, qui proteste, vous rappelle à l'ordre :

Quo, quo, scelesti, ruitis ?...
Neque hic lupis mos nec fuit leonibus,
Nunquam nisi in dispar feris...

Où courez-vous, scélérats?... Ils brandissent l'épée contre leurs frères!... De telles mœurs ne se trouvent ni chez les loups, ni chez les lions; ils ne sont jamais féroces qu'à l'égard de leurs dissemblables...

Une bête, « Epicuri de grege Porcus », vous met à votre place; vous êtes réellement, vous et votre dieu, audessous de l'animal. Cela étant bien établi, je vous contredis encore en mettant tous ces athées-là, Maçons, adorateurs de la nature, signifie Lubricité, des malfaiteurs comme vous, non pas au rang des bêtes, mais à côté de vous, au-dessous de la bête, car, tout généralement, l'homme, sans la vérité, la Religion ne sachant pas se conduire, ne peut être qu'un monstre Le misérable esclave Aurelius Augustinus, episcope d'Hippo, bavardait comme cela : *Religio eo dicitur quod nos religet omnipotenti Deo,* la Religion est ainsi nommée, parce qu'elle nous relie au Dieu tout-puissant. Parfaitement faux; il ne s'agit pas de relier mais de relire, ce qu'a bien saisi Kikero : *Qui omnia quæ ad cultum, deorum pertinerent retractarent et tanquam relegerent sunt dicti Religiosi* EX RELEGENDO, ceux qui repassaient, relisaient pour ainsi dire tout ce qui avait rapport au culte des dieux furent nommés Religieux, *de Relire.*

Ainsi « Religion » n'a aucun rapport avec « Théologie »; c'est la grande lecture, la science universelle; nous autres, avons évidemment la tâche d'étudier, de relire encore une fois l'univers pour voir ce qu'il renferme, ce qu'il signifie, de déterminer le mécanisme du système. Un premier coup d'œil nous a déjà convaincu qu'il ne renferme aucune trace de raison morale, d'affection ; il n'y a là, hors de nous, ni haine, ni amour, rien qu'une force inconsciente, brutale, d'où ne peut nous venir aucun secours, aucune consolation ; mais un grand secours, encouragement, une grande consolation nous est donnée par notre étude, qui nous élève au-dessus de la nature; à la vie surnaturelle dans la raison, la sainte affection, la justice, l'honneur, que la nature, dont nous voyons les œuvres, ne connaît absolument pas. Tous ces athéismes-là ne valent rien, sont aussi misérables, méprisables, que les théologies et panthéologies; un seul athéisme est bon, est la religion qui, d'un coup, balaye la hideuse superstition juive, l'horrible tyrannie juive, en révélant l'essence, *l'origine* du mouvement, le mécanisme de la vie universelle, le mécanisme de la conscience, de la pensée, en apportant, de par des lois de la matière, la certitude de la continuation de notre existence personnelle au-delà des bornes de cette vie, la certitude d'un développement intellectuel illimité, en réalisant enfin la Liberté — Egalité — Fraternité par la vue claire de la solidarité absolue, éternelle qui nous unit.

Si un homme vient vous parler d'athéisme, annonce une Providence réelle, par une Fraternité effective, capable de fonder la paix sociale, de réaliser ici même le bonheur, l'honneur de tous, en remplacement des révoltantes chimères de la Théologie juive, égoïsme absolu qui vous outrage en vous promettant une félicité parfaite en présence d'un malheur épouvantable d'une foule immense, du plus grand nombre des êtres humains, mettez-vous donc tout de suite à scruter la vie de cet Athée, pour voir les fruits de sa doctrine, si sa vie répond, en effet, à un état social si parfait, tout satisfaisant ; reconnaissant l'arbre à ses fruits, vous verrez facilement s'il y a là un bon sens, une raison, sur laquelle on puisse s'appuyer, une pratique avantageuse à la Société humaine.

L'Athée qui a la Religion, croit qu'il doit aimer, fait profession d'aimer comme lui-même son prochain, d'aimer parfaitement, en toute honnêteté, le bonheur, l'honneur de tous les autres comme le sien propre ; à l'encontre de cette vile superstition du Salut par la Foi sans les œuvres ; il s'applique *à prouver tous les jours sa foi, son affection par ses œuvres*, sans lesquelles sa profession ne serait qu'un impertinent mensonge, selon la Raison comme selon ces Livres, dits inspirés, sur ce point, d'accord avec la Raison.

Mais chez les inspirés, ce ne sont que des paroles de mensonge ; car ces Livres, étant fabriqués, dictés par un méchant crétin à sa convenance, s'en tiennent, pour les œuvres, à l'aumône, et l'hôpital, permettant gentiment aux bourgeois d'aimer comme ça le prochain, en laissant subsister le pauvre, l'homme torchon, peinard, à côté du riche, qui ne touche pas le fardeau du bout du doigt, tandis que devant la Vérité, on aime son prochain comme soi-même, seulement quand, avec plaisir, avec une joie intime, on vit avec lui, tout simplement comme on vit dans la famille, en communauté durable, où tous partagent tous les travaux.

Vous ne voulez pas? Et je vous entends toujours rabâcher : J'aime mon prochain comme moi-même pour l'amour de vous ! Retranchez donc : Comme moi même ! Boulgres ! Il est clair que la Théologie est une école de Mensonge, où vous avez appris à mentir sans remords.

Ne soyez pas si rude Vous ne devriez pas être si rude, puisque vous comprenez bien que ce « Comme moi-même » est un rayon d'idéal dont nous ne voudrions pas nous passer; « Comme moi-même » est un accord qui, chaque fois, nous élève, pour un moment, au-dessus de la poussière, de la boue, dans une région où l'on respire plus librement, un sentiment dont nous ne voudrions pas être privés, tout fugitif qu'il est. Vous feriez bien de nous expliquer comment cette chose est réalisable, comment on peut se reposer, demeurer dans cet amour.

Enjuivés !

Je n'adore pas ce que vous adorez.
Vous n'adorez pas ce que j'adore.
Je n'adorerai pas ce que vous adorez.
Vous n'adorerez pas ce que j'adore.
Vous avez votre religion, et moi j'ai la mienne.

Le Koran, CII. CIX.

Vous n'adorerez pas ce que j'adore. Cela veut dire que vous n'y serez pas encore établis avant le coucher du soleil, mais j'espère bien que vous y arriverez après étude et réflexion. Moi, en effet, je suis en état de donner des éclaircissements, car j'y suis, et dans mon entourage on s'en est aperçu depuis longtemps.

Je suis forcé d'exposer que je ne suis ni fou ni fripon.

A mon départ de Lippstadt, le docteur Hilbk me disait : *Man wird sie überall lieben* (On vous aimera partout !) — Renseignez-vous donc où je suis. Avec joie, je remettais à des œuvres de bienfaisance mon petit capital de 15.000 francs ; avec joie, je donne plus de la moitié d'un petit viager de 5 fr. 40 par jour. Alléger un fardeau, donner un rayon de joie, c'est le bonheur de la vie.

C'est par la Lecture, par la Religion, par le Dogme, fixant la sympathie native, que l'on a cette joie, cette bonne volonté, l'esprit de détester tous les mordants, de ne boire que de l'eau, de ne dépenser que 40 à 50 centimes pour la nourriture des 24 heures, afin d'être plus sain, plus fort que tous les mordancés, que l'on exècre de commander, d'être l'objet d'une plus bienveillante attention qu'une âme simple, inoffensive quelconque.

J'ai soigné jusqu'à la fin, m'efforçant de satisfaire une sœur cruellement affligée : « Je suis là, c'est moi, que dois-je faire, ma bonne ? » Des sons de plus en plus rares, puis plus rien, l'affaissement final.

Le rationaliste fait cela pour ceux qui en ont besoin ; il ne l'accepte pas : le jour où il ne pourra plus se servir lui-même, plutôt que de dire : Enlevez-moi ceci — l'homme sera encore capable d'un acte de courage, de raison, il se tuera. Voilà comment il vit, sans douleur, et comment il se retire, en rendant un dernier service, sans être jamais cette piteuse guenille. Pas d'homme torchon pour moi

Eh bien, est-ce que le bonheur, l'honneur de tous, l'union raisonnable, honnête, le communisme ne serait pas réalisé par une telle intelligence, une telle action, excluant le banquet, la concurrence, toutes les bassesses ?

Mais enfin, quelle est donc la Lecture, quel est le Dogme qui rend l'homme capable d'être comme celui-là, de s'aimer raisonnablement, parfaitement et d'aimer de même tous les autres ?

D'abord ceci : l'Amour d'un fou, méchant crétin est un fléau, une calamité, pour lui-même non moins que pour les autres. Si l'Athée déteste le dieu de la guerre, il détestera, en premier lieu, les crimes de ses proches ; franchement, commencer par proclamer, aux applaudissements de tous, la Liberté-Égalité-Fraternité, puis le lendemain se lancer dans une série de guerres, d'annexions à outrance, provoquant fatalement une réaction générale, terrible, c'est pour moi l'excès du déshonneur. Le bloc révolutionnaire, les statues, toute cette gloire au feu !

Effaçons les noms de portes, de ponts qui rappellent des massacres !

Que la malédiction des mères jette à bas la Colonne, démolisse l'Arc-de-Triomphe, brise le Mausolée, qu'elle saisisse le cadavre du malfaiteur et le précipite dans les abîmes de l'Océan !...

Au feu la Convention ! Aux ordures le Jacobinisme !

Vous y êtes revenu en 1870 ; alors que l'insurrection était le plus saint des devoirs, vous avez voulu reprendre le jeu des annexions ; vous avez perdu ; il faut payer.

L'Athée n'est pas du tout protestataire; payer et que l'on nous estime, puis nous aime partout, voilà mon patriotisme. Le Bloc a poursuivi une œuvre de tyrannie, d'asservissement; l'Exposition antithéologique accomplit en ce jour l'affranchissement intellectuel et moral de l'humanité, réalise la vraie Révolution.

Aimer, comme cet Athée, son prochain comme soi-même, mais c'est positivement, évidemment, l'union de tous les peuples de la Terre en une Compagnie d'assurances mutuelles, c'est une vraie Providence, toujours proche, active, c'est la victoire sur l'aveugle Destin, sur la stupide, insensible Nature!

Nous l'avons la victoire, par laquelle le mal est vaincu, notre Foi! Quelques mots tout de suite à ce sujet:

L'homme abaissé a donc eu trop longtemps le malheur de croire, que son bonheur ou son malheur éternel dépendait purement du bon plaisir d'un inaccessible monstre juif, caché derrière les nuages, guettant chacun de nous, s'amusant à tirer en haut quelques Ganymèdes Narcisses, mais poussant la plupart dans un océan de feu, pour se divertir, avec ses amis, de leurs contorsions, clameurs, rugissements! Ce qui plaît à Zuzu zuif : de deux personnes travaillant ensemble, reposant ensemble sur le même lit, l'une sera prise, sauvée, l'autre sera repoussée, jetée au feu; comme dans les chasses à esclaves, les proches sont pour toujours séparés par l'insensible, impitoyable tyrannie ; ce jésuitisme est comme on voit une leçon de féroce, hideux égoïsme ; il nous crie : ne vous attachez donc pas aux choses périssables, aux hommes mortels, pères, mères, sœurs, époux, épouses, enfants ; placez toutes vos affections dans nos Eglises, qui sont le vestibule de l'éternel séjour de félicité.

Je vous montrerai que tout cela n'est qu'un mensonge, une méprisable chimère de méchants crétins : les exquises réalités que les crétins vous portent à mépriser, en essayant d'y substituer leurs saloperies, sont au contraire les vrais objets d'un culte raisonnable, comme étant la substance même de votre existence supérieure.

La force universelle décroît et décroîtra de plus en plus ; la force qui porte ces astres, ces systèmes sur leurs orbites immenses sera enfin épuisée ; alors toutes les masses de l'univers seront réunies en une seule, à laquelle aboutiront tous les mouvements produits dans le cours de son incommensurable carrière. Pas une pulsation n'y manquera : puisque tous les mouvements de ma vie s'y trouvent réunis, dans un milieu d'une excessive ténuité, ma conscience, ma pensée, sensibilité, volonté, la succession de mes états divers s'y représente : ma vie future est une reproduction nécessaire de ma première existence, je me retrouve avec tout l'entourage qui encadre ma vie présente.

En raison de l'extrême mobilité de cette substance, simple mécanisme impliquant chez nous une extrême sensibilité, nous sommes des livres ouverts ; nous saisissons toute la manière d'être la pensée intime les uns des autres, ce dont l'honnêteté se félicite ; il s'établit une parfaite communauté de jouissances et de souffrances.

Nous saisissons de même tous les mouvements, tous les faits, nous devenons de plus en plus la conscience universelle. Celui qui frappe ressentira le coup aussi vivement que celui qui l'a reçu ; mais non seulement celui qui frappe, aussi tous les autres le ressentiront de même : nous sommes absolument solidaires, gardiens et surveillants les uns des autres ; nous devons nous mêler de tout, car tout nous regarde.

Balayé le mur de la vie privée, dont la saloperie ne veut se passer ; honnêteté absolue, cela seul est utile, ruses et subtilités toutes pitoyables.

Personne n'a le droit de faire ce dont lui et les autres pourraient souffrir ; quiconque a joué à la bête de proie, quiconque trouble la paix, porte un coup, hors le cas de légitime défense, où se rend follement malade doit être ici complètement dépouillé, nettoyé au plus vite, par une mort foudroyante, « afin que tout le peuple, l'apprenant, soit saisi de crainte, et qu'il n'y ait plus personne qui ose entreprendre rien de semblable. » Pentateuque.

Pas de monde meilleur, sans grâce, sans colère nous aurons le monde fait par nous-mêmes ; ce sont nos œuvres, là-haut comme ici, qui nous font aimer ou haïr.

Vivent les œuvres parfaites émanant de la doctrine parfaite !

Donc l'état social raisonnable, normal, seul avantageux, nécessaire, c'est le Communisme : vous serez communistes pour votre bonheur, votre honneur, votre santé, perfection de tous, Liberté-Egalité-Fraternité, intime, sainte bienveillance ; ou bien vous serez communistes pour votre supplice, votre honte, mais vous serez communistes ; tenez-vous le pour dit.

Il savent du moins à présent que j'ai en effet un Dogme pour aimer mon prochain comme Moi-Même, être Communiste ; je le suis sans tyrannie, avec patience, toujours à mes frais.

Moi je suis heureux de haïr le Banquet, les Mordants coûteux, pour être plus sain, plus fort que les Mordancés, Communiste, aimé partout ! A ceux là cette chose donne la chair de poule, brrr... Evidemment, il ne suffit pas de lire une fois le Dogme qui est pourtant la condition de l'honnêteté ; il faut un travail de l'intelligence produisant une ferme conviction, il faut une Sympathie caractérisée : cette victoire, par laquelle le mal est vaincu, c'est notre Pensée, notre Sympathie, notre mode inaltérable.

Voilà déjà une esquisse, maintenant je vais reprendre tout cela. je veux leur démontrer par le détail que leur Théologie juive est une insanité, bonne pour les fous, fripons, brigands, assassins, au-dessous de la bête ; mais, en attendant, les témoins de ma vie ne diront pas que l'Athée ne peut être qu'un fou fripon, tandis que moi je ne pourrai pas dire qu'un adorateur de ce Dieu juif est autre chose qu'un ennemi de la raison, un complice du brigandage, de l'assassinat, un menteur, un tyran, un méchant crétin.

Notoirement les Sociétés scientifiques, lesquelles veulent procéder sûrement, s'occupent de recueillir, coordonner, relier entre eux les faits positifs, d'en tirer les lois des phénomènes ; figurez-vous donc une telle société mettant au concours une question pareille : Exposer par la Physique, la Chimie comment Dieu, Père Tout Puissant, parfait, créa de rien le ciel et la Terre, par un simple acte de sa volonté, ce qu'il faut poser en principe, admettre franchement pour ne pas être un fou, un fripon !

Tout cela est contenu dans la stupide, impertinente ordurière parole de ce huguenot ; un Grand-Institut qui l'a entendue sans broncher, sans expulser à coups de pied son auteur est un imbécile, un lâche, c'est comme s'il pensait qu'un inepte bavard explique le monde en affirmant simplement l'existence d'une intelligence toute puissante, capable de le produire en disant : « Que l'Univers soit fait ! » Et que cet individu acquiert ainsi le droit d'insulter ceux qui ne sont pas de son avis. Il fallait un pieux huguenot pour une si grossière incongruité, étrangère à Meignan et à Moigno.

Cependant, si aujourd'hui nous ne voyons pas tout d'abord, en ouvrant les yeux, comment le monde s'est fait, nous voyons, nous sentons directement comment il est arrangé actuellement, comment il agit sur nous, s'il est réellement ou s'il n'est pas adapté avec intelligence à notre vie, à nos besoins, comme il est en tout cas certain qu'un bon père assure, selon son pouvoir, le bien-être de ses enfants dans leur installation. Ces personnes me demandent d'être charmé de ce monde tel qu'il est, d'y voir partout la main, l'action d'une toute puissante bonté ; je mentirais à ma conscience si, pour leur faire plaisir, je déclarais trouver dans ce monde autre chose que ce que m'en révèle ma sensibilité qui le juge à chaque instant.

Décidément c'est pour nous un monde ennemi, cruel, où sur tous les points règne, au lieu de raison, d'une intelligence bienveillante, une force qui ne nous ménage nullement, nous attaque par l'excès ou la privation, qui semble nous guetter pour nous frapper, nous blesser, nous détruire par les moyens les plus divers, mouvements de masse, excès de température, poisons subtils, en poussant contre nous des adversaires de tout genre.

Est-ce que cette guerre de tous contre tous ne démontre pas l'inintelligence, défaut d'adaptation, insensibilité, inconscience, l'anarchie, le désordre moral qui est l'état permanent, notre permanente souffrance ? D'un autre côté, on parle, les imbéciles eux-mêmes parlent pourtant assez de cette fatale vallée, pauvre monde, triste monde, lieu d'exil où nous ne sommes pas chez nous ; ensuite ils trouvent étrange que je sois de leur avis, que moi, dans cette réalité, je ne vois pas non plus resplendir une intelligence, sagesse toute puissante, une bonté paternelle, ni dans les rapports de cet univers avec la vie humaine, ni dans le gouvernement d'une humanité qui prétend chaque jour qu'elle reçoit de son Père Parfait l'ordre de commencer ou continuer la guerre; ce qui est pour le bon sens une contradiction, une insanité parfaite. Je prends note de ce que les bondieusards eux-mêmes sont mécontents d'un monde admirable; ensuite je me moque de ce qu'ils sont mécontents de mon mécontentement. Que l'intelligence, l'adaptation manque dans cet Univers, je ne m'en étonne ni ne m'irrite, sachant qu'il est l'œuvre d'une force inconsciente, ce que je vais démontrer; je prouve par ma vie que je sais me défendre contre cette inintelligence, mais la défense serait infiniment meilleure, si nous y étions tous associés. S'il est clair que c'est la Religion rationnelle qui donne ce résultat nouveau, apporte à l'homme la liberté, la paix, lui assure l'avenir, c'est déjà la victoire sur la Théologie.

Tous les phénomènes, y compris l'action intellectuelle, affective, sont purement physico-chimiques, spontanés; aucun ne dérive d'une intelligence, d'une volonté.

L'Oxygène et l'Hydrogène en contact, à une très haute température, restaient dissociés, de même tous les autres éléments; un très lent refroidissement réalisa enfin telle et telle température inférieure où forcément comme on verra, la plupart des éléments se combinèrent d'abord deux à deux, suivant leur constitution, capacité respective, comme ils se comportent encore aujourd'hui, quand nous les mettons en présence dans de telles conditions. Ce refroidissement, cette combinaison, dont nous sommes témoins, est-ce un acte d'intelligence?

Quand on introduit une petite quantité d'huile au milieu d'un liquide de même densité, qui ne la dissout pas, cette huile restant agglomérée prend aussitôt la forme sphérique, par l'effet de la pression extérieure, qui agit sur elle uniformément de tous les côtés, empêche l'apparition de tous angles, pointes, proéminences; c'est ainsi que, sous une pression semblable, toutes ces masses cosmiques, planètes, soleils, librement suspendues, ont pris une forme arrondie; sans intervention d'aucune intelligence; nous verrons en outre que ce n'est nullement par l'action d'une volonté qu'elles ont été lancées dans l'espace.

Eh bien, suis-je forcé, à moins d'être un fou, un fripon, de regarder tout d'abord cette forme arrondie, et ce mouvement comme l'œuvre d'une Intelligence, d'un Père tout puissant, omniscient, parfait, en acceptant, pour très parfait, un père qui ne veut pas protéger, instruire ses enfants? Plutôt que de me charger d'une insanité manifeste, je dirai que ce mouvement de projection est un mystère, que le travail de l'intelligence humaine finira par éclaircir, ce qui s'est, en effet, réalisé.

Considérons tel liquide cristallisable, par exemple, l'eau pure, en repos, où toutes les molécules sont déjà orientées uniformément, l'oxygène en bas, l'hydrogène en haut, de manière à former, en se solidifiant un corps régulier, avec l'axe du cristal perpendiculaire à la surface libre. La température, la force répulsive a progressivement, forcément décru dans un milieu plus froid; en conséquence, telles molécules, appuyées contre un solide, s'en rapprochent davantage sous la pression de la masse liquide contiguë; elles y pénètrent, car c'est l'interpénétration qui est la réalité. Dans ce contact plus intime, elles transmettent leur excès de chaleur, qui se répand dans le solide, et, devenues ainsi plus calmes, se trouvent arrêtées dans les pinces qui se resserrent, solidifiées elles-mêmes; ensuite, par le même mécanisme, les molécules voisines se déchargent de leur excès, se fixent sur les premières: Toutes les molécules sont parfaitement égales; chacune peut ainsi occuper une place quelconque dans l'intérieur ou sur les bords du système; pas de choix, de discernement; l'intelligence ne trouve là aucune occasion de s'exercer. Maintenant l'horloge : les pièces ne sont nullement des formes cristallines, spontanées de ces substances; dissemblables toutes les pièces; comment pourrais-je me figurer ces pièces mesurées exactement, préparées séparément les unes pour les autres par une action naturelle, puis rassemblées sans omission, suspendues dans un liquide et, sous une pression uniforme, venant s'ajuster, se joindre au moyen de fines chevilles, adaptées, prendre la place unique spécialement taillée, creusée pour chacune, en restant assez fixes et assez mobiles?

Vous mathématicien, physicien, capable de lire tout livre de ce genre, comment avez-vous pu rapprocher des œuvres de la nature, d'un côté, ce chef-d'œuvre de l'art, de l'autre, cette absurdité, dégoûtante ratatouille, chef-d'œuvre de sotte réflexion, qui est votre dîner civilisé ? Puisque c'est fait, puisque Moigno est entré dans ce bourbier, il est clair qu'il ne suffit pas de beaucoup piocher ; cette Mathématique, Physique n'avait pas appris à l'homme à se reconnaître et s'orienter, ne lui avait pas suggéré des idées raisonnables sur l'ensemble des choses et leur origine

De même que le cristal, le corps humain s'est formé, se forme toujours en dehors de toute intelligence et volonté, ce que nous allons voir. Le courant nourricier, c'est un mélange d'une grande variété de types moléculaires différents dont nous connaissons l'origine ; le triage, pour la formation des organes, se fait spontanément, chaque espèce ne se fixant que dans la région dont le mouvement s'accorde avec le sien ; il se forme donc symétriquement deux membres inférieurs, deux supérieurs, deux systèmes de côtes, deux lobes pulmonaires, deux paires d'hémisphères cérébraux, deux yeux, deux oreilles ; sauf pour le centre circulatoire même symétrie des parties médianes, tout cela sans plan, idée, but, calcul, mais tout bêtement parce que le mouvement est à peu près le même des deux côtés.

Toutes les parties se sont formées ensemble ; chacune a reçu des impulsions de toutes les autres ; c'est tout bêtement pour cela qu'elle en a besoin pour son évolution normale, et que, sans calcul, toutes sont si bien adaptées. De cette manière tout s'arrange, le développement est régulier, s'il ne se présente aucun obstacle, aucun élément défectueux ; dans le cas contraire, où l'intelligence devrait, pour le coup, se montrer, elle ne se montre pas ; cela ne s'arrange pas du tout : donc pas d'intelligence. Un ouvrier qui pense, qui a un but, s'apercevant que des quatre pieds apportés pour une table en préparation, l'un ou l'autre est trop court, fêlé ou moisi d'un côté, va tout de suite en chercher, choisir un autre, et le meuble satisfaisant s'achève sans difficulté ; au contraire, la nature, une fois que le déclenchement a eu lieu, ne sait plus que pousser en avant ; comme le rocher qui descend la pente ne sait plus que briser, écraser; sans honte, sans regret, la nature produit la monstruosité; du reste elle est toujours prête à détruire l'œuvre parfaite comme l'œuvre défectueuse; ainsi elle agit sans but, elle ne pense pas. Sans rien savoir elle a créé l'homme, mais, privée elle même de raison, elle n'a pu lui apprendre à se conduire; cet homme naturel est au niveau de sa maman la brute et, à force de réfléchir stupidement, il est, pour sa conduite, au-dessous de l'animal. En effet, l'animal dans ses ouvrages se conduit comme notre ouvrier raisonnable; il examine, choisit ce qui convient, saisit ce qu'il y a de mieux à sa portée, pour le but qu'il se propose ; donc le bipède qui respecte, admire, adore la nature ou un maître de la nature, celui qui prétend que toutes ces saloperies, atrocités qui nous tourmentent, sont l'œuvre voulue d'un artiste qui se respecte, tout libre, puissant, intelligent, bon et habile, ce bipède, ce croyant très fin, est évidemment, par sa théorie, sotte réflexion, au-dessous de lui même et de la bête ; il se croit surtout sublime en criant que ce sont des fous, des fripons, ceux qui ne veulent pas voir l'intelligence, la bonté dans l'atrocité, l'assassinat, ce que peut seulement un aliéné, un banqueroutier, un renégat ayant pour devise : Plus c'est absurde, atroce, plus c'est divin. *Credo quia absurdum !* Les pièces de l'horloge ne peuvent se former ensemble, ni se réunir, ni se joindre, par une force, action naturelle ; cependant la nature peut tirer de cette eau atmosphérique cent groupements cristallins ; elle produit même avec une même substance, par exemple, le soufre, des cristaux, de différents systèmes ; je montrerai ci-après comment la nature, dans des circonstances différentes des circonstances actuelles, produisit ensemble les différentes espèces de molécules dont se compose le corps vivant; elles se trouvèrent toutes réunies, se groupèrent ensuite spontanément comme les éléments du cristal, ou comme elles se fixent dans le développement que nous observons, car il est certain que ce sont des molécules toutes faites qui viennent dans l'embryon former les différents organes, soustraits à l'action directe des agents créateurs.

Si dans un premier aperçu j'ai déjà fait observer que

ce n'est nullement l'intelligence, une bonté paternelle qui resplendit dans le monde où nous sommes enchaînés, je voudrais pourtant dire aussi, d'abord en peu de mots, ce qui réellement nous y frappe à première vue, selon le témoignage des bondieusards eux-mêmes.

Dans les Annales de la Propagation de la Foy je trouve le rapport d'un de ces vaillants missionnaires qui rend compte de ses observations et travaux. Il est aux îles Pomotou, de l'Océan Pacifique ; sous sa direction les enfants ont appris, comme ceux d'Europe, à lire, écrire, compter, eux dont les ancêtres n'ont jamais été à l'école : évidemment les premiers hommes, des hommes tels que nous les connaissons, auraient très facilement tout saisi, science, morale, seraient arrivés sans encombre à la perfection, s'ils avaient eu votre Père, c'est-à-dire un Père parfait.

Celui-là est seulement mécontent de leur chant! Aïe, aïe!... Va, maître chanteur ! Donc ces gens de Pomotou, dit il, c'était un peuple enfant, dont toute l'éducation était à faire. Le Père parfait l'ignorait, ne comprenait donc pas!... Le truc du dieu inconnu ne peut servir, car il n'y a là aucun dieu connu ; figurez-vous cela. Ils n'avaient aucune idée de la puissance du Seigneur Dieu!!! Triste! On leur demande comment s'est fait le monde, la Terre, le Ciel; ils répondent : Les Anciens n'ont rien dit de cette chose ; cela est venu tout seul.

C'est le sauvage qui est dans le vrai : c'est en effet venu tout seul. Ces Anciens n'en ont rien dit ; c'est une preuve de bon sens ; les autres, qui n'en savaient pas davantage, ont voulu bavarder ; leur bavardage est comme un marais dont ils ne peuvent plus se dépêtrer. Positivement les aïeux sont les seuls êtres qui se soient montrés bienfaisants, qui aient fait acte de raison à notre égard : ce monde est donc venu tout seul, sans raison, affection. Cette idée seule ne les met pas encore sur la voie du progrès, mais ce n'en est pas moins la vérité, le bon sens. Comparez avec la Théologie : Le monde a été créé de rien par le Dieu Seigneur tout-puissant, qui est de droit, par sa puissance, un Père parfait, sans jamais se montrer à ses enfants, s'occuper de leur éducation, car évidemment toute leur éducation était à faire ! Voilà qui met sur la voie du progrès intellectuel, moral !!! Vous, maîtres chanteurs, avez produit cette monstruosité, *Is fecit cui prodest*, fous-fripons !

Est ce que le plus simple bon sens ne dit pas que l'enfant, pour ne pas s'abîmer, a besoin d'être tenu par la main, soutenu sous les épaules, constamment protégé, dirigé, instruit, par la parole et l'exemple, jusqu'à ce que, par une instruction intégrale, une éducation complète, il soit devenu réellement capable de se conduire, un indépendant agent de tout bien, pour son honneur, son bonheur et celui de ceux qui, selon la justice, en sont responsables ?

Or le bon sens, constatant que l'humanité tout ignorante a été, depuis l'origine jusqu'à ce jour, absolument abandonnée aux éléments et à son ignorance, sans jamais voir un Père, un protecteur, livrée à la plus cruelle misère physique et morale, pour devenir une cohue d'assassins, même anthropophages, le bon sens conclut qu'il n'existe en dehors de nous qu'une Force inintelligente, inconsciente; il comprend que cette Nature, sans raison, sentiment, créant et détruisant avec une égale indifférence, ne mérite aucun respect, ni reconnaissance, ni admiration, que nous devons concentrer sur la terre toute notre affection, c'est à-dire la réserver pour l'homme qui, bien traité, cultivé, nous récompensera surabondamment.

Donc il est démontré que, mettre sur le compte d'un créateur conscient, Père tout-puissant, sage, bon, juste, parfait, des conditions d'existence aboutissant à cette dégradation, les horribles traitements que nous subissons de la part de cette brute inconsciente, c'est un excès de déraison dont un Job, mais dont la bête n'est pas capable, c'est l'excès de la misère, la plus honteuse lâcheté. Fous, assassins, brigands, qui ne savez pas ce que c'est qu'un Père honnête, c'est vous surtout dont toute l'éducation est à faire, après un nettoyage dont nul n'a besoin autant qu'une écurie comme vous ! Je m'en charge; pour accomplir la tâche, bousculer votre construction d'ordures je n'ai qu'à développer les idées que je viens d'exprimer, à mettre toutes vos atroces bêtises en présence du bon sens, puis à montrer que réellement le monde, rien que matière, s'est fait tout seul, sans raison, sans amour, sans idée, sans but, choses qui

La Théologie ne connaît pas cette morale ; son idéal, le prétendu Seigneur du monde, Père saint, parfait de tous les hommes, est réellement au-dessous du chien quadrupède, parce que celui-ci ne connaît pas sa progéniture, tandis que ce dieu juif est censé la connaître et ne songe qu'à la maltraiter; il ne veut être, soigneux, père que pour les Juifs, qui l'ont façonné ainsi à leur image et pour leur avantage, usage particulier, tandis qu'en réalité il leur rend les plus mauvais services, en faisant de ses chéris un objet d'aversion, de mépris pour tous les autres hommes. Mais voici comment il est arrivé que l'homme ignorant s'est lui-même dégradé, fait l'esclave d'une monstrueuse, horrible idole, d'une ordure qui souille l'existence entière de l'humanité.

La première notion plus claire que l'enfant puisse acquérir a pour objet sa propre constitution : il se reconnaît donc comme un être qui perçoit, sent, désire, veut et agit en conséquence. Comme c'est là son seul avoir, il est bien forcé d'en tirer parti, quand son intelligence est mise en demeure, essaye de balbutier.

Ainsi dès qu'un fait, une action de ce monde extérieur s'impose à son attention, il se tire d'affaire, trouve l'explication en affublant de sa propre manière d'être les agents, les objets en question, c'est-à-dire il ne sait que multiplier sans discernement les jugements analogiques, personnifier à outrance. Par exemple, le personnage en évoluant étourdiment se heurte contre un corps dur, d'où résulte une sensation très pénible. En pareil cas, l'adulte abêti, avili par la Théologie dira : Je vous remercie, Seigneur, tout ce que vous faites est bien fait; que le Seigneur soit béni et loué des coups que je reçois. L'enfant, indigné de cette injustice, trahison, réagit vivement : Méchante pierre ! Et il bat la pierre, pour la punir de la mauvaise volonté dont il suppose qu'elle a fait preuve à son égard.

Cette sage fille comprend que l'enfant est victime d'une injustice, a le droit de se plaindre, car, s'il existait une Justice, un Ange infaillible aurait empêché qu'il ne se heurtât, qu'il ne lui arrivât aucun mal; afin de racheter son inattention, elle montre la bonne volonté, elle réussit à le consoler, à l'apaiser en l'embrassant et en entrant tout de suite dans ses idées : elle lui aide à punir la méchante, elle fait pour lui le geste de battre la pierre, au lieu de le heurter encore, de chercher à lui faire entendre raison au galop, ce que le Temps saura faire tout doucement.

Méchante pierre! Mais regardez donc bien cette chose-là !

C'est le fond, c'est la Théologie entière ; il n'y a plus à chercher, l'histoire entière est expliquée, l'erreur est définitivement vaincue : l'ignorant, se trouvant en présence d'une action quelconque, d'un fait quelconque, est incapable d'en saisir le mécanisme ; sans hésiter, comme un rapace fond sur sa proie, l'ignorant saute sur la Théologie, ne lâchera plus la Théologie jusqu'au jour où le souffle de la Raison précipitera la Théologie dans les Enfers. Jusque là elle règnera, gouvernera, abêtira, souillera l'humanité. Donc il est entendu que tout fait, toute action est la manifestation, le résultat d'une volonté ; ce gros monde est l'œuvre d'une très grosse volonté, ces choses ténues sont l'œuvre de volontés très fines ; entre les deux se placent les choses, les volontés moyennes.

Du reste, il faut nécessairement distinguer entre les bonnes choses et les mauvaises choses, les douces et les amères ; donc il existe de bons faiseurs et de mauvais faiseurs ; il y a les bonnes volontés des bons esprits et les mauvaises volontés des mauvais esprits ; les uns pondent les bonnes choses, les bonnes pensées, parce qu'ils sont bons, les autres pondent les mauvaises choses, les mauvaises pensées, parce qu'ils sont mauvais; c'est simple comme Bonjour, et il n'y a pas lieu de pousser au-delà.

L'Esprit, les Esprits, c'est la consommation. Le Théologien, qui dévoile les grands mystères, reconnaît dans la respiration la manifestation la plus saisissable, constante de la vie, qui est l'action, résultant du sentiment, de la pensée, de la volonté. Dans la respiration paraît l'esprit, ou souffle, vent, qui anime, âme, force qui agite le corps. *Anemos, Animus, Anima*, matière subtile, qui renferme ces choses invisibles, la pensée, le sentiment, la volonté; ainsi quand ce vent, chevillé dans le corps, vient à le quitter, le corps cesse de vivre ; ce vent n'est pas sujet à la corruption; il emporte, garde la pensée, le sentiment, la volonté de l'homme, et l'on aime à croire, on impose comme article de Foy que le Grand-Faiseur peut rendre un corps à cette âme, recomposer l'homme pour une nouvelle existence.

Le Théologien, confident, ami intime du Grand-Faiseur, connaît les goûts du Seigneur, les odeurs qu'il préfère ; il fournit les moyens de gagner la faveur du Maître ; obéir au Théologien, c'est être l'ami de Dieu, c'est le salut éternel.

L'enfant, parce qu'il ne connaît que sa propre manière d'être, est invinciblement porté à l'attribuer, l'imposer à d'autres ; encore par ignorance, parce qu'il n'apprécie que sa propre volonté, qu'il ne reconnaît pas ce qui convient généralement, et spécialement ce qui convient à ses proches, l'enfant veut tyranniquement imposer sa volonté à son entourage, il veut qu'on lui obéisse exactement ; de même les vieux enfants, non moins ignorants, veulent que vieux et jeunes leur obéissent, demandent des choses contraires à la vie normale, déraisonnables, excessives, ennuyeuses, auxquelles on n'est pas préparé. Cette fois, il est enfin démontré que c'est bien l'ignorance qui est la mère de l'égoïsme tyrannique, du mal, de tout désordre : par ignorance, tous ces êtres ne goûtent pas la solidarité, ne comprennent pas que, dans ce système réel, nous sommes inséparablement unis, ce qui sera aujourd'hui mis en lumière, que le véritable intérêt de tous, c'est le bonheur, l'honneur de chacun.

Dieu veut qu'on lui obéisse, dit le prêtre qui s'est fait décerner par Dieu l'autorité, le commandement : ainsi Dieu est aussi évidemment stupide que l'homme dont il est le masque ; Dieu ne comprend pas que nul être sensible, ni chien, ni chat, ni homme n'aime qu'on lui comprime la poitrine, que l'on s'amuse à le ficeler, à le clouer vivant dans un cercueil. Dès le premier jour, toute vie a crié : Notre ennemi, c'est notre maître ! Celui-là me charge d'un fardeau qu'il ne veut pas toucher du bout du doigt ! Il ne veut pas me comprendre, il ne m'aime pas, c'est l'ennemi ! Dieu, dit-il, veut que je sois ainsi esclave ! Donc Dieu c'est l'ennemi ! Tout est Protestant, pour protester contre le Système d'Autorité, de Soumission, exécrable pour l'enfant, exécrable pour la femme, exécrable pour l'homme, exécrable pour la Cité.

Voilà, destituer tous les tyrans, le coup de balai pour les maîtres terrestres et pour la tyrannique chimère que les méchants crétins ont installée au-dessus de nos têtes.

Ce monde, où la Force, la Puissance appartient à l'Inintelligence, est répugnant, absurde; quant à notre monde humain, c'est encore l'inintelligence qui règne jusqu'ici, et veut tyranniquement imposer sa volonté. Un imbécile, qu'ils appellent Le Play, a écrit que les philosophes, comme lui, sont stupéfaits du penchant au mal qui se manifeste chez l'enfant! La vérité, c'est que l'enfant est l'idéal de ce que peut désirer le bon éducateur, tout simplement parce que l'enfant, avec l'intelligence ouverte, avide de lumière, d'action, a une passion, la passion de se jeter à la tête des gens, pour que l'on s'occupe de lui, toujours, disant ainsi implicitement, avec une raison parfaite : « Je ne sais rien, je ne peux rien, mais chargez-vous donc de moi, puisque vous m'avez fait venir ici ! Ou tuez-moi tout de suite ! » Sa conduite montre qu'il sent ce dont il a réellement besoin : il se serre contre les grands, comme s'il voulait les manger; c'est qu'il en attend de grandes choses, le nécessaire, l'explication de tout ce qu'il voit et la manière d'employer ses forces. Il ne trouve pas le nécessaire, il trouve de l'ennui, la tyrannie, l'ordre de mâcher des déclinaisons, conjugaisons latines, grecques, des choses que les maîtres qui les rabâchent ne comprennent pas eux-mêmes, une étude pour l'âge mûr d'un physiologiste !

Bientôt la naïve confiance a disparu, pour faire place à l'aversion qui atteint même les parents, complices des tyrans scolaires, l'enfant songe à réagir, à se défendre, à se venger; il devient en effet dangereux, capable de lancer des pierres dans les vitres des tourmenteurs. Quand on voit la joie qui éclate sur ces visages d'enfants, au sortir de l'école, et, d'un autre côté, la pitoyable mine des esclaves qui sortent de l'usine, on est sûr que l'Ecole et l'Usine sont des lieux où l'être humain est indignement maltraité, ainsi qu'un Père parfait protégeant ainsi ses enfants n'est qu'un infâme mensonge, une détestable chimère.

Pour satisfaire l'enfant, gouverner correctement ce système si compliqué, délicat, en général pour gagner l'homme et l'affermir, le fixer dans le bien, nous autres avons été beaucoup trop ignorants, maladroits, ennuyeux, par là incapables de nourrir l'enthousiasme qui soutient l'homme au-dessus du marais, ne permet pas qu'il s'enfonce dans la honte. Ce n'est pas avec de la patience que l'on prévient l'affaissement, c'est avec l'Amour, l'Omniscience, la parfaite clairvoyance, qui gagnent à coup sûr l'affection par l'affection, le parfait dévouement, en rendant heureux par une activité harmonieuse, en inspirant l'enthousiasme pour le progrès scientifique, pour le bonheur, l'honneur de tous. Donc l'homme, pour rester honnête, tout digne d'affection avait absolument besoin d'être tenu, conduit par la main, sans jamais être lâché, par un Père parfait, un Amour tout puissant, omniscient, pour le voir, l'entendre, l'embrasser, apprendre à lire dans ses regards, un Amour capable de répondre tout de suite à toute question, de tout expliquer, lui suggérant de moment en moment les idées parfaites, tout de suite assimilables, l'occupation toujours intéressante, partagée par l'éducateur, jamais fatigante, l'une servant toujours de délassement à l'autre, mettant en action d'autres groupes d'organes, des exercices jamais redoutés, parfaitement préparés, aussi faciles que la locomotion modérée. Jamais on ne dit à l'ignorance : Que pensez-vous de telle ou telle chose? Cherchez des idées, composez sur tel ou tel sujet! Jamais l'ignorance ne doit avoir une idée à elle, mais seulement, toujours les idées éprouvées de la vraie science, parfaite sagesse; c'est par là qu'elle se forme, se façonne et que l'on évite les faux plis; ainsi : Voilà ce que tous doivent penser de cette chose, pour telle raison, et voici les meilleurs termes, que tous doivent employer, pour être tous au courant, sur le même rang.

L'Émulation, les places, les prix, couronnes, c'est de l'arsenic; tous ceux qui en goûtent sont empoisonnés; tous ceux-là sont et restent de méchants crétins : on n'apprend l'honnêteté, Liberté-Egalité-Fraternité, qu'en s'habituant à s'entraider, afin que tous reconnaissent dans leurs voisins de vrais amis. On fait un mal énorme en proposant des questions, des problèmes qui embarrassent, ce qui montre que la préparation est insuffisante.

Le travail de l'étudiant doit consister à s'approprier ce qui est trouvé, découvert ; quand ce sera fait, il se posera lui-même des questions, s'il y est disposé, préparé.

L'Humanité ignorante a jusqu'à ce jour cherché les vraies règles de conduite et ne les a pas trouvées : comme à toutes les époques ils ne songent encore aujourd'hui qu'à s'asservir, s'entredétruire, les bondieusards ; dans toute l'histoire humaine il y a pas un seul mouvement qui ne soit faux ; donc les prétendues instructions théologiques n'ont pas de vertu, pas de valeur.

La différence morale entre l'homme et la bête. Chez la bête les facultés intellectuelles ne sont mises en action que pour les intérêts essentiels de sa vie, la satisfaction des besoins actuels ou prochains, pour ce qui regarde sa sécurité, son abri, l'acquisition de sa nourriture, l'action sexuelle ; le reste ne fixe pas son attention ; son origine, sa fin, le mécanisme de tous ces effets et causes, ces questions n'existent pas pour l'animal ; quand il est rassasié, son intelligence rentre au repos ; quelques-uns sont poussés à faire des provisions ; ce but les tient en éveil, les intéresse toujours ; ceux qui ne travaillent pas dans ce sens se reposent, ne s'ennuient pas plus que les autres — L'être humain est autrement constitué : normalement il est plus excitable, toujours plus excité ; il ne porte pas gravée dans sa chair une occupation intéressante, une impulsion permanente vers un but utile ; il n'a pas non plus la faculté de sommeiller quand le travail nécessaire est fait, mais il est condamné à rester éveillé, en tête à tête avec son ignorance : voilà tout le mystère de notre destinée, horrible en l'absence d'un Père parfait !

Quand l'enfant est rassasié, il lève les yeux vers ceux dont il doit attendre aussi la nourriture de l'intelligence, tout aussi nécessaire que l'autre : Que devons-nous faire? Commencez-vous à comprendre? L'homme est ainsi fait ; il n'y a rien à y changer, c'est-à-dire qu'il faut en prendre son parti, prendre les mesures que demande la situation. Cette seule demande de l'enfant : Que devons-nous faire ? elle montre déjà qu'il est en très mauvaises mains, livré à l'inintelligence, voué à la corruption ; déjà pendant le repas l'idée de l'occupation intéressante devait lui être présentée, le préoccuper, le soutenir, l'empêcher de tomber sous le joug de la gourmandise. L'humanité abandonnée, incapable de trouver l'occupation intéressante, honnête, scientifique, s'est nécessairement rabattue sur ce qu'elle connaissait, ce qui était à sa portée, les jouissances que lui promettait la gourmandise, la luxure, alimentée par le brigandage, le pillage, l'esclavage, les jouissances de l'orgueil réussissant à imposer sa volonté aux faibles qu'il terrasse. Le monstre humain, tourmenté par l'ennui, sera capable de multiplier ses jouissances en vomissant un repas, pour en recommencer un autre, et de stimuler ses appétits sexuels par la polygamie et le concubinage : *Amabo, mea dulcis Ipsithilla... Sed domi maneas paresque nobis Novem continuas fututiones*, Ma doulce Fanfreluche, amable bagatelle, tu nous prépareras neuf plaisirs continus ! Est-ce que ces êtres-là méritent de prendre rang parmi les bêtes ? Au dessous de la bête !

Le bon sens humain, raison humaine, a dit : « L'enfant a ce droit primordial, supérieur à tout autre, le droit à la protection. (*Le Moniteur Universel*) ». Une protection efficace suppose, avec la puissance, la parfaite affection et l'omniscience. On reconnaît ce droit quand on demande pour chaque être humain un tout puissant Père parfait, un Ange capable de le représenter. Voilà pour la théorie, nous est-il possible de reconnaître une réalité répondant à ce désir? Si des enfants confiés à un gardien se conduisent comme des fous, s'abîment en son absence continuelle, se justifiera-t-il en disant qu'il leur a laissé des commandements? Si l'on admettait que des enfants sont capables de bien se conduire seuls, on ne leur donnerait pas de gardien. Enfin une loi raisonnable rend les parents responsables des actes de leurs enfants ; ce sont les parents qu'atteignent les reproches et la honte ; telle est la raison, la morale absolue ; si votre Tout-puissant Seigneur a voulu être père, il tombe sous le coup de la loi générale, à laquelle notre raison, notre honneur nous attache.

Il ne se sent pas déshonoré par la dégradation de ses enfants, faits à son image et à sa ressemblance !

Ce n'est donc pas un être moral, votre Père saint ; il est étranger à l'honnêteté, à l'honneur ; mérite tous nos mépris ; il mérite toute notre horreur, car c'est lui-même, comme on verra, qui les pousse au brigandage. Le Juif Paul crie en vain que la sagesse humaine est une folie devant son Dieu : la pratique des hommes est mauvaise, par la faute de votre dieu, mais la théorie humaine sur les devoirs des pères est une vérité inébranlable, absolue, qui renverse tout d'abord votre horrible idole.

La Théologie juive n'a pas été tout d'abord aussi bête que cette Théologie moderne, qui prétend nous forcer à nous pâmer d'admiration devant ce monde où, dit-elle, resplendit l'intelligence ; au contraire, ces théologiens primitifs voient ce monde justement comme nous le voyons nous même et se gardent de l'aimer; Genèse III, 17 : c'est une *maudite* boutique, où l'homme ne peut guère se retourner sans être déchiré par les ronces, les épines, où l'on n'est pas sûr, en s'échinant tout le temps, de ne pas souffrir la faim; c'est là notre ordinaire de chaque jour ; par surcroît nous sommes poussés irrésistiblement vers un ténébreux abîme, où disparaît tout être vivant, et qui ne rend jamais ce qu'il a dévoré.

Le théologien fait ensuite cette réflexion, que le bon sens nous suggère à nous-même : Il n'est pas possible qu'un Père tout puissant, sans doute bienveillant, ait librement créé un monde pareil pour y placer ses enfants, faits à son image, qu'il ne pouvait haïr à l'avance, qu'il n'avait pas l'intention de tourmenter. Puis il tire de son principe cette conséquence raisonnable : Le Seigneur avait donc créé pour l'homme un séjour tout différent, délicieux, où la cruelle nécessité, la mort n'existait pas...
— C'est le bon sens même ! — Quelle cause a pu donner lieu à cet effroyable changement ? C'est en cherchant à reconnaître cette cause que les méchants garçons, sans éducation, vont de travers.

Chers confrères et amis, depuis longtemps j'ai une idée que je veux vous soumettre. Il est clair que le Seigneur n'est pas si tendre à notre égard ; il est même terriblement fâché contre nous ; il me semble toujours que cela doit provenir de la gourmandise et de l'impertinente curiosité de cette créature, dont nous-mêmes avons assez à nous plaindre.

— Oui, oui, c'est cela, ce ne peut être autre chose ; c'est la Créature qui est la cause de tout mal ! — U-i, U-i, U-i, U-i !

— Moi je pose un principe ; écoutez bien le beau principe que je pose : L'homme est le Seigneur ; l'homme, qui est le Seigneur, a toujours raison ; la Créature a toujours tort ; c'est la Règle, cela, car nous, les hommes, nous sommes toujours des comme-ça, des comme-il-faut.

— Très bien, très bien, j'aime cela — U-i, U-i, U-i, hou hou !

— Moi je dis que la Créature n'est pas assez humble et qu'elle devrait être plus humble ! — U-i, U-i, U-i !

— Moi je dis qu'elle ne demande pas assez la permission !

— Sans compter les permissions qu'elle demande et qu'elle ne devrait pas demander !

— Moi je vise toujours à la perfection : la Créature devrait être beaucoup plus humble ; ainsi quand le Seigneur n'est pas d'assez belle humeur, la Créature doit sans délai demander pardon à genoux, en présentant la verge, pour le cas où elle aurait besoin d'une tournée, ensuite toujours dire poliment merci ! — Hou, hou, hou, U-i, U-i, U-i !

— Chers confrères et amis, la cause est entendue ; je résume. Donc pour fonder l'ordre moral, nous allons tailler, confectionner à la Créature un Bonnet, c'est-à-dire un très bon Bonnet, qu'elle ne quittera plus, lequel bonnet, souvenir toujours présent de sa faute si grande, la coiffera excellemment d'humilité, de soumission et d'obéissance ; se sentant si bien coiffée la Créature sera toujours à sa place, prête à servir convenablement, sans réplique, son Seigneur !

— Excellent, délectable, hou hou hou, U-i U-i U-i !

Madame... Ne croyez plus un mot de ce que dit le Saint-Esprit juif, la bête, le monstre, *Dat gräulich, verwünscht vieh!* Vérité, Raison, justice, voici : l'homme et la femme, n'ayant pas reçu l'éducation, l'instruction nécessaire, ont dû, l'un et l'autre, se tromper ; le bien viendra également de l'un et de l'autre, quand ils auront la Religion, vraie Lecture du Grand-Livre, laquelle fait aimer la solidarité, le bonheur, l'honneur de tous, et la Religion, la connaissance de nous-mêmes et du Monde, nous l'avons enfin conquise.

Madame, votre honneur vous interdit de vous soumettre aux insanités, aux outrages de cette saloperie juive. Je me permets ici de vous dire que moi, l'Athée, je suis qualifié pour vous parler de votre honneur; je m'y entends : Tous les jours de ma vie j'ai détesté l'idée d'une intrigue inavouable, d'une démarche, parole déshonorante, d'un regard pouvant inquiéter un autre regard; *Scio che son d'onor, d'onor m'intendo.*

Non, vous ne pouvez, avec honneur, accepter d'être traitée comme un être déraisonnable, comme une esclave dégradée. Quand on se mêle de composer une fable, il convient, je pense, de donner aux personnages leurs vrais caractères; le vrai, il doit régner partout, dans la fiction comme dans la réalité, or dans cette fable juive on prétend vous présenter l'image de la parfaite honnêteté, justice d'un tout-puissant, tout libre Père parfait, et ce père ne se montre jamais à ses enfants ! Il voit un horrible séducteur s'approcher de sa fille; il prévoit que, sans protection, appui, elle succombera et il ne songe pas à intervenir, tandis qu'un vrai père, en possession de moyens suffisants, aurait à coup sûr, éliminé la possibilité d'un tel malheur ! Il n'est pas possible que vous acceptiez une brute pareille pour un modèle à imiter, adorable. Je suis tout à fait sûr que, dans cette même situation, les hommes qui nous composèrent cette répugnante fable auraient eux-mêmes fait usage du bon sens ordinaire, et protégé leurs propres enfants, élèves de tout leur pouvoir : il faut en tout cas d'abord protéger, sauver l'enfant, pour lui apprendre ensuite à se défendre plus tard tout seul ! Voilà ce que leur aurait suggéré leur affection paternelle, de même que les animaux défendent leur progéniture. Si vous écoutez votre conscience, si vous ne reniez pas votre bon sens, vous direz que la conduite de ce dieu n'est nullement celle d'un père qui aime réellement ses enfants; il les aime comme la Nature aime ses fleurs, ses êtres animés; elle ne les connaît pas, elle est tout inconsciente. Mais nos fabulistes, ne pouvant se dégager de leur superstition, et surtout de leur grossier égoïsme, se disent bien vite, aussi de ce côté, que le Fort a toujours, en toutes choses, raison, et que le faible a tort : quand le Fort nous frappe avec fureur, il faut dire merci, Seigneur, vous êtes saint et nous sommes si mauvais! Il faut, pour ainsi dire, l'accabler de compliments, parlés et chantés, et de splendidés offrandes, de sacrifices et des odeurs les plus fines : un peu de pluie, Seigneur, et encore de la pluie, vous êtes le Saint des Saints, le Père parfait, infiniment riche, et nous sommes si misérables !

Il est clair que la superstition théologique force l'homme au mensonge, lui enlève le sens moral, toute raison, tout sentiment d'honneur, toute dignité, l'abaisse certainement au dessous de l'animal, qui ne cultive pas, ne caresse pas la chimère, estime seulement le bien réel, ne se montre reconnaissant que des bienfaits effectifs.

Le Père théologique juif n'est qu'une monstruosité : peut-il entrer dans la pensée du père que nous connaissons de peupler le lieu que doivent habiter ses enfants de bêtes dangereuses, faites exprès pour le tourmenter, capables de le détruire ? Ce serait justement le fait de l'idole confectionnée par les Juifs. Dans la société humaine il règne une idée instinctive, fondée dans la réalité, la raison, de l'étroite solidarité entre parents et enfants. L'enfant est en effet une extension de la vie des parents ; donc on attend, on demande que l'enfant partage la vie des parents pour se former par leur exemple à une vie régulière, utile à la société ; on entend généralement que l'honneur des parents est engagé, qu'ils sont responsables, tenus de fournir à la société un membre ami et soutien de l'ordre, sachant se conduire et travailler régulièrement, un résultat certain, si une éducation raisonnable a fait naître les idées, sentiments, habitudes d'où résulte la conduite parfaite ; on dit : *Laus patris virtus filii, opprobrium patris infamia filiae.* Selon ces idées, principes humains, absolus, le dieu juif, qui, réputé libre, tout puissant, a déchaîné sur la terre des hordes de brigands, des troupeaux de méchants crétins, parce qu'il a mieux aimé passer son temps à manger, boire, vider les amphores, barriques de vin, que de s'occuper de l'éducation de ses enfants, ce Dieu juif est un infâme, responsable de tous les crimes, à pendre en effigie à tous les clochers.

Tout être humain a dit plus d'une fois avec regret : Si j'avais su ! Que de biens acquis, que de maux évités ! La science du Bien et du Mal, qui nous a privés de ce trésor ? Il est inévitable que cet être puéril renvoie cette chose à un Faiseur : Voilà, c'est le Maître, l'irrésistible qui nous a flanqué encore celle-là ! Il s'est dit : Avec la science l'homme serait trop fort ; il serait comme nous le Seigneur !...

Quelle amertume ! Condamnés sans appel, cette indignation se fait jour dans le Livre. Il est tout évident que pour bien se conduire, faire le bien, éviter le mal avec pleine conviction, l'être humain, pauvre ignorant poussé de droite et de gauche, n'ayant pas l'instinct sûr de l'animal, aurait absolument besoin de la science du bien et du mal, ou bien d'être d'abord fermement, constamment tenu par un gardien fidèle qui la possède, cette science, et empêche tout écart ; or voilà l'homme sans la science et sans nul gardien, et on lui fait un crime de chercher à voir clair ! Une absurdité, une insanité, la sagesse du dieu juif ou de ses porte-parole.

Qu'un homme d'une compétence reconnue nous dise à vous et à moi : Ce joli fruit, champignon, est un poison mortel ! Cela nous suffit ; tout autre avertissement, recommandation est superflue ; jamais nous ne serons tentés d'en absorber, par exemple, sur l'invitation d'un inconnu. Je dis que sans avertissement l'idée générale du danger serait notre sauvegarde : nous sommes donc là en présence de vrais enfants ; ceux-là, ne sachant pas penser, s'occuper, songent avant tout à fourrer dans leur bouche ce qui se présente.

Cette seule observation vous convaincra que les malheureux, mis en scène par le livre juif, n'ont pas compris la menace de mort, que, sans aucune expérience, prudence, ils n'étaient pas capables de se conduire, de se défendre, et n'ont pu être ainsi exposés au danger que par un traître, un assassin : admirez donc encore la sagesse, justice, bonté du Père parfait, devant qui la sagesse humaine n'est que folie.

Dans tous les quartiers les hommes devaient avoir et ont eu l'idée d'attribuer aux dieux ce mal honteux, l'envie : comment, ils sont libres, heureux, puissants et ils nous laissent ainsi dans la gêne, la peine ! C'est comme les gros égoïstes qui se font remarquer parmi les hommes.

On ne leur jette pas la pierre, parce que tous sont leurs émules en égoïsme : à leur place nous en ferions autant! Mais on entend avec satisfaction cette parole d'un vrai père : Que cet enfant, dit Hector, surpasse un jour son père! Tout généralement le père humain se réjouit de la science de son fils, de son mérite supérieur; il reçoit avec bonheur les félicitations qu'on lui en fait, et ces Théologiens peuvent se féliciter d'un dieu qui craint la science, les progrès de ses enfants! Idiots!

Ces Théologiens ne manquent pas de phrases pour exalter leur article et rabaisser l'article des autres; Multa jactant in sui laudem aliorumque infamiam, par exemple, Psaume 113. Notre dieu est dans le ciel; il a fait tout ce qu'il a voulu. Les idoles, dieux des nations sont des démons, ou bien ne sont que de l'or et de l'argent, l'ouvrage des mains humaines; Elles ont une bouche, des yeux, des oreilles, des narines, des mains, des pieds, une gorge et ne parlent point, ne voient point, n'entendent point, ne sentent point, ne palpent point, ne marchent point, n'ont point de voix. Qu'ils leur deviennent semblables ceux qui les font et mettent en elles leur confiance. Mais Israël a mis sa confiance dans le Seigneur; c'est lui qui est son appui et son protecteur : Il n'existe rien d'aussi stupide et impertinent que cette rapsodie.

Le dieu juif, c'est l'insensibilité, la férocité, l'égoïsme, la déraison même. Vous savez si la Grèce, l'Italie adore une figure de métal ou de marbre : ils prennent cela comme vous-mêmes prenez vos sculptures, peintures, sans confondre la matière avec l'idée.

Les circoncis prétendent se distinguer en s'abstenant de sculpter ou peindre leur dieu; cette prétention est stupide, puisqu'ils ne se privent pas de le portraiturer en paroles; eh bien, le dieu circoncis a la figure humaine, comme ceux des autres peuples : il créa l'homme à son image et à sa ressemblance; sous cette figure il se montre à Moïse, comme il était venu chez Abraham se restaurer, boire, manger un veau très tendre et fort excellent.

La rapsodie a deviné juste en disant que les autres nations firent leurs dieux respectifs : par les exemples cités nous reconnaissons avec certitude qu'il en est encore de même du peuple circoncis : chaque intelligence enfantine a trouvé que toute chose provenait d'une volonté;

l'ignorant, parfait égoïste, s'est promptement arrangé un Faiseur, Seigneur du monde à sa convenance, suggérant, imposant à l'homme justement les abominables pensées, désirs qui plaisaient à l'homme, de sorte que le brigand et son Seigneur se trouvaient toujours parfaitement d'accord. Par exemple, le fourbe, méchant crétin Jacob haïssait, voulait dépouiller son frère aîné Ésaü ; à cet effet, pour nouer l'intrigue, Jacob charge son dieu de dire pour le public : Ésaü sera assujetti à Jacob ; j'ai aimé Jacob et j'ai haï Ésaü, avant qu'ils fussent nés, qu'ils eussent fait aucun bien ni aucun mal ! Les Jacobites croiront toujours que le tout-puissant créateur et et Seigneur, le Père tout saint, sage et juste, parfait et bon, a dit cette chose, qui est consignée dans leur livre appelé saint, pour la mémoire, la honte éternelle.

Il est par là démontré, pour toute personne saine d'esprit, que ce livre est un mensonge, que le Père parfait n'existe pas, pour haïr de cette manière, et que les fourbes, méchants crétins ont inventé cette saloperie pour leur propre honte.

Voici ce que le Père parfait des Théologiens Juifs, a fait pour l'éducation de ses chéris, afin d'avoir en eux, disent-ils, un peuple saint, spécialement consacré à son service ! il leur dit : Vous êtes terre, et vous retournerez à la terre !... Ainsi : Pour vous il n'y a rien au delà de cette vie ; comme il n'y a pour vous ni science ni honneur ; quand l'âge de la crapule, de la débauche sera passé, vous serez débarrassé d'une existence qui n'aurait plus pour vous aucune valeur. Telle est la doctrine sainte, et telles sont les mœurs qu'elle a produites.

Aryens, sans aucune combinaison d'une intelligence, tout être sensible est constitué pour réagir contre ce qui porte atteinte à l'intégrité, l'harmonie de son existence : une grenouille, fraîchement décapitée, réagit contre une irritation avec l'extrémité restée libre ; donc, pour vivre normalement, réagissez toujours contre cette honteuse idée de la Théologie, débauche, crapule juive. Aryens, tous les athéismes, athées, sauf un seul, sont aussi détestables que le théisme ; un seul est bon, est la vraie Lecture, Religion : ayant découvert cette chose il vous montrera ci-après, que vous verrez enfin que votre vie est un monument impérissable, vous êtes éternels, et strictement responsables.

> *Quod non imber edax, non aquil, impotens*
> *Possit diruer, aut innumerabilis.*
> *Annorum series et fuga temporum.*
> *Honnêteté. Honneur!*

Le Père parfait de la Théologie ne souffrant nullement avec ses enfants, ainsi ne sympathisant pas avec eux, ne se sentant nullement responsable, atteint dans son honneur par la dégradation de ceux qu'il a faits lui-même à son image et à sa ressemblance, la vraie Religion, en établissant ci-après la Solidarité absolue, vous remplacera ce monstre par une Humanité sans cesse préoccupée du bonheur, de l'honneur de tous et capable de réaliser ce grand œuvre. De la domination de ce Juif dans la vie future, alors infiniment plus mauvaise que l'anéantissement, vous pouvez vous affranchir en rompant dès aujourd'hui avec tout ce qui tient à cette Juiverie, la plus hideuse insanité. Cependant, comme elle s'est partout insinuée, il faut partout la poursuivre, la jeter hors de toutes ses positions; nous n'en serons délivrés que lorsque nous aurons brisé l'un contre l'autre les deux Testaments de honte : vous allez voir comment cela se pratique.

Un club de charlatans, une poignée de rapaces, ne rêvant pour eux-mêmes que crapule, débauche, des êtres de ce genre entreprirent de s'assujettir leur horde, en flattant chez ces brutes, au nom de l'idole d'Abraham, Isaac, Jacob, les mêmes instincts de crapule, débauche, brigandage : Frères, vous voyez bien que, lorsque l'on meurt, tout est fini ; les morts ne reviennent jamais. Ainsi, le partage de l'homme, ce sont les jouissances qu'il attrape dans la vie présente; il n'y a pas autre chose. Maintenant écoutez bien ceci, et appréciez le bonheur inouï qui est le vôtre. Le tout-puissant Seigneur d'Abraham, d'Isaac et de Jacob, nous l'avons vu cette nuit, vous propose une alliance ; le Seigneur cent fois saint vous choisit pour être un peuple saint, spécialement consacré à son service ; vous jurez d'observer à jamais la loi sainte qu'il nous a révélée, à nous ses prophètes et prêtres sanctifiés, d'observer les cérémonies saintes par lesquelles il veut absolument être honoré; en échange, le Seigneur si saint et tout puissant jure de vous donner et conserver un pays délicieux, où coulent des ruisseaux de lait et de miel ; vous avancerez, vous ferez les gestes du combat et le Seigneur frappera ces peuples, les détruira pour vous livrer le pays et les biens, les richesses amassées par ces impies que le Seigneur déteste. Vous passerez votre vie dans les délices, les fêtes, les festins, avec autant de femmes et de concubines que vous en désirerez. Le Seigneur très saint sera si bon pour vous, si vous observez fidèlement ses cérémonies très saintes, obéissant aux ordres qu'il vous transmet par ses prophètes et prêtres sanctifiés, et leur apportant, pour le Seigneur, tout ce que vous avez de plus excellent dans vos demeures bénies de Dieu. Debout, chantons de saints cantiques au Seigneur, un chantage général... Ils cantent, ils pagaront.

Deutéronome, VI, 10 : Ecoutez, Israël, lorsque le Seigneur votre Dieu vous aura fait entrer dans la terre qu'il a promise avec serment à vos pères, Abraham, Isaac et Jacob, et qu'il vous aura donné de grandes et de bonnes villes que vous n'aurez point bâties, des maisons pleines de toutes sortes de biens que vous n'aurez point construites, des citernes que vous n'aurez point creusées, des vignes et des oliviers que vous n'aurez point plantés, et que vous serez nourri, et rassasié, de tout cela, prenez bien garde d'oublier le Seigneur qui vous a tiré du pays d'Egypte, de la maison de servitude... de peur que la fureur du Seigneur votre Dieu ne s'allume contre vous, et qu'il ne vous extermine de dessus la terre... Gardez les préceptes du Seigneur votre Dieu, les ordonnances et les cérémonies qu'il vous a prescrites... afin que vous possédiez cette excellente terre où vous allez entrer, que le Seigneur a juré de donner à vos pères, en leur promettant d'exterminer devant vous tous vos ennemis.

L'Egypte, la maison de servitude : un mensonge qu'ils ne cessent de répéter, pour relever leur article : on ne prête point à des esclaves ce que l'on a de plus précieux, comme les Egyptiens prêtèrent aux Juifs ; les Juifs sortirent plus riches que les Egyptiens, une masse de 603.550 guerriers ! Nombres I, 46, trois fois plus qu'il n'en fallait pour abîmer, *sans miracle*, les peuplades désunies de Chanaan. Le dieu juif est, selon les Juifs, le seul vrai propriétaire ; il donne aux Juifs tout fidèles le bien de ses autres enfants, qu'il tue pour faire plaisir aux Juifs ; cela, comme on vient de voir, est la religion des Juifs ; donc nous haïssons les Juifs, parce qu'ils sont Juifs, à cause de leur religion. Un peuple qui se respecte ne tolérera pas un seul jour de tels statuts, pareille horreur. Edouard Drumont ne cesse de protester qu'il n'en veut nullement aux Juifs à cause de leur religion ! Edouard Drumont, dévot de la Messe juive ne sait ce qu'il dit. Moi je les hais pour leur religion ! Petit imbécile, apprenez donc une fois à penser ; tenez voici encore l'authentique religion, Théologie chuive. Exode XI, 1, 3. Le Seigneur dit à Moïse :... Vous direz à tout le peuple : Que chaque homme demande à son ami (pas esclave, entendez !) et chaque femme à sa voisine, ses vases d'argent et d'or ; et le Seigneur fera trouver grâce à son peuple devant les Egyptiens, XI, 2, 3, XII, 35 : Les enfants d'Israël demandèrent aux Egyptiens des vases d'argent et d'or, et beaucoup d'habits. Et le Seigneur rendit favorables à son peuple les Egyptiens, afin qu'ils leur prêtassent ce qu'ils demandaient et ils dépouillèrent ainsi les Egyptiens. — Drumont, est-ce la Théologie, la Religion, ce que dit, commande le Seigneur ? Pour que les Aryens reconnaissent là un Père parfait, il faut qu'ils soient des aliénés complets, je dis *au-dessous* des Thibétains qui, dit-on, avalent les excréments de leur Pape, car il est bien mieux démontré que le livre juif est une saloperie. Il est clair que si je fais ce que le Chuif demande, désire, en achats ou ventes, je l'autorise à penser que je suis l'esclave de son dieu, ainsi que je suis un vil souteneur de la plus dégoûtante superstition. Ici Drumont.. une messe chuive, culte tout chuif, Deutéronome VII, 1, 16. Lorsque le Seigneur votre Dieu vous aura livré ces peuples, vous les passerez tous au fil de l'épée, sans qu'il en demeure un seul... Vous êtes un peuple saint consacré au Seigneur... Votre œil ne sera touché d'aucune compassion pour eux en les voyant. Nombres XXXIII, 55, 56 : Si vous ne voulez pas tuer tous les habitants du pays... je vous ferai à vous-mêmes tout le mal que j'avais résolu de leur faire !!! Ainsi massacre général et pillage, Dieu, le prêtre le veut, en profite, on obéit, de grand cœur; l'ordre sortait de l'âme de cette horde.

Deuter. II, 24. Levez-vous... je vous ai livré Séhon, roi des Amorrhéens, entrez en possession de son pays et combattez contre lui... 33, 35. Nous le défîmes, nous avons pris, pillé toutes ses villes, tué tous les habitants, hommes, femmes et petits enfants. III, 1, 6, 7. Nous sommes allés vers Bazan... Nous avons exterminé ces peuples, ruinant toutes leurs villes et tuant les hommes, les femmes et les petits enfants, et nous avons pris leurs troupeaux avec les dépouilles de leurs villes. Le capitaine Josué n'opère pas autrement : tuez tout, VI, 21; VIII, 24, 27; X, 28, 43. Le Seigneur se met de la partie près de Béthoron : il fit tomber du ciel de grosses pierres sur les ennemis des saints, et cette grêle de pierres en tua beaucoup plus que les enfants d'Israël n'en avaient tué par l'épée. X, 11.

Selon nos lois, le père qui tue ses enfants mérite la peine des assassins; donc il faut qu'ils voient leur dieu brûlé en effigie, et qu'ils portent ensuite la peine de tous leurs assassinats et de tous leurs pillages : loi juive du talion.

Les sujets de Moïse, ayant vaincu les Madianites, tué, dit le livre, tous les hommes et tout pillé, avaient réservé les femmes et les petits enfants. Moïse se mit en colère : Tuez tous les mâles parmi les enfants mêmes et faites mourir les femmes mais réservez pour vous toutes les petites filles et toutes les autres qui sont vierges. Il nous conte qu'il y eut trente-deux mille filles, dont trente-deux furent adjugées à la canaille sacerdotale, la part du Seigneur assassin. Nombre, XXXI.

Deuter XXVIII, 1, 14. Si vous écoutez la voix du Seigneur votre Dieu, toutes ses bénédictions se répandront sur vous et vous en serez comblé... après avoir volé partout, toujours et partout détestés, vous prêterez à plusieurs peuples et vous n'emprunterez de personne. Le Seigneur vous mettra toujours à la tête des peuples et non derrière eux; et vous serez toujours au-dessus et non au-dessous.

Voilà, c'est la nullité intellectuelle et morale des autres peuples qui a fait la fortune des Juifs, le plus impudent de tous, comme les appelle, le Talmud, oui vous avez bien lu le Talmud : ils ont réussi, vaincu, en criant toujours qu'ils possédaient et débitaient la vérité sur l'origine, la fin des choses, la destinée de l'homme ; les esprits vides, aussi les imbéciles des Académies, ont baissé la tête, se sont soumis au joug honteux du Juif, qui n'est qu'un trompeur trompé, lui-même sous le joug de la plus vile superstition. Mais le jour est venu où l'imposture doit être démasquée, où ce monstrueux, stupide orgueil sera culbuté dans la poussière, pour ne jamais se relever.

Les prêcheurs juifs sont partout superbement installés, prêchent, règnent depuis deux mille ans, et les hommes sont, tout comme avant leur invasion, misérables, égoïstes, toujours occupés à se harceler, prêts à s'entredéchirer ; ils adorent toujours ou tremblent toujours devant le dieu des armées ; on n'a pas honte de répéter que la guerre est divine, ce qui montre que la Vérité, la Raison ne sont encore connues que de nom, ne sont pas encore à l'usage de la Société humaine.

En attendant, que les Juifs ne s'imaginent plus que nous admirons, respectons l'horrible monstre, le brigand qu'ils appellent leur dieu; les Hellènes ont leur dieu de la guerre, lequel fait son métier en poussant à l'action furieuse, mais quand ils présentent le Père des dieux et des hommes, le personnage a le caractère de son rôle ; le Zeus immoral est le fait des Zola de ce monde-là, le vrai Zeus Père, en présence des frères ennemis, des Grecs et des Troyens que non pas lui, mais le Destin met aux prises, son attitude est celle d'une réellement noble impartialité ; dans cette création les Grecs se montrent comme des hommes cultivés, les Juifs comme d'horribles brutes; leur dieu est un chien monstrueux façonné par les Juifs pour leur rabattre le gibier, et déchirer des hommes dont il est pourtant regardé comme le père. Le dieu juif, c'est réellement le mal ; il se montre comme promoteur du brigandage ; c'est en criant : Dieu le veut! que les assassins anéantissent des populations, hommes, femmes et enfants ; ceux qui s'en vantent encore croient que tout cela est anéanti, qu'il ne vaut plus la peine d'en parler : ils sauront que les crimes les retrouveront infailliblement, leur enfonceront dans le visage des griffes d'acier et qu'ils ne s'en dégageront pas.

Oui le Dieu juif, présenté par des éhontés, et accepté par de lâches crétins comme Père parfait, c'est le mal, la déraison ; je le montre encore par les Juifs David et Salomon.

2 Rois, XII, 29 : David assembla tout le peuple, et marcha contre Rabbath, et après quelques combats il la prit. Il ôta de dessus la tête du roi des Ammonites le diadème, qui pesait un talent d'or, et était enrichi de pierreries très précieuses, et il fut mis sur la tête de David. Il remporta aussi de la ville un fort grand butin. Et ayant fait sortir les habitants, il les coupa avec des scies, fit passer sur eux des chariots avec des roues de fer, les tailla en pièces avec des couteaux, et les jeta dans des fourneaux où l'on cuit la brique.

C'est ainsi qu'il traita toutes les villes des Ammonites. David revint ensuite avec toute son armée à Jérusalem pour y faire ses dévotions. — Pas de grâce, de pardon : les crimes reviennent.

Que pense de cette monstruosité le dieu juif, qui est le mal ? Il en est charmé, comme les prêtres juifs qui haïssent les impies : 3 Rois, XV, 5 : David avait fait ce qui était droit et juste aux yeux du Seigneur, et dans tous les jours de sa vie il ne s'était point détourné de tout ce qu'il lui avait commandé, excepté ce qui se passa à l'égard d'Urie, Héthéen.

Adultère, assassin, ce brigand, selon la loi, méritait doublement la mort ; mais la loi n'est qu'un mensonge, un jouet dans les griffes des prêtres. Un polisson, appelé le Prophète Nathan, voulut profiter d'une si belle occasion. Nathan résolut d'être un ministre immortel, jusqu'au trône élevé de l'ombre de l'autel. Il a son plan : prompt comme l'éclair il égorge un agneau, se barbouille de sang et, la souquenille déchirée du haut en bas, les cheveux en désordre, les yeux hagards, poussant des cris perçants, il se précipite chez le Roy : O mon très bon, noble, généreux Roy, qu'allons-nous devenir ? Tout est perdu ! L'empiètement de mon très bon Roy sur la vigne et la vie d'un autre, le péché de mon grand Roy remplit le Ciel et la Terre ! Le Seigneur Dieu d'Israël est terriblement irrité contre la Maison d'Israël ! Le Seigneur m'est apparu ! Vous voyez dans quel état je suis ! J'allais mourir, je vais mourir ! Tout mon sang doit partir comme cela ! Le Seigneur m'envoie pour vous avertir ! Il m'a fait comprendre qu'il pense à envoyer sur la Maison d'Israël une pluie de feu, pour la traiter comme Sodome et Gomorrhe !

Pourtant le Seigneur Dieu d'Israël est si miséricordieux, si bon pour la Maison d'Israël ! Une prompte soumission, humiliation, un repentir, le plus profond, sauverait la situation !

Vite, vite ! Ah ! Mon grand Roy baisse la tête ! C'est cela ! Voilà ce qu'il faut ! Eh bien, le Seigneur Dieu d'Israël, qui donne à Israël tant de facilités, me dit en ce moment qu'il vous a déjà pardonné, tout remis ! Mais, seulement, pour arrêter net toute conséquence fâcheuse, il faut une méthode, une conduite : le Seigneur Dieu veut que chaque jour je vous dise exactement ce qu'il faut éviter, observer pour satisfaire complètement le Seigneur Dieu d'Israël.

Il n'en résultera pour Monseigneur le Roy qu'un bonheur continu ; je suis heureux d'être ici constamment à son service et lui baise les pieds.

Voilà un polisson solidement installé comme Directeur d'une conscience d'adultère-assassin. Cependant, les années de crapule et débauche s'écoulent ; la couronne volée au roi des Ammonites n'arrête pas la décrépitude ; il faut dire adieu à la félicité juive. Il s'agit, pour l'autre, de sauver une position. Le prophète Nathan s'élance et arrive au palais, chez Batseba et son distingué sujet, vaurien Salomon :

Grande Reine, Illustre Prince, il s'est formé contre vous un horrible Complot ; on veut vous assassiner aujourd'hui même, après le coucher du soleil ; je vous sauve la vie en vous avertissant ; je serais heureux de donner ma propre vie pour vous défendre. Adonias, l'aîné des princes, soi-disant héritier présomptif, sentant bien qu'il ne prévaudrait pas contre les hautes vertus de ma Reine, les dons et qualités admirables de mon prince Salomon, les préférences du Roy, notre Seigneur, la volonté du Seigneur Dieu d'Israël, qui a résolu de donner le trône à mon prince Salomon, Adonias veut se tirer d'affaire par le plus horrible des crimes ; mes renseignements sont précis et sûrs : les scélérats qu'il a gagnés se nomment Bourdias et Mentiram. Pour les déjouer, allons chez le Roy; il s'agit de faire sacrer tout de suite mon prince Roy d'Israël. Courons, il n'y a aucun moment à perdre; vous n'aurez jamais un serviteur aussi fidèle et aussi dévoué que moi.

Ils courent; ils emportent le morceau : Dieu le veut, l'enfant du Roy et de cette adorable Reine, l'Aimable au Seigneur, attrape la couronne. Les amis, que le prince Adonias, jusque-là légitime héritier, avait réunis à sa table, apprennent le couronnement et se dispersent. Adonias est bien vite résigné; disant adieu aux grandeurs, il rêve le bonheur domestique avec la belle Abisag de Sunam, servante dans la maison de David. Il va trouver la reine-mère : Le Seigneur-Dieu a donné le trône à mon frère Salomon; je vous prie de lui dire de m'accorder pour épouse Abisag de Sunam. Elle s'en charge volontiers; cela n'était pas du tout déloyal, inconvenant : l'un et l'autre ignoraient que la belle Abisag était déjà sous les griffes du monstre. Elle présente la requête...

Madame ma mère, vous voulez donc absolument faire régner à ma place le bel Adonias !!...

Le bel Adonias se conduit si mal que cela!... — Que Dieu me traite dans toute sa sévérité s'il n'est vrai qu'Adonias, par cette demande, a parlé contre sa propre vie! Et maintenant je jure par le Seigneur, qui m'a assuré la couronne, qui m'a fait asseoir sur le trône de David, mon père, et qui m'a fait une maison, comme il l'avait dit, qu'Adonias sera mis à mort aujourd'hui. Banaïas, tuez-le tout de suite, et tuez Joab, vous êtes général de l'armée à sa place.

Le vaillant Banaïas, soldat discipliné, plonge le fer dans le corps du jeune homme; il attaque Joab et le tue, non pour ses crimes, mais à cause de son amitié nullement déloyale pour l'héritier présomptif, la tyrannie n'admettant pas qu'il y eût jamais une autre légitimité que la sienne.

Vous, grand prêtre Abiathar, vous et Joab dîniez chez le bel Adonias à l'heure du sacre, au lieu de suivre l'exemple du saint Prophète d'Israël et du vénérable

Sadoc, au lieu de vous battre pour mon service ! Vous méritez la mort... Banaïas...

Pas tout de suite... Nous verrons.

Je jure par le Seigneur que je tuerai aujourd'hui mon frère innocent ! Il est donc démontré que Dieu n'est pas le gardien, une garantie de la morale ; les observateurs nous ont dit mille fois que ces Sémites prient à genoux régulièrement avec ardeur, et se relèvent pour courir au crime.

Mais il y a là encore bien autre chose : Je jure par le Seigneur que je tuerai aujourd'hui mon frère ! Regardez donc si ces prêtres songent à y voir un horrible sacrilège, eux qui si vite crient au sacrilège, quand on bouscule un peu leurs bêtises : Ces prêtres-là, et tous les autres, prêtres ou laïques, qui approuvent cette attitude des secrétaires du Saint Esprit et l'Esprit Saint sont des rien-du-tout, des brutes dépourvues de sens moral.

Ainsi débuta une vie ou un règne monstrueux de quarante ans, qui, tout entier, répondit au début. Dans le Cantique des Cantiques, un Monstre prétend avoir épousé une femme et bavarde comme ceci : « Oh ! que vous êtes belle, ma bien-aimée ! Oh ! que vous êtes belle, la bien-aimée de mon âme, et j'ai là encore, pour m'amuser, soixante reines, et quatre-vingt femmes du second rang, et les jeunes filles sont sans nombre ! » Est-ce que cet être est notre semblable ? Est-ce qu'un Monstre a une âme, une raison ?

Des crétins, pour justifier le titre d'Écriture sainte que porte cette saloperie juive, jurent que ce ne sont là nullement des êtres du sexe féminin, mais des Grâces, Indulgences divines, des Prières angéliques, des Actes de foi, de charité et d'Espérance !

Eh bien, laissons la dégoutante Poésie juive !

Voici l'Histoire, 3 Rois, xi, 3 : Le roi Salomon eut sept cents femmes qui étaient comme des reines, et trois cents qui étaient comme des concubines — sans compter la reine de Saba. Et les femmes lui pervertirent le cœur. Il était déjà vieux lorsque les femmes lui corrompirent le cœur pour lui faire suivre des dieux étrangers, comme Madame Astarté, Mons Moloch, Mons Chamos. Eh bien, est-ce que ce sont des Grâces divines, de saintes prières qui lui corrompirent le cœur, ou bien cette interprétation est-elle un mensonge, mais d'une stupidité sans pareille ?

Avant son infidélité Salomon était toujours Celui qui était chéri du Seigneur Juif, malgré les mille femmes qui le forçaient d'être un tyran ; ainsi le Seigneur Juif était l'ennemi du peuple juif, qui lui-même le méprise en retour, comme il le mérite.

Pour construire à ces mille et une femelles de splendides écuries et satisfaire à leurs exigences de luxe, à sa passion pour le festin perpétuel, le monstre écorcha sans pitié, horriblement le peuple ; jamais l'autorité religieuse, la caste sacerdotale ne protesta, parce qu'en même temps on flattait sa puérile vanité par la construction d'un temple magnifique et l'appareil d'un culte somptueux : à la dédicace du temple on lui laissa massacrer, pour honorer le Seigneur Dieu d'Israël vingt-deux mille bœufs et cent vingt mille brebis, 3 Rois, VIII, 63, leur permettant de nager dans des étangs de sang et de graisse, dès lors il n'était plus possible à des sans-cœur, des polissons comme ces prêtres, de protester contre l'insanité, la tyrannie. Mais enfin, le monstre crève, alors le peuple se ressaisit et vient dire à Roboam, le fils et successeur : Votre père nous avait chargés d'un joug très dur ; diminuez donc maintenant quelque chose de l'extrême dureté du gouvernement de votre père et de ce joug très pesant qu'il avait imposé sur nous, et nous vous servirons. Trois jours après, Roboam donna sa réponse : Mon père vous a imposé un joug pesant, mais moi je le rendrai encore plus pesant ; mon père vous a battus avec des verges, mais moi je vous châtierai avec des scorpions. Réplique du peuple : Dix tribus se séparent du successeur de Salomon, lapident le surintendant des tributs qu'il leur envoie, rompent avec les prêtres du beau temple, les complices de l'écorcheur et montrent qu'ils peuvent parfaitement s'en passer. Vraiment ils ont cent fois plus d'esprit, de caractère que tous ces fantômes, les lâches que le soleil éclaire aujourd'hui. 3 Rois, XII. Les prêtres qui exposent si clairement les vraies causes de la révolution, du schisme, ont l'impertinence de dire qu'elle est due à l'infidélité de Salomon ! Le peuple se moquait bien de ces farces là ; lui-même, sans préjugés, jugea que deux veaux d'or qu'on lui proposa d'adorer, valaient mieux que les fiscaux de Jérusalem.

Voici maintenant où je voulais en venir, les conclusions tout indiscutables à tirer des faits passés en revue, le jugement à porter sur notre histoire. Attention.

2 Rois XII, 24. Le Seigneur Dieu juif aima le second enfant de son David et de sa Batseba, et il lui donna par le Prophète Nathan, qu'il envoya ou qui lui-même s'envoya le nom d'Aimable au Seigneur, parce que le Seigneur l'aimait. 3 Rois, III, 3 : Or, Salomon aima le Seigneur, et, — dès son début — se conduisit selon les préceptes de David son père.., 5. Le Seigneur apparut à Salomon en songe — creux, jamais autrement — pendant la nuit, et lui dit : Demandez moi ce que vous voulez que je vous donne. Salomon lui répondit — en songe creux : Je ne suis encore qu'un jeune enfant, ne sachant de quelle manière je dois me conduire... Vous donnerez donc à votre serviteur un cœur docile, afin qu'il puisse juger votre peuple et discerner entre le bien et le mal, car qui pourrait autrement rendre la justice à votre peuple?

Le Seigneur agréa cette demande et dit : J'ai déjà fait selon vos désirs — dès le commencement, puisque je vous aimais — et je vous ai donné un cœur si plein de sagesse et d'intelligence, qu'il n'y a jamais eu d'homme avant vous qui vous ait égalé et qu'il n'y en aura point après vous. Je vous ai même donné les richesses — que je vous charge d'arracher au peuple, puisqu'elles m'appartiennent, et je sais que mes prêtres en auront leur part!

Vous voyez cela : Le fratricide, monstre de luxure, tyran, écorcheur du peuple, éducateur de Roboam est le plus sage de tous les hommes selon le jugement du Dieu juif, et si votre bon sens proteste, le Juif Paul vous dit que la sagesse des hommes n'est que folie devant son dieu!

Il n'y a plus à discuter, il n'y a plus qu'à lui tourner le dos. Quel homme de bon sens respectera encore le dieu juif et ses prophètes?

Entre la sagesse juive et le bon sens, la raison humaine, vous choisirez. Jamais aucun de vous n'aurait eu l'idée atroce, juive de couper en deux avec une épée, un enfant vivant, une idée qui ne doit absolument pas s'exprimer; vous auriez placé l'enfant sous bonne garde et mis ces deux personnes sous surveillance. Cessez donc enfin d'avaler des insanités, des ordures.

Répéter sans cesse les mots Vérité, Sagesse, ce n'est pas encore enseigner, inculquer la vérité, la sagesse. Si l'on considère l'Histoire universelle, l'état de cette Société humaine, on reconnaît que c'est une pure insanité, une ordure l'éducation — corruption réglementée, codifiée — de l'humanité par la soi-disant Sagesse juive, la conduite du dieu juif, de Moïse, Josué, David, Salomon et les autres, brigandage divin, guerre divine, crapule, débauche. Salomon a fait l'éducation de Roboam aussi sagement que David a fait celle d'Absalom, de Salomon, par l'exemple de l'infamie. David ne nourrissait dans son écurie que 305 femelles, mais cela suffisait pour instruire Absalom; celui-ci, ayant forcé son père de déguerpir, fit dresser devant le palais royal une tente, où il passa en revue et travailla les femelles de cet animal, devant le saint peuple d'Israël accouru pour jouir d'un spectacle si rare et gratuit. 2 Rois, XVI· Voilà comment le dieu juif et ses prophètes, ses prêtres ont fait avec Dieu l'éducation de ce peuple.

— Lévi. — Tu vois, Zabulon, il va bien notre Roy Absalom, il s'y entend.

— Zabulon. — Mais nous sommes belligérants, c'est de bonne prise, le droit de la guerre et il n'y a rien à redire.

Krokodeilos. — Les droits du Génie, je ne connais que cela : Le père Jacob a mis dedans son père Isaac et fut toujours comblé de bénédictions; jamais aucun reproche; le prince Ruben mit dedans son père Jacob, en prenant pour lui une des pièces de Jacob, sans doute pas la moins appétissante, et fut encore comblé de bénédictions, sans reproches; après ces précédents, le Roy Absalom a pensé qu'il n'avait aucune raison de se priver. Je ne connais que cela.

L'observation de Crocodile est fondée : la morale, l'éducation juive est une saloperie.

D'après ces précédents, un circoncis peut se permettre de mettre dedans son père en toute occasion ! Le gros Juif de Londres, débuta comme voyageur de son père ; il s'appliquait à visser bas le fabricant jusqu'au dernier cran, liard *he would screw down the manufacturer to the last farthing* ; puis il faisait faire deux factures, une facture vraie, pour lui, et une facture fausse, majorée, pour son père : Qu'est-ce que cela vous fait, à vous, si je veux tricher mon père ? *What is that to you, spake he, if I choose to cheat my father ?*

Un homme, qui n'a pas aliéné sa liberté d'esprit et qui conserve le sens de l'honnêteté, de la justice, est raisonnable, capable d'apprécier des preuves morales, c'est-à-dire se rapportant à l'honnêteté, la justice ; elles seront suffisantes pour lui faire repousser une doctrine qui contredit cette raison. On vient nous parler d'un Etre tout-puissant se donnant des enfants sensibles, intelligents, capables de le devenir, mais ayant absolument besoin d'éducation, d'instruction ; on nous conte qu'il lui a plu d'en adopter quelques-uns, de s'occuper de leur éducation et de négliger absolument les autres, finalement de faire dépouiller, tuer ces derniers par les favoris, et l'on nous suggère d'honorer, d'aimer ce créateur comme un Père parfait !

Il ne se respecte pas en méprisant son œuvre en condamnant à la dégradation, dépravation, souffrance des êtres sensibles qu'il a librement créés à son image ; l'éducation qu'il donne aux favoris consiste à en faire des brigands exécrés, des assassins, des monstres de débauche. La Théologie est une insanité, une infamie ; on n'envisage pas sans horreur l'idée d'imiter un Père parfaitement mauvais comme ce Juif.

La Théologie juive est de beaucoup la plus stupide, la plus odieuse de toutes. Ce sont les plus féroces des bourreaux ces êtres comme ce David, qui ne connaissent, n'admettent aucune existence, justice future, et ne croient exister ici quelques jours que pour se plonger dans la crapule, la débauche, le brigandage.

Voyez donc si ces sujets-là savent penser, se mettre d'accord avec eux-mêmes, comprendre qu'une intelligence, dite parfaite, ne peut une seule fois se contredire sans déchéance complète.

Donc le Saint-Esprit dit tout d'abord à l'homme: Vous

êtes terre et vous retournerez en terre. — Plus tard il inscrit encore d'autres déclarations, révélations, commandements sur le protocole, et il y met son sceau en disant : Vous n'ajouterez ni n'ôterez rien aux paroles que je vous dis ; vous ne vous détournerez ni à droite, ni à gauche. Faites ce que je vous ordonne sans y rien ajouter ni en rien ôter. Deutér. IV, 2, V, 32 ; XII, 32. C'est donc positif : Pas de vie future ; pas de justice, pas d'affection parfaite, pas de progrès sérieux. L'homme ne parviendra pas à une vue plus claire de la vérité ; l'homme ne se rapprochera pas de son Père ; telle est l'orthodoxie ; jusqu'à la fin de l'Etat juif, les Sadoquiens la soutiennent. Au fond, toutes les apparences appuient cette manière de voir ; le bon sens ne leur permet pas d'attendre davantage de leur Sultan ; s'il voulait nous mettre à l'aise, n'aurait-il pas depuis longtemps changé d'un coup une situation pénible ? Il est trop occupé de lui-même ! C'est l'idée de Salomon : Ecclésiaste, V, 17, 19 : J'ai cru donc qu'il est bon qu'un homme mange et qu'il se réjouisse, et que c'est là son partage, car Dieu se souviendra peu des jours de la vie de l'homme, parce que Dieu occupe son cœur de délices.

Donc le Père ne nous aime pas sérieusement, comme nous avons besoin d'être aimés et voulons aimer.

Cela regarde le cochon Salomon et son cochon divin, son Seigneur, moi je dis qu'il est bon que l'homme travaille sans cesse à se faire aimer de ses semblables par des œuvres de dévouement et de sainte affection, et, pour son bonheur, son honneur, d'envisager une révision future, où nous pourrons tout perfectionner et approfondir. Témoignages orthodoxes : psaume CXV, 26 : Les morts, Seigneur, ne vous loueront point : ni tous ceux qui descendent dans le lieu inférieur.

Mais nous qui vivons, nous bénissons le Seigneur. Psaume VI :

Seigneur, il n'y a personne qui se souvienne de vous dans la mort. Et qui est celui qui vous louera dans le lieu inférieur ? XLVIII, 20 : Lorsqu'il sera mort, il entrera dans le lieu de la demeure de ses pères, et durant toute l'éternité il ne verra jamais plus la lumière. — Enfin, David mourant, dit à Salomon : Je vais entrer dans la voie de toute la terre. Il exprime qu'il s'attend à retourner à la terre, selon la parole du livre; son idée ne va pas au-delà. — Isaïe, 38, 18, 19. Ezéchias dit : Seigneur ceux qui sont dans le tombeau, ne vous béniront point, les morts ne vous loueront point, et ceux qui descendent sous la terre ne mettront point leur attente dans la vérité de vos promesses.

Ce sont les vivants, ô mon Dieu, ce sont les vivants qui vous loueront, comme je fais aujourd'hui... — Salomon orthodoxe, Ecclésiaste, ix, 5, 10 : Ceux qui sont en vie savent qu'ils doivent mourir, mais les morts ne connaissent plus rien, et il ne leur reste plus de récompense, parce que leur mémoire est ensevelie dans l'oubli. L'amour, la haine et l'envie ont péri avec eux, et ils n'ont plus de part à ce siècle, ni à tout ce qui se passe sous le soleil.

Allez donc, et mangez votre pain avec joie ; buvez votre vin avec allégresse, jouissez de la vie avec la femme que vous aimez, pendant tous les jours de votre vie passagère, tout le temps de votre vanité, car c'est là votre partage dans la vie. Faites promptement tout ce que votre main pourra faire, parce qu'il n'y aura plus ni œuvre, ni raison, ni sagesse, ni science dans le tombeau où vous courez — Salomon hérétique : La Sagesse, viii, 19, 20 : J'étais un enfant bien né, et j'avais reçu une bonne âme. Et, devenant bon de plus en plus, je suis venu dans un corps qui n'était point souillé — admirable comme le bijou qu'il renferme, iii, v :

Les âmes des justes, dont je suis le modèle, sont dans la main de Dieu, et le tourment de la mort ne les touchera point. Les justes brilleront comme des chauves-souris aux gouttières ; ils jugeront les nations, et ils domineront les peuples, et leur Seigneur règnera éternellement, jappant toujours pour éloigner les voleurs, car les justes, qui vivront éternellement, porteront un diadème éclatant de gloire qui pourrait tenter les rôdeurs indiscrets. D'un autre côté tout l'univers combattra avec le Seigneur contre les insensés : il y aura, pour les fouetter, les foudres, les grêles, les vagues irritées de la mer, des vents violents qui les balayeront, les disperseront, réduiront tous ces pays en déserts, et le trône des puissants sera renversé par leur malice. Telle sera la justice pour les justes, comme Salomon, qui jure par

Dieu de tuer son frère, et quant aux impies qui disent : Il n'y a pas de Dieu comme ça ; le Seigneur détruira ces impies jusqu'aux fondements... et leur mémoire périra pour jamais, IV, 10.

Ainsi Dieu nous dit 1° : Il n'y a pas de vie future, Terreux, arrangez-vous ; 2° Il y a une vie future, Terreux, arrangez-vous ; moi j'occupe mon cœur de délices !

Donc il n'y a pas de Dieu, être parfaitement intelligent, raisonnable car il est clair que cette contradiction ne vient pas d'un être tout puissant, omniscient, immuable, Père parfait, qui n'a pas d'études à faire ; cela vient d'un tout ignorant, méchant crétin, qui chante une fois comme cela une autre fois comme ceci, sans aucune idée de la science, de la logique, et qui, restant toujours lui-même, s'est lestement façonné un chien de dieu à son image et à sa ressemblance. Avec un chien de dieu comme ça on est aussi méchant crétin avec la vie future que sans la vie future : voyez ces bondieusards de toute couleur ; est-ce que cela progresse, guérit, transforme la société ; la vie future enseignée, comme ci-après, par le Système antithéologique, l'Athéisme qui est la Religion, celle-là seule exerce une influence prompte et salutaire.

Maintenant vous allez vite comprendre que la Théologie juive est la plus stupide de toutes. L'esprit iranien, après avoir, selon ses moyens, étudié ce monde réel, a coordonné ses observations, ses idées, produit d'un jet une esquisse où règne une symétrie qui leur impose. Le Temps sans bornes engendre deux puissances rivales, le Jour, la Nuit, la Lumière, les Ténèbres, le Bien, le Mal, qui se combattent sans trêve, se tiennent en arrêt, se balancent en un vivant équilibre.

De tout ce désordre, de ces horreurs, le dieu de la Lumière, le Génie du Bien n'est pas responsable, c'est le fait de l'ennemi, qu'il ne peut annuler, qu'il peut tout au plus contenir ; si le terrible Ahriman paraît une fois céder, il revient ensuite avec fougue et dépasse à son tour la limite. Abstraction faite de la personnification, cela répond assez à la réalité observable ; pourtant on ne voit pas les éléments du progrès qu'il nous faut absolument.

Seigneur Ormuzd, votre Lumière est décidément trop pâle ; mais où l'Athéisme qui est la Religion met le pied, toutes les choses d'Ahriman sont brûlées dans la racine; voyez les œuvres.

Chez le Juif nous trouvons un mécanisme tout différent. Il faut au Juif un Chien de Dieu tout-puissant, muselé par le Juif, attaché au Juif par un serment, que l'on rappelle cent fois à ce chien, le serment de tuer pour les Juifs tous les hommes, les peuples dont ils convoitent les biens. Tenant en laisse un tel chien, les Juifs ne peuvent pourtant pas se dissimuler qu'il existe-là réellement, constamment une puissance contraire, aussitôt conçue comme une personne, volonté ennemie, un élément, une cause du désordre, du mal, que dans tous les quartiers les hommes furent contraints de reconnaître. Ils admettent encore que le terrible chien, étant fâché contre eux, puisse lui-même leur jouer beaucoup de mauvais tours, mais comment concevoir qu'il puisse tenter les hommes, les exciter à violer ses propres commandements, lesquels tentent à maintenir la paix sociale, l'ordre public? Il faut donc mettre cela sur le compte d'un autre, justement d'un inventeur, faiseur du mal, Ahriman, le Diable, qui fait son métier en s'efforçant de vexer, de corrompre les hommes.

La Sagesse, I, 13. Dieu n'a point fait la mort, et il ne se réjouit point de la perte des vivants... Toutes les créatures étaient saines...rien de contagieux, de mortel... le règne des enfers n'était point alors sur la terre... II, 23, 24 : Dieu a créé l'homme immortel; il l'a fait pour être une image qui lui ressemblât. Mais la mort est entrée dans le monde par l'envie du Diable.

Dieu est cet être tout inintelligent qui, dit-on, désire que son enfant soit toujours charmant et ne fait rien pour qu'il le soit, et quand le misérable s'est inévitablement gâté, « Dieu se repentit d'avoir fait l'homme sur la terre, et étant touché de douleur jusqu'au fond du cœur, à l'image et à la ressemblance de l'homme, il dit : J'exterminerai tout, hommes et animaux, car je me repens de les avoir faits. Il n'a vraiment fait et dit que des folies, car la mort ne vient pas de l'envie du Diable: la cellule en vivant s'incruste nécessairement, par là-même s'appauvrit et cesse enfin de vivre; c'est ce qui est arrivé pour d'innombrables cellules avant la venue de l'homme, et toute la Sagesse juive, n'est que folie, méchanceté.

Ahriman est en scène; les gens constatent que l'esprit diabolique se faufile partout; il faut de la prudence. On le désigne donc sous ce nom l'Esprit, en évitant avec soin toute épithète malsonnante, de peur de le mécontenter, de s'attirer des représailles; on risque M. le Serpent, ce qui ne semble pas être une offense, puisque le serpent est une œuvre du bon Dieu Chien. Cependant une grande question se pose : si le Diable-Serpent est si vif argent, fécond en œuvres, que devient la toute-puissance de notre Seigneur Dieu ?

Il n'y a qu'une seule solution : on prend hardiment chez les chuifs, le parti de domestiquer Ahriman: le Diable, l'Esprit devient un agent soumis, un commissionnaire du Bondieu, auquel il ne manque jamais de demander la permission d'agir, et jamais celle-ci ne lui est refusée, ce que l'on peut voir en tous lieux, à tout instant. Le grand désir de voir le Seigneur Dieu exercer sa toute-puissance, mettre partout son nez de chien, fait que celui-ci devient parfois lui-même le diable tentateur; cette chose ne plaît pas à M. l'apôtre Jacques, et il le dit franchement, I, 13 : Que nul ne dise, lorsqu'il est tenté, que c'est Dieu qui le tente, car Dieu est incapable de tenter et de pousser personne au mal.

Mais chacun est tenté par sa propre concupiscence qui l'emporte et qui l'attire. — Maître Jacques, l'Ecriture vous contredit; il faut considérer l'impulsion ; vous dites vous-même, v. 11 : Toute grâce excellente et tout don parfait vient d'en haut et descend du Père des lumières, de même, Monsieur Jacques, toute mauvaise pensée vient de l'ennemi, quand elle ne vient pas du Bondieu lui-même, comme cela est pourtant arrivé quelquefois, selon l'Ecriture sainte, Genèse XXII, 1 : Dieu tenta Abraham... Deuter, XIII, 1, 2: Voilà qu'un prophète vous prédit quelque signe ou quelque prodige : cela se vérifie puis il vous dit : Suivons les dieux étrangers! Le Seigneur votre Dieu vous tente, pour voir si vous l'aimez... De même, dans le Nouveau Testament, Marc, XIII, 22 : Dieu envoie des prophètes qui font des prodiges, des choses étonnantes, pour séduire les hommes, et Paul, 2 Thess. II, 9, 11, Cet impie vient avec la puissance de

Satan, avec toutes sortes de miracles pour tromper les hommes ; Dieu lui-même leur enverra des illusions si efficaces qu'ils croiront au mensonge.

Mais voici un extrait qui va confirmer ce qui a été dit et mettre en pleine lumière les vrais rapports de ces deux personnages, autour desquels on veut faire pivoter notre existence. 3 Rois XXII, 19 : Le prophète Michée dit : J'ai vu le Seigneur assis sur son trône, et toute l'armée du ciel autour de lui, à droite et à gauche. Et le Seigneur a dit : Qui séduira Achab, roi d'Israël, afin qu'il marche contre Ramoth en Galaad et qu'il y périsse? Et l'un dit une chose, et l'autre une autre. Mais l'Esprit s'avança et se présentant devant le Seigneur il lui dit. C'est moi qui séduirai Achab.

Le Seigneur lui dit : Et comment? Il répondit: J'irai et je serai un esprit menteur dans la bouche de tous ses prophètes. Le Seigneur lui dit : Vous le séduirez et vous prévaudrez. Allez et faites comme vous le dites.

Nous voyons au fond du mythe, dont le sens s'est plus tard tout à fait perdu pour les théologiens. Les circonstances favorables et les circonstances défavorables, voilà ce que c'est que l'esprit bienveillant, d'un côté, et Satan, l'adversaire, de l'autre côté, mais les circonstances favorables et les défavorables sont enchevêtrées les unes dans les autres; tandis que le Seigneur Ormuzd et le Seigneur Ahrimant sont réellement ennemis, chez les imbéciles, les Juifs, le dieu bienveillant, que l'on désire, appelle toujours à son aide, semble dans les dificultés aussi gênant, cruel que le diable, les deux puissances se mêlent, se confondent.

Voilà ce que signifie ce rapprochement de Dieu et du Diable : vous voyez là que le dieu blanc s'entretient avec le dieu noir tout familièrement, sans nul reproche, aucune trace d'amertume, ce qui est décisif pour notre interprétation et reste inconcevable pour ces théologiens, contrarie toutes leurs combinaisons. Ces deux s'entendent parfaitement pour berner l'espèce humaine; ils sont ensemble dès l'origine; le Noir, le chevalier, est comme chez lui dans le palais, le jardin du gros baron; ils s'amusent ensemble aux dépens du misérable Job.

Si cette Théologie et cette Démonologie nouvelle n'étaient pas complètement fausses, l'opposé du Saint, l'adversaire du prétendu Tout-Puissant n'aurait jamais pu s'en approcher, pénétrer dans le sanctuaire. Il est plaisant de voir ces Théologiens imbéciles venir faire l'ordre, le nettoyage dans la maison de leur tout-puissant, sage, saint Seigneur ; c'est donc un idiot, sans jugement, sans honneur. Voilà, l'idée de cette promiscuité, la réalité, qu'ils ne savent pas transformer, leur déplaît maintenant, et ils s'efforcent de s'en débarrasser, mais stupidement.

Zuzu canto ou chante : Ze voyais Satan tomber du ciel comme un éclair ! Mais à quoi pensait donc jusquelà Monsieur votre père, le Saint tout-puissant ? D'autres veulent savoir le Comment : pas de Saint tout-puissant ; il y a eu un combat, des coups donnés, reçus en règle, à la suite duquel Monsieur Satan vint établir chez nous son quartier-général, et poursuit ici ses opérations aussi activement que jamais ; il est de fait Prince de ce monde, dit Zuzu lui-même. Ainsi, ce n'est plus le dieu d'Abraham qui est le maître ; nous y avons gagné que, maintenant, Maître Satan fait la guerre sans permission ; mais il n'est plus devant Dieu pour nous accuser jour et nuit devant notre dieu ! Apocalypse, XII. Dieu croyait donc avoir besoin d'un zélé procureur ! C'est stupide au-delà de toute mesure.

Le peuple saint se sentait réellement misérable sous cette sainte Loi et les saints interprètes qui, malgré toute sainteté, ne l'avaient pas préservé de l'horrible domination étrangère, de subir la loi de cet horrible païen César, alors que le Seigneur avait dit à ses chéris qu'il les mettrait toujours à la tête des peuples et non derrière eux, toujours au-dessus et non au-dessous, si seulement ils écoutaient, gardaient et pratiquaient ses ordonnances, sans se détourner ni à droite ni à gauche, en prouvant leur foi par leurs œuvres. Deutér. XXVIII, 12-14.

Le Seigneur se montrait terriblement irrité, le peuple avait donc quitté la bonne voie ; qui enseignera donc la bonne voie, pour obtenir le rétablissement du royaume, de la gloire d'Israël ? On comprend que ce peuple était disposé à écouter un prophète divin, un libérateur ; les autres aussi avaient besoin d'un sauveur.

Zuzu est dans le train, rêve la gloire de Dieu, d'Israël et la sienne. O mon Père, n'est-ce pas vous êtes mon

Père ? Dites-moi : oui, mon Fils... Il m'a dit : mon Fils ! c'est entendu !

Zuzu, un véritable fou, halluciné, atteint de la manie des grandeurs, devenu le propre Fils de ce Très-Saint, ayant reçu de Dieu une si bonne âme, se présente, comme le Sauveur attendu, pour réconcilier le monde avec son Père, prendre sur lui nos iniquités, payer la rançon. Faites pénitence et pénitence et pénitence, mon Père est si fâché ! Soyez donc une fois parfaits comme mon Père est parfait ! Moïse, Josué, David, Salomon, Elie sont nos grands amis, du Père et de son Fils ; comme ils seront élevés en gloire dans mon royaume céleste !

Zuzu a voulu réellement être Roy divin, adoré de Jérusalem, Roy des Juifs, se flattant de restaurer par la puissance de ses prières, toute la gloire d'Israël : O Jérusalem, si tu avais voulu !

O Jérusalem ! Mais tu n'as pas voulu !

Votre Dieu, Mon Père et moi nous sommes un ! Les Juifs ne peuvent plus être d'accord.

Quelques adeptes lui crient : Vive le Roy des Juifs ! On réplique : Faites donc taire vos disciples ! Il répond, indigné : Si ceux-là se taisent, les pierres crieront pour me rendre témoignage !

Un homme de grande naissance (appelé Zuzu et Cricri, Luc XIX, 12, 38-42, venant du Ciel, s'en alla dans un pays fort éloigné à Jérusalem), pour y recevoir la puissance royale, s'absenter pour quelques jours, ensuite revenir en gloire avec une armée irrésistible.

Mais ceux de son pays le haïssaient et dirent : Nous ne voulons point que celui-ci soit notre Roy. Il revint donc, avec ses troupes, comme Seigneur glorieux, et récompensa ses serviteurs. Quant à mes ennemis, qui n'ont pas voulu m'avoir pour Roy, qu'on les amène ici, et qu'on les tue en ma présence.

Eh bien, ce Juif a-t il voulu être Roy et tyranniser le monde ?

Ne pouvant prévaloir ici par ses sermons, il s'enivre d'illusions sur le royaume céleste qui lui est réservé. Toutes choses ont été remises entre ses mains ; dans peu de jours il y aura du nouveau, ce sera la fin du monde ; dans mon filet je ramasserai et jugerai tous les hommes, pour mes amis ce sera une éternelle félicité ;

ils seront sur des trônes comme des souverains et ils mangeront, boiront à ma table, des noces perpétuelles; mes ennemis, les incrédules, demeureront pour toujours dans un étang brûlant de feu et de soufre.

Tout le monde sait que les imbéciles se laissent facilement prendre à l'appât de gros dividendes, intérêts promis par les Juifs ; donc le Juif dit aux misérables : Pour acquérir cette incommensurable gloire et indicible, éternelle félicité, être assis sur un trône dans mon Royaume et manger trois ou quatre fois par jour à la table du Tout-Puissant, il faut y mettre le prix ; il faut employer tout votre Capital en actions sur ma Gloire et ma Toute-Puissance, Luc XIV, 26, 33 : Si quelqu'un vient à moi, et ne hait pas son père et sa mère, sa femme et ses enfants, ses frères et ses sœurs, et même sa propre vie, il ne peut être mon disciple.

Quiconque d'entre vous ne renonce pas à tout ce qu'il a ne peut-être mon disciple.

Tel est ce Juif : des témoins de sa vie l'ont vu pétri d'orgueil, d'ambition et de gourmandise, un homme a donné au vin et à la bonne chère ; ce sont les satisfactions, jouissances, qu'il promet aussi à ses dupes.

Pour plaire à Zuzu il ne faut avoir d'autre amour que Cricri, qui se réserve, lui, d'épouser toutes les femmes et tous les hommes ; Paul Juif, pourvoyeur, dit aux vils animaux de Corinthe, 2, Cor. XI, 2 : Je vous ai fiancés à cet unique époux, qui est Zuzu, dit Cricri, pour vous présenter à lui comme une vierge toute pure; Jean Chéri, qui est au courant, dit de son côté, Apoc. XIV, 4 : que les déshonorés qui forment la cour de l'Agneau et le suivent partout où il va, ainsi à sa table juive, sont ceux qui ne se sont pas souillés par le mariage, car ils sont vierges !

Vive le bon père, et qu'elle vive la bonne Maman et à bas les Juifs, tous tant qu'ils sont !

Sainte Catherine de Sienne écrit que la créature élue se réjouit de savoir ses parents en enfer: cela est absolument correct, puisque cela plaît à l'unique époux Zuzu dit Cricri, et que, pour acquérir la grâce de cette félicité transcendante, il est sage de haïr père, mère, femme, enfant, frère, sœur et même sa propre vie, car quiconque, selon ses sentiments naturels, cherchera à sauver sa vie, la perdra, et quiconque la perdra, c'est-à-dire l'abîmera pour Zucri, sa croix, sa gloire, la sauvera. Luc IX, 24.

Nous, êtres raisonnables, faisons fi des sentiments naturels : la tigresse aime beaucoup sa progéniture et, pour la satisfaire, elle assassine ; tels sont les amours naturels, des saloperies ; tous ces hommes-nature sont au niveau de la tigresse, incapables de reconnaître, d'aimer la justice, la raison.

Pour nous, rien que des amours bien vus de tous, salutaires, ne lésant personne, venus sur le terrain de la justice, nourris par l'intelligence, évidemment surnaturelle, la volonté du bonheur, de l'honneur de tous.

Les injustices commises par mon frère, ma patrie, me font mal ; je les déteste et je le lui dirai tout-à-l'heure bien haut ; mais un amour pour Zuzucricri portant à haïr la famille, ce n'est pas un amour naturel de tigresse c'est une horrible insanité. Zucri est aussi égoïste que son chien de père ; il n'a rien fait pour vous, il n'a songé qu'à sa gloire, selon l'idée généralement répandue que les dieux, images des hommes, sont jaloux et qu'il faut acheter leurs faveurs, tandis que le vrai père, même ce père humain, est heureux de donner gratuitement.

Zucri dit lui-même : Luc XXIV, 26 : Ne fallait-il pas que le Christ souffrît toutes ces choses et qu'il entrât ainsi dans la gloire ?

Etes-vous renseigné maintenant ?

Il souffre horriblement de ne pas voir le monde à ses pieds, mais il l'accepte pour la gloire, comme le pénitent de l'Inde, qui espère tirer de ses folies rien de moins que la Toute-Puissance.

Zucri : Aimer son prochain comme soi-même, voilà mon commandement, un commandement nouveau ! Et il dit aux siens : Vous êtes purs ! .... Jean XIII, 10. Puis ceci : Il y aura toujours des pauvres parmi vous ! Jean XII, 8 : Donnez l'aumône de ce que vous avez, et toutes choses seront pures pour vous. Luc XI, 41 : Lorsque vous faites un festin, conviez-y les pauvres, les estropiés, les boiteux et les aveugles, qui n'auront pas le moyen de vous le rendre, cela vous sera rendu dans la résurrection des justes. Après le festin on balaye tout cela dans la rue ! Aimer comme soi-même ?

Celui qui aime comme lui-même son frère le traite comme lui-même; il n'en fait pas un torchon, il travaille avec lui, l'instruit par la parole et l'exemple, assure son existence, sinon il ne l'aime pas *comme lui-même*, n'observe pas la loi, n'est pas pur.

Zueri en a menti. Il est aussi faux que l'aumône soit un commandement nouveau, et qu'il dispense d'aimer son prochain comme soi-même...

Zueri veut qu'il y ait des pauvres, des hommes-torchons, afin qu'il y ait des riches, en état de faire des festins, à celui qui roule de festin en festin et de vendange en vendange : Je suis Lavigne et mon Père est Levigneron.

Zueri n'est pas en progrès sur « l'Écriture sainte » où l'on trouve, Deuter, XV, 4 : Il ne se trouvera parmi vous aucun pauvre ni aucun mendiant, afin que le Seigneur votre Dieu vous bénisse dans le pays qu'il doit vous donner pour le posséder. Verset 11 : Il y aura toujours des pauvres dans le pays où vous habiterez ; c'est pourquoi je vous ordonne d'ouvrir votre main aux besoins de votre frère qui est pauvre et sans secours, et qui demeure avec vous dans votre pays. Lorsque votre frère ou votre sœur, Hébreux d'origine vous ayant été vendus, vous auront servi six ans, vous les renverrez libres la septième année. Et vous ne laisserez pas aller les mains vides celui à qui vous donnerez la liberté. Juifs anciens, Juifs nouveaux, également bons à balayer.

Le christianisme a fait faillite comme la Révolution, n'ayant nullement éliminé ces passions égoïstes, orgueil, gourmandise, luxure, il n'a pu fonder l'ordre moral, la liberté, le bonheur.

Les hommes se sont traités en ennemis comme auparavant : l'Église permet à ses sujets de s'entretuer depuis le lundi matin jusqu'au mercredi soir. Toujours des pauvres : Dieu veut ce régime dont profite Dieu et son Église.

Notre Athéisme est une doctrine de liberté, de fraternité qui a vaincu l'égoïsme, le mal en théorie et en pratique.

Les preuves morales de l'inanité, fausseté absolue de

la Théologie sont complètes; il y en a d'autres, matérielles, saisissables qui ne sont pas moins concluantes. Avant de les aborder, je veux vous convaincre que la Foi gréco-romaine, toute pauvre, impuissante, est néanmoins encore plus rationnelle que toute cette ambitieuse, stupidement orgueilleuse niaiserie orientale.

Chez cette race gréco-italique d'abord, une abondante floraison théologique. Après une longue période d'observation, de réflexion chez des hommes plus capables de penser que les prêtres juifs surgiront des idées de valeur, qui ne sont pas le salut, mais pourtant une vérité incontestable.

Cette marche des choses dans le monde humain comme dans la nature, ces imprévus, à-coups, poussées, chocs désastreux, brisements funestes, tout cela ne ressemble pas à l'action calculée, motivée, de l'être pensant, proportionnée au résultat que l'on attend; dans cette multitude immense d'actions, d'effets et de causes, on ne distingue aucun but déterminé, surtout aucun rapport avec l'utilité, la convenance, la justice, la raison; comment, cela ne peut être que l'œuvre d'une Force aveugle, qui ne sent pas, ne pense pas, ne juge pas, ne nous connaît pas plus que le rocher qui descend la pente, ne connaît les corps qu'il rencontre et détruit.

C'est le Destin, notre Force inconsciente, qui domine ce mouvement prodigieux, en dehors de toute idée de raison, de justice, sans haine, sans amour. Voilà les dieux, qui sentent et pensent, comme nous dépossédés du pouvoir suprême, et soumis, comme nous autres, à la poussée de l'inintelligence. Vous allez voir que telle fut en effet la croyance de ces peuples qui ont joué un si grand rôle.

Kai toté dé chruseia Patér étitainé talanta...

Le Père en ce moment prit la balance d'or; il y plaça deux sorts de renversant trépas, les sorts du grand Achille et d'Hector le vaillant, saisit, tire au milieu, le jour fatal d'Hector descend vers l'Invisible, Apollon l'abandonne.

Le Père fait cette opération pour se renseigner, mais elle n'est pas nécessaire à l'accomplissement du fait; l'arrêt du Destin se manifeste; les dieux se résignent.

Ovide (Met XV, 745), va vous faire connaître les croyances de Rome.

César est menacé; Mme Vénus fait les cent coups pour préserver son saligaud de fils; elle remplit le Ciel de cris perçants, importune en vain tous les dieux, qui ne peuvent entamer les décrets des antiques sœurs, *qui rumpere quanquam Ferrea non possunt veterum decreta sororum.*

Madame, exaspérée, va se jeter par la fenêtre lorsque son Seigneur Père intervient. Ma Mignonne, voilà sous les yeux la forteresse du Destin, éternelle, indestructible, défiant toute atteinte; j'y ai lu et tu peux toi-même y lire, gravée au diamant sur l'airain, le fer, l'histoire de ton fils : il a bien rempli, accompli les années terrestres à lui mesurées; toutes les larmes et pleurnicheries ne peuvent rien y changer, mais mon affection guérit tout. Si vous saviez comme la tristesse enlaidit!... Eh bien, moi je veux que vous soyez là ma Belle Madame; ce n'est pas une plaisanterie! Tenez je vous embrasse, m'amie chérie... Mons Jules ne perdra rien au change : nous allons lui faire un accueil... en votre honneur, Madame. Entre vous et moi il s'assied au banquet; dans une jeunesse inaltérable *Purpureo bibit ore nectar.*

Eh bien, Frères, moi je vous dis que nous pouvons, non pas changer le Destin, mais façonner nous-mêmes le Destin : soyons raisonnables, honnêtes et nous serons heureux, même avec une brute intelligente qui possède la Force; notre affection guérira tout. Non pour la Fiction mais en Vérité un Athée est en ce lieu toujours prêt à traiter de cette manière-là, dans la mesure de ses forces, tout être humain de bonne volonté, pour noyer toutes les tristesses dans une sainte affection.

Dans ces conditions les dieux ne sont-ils pas superflus, un mécanisme à supprimer? Non, les dieux sont encore des amis qui peuvent devenir très utiles. De ma fenêtre, sur la rive gauche du Coney je découvre sur la rive droite, à deux mille mètres, une tranchée ouverte dans la forêt par une bourrasque épouvantable.

Allons-y... La tranchée : d'un bout à l'autre environ cent pas de largeur, avec bords nets, rectilignes : Le tourbillon conservait le même diamètre; c'est sur une pente. Sur cette station le monstre a fait rage; il est descendu ou il a monté, invincible à la montée, ou à la descente, culbutant toute chose : couchés là les gros troncs, racines en l'air... Il a monté, en arrivant contre la chaîne des collines, le mouvement, arrêté tout à coup, s'est accumulé pour produire cet effet; le tourbillon, repoussé à une hauteur, ne put ensuite plus atteindre la surface. A quelques pas de la tranchée, la maison forestière intacte, c'est le Destin ; ailleurs la foudre tue six personnes sous un arbre qui ne souffre pas, c'est le Destin.

Donc, vous comprenez qu'un voyant, clairvoyant, il y en a de réels de notre espèce, disant à un ami ; « Tel jour, à telle heure, tu ne te trouveras pas sous tel arbre, dans ce bois, un peu à droite de cette maison forestière » — vous comprenez que celui-là sauve la vie à son ami, sans entrer en conflit avec le Destin, qui n'a aucune intention, ne cherche pas de victimes. Les hommes ne se sont pas trompés en allant à Delphes, c'est-à-dire en croyant à la clairvoyance, mais en réalité celle-ci est capricieuse, on ne peut y compter; elle n'est pas du tout exacte aux rendez-vous qu'on lui donne. Hector ne s'adresse pas pour lui-même aux dieux; il s'en tient aux idées viriles saisies par son intelligence : « Aucun ennemi ne me détruira par dessus le Destin, huper aisan; quant au Destin, nul ne lui échappe. » Mais Hector, en présence de l'enfant, revient aux conceptions enfantines: « Dieux très bons, protégez cet enfant. »

Evidemment, ces hommes ont saisi un bout de vérité : La Raison, l'Intelligence ne se montre pas, n'existe pas dans le gouvernement de cette énorme masse à laquelle nous sommes attachés; c'est quelque chose ; on n'a pas à soutenir le ridicule de la diablerie juive, à jurer que l'on trouve parfait, adorable un Père qui tue ses enfants; mais alors où est-elle donc la Raison, l'Intelligence?

Est-elle chez vous? Si votre Raison, votre Intelligence ne consiste qu'en paroles, n'est qu'un formalisme superficiel, va seulement jusqu'à vous mettre en état de constater l'imperfection, la dissymétrie d'une théorie; le désaccord de telle et telle proposition, d'un principe et d'une action ou série d'actions, si ce n'est pas la science, Religion se manifestant par l'honnêteté, une conduite toute bienfaisante, parfaite, ce n'est qu'une dérision; on ne peut en attendre le salut. Il en est ainsi de la sagesse baroque de ce souteneur qui ne fait que présenter les idées les plus pitoyables sous les formes les plus correctes, élégantes : *Parcus deorum cultor et infrequens...* Un avare, un rare serviteur des dieux, je le fus; me fiant à une sagesse insensée je m'égarais ; à présent je suis forcé de faire voile en arrière, de revenir à la voie délaissée, car plusieurs fois Dieu père m'avertit en déchirant la nue avec une flamme fulgurante; il lançait par un ciel serein ses coursiers tonnants, son char ailé, qui ébranle la terre insensible, les fleuves errants, le Styx et l'horrible séjour de l'odieux Ténare, les confins atlantiques. Dieu a le pouvoir de tout mettre sens dessus dessous; il humilie le superbe, illustre, l'inconnu; la Fortune rapace arrache ici un diadème avec un bruit strident, puis s'amuse à le placer là-bas.

La puérilité d'un jongleur qui ne pense pas, ne peut s'empêcher de personnifier encore la Force qui ne pense pas, pour avoir la joie de se trouver en présence d'une folle, la Fortune; il ne peut non plus s'empêcher de tirer la ficelle pour voir agir la marionnette qu'il appelle son dieu; alors ce dieu fait justement ce que fait l'autre, bouleverse à tort et à travers ; il est aussi fou que la Fortune !

Voilà les dieux que servent, cultivent, admirent les stupidités, les littératures des âges d'ignorance, faites exprès pour délecter les imbéciles, qui s'ennuient de de penser, de parler, d'agir pour le bonheur, l'honneur de tous.

Je reviens à mon objet; il faut que vous ayez encore sous les yeux des preuves sensibles de la valeur intellectuelle, morale, de la sincérité, honnêteté des êtres qui nous qualifient de fous, de fripons, de bétail.

« Peu de temps après l'institution de la Société Royale de Londres, qui eut lieu en 1663, Charles II chargea ce corps savant d'examiner la question suivante : Pourquoi un poisson mort est-il plus pesant qu'un poisson en vie? Les membres de la Société se mirent à l'œuvre, et composèrent de nombreux mémoires pour établir les causes physiques de cette différence. Lorsque la question eut été complètement et longuement discutée, ils s'avisèrent de vérifier le fait, et ils découvrirent, à leur grande confusion, que le roi s'était moqué d'eux, puisque le poisson mort et le poisson en vie ont exactement le même poids. »

A-t-il trouvé cette chose dans une lecture ? A-t-il vérifié lui-même à l'avance ? En tout cas, il pouvait mettre à l'épreuve la prudence de ceux qui voulaient représenter la Science ; on ne les a pas empêchés de prendre leurs précautions.

L'anecdote telle qu'elle est, renferme une leçon des plus utiles, applicable en toute matière, une règle de bon sens : « Il faut vérifier une assertion, avant de chercher l'explication, d'essayer la théorie de cette chose. » Avant de juger un homme, il faut une enquête sérieuse établissant la réalité de l'acte qui lui est attribué, ensuite faisant connaître le véritable auteur de cet acte ; il en sera de même pour une question quelconque.

Par exemple, un sujet inoccupé vient dire à un travailleur : « Vous qui êtes toujours à piocher la Physique, la Chimie, expliquez-moi donc pourquoi, il est si facile de transmuter le plomb en argent, tandis que la transmutation du fer en argent ne réussit jamais. » Est-ce qu'un travailleur estime son temps assez peu pour se mettre à « discuter longuement », comme ceux-là, une question si intéressante ? Pour se débarrasser au plus vite, sans dire : Imbécile, Fou, Fripon, il emploiera une fiction : « Je tiens l'explication ; je suis prêt à vous la communiquer tout gratuitement, mais cela ne peut se dire qu'au moment même où le phénomène se produit ; c'est comme ça, autrement il n'y a rien à faire. Faisons donc ici aujourd'hui ou demain cette opération si facile, vous ou la personne qui vous a renseigné ; dès que vous serez prêt, je serai à votre disposition ; pour le moment je suis surchargé, bonsoir, je vous souhaite le bonjour. »

Le moyen est bon ; c'est justement de cette manière que je me conduis à l'égard d'un Professeur de Surnaturel venant chez moi pour placer son article, l'exercice de sa profession. « Monsieur est Professeur de Surnaturel, ambassadeur de la plus haute Puissance... Je m'y intéresse très vivement. J'apprécie les manifestations de l'éloquence, mais je vous assure que, dans cette question du Surnaturel, la seule éloquence que recherche un esprit sérieux, ce sont les preuves suffisantes, convaincantes de la vérité.

Etre ou ne pas être ; une prompte décision est désirable. Si vous vous intéressez à moi, montrez-moi donc au plus vite le Fait Surnaturel ; je vous dis que nous avons ici besoin du Fait Surnaturel ; c'est là le commencement et la conclusion. Si vous n'avez pas pour le moment les pouvoirs nécessaires de votre Souverain, il y a lieu de remettre à plus tard la continuation de cet entretien. Je suis persuadé que si un docteur chinois, japonais, s'adressait à vous pour un tel objet, vous lui demanderiez également ses lettres de créance. A quiconque annonce une découverte, un procédé, on demande des faits confirmant les paroles. »

Les soi-disant déistes, qui admettent Dieu, Être surnaturel, et repoussent l'idée d'une révélation ou communication, renouvellent exactement l'étourderie de la Société Royale ou bien se moquent de nous ; le dogme n'est admissible, ne devient discutable que par la production, constatation d'un fait de cet ordre. Tous les vrais déistes admettent la révélation, communication, le fait surnaturel, le miracle, désirent le miracle, sont aux aguets du miracle. Est-ce une puérilité de désirer recevoir des nouvelles d'un père éloigné ? L'homme fait acte de raison en cherchant à rattacher les effets à leurs causes, ainsi à s'éclairer sur son origine, comme sur ses rapports avec tous les membres du Système. Est-ce que ces déistes disent à leur Dieu : « Mon bon Père ? » Et ils ne désireraient pas connaître leur auteur, ses sentiments à leur égard ?

C'est une sotte plaisanterie.

D'un autre côté le bon sens dit que celui qui charge une autre personne de traiter pour lui, en son nom, une affaire, doit donner à cette personne le moyen de se faire reconnaître comme mandataire, la munir d'un acte authentique qui l'autorise, qui la charge d'agir à cet effet, de conclure suivant les conditions du mandat, comme cela se pratique généralement dans notre monde, entre souverains, Etats, de même qu'entre particuliers ; on peut être sûr que les hommes ne concevront pas autrement les rapports qui pourraient s'établir entre le peuple et le souverain surnaturel dont il croit dépendre, c'est-à-dire que si le souverain veut communiquer avec le peuple par un intermédiaire, il ne manquera pas de l'accréditer convenablement, sans quoi l'imposture aurait beau jeu pour causer de graves désordres. L'imposture, elle aussi, a dans son sac de si belles paroles... Et les Papiers? Ah! les Papiers! Jamais les Papiers ne viennent du Ciel; toujours les Papiers viennent de la *sacrée* Arrière-boutique *sacrée*! Plus les Papiers débordent de Vérité et de Sainteté, plus ils sont suspects! Donc il est certain que les vraies lettres de créance des Ambassadeurs d'un Maître surnaturel chez les hommes ce sont les œuvres indiscutablement surnaturelles, elles seules; montrent que ceux qui les accomplissent sont réellement les mandataires d'un souverain Maître de la nature et méritent seuls toute confiance. Messieurs les Ambassadeurs, vous pouvez d'un coup gagner le monde en faisant usage des magnifiques dons que Dieu fait à ses élus.

Exode III, IV. Dieu choisit Moïse; il en fait son ambassadeur près de son cher peuple juif, pour lui annoncer toutes les grâces dont le Tout-Puissant veut le combler. Moïse inquiet répondit à Dieu : « Ils ne me croiront pas, et ils n'écouteront point ma voix, mais ils diront : Le Seigneur ne vous est point apparu. »

Comprenez cela; c'est en vérité un document. Il y a donc déjà des milliers d'années que les hommes sont agacés, quand un petit sujet vient leur dire : « Me voyez-vous? Eh bien, c'est avec moi que le tout-puissant Seigneur de l'Univers vient causer, pour que je vous gouverne et vous apprenne à vous conduire! » — Alors les hommes ne disent pas: « Excellence, auriez-vous la bonté de nous donner les détails, quelque preuve? » Ils éclatent: Céé paaa vréée, bourdes, bêtises! c'est le Livre saint qui nous dit que les hommes sont ainsi disposés, réagissent tout d'abord de cette manière; cette chose notoire, les prêtres l'ont mise par écrit, sans appeler fous fripons ceux qui demandent des preuves.

Avec une ruse parfaite les prêtres se mettent à l'unisson, affichent le scepticisme, ou semblent encourager la méfiance, l'esprit critique, pour mieux mettre dans le sac les imbéciles, qui pensent que puisque d'autres ont une fois vérifié, ce que l'on ne prouve jamais, on n'a plus besoin de penser à une nouvelle vérification.

Dieu dit alors à Moïse : « Ne craignez rien, je ferai des miracles ; j'en ferai d'abord pour vous convaincre vous-même, puis des miracles pour instruire le peuple ; s'ils n'écoutent pas la voix du premier miracle, ils écouteront la voix du second ; s'ils ne croient point encore à ces deux miracles, j'en ferai encore d'autres ; voici d'abord vos miracles. »

A la bonne heure! Ces gens comprennent, savent que nous avons besoin de preuves, de miracles, et ils nous les octroient libéralement. Vous êtes content ; bien, tant mieux, écoutez donc ou lisez le récit de ces magnifiques miracles ; le peuple les a vus ; soyez donc tranquille enfin, et pensez seulement à en témoigner votre reconnaissance à notre Seigneur Dieu pour votre salut, en obéissant fidèlement à la sainte Loi qu'il nous a donnée.

Non, non, pas de lecture, discours : voir des faits, des faits, M. Renard.

Les prêtres savent soutenir le courage de leurs brigands, les convaincre qu'ils ont toujours à leur disposition un monstre juif, tout-puissant protecteur des Juifs, toujours présent, attentif à leurs besoins, prêt à satisfaire leurs désirs, en leur présentant leur histoire comme une chaîne ininterrompue de miracles éclatants du Bondieu en leur faveur, laquelle chaîne les tient dans la servitude, les enchaîne au mal, jusqu'à ce qu'elle soit dissoute par la Raison. Jamais un père se reposant sous la tente, seul avec les siens, ne leur a dit : Moi qui vous parle j'ai traversé à sec la mer entre deux murs liquides ; j'ai traversé à sec le lit du Jourdain, ayant à ma droite un mur liquide s'élevant de moment en moment. Mais devant l'Arche fétiche tous en palpant le produit des brigandages, applaudissent avec rage aux mensonges sacerdotaux qui leur promettent de nouveaux succès.

L'homme ne ment pas, mais il se trompe en attribuant à une pensée, volonté la réaction de la pierre, la création du monde, des êtres vivants, la guérison d'une maladie, mais il ment impudemment lorsque, pour appuyer sa stupide théorie de l'univers, il produit, présente comme des faits glorieux, ce qui ne s'est vu que sur le papier patient, muet, le Passage de la Mer-rouge, du Jourdain, la création d'une matière, pain, farine, huile, par un simple acte de volonté, des choses en dehors de toute observation ; aujourd'hui même le monde cessera de les admirer.

Bien entendu les prêtres du Nouveau Testament, nourris de colle juive, se vantent comme les anciens d'avoir des assortiments complets de faits surnaturels, à servir aux êtres bénis, possesseurs d'une parfaite bonne volonté ; mais en outre la puissance surnaturelle de la Foy juive y est explicitement proclamée avec une hardiesse sans égale, une inconscience inconcevable, ce qui lèverait toute difficulté quant à la vérification, justification indispensable, si l'exaltation, la glorification de la Foy juive n'est pas un mensonge juif d'une puissance inconnue, extraordinaire, une divagation d'aliéné, un exploit héroïque de fou-fripon qui se croit sûr de la stupidité sans bornes des auditeurs, de leur besoin absolu de croire qu'un Tout-puissant se penche, s'incline, leur tend la main pour les enlever, pour les sauver. Voyez et jugez.

Matthieu XVIII, 19, 20 : « Je vous dis encore que si d'eux d'entre vous s'unissent ensemble sur la terre, quelque chose qu'ils demandent, elle leur sera accordée par mon Père qui est dans les cieux, car en quelque lieu que se trouvent deux ou trois personnes assemblées en mon nom, je m'y trouve avec elles. » XXI, 18, 22 : Il dit au figuier sans fruits : « Qu'à jamais il ne naisse de toi aucun fruit » ; et au même moment le figuier sécha. Les disciples furent saisis d'étonnement ; Jésus leur dit : « Je vous dis en vérité que si vous avez de la foi, et que vous n'hésitiez point, non seulement vous ferez ce que vous venez de voir en ce figuier, mais quand même vous diriez à cette montagne : Ote-toi de là, et je te jette dans la mer, cela se fera ; et quoi que ce soit que vous demandiez dans la prière avec foi, vous l'obtiendrez » — Marc IX, 22 : Jésus lui répondit : « Si vous pouvez croire, tout est possible à celui qui croit. » XI, 22, 24 : Jésus leur dit : « Ayez de la foi en Dieu. Je vous dis en vérité que quiconque dira à cette montagne : Ote-toi de là et te jette dans la mer, et cela sans hésiter dans son cœur, mais croyant fermement que tout ce qu'il aura dit arrivera, il le verra en effet arriver. C'est pourquoi je vous dis :

Quoi que ce soit que vous demandiez dans la prière, croyez que vous l'obtiendrez, et il vous sera accordé. »

Moi je comprends que dans ces conditions, il peut se produire chez certaines personnes, en vertu de leur constitution, une hallucination subite, qui lui montre en effet l'objet en question; c'est un phénomène intérieur auquel ne répond aucune réalité extérieure.

Luc XI, 9, 10 : « Demandez et on vous donnera; cherchez et vous trouverez; frappez et l'on vous ouvrira. Car quiconque demande, reçoit; et qui cherche, trouve; et l'on ouvrira à celui qui frappe. »

Jean X, 37 : « Si je ne fais pas les œuvres (surnaturelles) de mon Père (surnaturel), ne me croyez pas. » — Un brave homme, charmant, raisonnable. — « Mais si je les fais, quand même vous ne voudriez pas me croire, croyez à mes œuvres. » — Certainement, avancez donc, où sont-elles, pas les homélies, mais les œuvres surnaturelles? Vos disciples les refusent! Nous serions tout prêts à vous faire plaisir, honneur; ils ne veulent pas — XIV, 18, 14 : « Mon Père, qui demeure en moi, fait lui-même les œuvres que je fais. Ne croyez vous pas que je suis dans mon Père et que mon Père est en moi? Croyez-le au moins à cause de ces œuvres. En vérité, en vérité, je vous dis, celui qui croit en moi fera lui-même les œuvres que je fais, et en fera encore de plus grandes, parce que je m'en vais à mon Père. » — Cela s'est justement vérifié, comme il semble, en ce grand Saint-Nicolas, évêque de Myre, qui, d'un mot, ressuscita plusieurs enfants assassinés dans une hôtellerie, déposés en morceaux dans une cuve, pour être servis aux voyageurs. — V. 13. « Et tout ce que vous demanderez à mon Père en mon nom, je le ferai, afin que le Père soit glorifié dans le Fils. Si vous me demandez quelque chose en mon nom, je le ferai » — XV, 7 : « Si vous demeurez en moi et que mes paroles demeurent en vous, vous demanderez tout ce que vous voudrez, et il vous sera accordé. » V. 24 : « Si je n'avais pas fait parmi eux des œuvres qu'aucun autre n'a faites, ils n'auraient point le péché qu'ils ont; mais maintenant ils les ont vues et ils ont haï et moi et mon Père. »

Entendez-vous cela, Messieurs les Professeurs? Je vous jure que moi je n'ai jamais rien vu qui pût me faire soupçonner l'existence de votre ordre surnaturel, surhumain, que vous chantez, car notre Surnature à nous ; Honnêteté, Justice, Science, Religion, Bonheur, Honneur de tous, ce qui n'a, certes, rien de commun avec le train de cette dégoûtante, hideuse nature, c'est une réalité de notre vie, un simple développement de notre Sensibilité, Intelligence, qui sont des phénomènes matériels. N'ayant rien vu de pareil, je resterai sans péché séparé de vous, si vous ne consentez pas à demander le fait surnaturel dont nous avons besoin ; ne vous ai-je pas rappelé exactement les textes, les paroles sacrées qui vous y invitent vraiment avec insistance ?

En attendant que vous vous décidiez, je vais vous soumettre une observation propre à réveiller ou stimuler votre zèle pour le salut de cette âme.

Le docteur Jean affirme dans son saint Évangile que le peuple, les juifs récalcitrants ont vu les miracles de Jésus, des miracles suffisants ; s'ils les ont vus, ils n'ignoraient pas que le Tout-Puissant était proche, en présence ; or, le docteur Pierre, fondement de l'Église, dit au peuple, Actes III, 14, 17 : « Vous avez fait mourir le Saint, le Juste, l'Auteur de la vie ; cependant, mes bons frères, je sais que vous, aussi bien que vos bons sénateurs, avez agi en cela par ignorance ! » Messieurs, vous comprendrez que cela ne coïncide plus.

Je vous prie, est-ce que vous et moi irions attaquer un homme que nous saurions soutenu par la Toute-puissance, après l'avoir vu faire des prodiges ? Et ceux-là, ces Juifs, voyez donc comme ils se précipitent avec fureur sur l'Auteur de la vie !

Vraiment ils ont ignoré, comme le dit Pierre, donc ils n'ont pas vu de ces œuvres décisives ; c'est le docteur Pierre qui est dans le vrai. Le Livre, Marc VI, 52, reconnaît aussi que les disciples n'avaient d'abord pas fait attention au miracle des pains, parce que leur cœur était aveuglé !!!

Cela nous dit simplement que les témoins n'ont pas vu de miracle, mais pour glorifier un enfant bien né, qui, ayant reçu de Dieu une bonne âme, était devenu bon de plus en plus, ils ont brodé dans le récit un miracle semblable aux actes légendaires de Mons Élie et et du sire Élisée, chefs-d'œuvre du génie sacerdotal. Ne vous fâchez pas : je dis que tout cela s'efface, s'évanouit, si vous nous octroyez aujourd'hui un fait surnaturel de bonne qualité, plus sérieux que le Miracle des Pains.

Messieurs les Professeurs, décidément vous êtes trop timides : efforcez-vous de vaincre ce défaut très grand, puisqu'il rend inutile l'œuvre, le sacrifice, les commandements du Seigneur. Considérez donc les magnifiques promesses qui vous sont faites : les bandes de Moïse croyaient que le Tout-puissant était avec les Saints et elles réussissaient, et vous ? Matth. XXVIII, 20 : « Assurez-vous que je serai toujours avec vous jusqu'à la consommation des siècles. » — Vous ne le croyez donc plus ?...
Marc, XVI, 20 : « Les Apôtres étant partis, prêchèrent partout, le Seigneur coopérant avec eux, et confirmant la parole par les miracles qui l'accompagnaient. » Exactement comme furent confirmées les paroles de Moïse et de tous les envoyés de Dieu ; est-ce que vous êtes des envoyés de Dieu ? Craindriez-vous de tenter Dieu ?...

Mais Dieu, au contraire, vous reproche de ne pas demander ce qui servirait à sa gloire, à celle de la Sainte Eglise et au salut du monde, Jean XVI, 24 : « Jusqu'ici vous n'avez rien demandé en mon nom. Demandez et vous recevrez, afin que votre joie soit parfaite. »

N'est-ce pas Dieu vous défend, avec menaces, de le tenter ?

Saint-Pierre, fondement de l'Eglise, pasteur suprême « Vous êtes Pierre et sur cette pierre je bâtirai mon Eglise. » Matth, XVI, 18 ; Jésus dit à Pierre : « Paissez mes brebis, paissez mes agneaux », Jean XXI, 15-17 — Eh bien voici comment il se conduit. Pour convertir, sauver la Gaule, il y envoie trois disciples, entre autres Maternus, qui meurt aussitôt après son arrivée. Ses compagnons retournent au grand pasteur : « Cher maître, voilà le malheur qui nous frappe. Nous vous dirons que ce sont là des peuples à tête dure ; pour vaincre leur obstination, il faut ce coup d'éclat : rendez-nous Maternus. » Pierre croyant, lui, aux paroles du Seigneur, remet son bâton aux disciples qui retournent et arrivent après plusieurs mois au tombeau.

Maternus au contact du bâton de Saint-Pierre, se relève plein de vie et tous ces obstinés se convertissent.

Là dessus je vous attends ! L'Eglise, dans les canonisations, recherche les miracles comme la seule voix authentique du Tout-puissant Maître du monde ; je ne dis et ne demande pas autre chose. Jean IX, 31 : « Dieu n'exauce point les pécheurs, mais si quelqu'un l'honore et qu'il fasse sa volonté, c'est celui-là qu'il exauce. » — Eh bien, est-ce que l'Eglise catholique, qui sait se purifier avec ses sacrements, n'est pas pour vous la Sainte Eglise ? Est-ce qu'elle n'honore pas Dieu, ne fait pas sa volonté, ne le fait pas descendre à toute heure du ciel sur la terre ?

Ces prêtres, religieux, religieuses n'ont-ils pas haï le monde et tout quitté pour faire la volonté de Dieu et ne sont-ils pas les amis de Dieu ? XV, 13 : personne ne peut avoir un plus grand amour que de donner sa vie pour ses amis — Or, toutes ces personnes-là sont prêtes à donner leur vie pour leur Seigneur ; donc elles remplissent toutes les conditions requises pour obtenir le miracle si positivement promis.

A cette question du miracle nous en rattachons une autre assez importante. Le Seigneur Jésus, très pressé d'entrer dans la gloire de son Royaume céleste, a positivement annoncé, comme vous allez voir, une fin très prochaine du monde, coïncidant avec une résurrection de tous les morts et le jugement de ces vivants et de ces morts ressuscités, la Toute-puissance rendant à chaque âme le corps qu'elle a quitté, qui lui avait appartenu.

Matth. XVI, 27, 28 : « Le Fils de l'homme, Zuzu dit Cricri, doit venir dans la gloire de son Père avec ses anges, et alors il rendra à chacun selon ses œuvres. »

Je vous dis en vérité, il y en a quelques-uns de ceux qui sont ici, qui n'éprouveront pas la mort, qu'ils n'aient vu le Fils de l'homme venir en son règne — Marc VIII, 38, 39 : « Le Fils de l'homme viendra accompagné des saints anges, dans la gloire de son Père. Je vous dis en vérité, qu'il y en a quelques-uns de ceux qui sont ici qui ne mourront point ; qu'ils n'aient vu arriver le règne de Dieu dans sa puissance. » — Luc IX, 26, 27 : « Le Fils de l'homme viendra dans sa gloire, et dans celle de son Père et des saints anges. Je vous dis en vérité, il y en a quelques-uns de ceux qui sont ici présents qui ne mourront point, qu'ils n'aient vu le royaume de Dieu. »

Dans les trois premiers Evangiles, pour nous Dysangiles — Peu d'Elus — Mathieu XXIV, Marc XIII et

Luc XXI, le Jésus, Fils du Dieu juif, annonce sa gloire prochaine, la destruction du temple, suivie à bref délai de la fin du monde et du retour glorieux du Roy Jésus, entré en possession de son Royaume, du souverain pouvoir et venant juger tous les hommes ; dans les trois livres XXIV, 34, 35 ; XIII, 30, 31 ; XXI, 32, 33, le récit se termine par ces paroles identiques : Je vous dis en vérité que cette race — classe d'adultes qui m'entendent — ne passera point que toutes ces choses — destruction du temple, fin du monde ne soient accomplies. Le ciel et la terre passeront, mais mes paroles ne passeront point.

Ces paroles sont positives, ne comportent qu'une seule interprétation ; aussi vous pouvez voir que l'on s'y rapporte dans presque toutes les parties du N. T., quatrième Dysangile, Actes, Epitres, Apocalypse ; je vous indique ici quelques-uns de ces passages. Dans le 4e, V, 25-28, Jésus dit : En vérité, en vérité, je vous dis, l'heure vient, et elle est déjà venue où les morts entendront la voix du Fils de Dieu, et que ceux qui l'entendront vivront... Le temps vient où tous ceux qui sont dans les sépulcres entendront la voix du Fils de Dieu. Jean 1, Ep. II, 18 : Petits enfants, c'est ici la dernière heure... Nous sommes dans la dernière. Apocalypse, I, 1 : Choses qui doivent arriver bientôt. 3, Le temps est proche... 5, 7 : Le prince des rois de la terre, — duquel nous, circoncis, sommes les très aimés ministres plénipotentiaires — le voici qui vient sur les nuées. Tout œil le verra — et verra combien il nous aime — Oui cela est ainsi. XXII, 6 : Jésus fait connaître à ses serviteurs, amis — au Ch. XV, 14, 15, il nous dit : Vous êtes mes amis, je ne vous donnerai plus le nom de serviteurs — il nous fait connaître ce qui doit arriver dans peu de temps ; 7. Je vais venir bientôt. Certes, je vais venir bientôt. Amen. Venez, Seigneur Jésus.

Le docteur Pierre, 1 Ep. IV, 7 : La fin de toutes choses s'approche.

Le docteur Paul, Rom. XIII, 12 : La nuit est fort avancée, et le jour s'approche. Hébreux, X, 37 : Encore un peu de temps, et celui qui doit venir viendra, et ne tardera pas.

Le docteur Jacques, V, 8 : Soyez patients, et affermissez vos cœurs, car l'avènement du Seigneur est proche. Jude, 14, 18 : Voilà le Seigneur qui va venir avec ses Saints pour confondre ces impies, comme l'a prédit Enoch. Ce sont les imposteurs qui, selon les prophéties, doivent s'élever aux derniers temps ; nous y sommes donc arrivés. Actes, II, 14 21, Pierre dit aux gens que ce qu'ils voient c'est justement ce qui, selon le prophète Joël, doit arriver dans les derniers temps du monde.

Cette génération a disparu et le Seigneur Jésus ne s'est pas montré ; est-ce que je prétends en conclure la fausseté de la doctrine ? Pas du tout ; je concède qu'il n'y a pas contradiction ; mais une telle concession se paye ; on ne la fait que contre payement. Moïse et ses collaborateurs, continuateurs avaient subtilisé à Dieu le serment de servir fidèlement Israël comme Israël obéirait au Seigneur, aux prêtres du Seigneur ; les amis de Jésus lui ont subtilisé davantage : il leur a promis de leur accorder quoi ce soit, tout ce qu'ils demanderaient, pour la gloire de Dieu et de son Eglise ; du reste ce sont eux qui tiennent les clefs de la Cité sainte, du Royaume Céleste, du Paradis ; tout ce qu'ils retiennent sur la terre est retenu au ciel ; et tout ce qu'ils délient sur la terre sera aussi délié dans le ciel ; par la volonté de Dieu les prêtres de Jésus sont des dieux : *Ego eipa theoi este, Ego dixi, vos dii estis!*

Il n'y a pas à contester, c'est la parole du Seigneur lui-même, voyez Matth. XVI, 18, 10, XVIII, 18 ; Jean X. 34. Ainsi Dieu avait en effet résolu de faire une fin, de se donner des loisirs, pour ne pas avoir continuellement à être en colère. Croyez-vous que ce soit si amusant d'être toujours en colère ?... Qu'est-ce que vous me dites là que Dieu n'est pas en colère, comme le dit assez souvent l'Ecriture sainte ?

S'il n'est pas en colère lui permettrez vous d'être content, joyeux ? Le vin, la joie de Dieu et des hommes, Juges IX, 13.

Mais tout cela ce sont des paroles de l'Ecriture sainte, des paroles de Dieu, et elles vous déplaisent ! Vos idées à vous sur la colère et la joie de Dieu, est ce que ce sont des idées de Dieu, consignées, contenues dans son Message officiel ? Elles ne sont ni de Dieu, ni des hommes ; elles sont d'un imbécile.

Dieu voulait donc la liquidation, et voilà qu'on lui adresse des bordées de prières, de Messes basses et de

Messes chantées, qui démolissent, réduisent en miettes, tous les assises de sa résolution. J'ai lu assez de manifestes de ces saintes Maisons de pénitence, où elles nous apprennent que si le monde existe encore, c'est uniquement grâce aux prières, aux exercices de ces Religieux et de ces Religieuses, ces âmes généreuses, exquises, qui se dévouent pour l'humanité, donnent toujours satisfaction, apaisent la colère divine, désarment le bras de la Justice et prolongent le temps d'épreuve, afin de recueillir encore quelques âmes choisies capables de se convertir.

C'est écrit : Quoi que ce soit que vous demandiez, vous l'obtiendrez ; eh bien, puisque vous avez tant de crédit, un tel pouvoir, veuillez donc demander avec insistance au Cœur du divin époux, qui vous a déjà comblés de tant de grâces, le fait surnaturel le mieux conditionné qui, ne laissant subsister aucun doute, puisse ouvrir nos yeux à l'admirable lumière et résoudre toutes les difficultés ; finalement si vous ne nous payez pas aujourd'hui le Fait surnaturel, clair et net, toute votre juiverie redevient contradiction, un rêve de folie, une dégradante absurdité, une immoralité dégoûtante.

« Mon pauvre homme, s'il ne vous fallait que des miracles, si la sincérité ne vous manque pas plus que les miracles, nous avons notre entrepôt de Lourdes, qui est en état de fournir des séries de miracles, des douzaines, des centuries de miracles, suivant les besoins. »

L'homme, en perdant pied, au moment de faire le plongeon, saisit l'objet à sa portée ; je savais par cœur que vous glisseriez sur cette fine tangente, mais je suis là pour vous ramener.

Le problème des trois corps : avec seulement trois corps les difficultés s'accumulent ; on est forcé de se contenter d'une approximation. Et le problème du corps humain ? Combien d'agents, d'actions différentes, enchevêtrées les unes dans les autres, dont le mécanisme intime est également obscur ? C'est le problème que vous nous jetez à la tête, pour que, dans ces combinaisons sans nombre, nous distinguions bien vite, à coup sûr, ce qui est naturel de ce qui pourrait être, de ce qui est, selon vous, surnaturel !

Dans mon adolescence j'eus deux ou trois fois de ces

bénignes fièvres intermittentes, qui étaient coupées net par trois ou quatre pilules de sulfate de quinine ; mon voisin H... avait la même fièvre, prenait des quantités de ces pilules, sans succès ; ensuite la fièvre cessa sans médication particulière. Dans certains cas, la phtisie pulmonaire s'est arrêtée à un moment donné ; la plaie s'est cicatrisée, la vie a continué normalement : nous ne pouvons nullement comprendre, définir, prévoir de tels effets ; les appeler surnaturels parce qu'ils restent incompris, c'est un impertinent bavardage.

La rapidité de certaines guérisons, à Lourdes et ailleurs, est particulièrement revendiquée comme caractère surnaturel, car, dit-on, les actions naturelles sont lentes, progressives. Paroles en l'air ; un Faits-divers du *Petit Parisien :* A N... vivait un vieillard affecté de surdité, en même temps d'un dérangement des facultés mentales ; dernièrement, il fait une chute, et se relève délivré de l'une et de l'autre de ces affections. Est-ce assez semblable à un miracle de Lourdes ?

Vous reconnaissez sans doute que la production du Chêne par le gland, du Hêtre par la faîne, et inversement la production de ces fruits par les arbres respectifs sont des phénomènes tout ordinaires, réguliers, naturels, quoique nous ne saisissions nullement le mécanisme, l'enchaînement des nombreuses actions qui aboutissent nécessairement à ce résultat ; nous sommes dans la même situation à l'égard de tous les phénomènes réguliers de la vie ; Eh bien, puisque vous-mêmes admettez que ces phénomènes inexpliqués sont naturels, je dirai simplement que ces guérisons de Lourdes appartiennent également à l'immense catégorie des faits naturels incompris, et ce ne sera pas à moi à le prouver, mais à vous à prouver le contraire, en dévoilant le mécanisme intime de tous les phénomènes.

Plus d'une fois j'ai remis en marche durable une montre arrêtée, dernièrement une montre neuve, en la secouant vivement dans la main : l'impulsion par là communiquée à tous les organes suffisait pour entraîner, éliminer un très petit obstacle ; après ce dégagement la force, poussée du ressort pouvait de nouveau produire l'effet régulier ; de même la secousse générale produite par cette chute, ramenait, replaçait dans leurs joints des molécules quelque peu déviées, rétablissait des conductibilités nécessaires pour le fonctionnement normal.

Les chers Missionnaires de Notre-Dame de Lourdes nous disent dans leurs Annales de N.-D. de L. que c'est notre marotte, une folie de taper toujours sur l'action, l'influence nerveuse, au lieu de remercier à genoux notre bonne Mère pour les grâces qu'elle nous procure. Votre bonne Mère ne soigne pas également, parfaitement tous les enfants ; elle est dans les délices, bienheureuse, alors que tant d'autres, la plupart sont torturés ; je la déteste, je n'aime, je ne veux que le Bonheur, l'Honneur de tous.

Vous qui n'êtes pas sous le joug, abêtis, avilis par le Juif, voyez donc si l'action nerveuse, qui elle seule est le sentiment, la pensée, n'affirme pas sa puissance au grand jour : la joie, la frayeur bouleversent, détruisent ou délivrent. Le fils recouvra l'usage de la parole en présence du danger qui menaçait son père.

Le prince dépérissait à vue d'œil, le médecin dit alors au roi : « Il n'y a qu'un seul remède, permettez-lui, mais tout de suite, d'épouser la vierge qu'il aime. — Il le fallait ; la permission vint encore à temps et produisit cette révolution salutaire, la guérison immédiate de l'idée fixe ; celle-ci implique le défaut d'innervation, lequel fait obstacle à une nutrition suffisante ; stagnation, nulle idée qui intéresse, qui provoque l'action, pas d'images d'avenir, une annulation intellectuelle, morale.

Tout à coup un avenir prochain se présente, une admirable lumière, l'idée la plus ravissante : « Moi, je l'épouserai demain ! » La résurrection ! « Moi, je l'épouserai demain ! » Le Miracle !

Cependant je n'ai pas été seul, d'un côté, pour demander le miracle, base de la Théologie, de l'autre, pour trouver vos miracles de Lourdes absolument insuffisants, sans aucune force démonstrative.

Lorsque des menteurs, voleurs, tyrans, souteneurs de l'obscénité, haïssant à mort tout ce qui n'outrage pas la décence, procédaient à leurs crochetages, expulsions, extorsions, le révérend docteur Henri Ramière, disait dans son Messager du Cœur de Jésus, que ce peuple de suffrage universel supportant de telles infamies, tout est perdu, si Dieu ne daigne pas intervenir avec « le plus éclatant des miracles de sa droite », que du reste, il est toujours permis d'espérer, de demander le miracle ; tout est promis à la prière, y compris le miracle ; il faut faire prier les petits innocents, chers au Cœur de Jésus.

« Le vaillant petit journal » " La Croix " pensait à une croisade de prières, pour obtenir de Dieu « un Saint à à miracles, capable de renouveler le prestige de l'Eglise ». Rien de Lourdes ; ces personnes adorent autant que vous les miracles de Lourdes, mais sont forcées de reconnaître qu'ils ne sont pas éclatants, tandis qu'il faudrait justement, comme il est bien dit, les plus éclatants de tous pour soulever ce peuple et le lancer sur les malfaiteurs. Moi je hais ces tyrans par honnêteté, ne cherchant selon la raison, à faire prévaloir ma Religion que par la science, le dévouement pour le bonheur, l'honneur de tous, mais un peuple qui ne peut pas, ne veut pas, se passer du secours moral d'une Eglise et qui ne la défend pas à outrance contre le brigandage, la tyrannie, celui-là, ne mérite assurément que mon mépris le plus parfait.

Ainsi, Messieurs les Professeurs, si vous prétendez réellement instruire, convaincre les hommes, ne venez plus nous parler des miracles de Lourdes, que nous ne comprenons pas du tout : pour ne pas perdre votre temps parlez-nous un langage intelligible ; faites-nous entendre la voix du miracle que les cœurs les plus « aveuglés » écouteront à l'instant sans nul effort : Voilà le doigt du Tout-puissant, je crois ! »

Est-ce une insanité ce qu'a dit le Seigneur Jésus ? Je saisis ce qu'il a positivement suggéré ; dites-lui comme les Disciples, si vous avez la Foi : « Sauvez-nous, Seigneur, nous périssons ! »

Que le Mont-Blanc se détache de sa base, s'élève, sans rien perdre, à cinq mille pas dans les airs, se promène pendant une année au-dessus de toutes les terres habitées, en proclamant d'une voix retentissante ce qu'il faut croire, ce qu'il convient de faire ; ensuite que le Mont-Blanc revienne à sa place, en se changeant pour toujours en un jardin délicieux, où le printemps s'allie avec l'automne et offre gratuitement à tous des fruits exquis faisant aimer le bien, le bonheur, l'honneur de

— 82 —

tous, comme l'arbre du Paradis communiquait la Science du Bien et du Mal.

Moquez-vous de cette idée et du livre juif, que je n'admire nullement et ne recommande pas à l'admiration des autres, mais la religion que nous professons, que je pratique, moi, peut réaliser sûrement, sans nul miracle, la plus parfaite félicité, car ma volonté à moi est absolument parfaite.

Vous ne demanderez pas le vrai miracle ; vous sentez comme je le sais que le vrai miracle ne se fait plus, ce qui revient à dire que le Tout-puissant a cessé d'être ; mais vous aimez votre petit train-train, vos illusions, vos honneurs : vous êtes des dieux ? Les preuves irréfutables que j'apporte désabuseront l'humanité ; se dégageant de la puérilité elle vous laissera pour compte les Sacrements ; c'est ainsi que vous serez vous-mêmes convertis à la Raison ; vous suivrez tout simplement l'humanité ; en cessant d'être des dieux juifs, vous deviendrez des hommes.

Quant au rationaliste, il n'est jamais tenté de suivre cette humanité, ses dîners, sa gloire, il se sent trop à l'aise de ne pas être dans le train.

En terminant pour arracher de force aux hommes l'admiration qu'ils pourraient encore avoir pour le livre juif, la Théologie de ses prophètes, brigands, j'emploie le moyen que le Juif emploie lui-même pour déraciner la superstition qui lui déplaît, comme non conforme à la sienne ; on verra la grimace qu'il dessine quand on lui rend la pareille, le tour qu'il a joué aux autres.

3 Rois XVIII, 21 : Le duel à mort entre le dieu juif et Mons Baal, lequel a connu les honneurs comme un autre et qu'une escroquerie juive a seule pu déposséder.

Le prophète Elie, charlatan descendant direct du Prophète Nathan, de sainte mémoire crie au peuple avec aigreur : « Oh ! Ah ! Jusques à quand boiterez-vous des deux côtés ? Si le Seigneur est Dieu, suivez-le, et si Baal est Dieu, suivez-le ! Oh ! Ah ! » — Le peuple ne lui répondit pas un mot.

Toujours plus strident Elie crie au peuple : Je reste seul des Prophètes du Seigneur, au lieu que les Prophètes du Baal sont au nombre de quatre cent cinquante. Qu'on nous donne deux bœufs; ils sacrifieront, sans mettre du feu par dessous ; je sacrifierai sans mettre du feu et que le dieu qui accordera le feu à nos prières soit reconnu pour Dieu. Tout le peuple répondit ; La proposition est très juste. C'est fait exprès. Voyez comme notre Bondieu a égard à nos désirs ! Six siècles après Moïse il se prête encore aux vérifications !

Baal n'avait point de voix, et nul ne répondit aux supplications de ses fidèles. Elie commença de se moquer de Baal : Criez plus haut, car votre dieu Baal mange peut-être ou cause à quelqu'un, ou il est en voyage ou dans une hôtellerie ; il dort peut-être et il faut qu'on le réveille. Ces fidèles, évidemment de bonne foi, ont beau verser leur sang, en se donnant des coups de lancette, Baal est aveugle, sourd, muet. — Elie commence ses opérations : Seigneur invincible d'Israël, ha, hi, ho, hou, montrez votre puissance ! — Et le feu du Seigneur, dans le mensonge, dévora non seulement les chairs et le bois mais encore les corps déjà brûlés, toutes les pierres et l'eau versée par dessus. Elie trouva moyen de tuer sans miracle, ses 450 concurrents.

Annales de la Propagation de la Foy : Le missionnaire ayant rendu quelque petit service au petit Roy croit pouvoir être insolent sans danger, et il s'empresse d'attaquer à coups de hache un arbre qui est la possession des esprits, au grand chagrin des enfants inoffensifs qui le respectent.

Vous voyez comme Juifs et enjuivés respectent les croyances d'autrui ; vous connaissez les insultes qui leur sont familières ; vous savez comment, en revanche, ils attendent que les autres vénèrent, admirent les objets juifs, mais la loi juive elle-même nous empêche de les satisfaire : Traitez les hommes comme vous voulez qu'ils vous traitent, Luc VI, 31 ; OEil pour œil, main pour main, vie pour vie, Deutér, XIX, 21. Le Prophète juif se moque de Mons Baal au sujet du manger ; le sultan juif mange aussi bien : chez Abraham, il se repose, et pour reprendre ses forces, il avale, avec un veau très tendre et fort excellent, des galettes, du beurre et du lait, Genèse XVIII, tandis que chez eux c'est la noce perpétuelle, les dieux juifs avalent du matin au soir des barriques de vin vieux des marques les plus renommées ; comme cela il est impossible qu'ils n'aient pas de temps en temps besoin de dormir.

Est-ce que le Prophète Elie, que vous adorez, a demandé à Mons Baal la permission de le mettre ainsi en scène, et à quelle heure, et quel fait surnaturel il daignerait produire? Il l'a empoigné, traîné sur la place : vous ferez ici tel miracle, sur l'heure, ou vous périrez! Je vais agir de même à l'égard des dieux juifs : A l'instant vous allez enlever dans les airs la maison où j'écris, pour la laisser retomber dans la mer, sur les sommets neigeux; sinon vous serez brûlés en effigie; pour vous stimuler, je vous coupe, détache le ventre avec mes ciseaux!...

Eh bien, rien du tout; ils sont aveugles, sourds, muets, paralysés; ont-ils roulé ivres-morts sous la table? Donnons leur des coups de pied dans les côtes pour les réveiller.

Pourquoi Elie méprise-t-il absolument Baal? Parce que Baal n'agit pas, se montre une parfaite nullité; votre Dieu ne se montre-t-il pas ici comme une nullité toute pareille?

Je m'en tiens absolument à la règle du prophète Elie: Pas de fait surnaturel, dès qu'on en a besoin et le demande, pas d'être surnaturel, mais seulement une imposture humaine; donc vous êtes jugés, balayés avec Moïse, Elie, tous les souteneurs, assassins, et l'homme peut une fois respirer en pleine liberté, pleine lumière.

La Religion vous fera connaître la solidarité absolue dans l'Univers dont je vais tracer l'esquisse; elle vous inspirera l'esprit de fraternité, qui sera une vraie Providence, toujours en éveil pour réaliser le Bonheur, l'honneur de tous.

La Bible veut présenter à l'admiration, l'adoration de tous, le récit d'un duel parfaitement loyal entre Jahwé juif et Baal. Elle n'aurait pas voulu dire : Nous avons posté là un bataillon de gendarmes qui, sans perdre une parole, ont facilement nettoyé d'un coup toute la vermine baalite.

Pourquoi?

Parce que de cette manière les prêtres n'auraient pas démontré, d'une manière sensible, l'existence réelle d'un surnaturel, tout-puissant ami des Juifs et l'efficacité des prières qu'ils lui adressent. Ainsi le prophète Elie ne doit employer que la prière pour obtenir la manifestation de son Seigneur, comme ses adversaires peuvent le faire de leur côté.

Donc, si aujourd'hui les docteurs juifs n'emploient que la prière pour obtenir le châtiment surnaturel d'un blasphémateur, on dira qu'ils sont de bonne foi, qu'ils croient réellement à la Bible et à la valeur de leurs invocations ; au contraire, s'ils se mettent tout de suite à faire sauter une maison, assassiner un homme, le monde dira que les choses se sont passées de même avec Elie, et il y aura sans retard une réaction violente contre la Bible et tout Israël.

En quittant le domaine de la chimère théologique pour aborder l'examen du monde réel, je dois vous avertir que, selon les grands expérimentateurs et mesureurs, les maîtres de l'érudition qu'on veut appeler la Science, mes idées sur les forces créatrices, le mécanisme intime des phénomènes, les questions dont je m'occupe, ne méritent pas d'être prises en considération.

Moi, je nie leur compétence en cette matière : la théorie pure, jusqu'au fond des choses, n'est pas l'affaire de l'expérimentateur, mathématicien ; je nie leur compétence.

1° Parce que les idées, principes physiques, bases théoriques de ces grands hommes eux-mêmes sont purement stupides, comme je vous le montrerai ;

2° Parce qu'ils sont, en général, admirateurs de la stupide Cosmogonie juive, ce qui montre que, dans les questions générales, leur raison vacille, ne sait plus sur quel pied danser.

Nous allons donc jeter un rapide coup d'œil sur cette cosmogonie juive, et dans quelques minutes je vous aurai convaincus que les grands hommes les plus huppés, quand ils sortent de leur spécialité pour s'enjuiver, ne sont plus que des imbéciles.

Je ne prétends pas que la sottise de leurs théories et la stupidité de leurs jugements démontrent la vérité de ma propre théorie, car, si la vérité est unique, l'erreur peut très bien être multiple, se rencontrer à droite comme à gauche ; mais il me semble qu'un travailleur inconnu, sans préjugé, *nullius addictus jurare in verba magistri,* se fiant à son bon sens, peut être plus apte à reconnaître la valeur d'une théorie, son accord avec les faits, qu'un autre ayant une ou plus d'une découverte à son actif, et croyant que son honneur l'oblige à soutenir une théorie maladroite. Je dis que dans un quart d'heure vous serez stupéfaits de l'aveuglement, de la stupidité des plus grands.

Révélation de l'origine du Monde, faite au Juif Moïse, massacreur de femmes et d'enfants, voleur de filles vierges, par l'ami, souteneur de ce Moïse, le dieu Juif qui, selon Moïse, a lui-même miraculeusement créé de rien, tiré du néant ce monde, par un simple acte de sa volonté.

Genèse I, 1. Au commencement Dieu créa le ciel et la terre, Dieu a créé toutes choses de rien, 2 Mach. VII, 28. 2. La terre était informe et toute nue, les ténèbres couvraient la face de l'abîme ; l'Esprit de Dieu était porté sur les eaux. 3. Or Dieu dit : « Que la lumière soit faite. » Et la lumière fut faite. 4. Dieu vit que la lumière était bonne, et il sépara la lumière d'avec les ténèbres. 5. Il donna à la lumière le nom de Jour et aux ténèbres le nom de Nuit : et du soir et du matin se fit le premier jour. 6. Dieu dit aussi : « Que le firmament soit fait au milieu des eaux, et qu'il sépare les eaux d'avec les eaux. 7. Et Dieu fit le firmament, et il sépara les eaux qui étaient sous le firmament de celles qui étaient au-dessus du firmament. Et cela se fit ainsi. 8. Et Dieu donna au firmament le nom de ciel, et du soir et du matin se fit le second jour. 9. Dieu dit encore : « Que les eaux qui sont sous le ciel se rassemblent, et que le sec paraisse ». 10. Mers, Terre. 11, 12, 13, Création de tous les végétaux, troisième jour. 14-19. Dieu dit, le quatrième jour : « Que des corps de lumière soient faits dans le firmament du ciel, et dans le firmament du ciel — ainsi entre les eaux inférieures et les eaux supérieures — il mit le soleil, la la lune et les étoiles, pour présider au jour et à la nuit, et pour séparer la lumière d'avec les ténèbres. 20-23. Création de tous les poissons et de tous les oiseaux, le cinquième jour. 24-31 : Le sixième jour Dieu fait les animaux terrestres ; il dit ensuite : « Faisons l'homme à notre image et à notre ressemblance. » Il donne pour nourriture à tous les êtres, les herbes et les arbres, car la mort, le meurtre n'existaient pas.

II. 7 : Le Seigneur Dieu forma l'homme du limon de la terre ; il répandit sur son visage un souffle de vie, et l'homme, une statue de limon, devint vivant et animé... 21, 22 : Le Seigneur Dieu envoya à l'homme un profond sommeil et lorsqu'il était endormi, il tira une de ses côtes et mit de la chair à la place. Et le Seigneur Dieu, de la côte qu'il avait tirée de l'homme forma la femme et l'amena à l'homme.

II. 1-3 : Le ciel et la terre furent achevés en six jours avec tous leurs ornements... Dieu se reposa le septième jour, après avoir été achevé tous ses ouvrages. Il bénit le septième jour et il le sanctifia, parce qu'il avait cessé en ce jour de produire tous les ouvrages qu'il avait créés. Exode XX, 11.

Cela est parfaitement clair : le peuple doit croire que Dieu a travaillé six jours consécutifs, pour se reposer le septième jour ; on le veut absolument, pour que l'on puisse lui dire : « que Dieu a fait cela pour donner à son peuple une règle de conduite sacro-sainte, inviolable ; donc après avoir travaillé six jours le peuple doit consacrer le septième au Seigneur; c'est le jour du Seigneur, qui serait terriblement irrité si l'homme impie, ingrat, le lui enlevait : ainsi le septième jour on doit se présenter devant le Seigneur pour se sanctifier par les admirables saintes cérémonies instituées par Dieu lui même, et on ne doit pas se présenter les mains vides, mais apporter chaque semaine aux prêtres les denrées pour le Seigneur, offrir ce que l'on a de mieux, afin d'attirer, mériter les bénédictions du Tout-puissant.

Il est certain que l'orthodoxie, le prêtre entend nécessairement par ces jours de création des jours de vingt-quatre heures, ce que croient les fidèles, en effet, depuis 3.500 ans.

A nous la connaissance de la chaleur propre de la Terre apporte la certitude absolue que notre globe est parti d'un état d'incandescence, semblable à celui de notre Soleil, a traversé, pour arriver à l'état actuel, d'immenses périodes de refroidissement, puis les vastes périodes que demande la lente formation de ces terrains sédimentaires; la science de l'Esprit-Saint juif ne nous inspire que la pitié; les Théologiens qui ont quelque peu flairé ces choses ne se sentent eux-mêmes plus capables de goûter une orthodoxie pareille.

Le professeur d'Ecriture sainte Vigouroux, de Saint-Sulpice, jure que les Jours de Création sont en effet de longues, très longues périodes ; il croit faire de la science en disant que « le ciel et la terre » du premier verset ne désignent que la matière diffuse, et que cette création même est en dehors de l'œuvre des six jours !!! Ce n'est pas de la science, c'est de l'hérésie pure, puisque l'Esprit-Saint vous dit, Exode XX, 8, 11 : — Le Seigneur a fait en six jours le ciel, la terre et la mer, et tout ce qui y est enfermé, et il s'est reposé le septième jour ». En voulant jouer au savant vous faites le diable pour repousser le miracle aussi loin que possible ! Pitié ! Le pape chantait : *Nihil innovetur,* pas d'innovation, que l'on n'enseigne que ce qui est conforme à la tradition, *Nihil nisi quæ tradita sunt*! Les docteurs de la Compagnie, des amis sûrs, qui voient clair, lui auront dit que, sur cette question des six jours, il ne serait pas opportun d'insister. On peut en faire ce que l'on veut : une honteuse, une désastreuse défaite ! Ils verront.

L'Esprit-Saint juif, n'ayant aucune idée d'un développement, d'une tranformation naturelle a, par conséquent, dû se dire que les choses avaient été faites telles qu'elles existent actuellement devant lui ; ainsi, dès le premier moment il y a eu le solide et le liquide, la terre et le firmament plongeant dans l'eau ! Et cela ne fait pas tressauter les Académiciens maîtres de la science, c'est-à-dire de l'érudition !

Je vous disais qu'ils ne sont plus en possession de leurs moyens, de leur bons sens, dès qu'ils entrent dans ce marais juif. Le verset 2 montre que le ciel et la terre de V. 1, c'est un solide baignant dans l'eau ; Vigouroux veut vous mettre dedans, mais il s'y met lui-même, en faisant de cette eau une matière diffuse ; n'est-il pas clair que pour cet Esprit-Saint, l'eau de V. 2 est la même chose que l'eau des V. 6, 7, 9 ? Battus !

Création de la lumière. Nous savons avec certitude que la lumière est un très rapide mouvement vibratoire des éléments de la matière, lequel se communique immédiatement à l'éther en contact qui remplit tout l'espace voisin, exerce par là même son pouvoir éclairant : cependant la matière ne doit pas être trop raréfiée ; si la matière dilatée de notre système solaire remplissait uniformément toute la sphère dont le rayon va du soleil à la planète la plus éloignée, cette matière, toute immense que fût son énergie n'aurait aucun pouvoir éclairant ni échauffant, car il faut des faisceaux très nourris pour agiter suffisamment nos sens ou des groupes comparables. Ainsi non pas la matière diffuse du premier âge, mais la matière assez condensée, incandescente, celle-là seule éclaire, échauffe

Nous lisons que Dieu ayant dit : Que la lumière soit faite, la lumière fut faite ; nous demandons où est la matière incandescente ; il n'y a là qu'un solide plongé dans l'eau ; donc la lumière faite imaginée par le prêtre juif n'est en aucun cas notre lumière physique ; ce ne pouvait être qu'une lumière miraculeuse, magique, surnaturelle, abracadabrante, une conjecture tout à fait confirmée par les propriétés de cette lumière, par le fait qu'il était nécessaire pour en jouir, de la séparer d'avec les ténèbres, et qu'elle se laissait mettre sans résistance sous le boisseau par les ténèbres, lorsque l'heure était venue et qu'il fallait extraordinairement limiter les jours à inscrire au tableau.

Newton a lu avec dévotion, admiration, des larmes de joie cette révélation juive ; donc Newton qui, en remplissant les cieux avec notre pesanteur, a fait la plus grande découverte, devenait, quand il se laissait encapuchonner par le Chuif, le plus vulgaire imbécile, *Sacrae Scripturae fidus interpres*, dit son épitaphe.

L'accord de la science et de la Révélation est fait puisque nous voyons là que tous les végétaux furent produits à la même heure, le troisième jour, en l'absence du Soleil, et que tous les poissons, les oiseaux furent produits à la même heure, le cinquième jour, de même le sixième jour, tous les animaux terrestres, le lion, dit le sacré Livre, v, 29, 30, le singe, l'homme, pour se nourrir tous d'herbes, de fruits, que le corps de l'homme fut pétri de limon, comme corps inanimé, et qu'après après achèvement, on lui colla par dessus de l'odeur ; du nez pour se reconnaître, et qu'enfin on prit ce qu'il y avait de plus dur chez l'homme pour en former la femme !

Les pierres de Deucalion et de Pyrrha valent mieux que cela, puisqu'elles les reçoivent, unes la force de l'homme, les autres celles de la femme.

Ampère cité par le Vigouroux, s'écrie : « Ou bien Moïse était à la hauteur de la science de nos jours, ou bien il était inspiré. » Tous des imbéciles pour traiter de telles questions.

Pour la bonne bouche, écoutez ! La Physique juive après la Morale juive.

Donc la sagesse, la science du Saint-Esprit juif se borne à éditer de son côté l'erreur puérile généralement répandue, en honneur chez les ignorants, c'est à-dire tous les peuples de la terre : Nous avons au-dessus de nous un Firmament ou voûte ferme, solide, séparant deux océans, dans laquelle sont enchâssés tous les corps lumineux, les astres, tournant chaque jour avec leur support, celui-ci se trouve à une demi-journée de marche de la Terre.

Le Zuif veut « Que le firmament soit fait au milieu des eaux, et qu'il sépare les eaux d'avec les eaux ; Dieu fit ainsi le Firmament ; et il sépara les eaux qui étaient sous le Firmament de celles qui étaient au-dessus du Firmament. Et cela se fit ainsi. »

Il est donc indiscutable que selon le Zuif, le Firmamament, où sont fixés tous les astres, forme la cuvette d'un Océan supérieur, dont l'utilité est évidente. Dieu dit, Genèse VI, VII : « Je me repens de les avoir faits ; j'exterminerai tout. » Alors Dieu donna des coups de pied dans le Firmament ; aussitôt les sources du grand abîme des eaux furent rompues, et les cataractes du Ciel furent ouvertes, et la pluie, *venant de la région située au-delà du Soleil et des étoiles, traversa le Firmament* et tomba sur la terre pendant quarante jours et quarante nuits ; les eaux couvrirent les plus hautes montagnes et toute la terre pendant cent cinquante jours !

Voilà ce que Newton, Faraday, prêcheur millénariste, Ampère, Cuvier, Leverrier, Pasteur, J.-B. Dumas, etc. etc., ce que tous les Européens ont adoré avec la Morale juive ! Tous des imbéciles, des lâches.

Pour se réveiller à la Raison, à l'Honneur, il faut devant les Zuifs, qui deviennent, dès ce moment, vos inférieurs, après avoir été des dupeurs dupés, brûler le livre juif en place publique, imiter le prophète Elie, pendre à demeure le dieu juif devant la boutique juive, reprendre tous les milliards volés, faire la paix sur le dos des juifs et être honnêtes.

Les Professeurs de Naturel et de Surnaturel, en présence des grandes questions, sont des imbéciles, des lâches; ils le seraient même après avoir résolu le problème des trois corps; une bêtise qui ne peut rien apprendre sur le mouvement, le temps, la destinée humaine, mais j'espère toujours que le peuple se ressaisira plus promptement, qu'il aura plus de tête, plus de cœur, et que, lorsque les questions seront nettement posées devant lui, ce peuple saura choisir, nettoyer, avec la dernière énergie, le champ où nous devons vivre.

On peut ne pas connaître le Système du Monde sans être un Imbécile, si l'on n'affiche pas de prétentions et se tient modestement à sa place; mais connaître les faits, autant que ces hommes là les connaissent, et adorer le Livre juif comme une émanation d'une toute-puissante Omniscience, c'est se montrer en somme imbécile, incapable de penser. Une telle incapacité est puérile, n'implique pourtant pas encore nécessairement une tare morale; au contraire, adorer comme Père parfait, à la mode de Newton, Faraday, Ampère, Cuvier, Pasteur, Leverrier, un Tout-puissant, qui est censé faire des enfants, tous les hommes, et ne veut sérieusement les préserver du mal, de la dégradation, qui les produit pour aider lui-même les Juifs à les dépouiller, massacrer, cela, c'est la signature d'un méchant crétin, Fou fripon, d'un Aliéné brigand, assassin...

Vous allez voir que pour la Physique générale, ils sont aussi pitoyables qu'en présence du Livre juif.

II

LE SYSTÈME UNIVERSEL

*Erwartungsvoll dasz man uns die Natur durch die Vernunft erklaere
(Pleins d'attente que l'on nous explique la Nature par la Raison).*

Alexander VON HUMBOLDT.

CHIMIE, CHALEUR

La Matière, *mater rerum,* l'être unique, ainsi la substance de tout ce qui existe, c'est tout ce qui tombe sous nos sens, affecte nos sens, quand la masse heurtante est assez grande, parce que nos sens eux-mêmes sont des systèmes purement matériels, qui se modifient sensiblement, réagissent quand une chose semblable, une masse suffisante vient les frapper ; la matière, c'est aussi ce qui possède la propriété de l'inertie, c'est-à-dire ne peut de soi-même changer son état, soit de mouvement, soit de repos, sortir du repos pour se mettre en mouvement, interrompre son mouvement pour revenir au repos. Quant à la Force, toute cause capable de modifier l'état de mouvement ou de repos de la matière, c'est toujours et uniquement, comme nous allons voir, le mouvement d'un corps.

Holà, une contradiction, un délit flagrant, holà ! On dit que la matière seule existe, inerte, incapable de se mettre d'elle-même d'elle-même en mouvement ; à ce compte, le mouvement devrait ne pas exister ; or il existe ; donc il existe aussi un Premier Moteur, non soumis à l'inertie, c'est-à-dire immatériel, une toute-puissante Force substantielle, Intelligence, Paternité parfaite, adorable, qui a tiré du néant et mis la matière en mouvement, et qui seule explique la réalité, avec la sainteté qu'elle renferme, dans nos Livres saints.

Voilà ce qui existe, Imbéciles, Fripouilles, **Fous fripons !**

La plus stupide des illusions, superstitions, croire qu'en prononçant les mots Toute-puissante Force substance, Moteur immatériel — on comprend, explique les faits, tandis que l'on ne comprend rien du tout ! Qu'ils expliquent donc comment l'immatière, l'absence de matière pourrait atteindre, agiter la matière, mais non, qu'ils n'ouvrent pas la bouche, pour ne pas perdre leur peine ; qu'ils montrent simplement la chose, l'action de leur sainte Immatière, le Fait surnaturel, le plateau d'une balance, chargé d'un poids chargé de 10 kilogs se mettant sur leur ordre au niveau du plateau vide et y restant jusqu'à l'ordre contraire.

Ils se croient faits à l'image de leur Tout-puissant ; si sa volonté, force immatérielle suffisait pour mettre les mondes en mouvement, ses sujets, ambassadeurs, qui ont ses promesses devraient avoir dans leur propre volonté une parcelle de ce cette puissance, comme ils ont des parcelles de ses autres facultés... Ils devraient nous montrer l'accomplissement des promesses positives, mais la volonté de 10.000 prophètes juifs ne soulèvera pas, ne tiendra pas suspendue sous une cloche de verre une pièce blanche de cinq grammes : ils seront ainsi convaincus de mensonge, de folie ; réellement il n'y a que le choc, la poussée d'un corps qui puisse agiter la matière. Leur mensonge sera ainsi mis en évidence avant que nous montrions nous-même l'origine du mouvement.

Edmond Bour, mathématicien estimé, avant d'exposer la théorie du mouvement, disait dans sa préface : « Quant à ce que c'est que le mouvement en lui-même, nous l'ignorons. » Ces chevaliers du Premier Moteur bavardent pitoyablement de ce qu'ils ne savent pas, et leur ignorance arrogante se satisfait en lançant des injures.

Nous cherchons un objet précieux, une clef indispensable : on comprendra pourtant qu'un homme, sans savoir où se trouve cet objet, peut montrer qu'il ne se trouve ni en tel lieu, ni en tel autre, que le pouvoir surnaturel de créer de rien une matière, de déplacer un arbre, une montagne par la parole, la Foi, un acte de volonté ne se trouve ni chez Moïse, ni chez Zuzu, que la Force substantielle, pierre philosophale dont ceux-là se vantent n'est qu'une extravagance, une pure folie avec escroquerie caractérisée.

Fous, Fripons eux-mêmes, Brigands, Assassins! Cette exposition du système ne discutera pas sur le mouvement en lui-même ; notre Exposition *révèlera* ce que c'est que le Mouvement en lui-même, le Temps en lui-même, ce qui sera justement la lumière sur l'origine et la fin du Mouvement, du Temps.

Pour cela pas d'abstractions quelconques, mais une simple description de la constitution intime du système matériel ; cela se dira en peu de lignes.

La Force, c'est donc le mouvement d'un corps : le mouvement de ma main est la force qui déplace tel ou tel objet sur ma table.

Les battements des ondes éthérées, elles-mêmes matérielles, contre l'éther et contre les corps plus denses, pesants, sont la force qui fait naître, communique le mouvement électrique, calorifique, lumineux : cette force vient à chaque instant, des corps pondérables qui possèdent ces mouvements et les communiquent à l'éther en contact.

La force avec laquelle un corps presse la base qui le porte, laquelle force constitue le poids de ce corps, la pesanteur vient du mouvement vibratoire de tous les éléments matériels de l'univers, lesquels le communiquent à l'éther, le fluide subtil qui remplit l'espace et forme le trait d'union, le lien entre tous les corps du système total. Figurons-nous la masse de l'univers uniformément répartie sur une sphère creuse, dont un corps unique occuperait le centre : ce corps recevant, suivant tous ses diamètres, des poussées gravifiques égales et contraires deux à deux, resterait immobile, ne subirait aucun déplacement par le fait de la pesanteur. Si l'on introduit un second corps, de masse égale, les deux corps se feront écran réciproquement ; chacun interceptera des poussées qui, sans lui, seraient allées à l'autre ; ils seront ainsi poussés l'un vers l'autre, chacun faisant la moitié du chemin, ils se rapprocheront jusqu'au contact, ce que l'on a pris pour une attraction, qui n'existe absolument pas.

Un corps se meut dans telle ou telle direction, toujours vers le milieu de moindre résistance, en vertu d'une poussée à tergo, par derrière ; l'air se précipite ainsi, vers un espace où l'air est raréfié, par l'effet de la pression, poussée par derrière des masses voisines.

Le second corps, dans la sphère creuse, étant placé contre le premier, celui-ci serait poussé hors du centre de la sphère, les deux corps resteraient en équilibre avec leur point de tangence coïncidant avec ce centre ; la seconde masse diminuant de plus en plus, la retraite du premier corps diminuerait de même jusqu'à une valeur infinitésimale.

C'est encore par l'action d'une force, mouvement d'un corps, que décroît peu à peu, jusqu'à épuisement, le mouvement d'un projectile : c'est la réaction du milieu, l'air, l'eau, la terre que traverse le projectile, de même genre que la réaction d'une paroi élastique renvoyant la balle qui l'a frappée ; tout généralement agit, pour réduire, ramener au repos tous les autres mouvements, la pesanteur, poussée gravifique de l'éther, laquelle ramène bientôt vers la terre, vers le centre de gravité tout corps lancé en haut ; en ce centre même, comme au centre de la sphère creuse, les deux poussées se font équilibre ; jusque-là, des deux côtés, on descend ; au-delà, on remonte.

La plus grande résistance au passage du courant gravifique, résultant de la plus grande densité, accumulation de matière, détermine le plus grand poids. Le courant gravifique vient de toutes les directions ainsi sur la Terre dans une vaste plaine la poussée venant de l'Est se trouve exactement contrebalancée par une poussée toute égale, venant de l'Ouest, le fil à plomb est vertical, dirigé vers le centre de la Terre, tandis que le fil à plomb, au pied et à l'ouest d'une grossse montagne, sera quelque peu dévié vers l'Est, parce que cette masse faisant écran, la poussée venant de l'Ouest prend l'avantage.

A une distance double l'effet produit par l'écran est quatre fois plus faible, car quatre fois plus étendus sont les espaces de la région opposée qui se découvrent, pour émettre des poussées contraires.

Force chimique, mouvements des corps : la modification subie par une lame de zinc plongée dans l'acide sulfurique étendu est l'effet des battements, vibrations de l'acide, de l'eau et du métal; au vrai zéro absolu, plus de mouvement, plus de force chimique.

La Force, le mouvement d'un corps : une force qui repose est donc un malentendu. Un instrument tranchant, un fusil avec les explosifs ne sont pas des forces; le mouton, bloc de fer, élevé sur son palier, n'est pas non plus un magasin de force; il commence son mouvement avec une vitesse nulle; la pesanteur lui fournit la force pendant la chute, qu'elle accélère de moment en moment. Au contraire, le ressort tendu qui presse, le vase d'eau chaude qui chauffe actuellement sont des réserves de force, comme aussi l'être vivant qui travaille.

La force qui rapproche, unit des atomes, des molécules, dans certaines circonstances, est toujours la pression extérieure qui agit comme un ressort pour produire cet effet; elle porte les atomes vers le milieu de moindre résistance. Le mécanisme de l'action intellectuelle, affective est découvert : étant donnée l'excitabilité de notre système, nous vivons de l'excitation réelle qu'il reçoit du monde extérieur, aliments, air, chaleur, lumière; notre vie est une série de réactions par lesquelles notre système tend à se mettre en équilibre avec ce monde, en réalité à sauvegarder la normalité de notre existence, un vivant équilibre, oscillation autour d'une position moyenne. Ainsi, nous vivons de l'inorganisme, par l'inorganisme aussi bien que de l'organisme; l'organisme est dans l'inorganisme : la force physique, intellectuelle, morale, c'est le mouvement d'un corps, le système nerveux, lequel se communique à ses annexes, après avoir été emprunté à l'univers. La présence de ces conducteurs nerveux, dont dépendent les fonctions végétatives et non moins l'action intellectuelle, affective, montre assez qu'il ne s'agit partout que, d'une transmission de forces, d'un mouvement de la matière.

Un sac de semence diminue toujours quand à chaque pas on y puise une poignée pour la répandre; de même un corps qui se déplace en frottant contre les parties d'un milieu plus ou moins dense, aussi un mouvement ondulatoire, forcé pour s'étendre de vaincre à chaque instant des résistances, dépense continuellement de l'énergie, s'affaiblit de plus en plus; chaque onde s'élève moins que la précédente; finalement la somme d'énergie est complètement épuisée; il n'en reste plus pour élever la moindre masse à la moindre hauteur, et le projectile ne quitte plus la limite où il s'est arrêté.

Que veulent donc les docteurs, auteurs, professeurs avec leur phrase adorée Conservation de l'Énergie, qui leur procure à tous l'illusion d'être de profonds philosophes?

Une très sotte manifestation du désir indomptable de durer indéfiniment, dans une interminable série de transformations, métempsychoses : un mouvement de masse décroît de plus en plus, enfin disparaît; vous alliez croire qu'il est mort, enterré ? Pas du tout, selon ces docteurs, le mouvement de masse s'est de plus en plus dissimulé, parce qu'il se transformait tout doucement en chaleur équivalente, ensuite la chaleur, quand elle est lasse d'être chaleur, reprend le costume du mouvement de masse qui, plus tard, se déguise de nouveau en chaleur et ainsi de suite, pour que rien ne se perde, mais que tout se conserve! Ces professeurs sont tous mathématiciens, tout au courant, capables de développer les séries, de satisfaire leurs pareils.

Huxley leur a dit que la Mathématique est comme un moulin qui donne de bonne farine, quand on y met de bon grain, mais ne donne pas de bonne farine quand on y met des cosses de pois.

Donc, pour le mathématicien conservateur, l'énergie est indestructible; elle est seulement sujette à changer de forme : il est capable de sérieusement calculer en combien de siècles une chiquenaude peut produire le nombre de calories nécessaires pour vaporiser notre globe et la force mécanique suffisante pour lui faire équilibre avec un levier ou sur une balance; avec une si petite force on peut en produire une si grande, de même qu'un prophète juif, un dieu juif peut, avec une miche de pain, produire de quoi rassasier l'humanité entière.

Pure folie que cette Conservation de l'énergie : un frottement à l'extrémité d'une poutre, au bord d'une plaque produit un son, quelques oscillations; les molécules vibrantes sont promptement ramenées à leur position d'équilibre par la pression de leurs voisines; le mouvement a cessé pour l'œil et l'oreille; une excitation, une

réaction, puis le repos, pas de conservation de l'énergie; le corps que l'on éloigne de sa source de chaleur se refroidit vite; les molécules reviennent à leur état précédent, sans que la chaleur qui disparaît produise un mouvement de masse; pas de conservation, ni de transformation de l'énergie calorifique. La théorie n'a aucune base: elle est absurde à première vue.

Si cette conservation existait, le mouvement s'accumulerait dans le monde de moment en moment, tandis que c'est très certainement le contraire, la diminution progressive que nous observons.

Notre Nébuleuse solaire possédait son mouvement de translation comme sa rotation; donc l'immense quantité de chaleur disparue n'a ici rien qui la représente; perte pure, c'est-à-dire aucune transformation, transmission quelconque, d'une époque à la suivante, de cette quantité qui disparaît.

Ecoutez : « Toute quantité de force vive qui disparaît comme chaleur est reproduite en travail mécanique et réciproquement. » !

Cela, un dogme de l'école!

Dites, les forces immenses que représentent les déplacements, révolutions et rotations des corps célestes jusqu'à ce jour n'ont pas totalement disparu ?

Ces mouvements de masse se seraient donc transformés en chaleur ?

Imbéciles!

Il existe en 1899 une Force capable de transporter la Terre autour du Soleil; cette force a exécuté ce Travail, sans rencontrer aucun obstacle; ainsi aucune partie ne s'en est transformée en Chaleur; la perte par frottement contre l'Ether est extrêmement petite.

Le compte de cette force est par là tout à fait réglé, liquidé; elle n'existe que dans son travail. Le mouvement, le travail, c'est justement la Force.

Or, je montrerai tout à l'heure, Page... que ce travail existe, ainsi que l'énergie. toujours limitée, sans se multiplier, se conserve dans l'Univers, toujours vivant, mais l'Ecole conservatrice de l'Energie est trop bête pour le comprendre, à moins qu'elle ne soit pourtant pas assez bête pour ne pas le comprendre: grand dommage!

La quantité de matière réellement existante est une

quantité finie : au premier coup d'œil nous reconnaissons que la matière plus condensée, visible, tangible, n'occupe qu'une minime portion de l'espace, tandis qu'à l'origine toute la matière existante était répartie uniformément; la Force, mouvement de la matière, est donc une quantité finie, laquelle ne se reproduisant pas doit s'épuiser, s'anéantir.

Le monde entre en scène, commence sa carrière avec un maximum d'énergie stationnaire, embrassant toutes ces énergies spéciales; ensuite le fait primordial, prédominant, c'est l'énergie thermique; comme nous verrons, c'est de la Chaleur que dérive le mouvement prodigieux dont nous sommes témoins; essayer de faire sortir la Chaleur du choc des corps célestes solides, précipités les uns contre les autres, se réunissant tous et se changeant tous en vapeur, par la violence de cette action mécanique, c'est aussi maladroit que de créer tout d'abord judaïquement le Ciel et la Terre comme un solide plongé dans l'eau; il n'y a là aucun avantage : d'où viennent donc ces choses, les corps solides et la force qui les saisit ?

Non, pas de solides; ces nébuleuses, puis des globes gazeux plus condensés? comme les étoiles, voilà l'état de la matière dès l'origine : le monde à son départ possède ainsi le trésor unique dont il doit vivre dans tous le cours de son existence; il ne fait que décroître, c'est le refroidissement continu; la lumière blanche aboutit au rouge de plus en plus sombre, puis vient l'extinction, arrivée depuis longtemps pour ces petites masses planétaires. Si le trésor décroît, c'est évidemment une quantité finie; si, étant sujet à décroître, il nous frappe encore par sa grandeur, il est évident qu'il ne vient pas de l'infini, lequel n'est pas une réalité. La chimère de l'infini, dans l'espace et le temps, *Naturæ prorsus et retro aeviternae,* n'est qu'une pâture pour les esprits vides : tant qu'ils avancent, dévident leurs fragments, idées égoïstes, ils veulent continuer à rouler, à tourner, dans l'espoir de trouver une fois autre chose, car leur sot jeu ne saurait les satisfaire; mais quand on a saisi le Vrai, le Bien, on est toujours charmé du Fini que l'on possède, et l'on méprise parfaitement l'abîme qu'ils adorent, mais qui ne m'aura jamais.

Le monde a une existence unique, ne se renouvellera

pas, ce que je dis pour que l'on se hâte d'en faire la chose que l'on puisse aimer; il ne finit point comme rêve l'apôtre Pierre, par le feu, mais tout au contraire comme le suggère la raison, l'expérience, par un total épuisement, de la force, qui ne se conserve donc pas, pour une durée indéfinie, sans que pour cela nous sentions aucune défaillance, car on verra que nous n'aurons pourtant pas vécu en vain.

Le Monde, le Mouvement, le Temps commence, a un commencement;

Le Monde, le Mouvement, le Temps finit, a une fin;

Le Monde, le Mouvement, le temps est éternel, tout immuable.

L'immuabilité, c'est le repos, comme vous pensez; tout est ici en mouvement; tout est ici en repos; le mouvement coïncide avec le repos, le temps coïncide avec l'éternité.

Si le mouvement est absolument en repos, de par la matière, la constitution de l'univers, il n'y a pas à chercher un moteur surnaturel.

Ces propositions-là répondent exactement à la réalité; mais l'éclaircissement nécessaire ne sera donné que vers la fin de cette exposition. Voici la clef : *L p e l a o l m r m q l p*, la solution immédiate, pour celui a fait le résumé.

La Physique, la Chimie sont encore chargées de ténèbres; les détails abondent, mais la base, les principes font défaut; l'Ecole, Université, Académie, qui gouverne n'a aucune idée précise, aucune idée vraie sur la constitution intime, les forces réelles de la matière; elle n'a pas essayé sérieusement une théorie; il y a des phrases pour occuper la place, pas de lumière.

Pour celui qui aura la patience d'examiner la construction que je vais exposer, la signification et les connexions des faits deviendront tout de suite intelligibles, ce que l'on demande à une hypothèse.

Les propriétés, réactions caractéristiques des corps sont certainement déterminées par la constitution et le groupement de leurs parties élémentaires; il existe donc une relation directe entre ces deux choses, de sorte que la connaissance complète de l'une d'elles permettrait de préciser, prévoir l'autre : la vue d'un instrument tranchant, contondant, de forme quelconque ne fait-elle pas prévoir l'effet, l'empreinte qu'il peut produire, et la vue de l'empreinte ne renseigne-t-elle pas sur la conformation de l'instrument?

Les ichnolithes, empreintes durcies des pieds d'animaux disparus, permettent au connaisseur d'en déduire les formes générales des êtres dont elles proviennent ; c'est ainsi qu'en étudiant les empreintes, effets, en combinant les divers ordres de phénomènes nous sommes arrivé à la constitution suivante pour les éléments de la matière, pratiquement insécables, les atomes, dont la chimie nous a démontré l'existence.

Par exemple, si l'on considère la plus petite quantité de chlore que tel ou tel corps, soit un carbure d'hydrogène, puisse renfermer, et si l'on réussit ensuite à faire absorber par ce carbure une nouvelle quantité de chlore, ce sera toujours une quantité au moins égale à la première, la plus petite possible, jamais 1/2, 1/3 ou une autre fraction de cette quantité; il en serait de même pour une troisième, une quatrième quantité de chlore, et il en est de même pour toutes les espèces de matière: il faut en conclure que la matière pondérable n'existe qu'en très petites masses indivisibles, atomes; si l'on veut prendre, fixer de cette matière, il faut en prendre au moins une fois cette plus petite quantité, 1 atome entier, ou 2, 3 atomes entiers, ce qui établit l'existence, l'insécabilité de ces moindres molécules.

De même que tout corps existant, étoile, cristal, être organisé, notre atome est le résultat d'une condensation l'atome s'est formé, dans des circonstances à présent reconnues, par la contraction d'une substance extrêmement rare, indivise, continue, absolument homogène, laquelle se déposa autour d'un centre en couches sphériques, par l'absence de toute perturbation parfaitement régulières.

Exactement égaux sous tous les rapports sont nécessairement tous les atomes ainsi formés dans les mêmes conditions, tandis que dans d'autres conditions se produisent nécessairement des condensations, systèmes de couches, corps simples différents.

— Comment, mais cela est absolument en dehors de

l'observation, c'est de l'imagination pure et ne mérite aucune attention.

— Une objection contre la formation, création des atomes en dehors de l'observation, je m'en moque; ce n'est pas de cela qu'il s'agit; pour le moment il s'agit seulement d'ouvrir les yeux pour voir si telle trace de pas répond à telle forme du pied, de savoir si telle structure de l'atome rend compte, complètement, de la totalité des faits observés, ce que ne font pas vos stupides hypothèses, bien en dehors de toute observation, de tout bon sens.

Ainsi l'atome se compose d'un grand nombre de couches, qui peuvent être d'épaisseur inégale, d'une densité qui décroît du centre à la périphérie. Quand la matière cosmique se condense, en se refroidissant, les corps les plus pesants, plus fortement poussés, se précipitent, descendent les premiers, forment les couches centrales de l'astre; ensuite se déposent les substances de densité moindre, enfin restent seuls au-dessus les corps les plus légers, ceux qui, en vertu de leur pouvoir absorbant, résistent à la liquéfaction, forment l'enveloppe gazeuse, l'atmosphère du corps céleste.

Telle est aussi la formation de l'atome : après la condensation de la majeure partie de la substance environnante, dans un certain rayon, le résidu fournit des couches moins denses, finalement les couches atmosphériques, répondant à l'enveloppe invisible de la Terre. Pour éléments immédiats des couches atomiques il faut admettre de très petits globules, sphères de premier ordre, lesquelles sont constituées exactement comme l'atome entier, parce qu'elles se sont formées dans les mêmes circonstances, donc se composent d'une série toute semblable de couches, dont les éléments sont des sphères beaucoup plus petites, reproduisant le même type.

Toutefois chez les globules de plus en plus petits des ordres supérieurs la constitution se simplifie; les systèmes de couches caractéristiques de l'espèce deviennent de plus en plus rudimentaires; on s'approche d'une limite où les éléments de toutes les espèces d'atomes se retrouvent uniformes, réellement identiques. La même assimilation s'accomplit dans les couches atmosphériques des atomes : à partir d'une certaine hauteur elles ne sont plus reliées aux inférieures comme le sont les parties d'un solide, celles-ci solidaires, se mouvant ensemble tout d'une pièce, parcourant dans la rotation le même nombre de degrés; tous les atomes aboutissent à un éther homogène, qui remplit l'espace universel, justement ce qui est au fond de ces atomes, dont les différences ne sont dues qu'à l'inégalité des masses, aussi à une inégale distribution de la substance unique. Ainsi, malgré les diversités apparentes, au fond tous d'accord, capables de se comprendre, absorber le mouvement les uns des autres; de là cette facilité avec laquelle notre atome accueille tout mouvement qui lui arrive de mondes lointains ou de son voisinage, d'éléments de même nom ou d'autres natures.

Telle est la matière, l'être multiforme et unique, telle est, comme on verra, la constitution intime réellement indiquée par les phénomènes, l'architecture générale des atomes, lesquels ne sont nullement rapprochés retenus ensemble par la chimère scolastique dite Attraction, mais, quand ils s'offrent l'un à l'autre le milieu de moindre résistance, en viennent à une interpénétration plus ou moins profonde, uniquement par la pression extérieure, la poussée par derrière, si leur énergie propre, force répulsive le permet; ils forment alors de petits groupes qui, en s'unissant, toujours par cette pression, deviennent en bloc perceptibles, produisent enfin des systèmes plus considérables.

Quant au retour de la matière à son état primitif, il se réaliserait si l'on rendait l'énergie perdue; l'atome résiste aux forces actuelles, comme une masse de fer à 0° résiste à la vaporisation, quand on n'élève sa température que d'une petite fraction de degré.

Les organes et leur agencement étant connus, les fonctions deviennent intelligibles.

Un mouvement de va-et-vient, oscillatoire de l'atome entier ou d'un groupe d'atomes plus étroitement unis, entre certaines limites d'intensité, produit l'effet désigné comme Son ou Bruit.

Un mouvement oscillatoire, vibratoire des couches de l'atome, sans déplacement nécessaire du centre de gravité de l'atome, du groupe, c'est l'Electricité, aussi le Magnétisme, le Diamagnétisme.

Un mouvement vibratoire des sphères de premier ordre, la Chaleur.

Un mouvement vibratoire des sphères de second ordre, la Lumière.

Ignorance, étourderie la théorie mécanique de la chaleur produite par ces escholiers, qui font consister la chaleur, et encore la lumière, en un mouvement d'ensemble de l'atome, du groupe, celui qui constitue seulement le Son. La vraie mécanique ne peut être suggérée que par la vraie structure de l'atome.

Deux corps ainsi constitués, étant frottés l'un contre l'autre, nécessairement nous avons, simultanément, comme résultat immédiat, de cette action, le son, l'électricité, la chaleur, la lumière : le frottement très violent des bolides contre notre atmosphère, lequel donne certainement d'abord le son et l'électricité, rend ces petits corps célestes tout de suite incandescents; il se produit une explosion quand il y a un assez rapide, abondant dégagement de gaz; par un frottement assez intense les corps très résistants, comme plusieurs métaux, deviennent incandescents; les chocs de deux cailloux blancs, les plus durs, frottés l'un contre l'autre sont accompagnés d'éclairs visibles dans l'obscurité. Nous comprenons que les chocs répétés, dont se compose le frottement, doivent pousser beaucoup de particules hors de leur position d'équilibre, aussi en deçà des limites de l'élasticité ; de là une réaction, un retour, un mouvement oscillatoire transmis aussitôt à la couche d'air en contact, et par celle-ci aux autres jusqu'à l'organe de l'ouïe.

Sur les molécules plus exposées, plus fortement atteintes, ces mêmes chocs, poussées donneront aux couches atomiques un mouvement d'ensemble devenant vibratoire, l'électricité ; en outre, sur les points où le contact devient plus intime, cette action donne lieu à un mouvement semblable des sphères de premier ordre, de second ordre, suffisamment atteintes chacune en particulier, c'est-à-dire le mouvement calorifique, lumineux.

Il me semble que voilà de la mécanique ; l'Ecole n'y voit que de l'imagination ; c'est son affaire. Nulle autre hypothèse n'explique aussi facilement qu'une action aussi simple que le frottement puisse produire aussitôt, simultanément, le son, l'électricité, la chaleur, la lumière, qui sur la même base coexistent sans se confondre ; d'autres preuves viendront à l'appui. L'hypothèse explique réellement tous ces faits.

Une poussée de la main contre un pendule ordinaire communique à celui-ci un mouvement que doit perdre le corps heurtant, dont la vitesse est en effet diminuée, dont la marche est entravée par l'obstacle. En possession de cette force le pendule quitte sa position d'équilibre, se déplace dans le plan déterminé par la direction de la force et le point de de suspension ; quant au retour, aux oscillations subséquentes, c'est le travail d'une seconde force, la pesanteur, qui agit continûment sur le corps, le pousse dans le même plan, tantôt d'un côté, tantôt de l'autre, vers sa position d'équilibre.

Du reste le mouvement ne change nullement de nature par la communication, le passage d'un corps à un autre, ni quand il passe d'un très grand levier, d'une très grande roue à un très petit levier, une très petite roue : le pendule se déplace comme la main, dans le même sens, puis il obéit à l'impulsion de l'autre force. Il en est de même des vibrations excitées dans une plaque par le frottement du bord : la poussée produit encore un déplacement dans le sens de la force ; les oscillations qui suivent sont ici également produites par une force différente, la réaction élastique, de nouvelles impulsions en deux sens contraires, provenant de parties qui poussées en avant, se resserrent, condensent, puis, quand la force impulsive est épuisée, se détendent, reviennent et poussent, compriment à leur tour, c'est toujours le mouvement dans la direction de la force.

Tout cela s'applique parfaitement, nécessairement à cette production d'électricité, de chaleur, lumière par le frottement : les phrases, où l'eschole transforme la force mécanique en électricité, chaleur, lumière, expriment, veulent nous persuader que la force mécanique est transsubstantiée en une chose qui ne doit plus être appelée force mécanique : chimère ! Force mécanique en deçà, au delà, partout ; en réalité il n'existe qu'une seule espèce de force ou mouvement, le déplacement d'une masse quelconque, laquelle, poussée par derrière, ne peut que se mouvoir suivant l'impulsion reçue.

Si nous nous reportons à cette structure de l'atome, nous jugerons que les couches subissent une pression d'autant plus forte qu'elles sont plus rapprochées du centre : les couches atomiques sont donc comparables à des cordes inégalement tendues, plus relâchées ou plus raides, selon que la distance au centre augmente ou diminue, réagissant avec une énergie, vibrant avec une rapidité déterminée par la tension. Chacune est ainsi le foyer d'un système d'ondes d'un caractère strictement déterminé par sa position, son numéro d'ordre : vers la périphérie l'amplitude oscillatoire avec la longueur d'onde augmente comme la vitesse vibratoire diminue ; inversement, vers le centre c'est la longueur d'onde qui décroît et la vitesse vibratoire qui augmente à chaque degré. On s'est toujours figuré, avec raison, que l'éther, où se propagent les ondes calorifiques, lumineuses, aussi les électriques, magnétiques, diamagnétiques, de même que l'air, quand il transmet les ondes sonores, est mis en mouvement par les vibrations des corps, ne donne que ce qu'il a reçu ; mais alors dans chaque atome, qui simultanément émet des ondes si différentes, il doit se trouver, comme je l'affirme, une série étendue de parties vibrant simultanément avec ces vitesses différentes, nullement imaginaires mais bien constatées, comme vous admettrez à coup sûr des cordes différentes des parties inégalement tendues, pour des sons différents. Ces parties, dont l'existence est ainsi démontrée, sont disposées en couches sphériques régulières, puisque l'atome ou l'agrégat, émet dans toutes les directions, à une certaine température, la lumière rouge ; à une température supérieure, quand tous les foyers sont entrés en action, la lumière blanche se montre dans toutes les directions; donc sur tous les rayons de la sphère toutes les couches existent, tous les rayons, couleurs se superposent également, ce qui est une véritable démonstration.

Donc le mouvement produisant ensemble ces différents rayons ne peut être, comme le prétend l'eschole des escholiers, un mouvement d'ensemble de l'atome, un mouvement simple, qui à chaque instant ne communiquerait à l'éther qu'une seule vitesse. Du reste dans la dispersion de la lumière, le spectre avec ses raies, soit obscures, soit colorées, nous rend sensible la différence, la juxtaposition des parties dont émanent les différents rayons.

L'électricité, un mouvement vibratoire des couches atomiques : le mouvement des couches supérieures, Rouge, Orangé, Jaune, Vert, dans l'ensemble comme dans les détails, à vibrations plus lentes, avec une plus grande amplitude oscillatoire et longueur d'onde, constitue l'électricité vitrée ; le mouvement des couches Vert, Bleu, Indigo, Violet, c'est l'électricité résineuse.

Maximum calorifique

ULTRA-ROUGE

+ E..... rouge.
+ E..... orangé.
+ E. jaune, max. lumineux

VERT

— E. bleu.
— E. indigo.
— E. violet.

INFRA-VIOLET

Minimum calorif. lumineux.
Maximum chimique.

RAYONS X

. . . .

C

Fonctions de l'Atome

Est-il possible de s'arrêter un moment à l'idée qu'un seul et même corps, puisse avoir, en bloc, à la fois plusieurs mouvements, plusieurs vitesses ? Pour cela il devrait pouvoir au même instant se trouver en plusieurs places différentes !

L'Ecole reconnaît qu'il se produit simultanément dans l'atome une multitude de mouvements vibratoires différents, qui émettent leurs ondes dans toutes les directions, suivant tous les rayons de la sphère, et elle n'a pas eu la présence d'esprit de se dire que cette action supposait autant de parties différemment tendues, disposées en couches concentriques !

C'est qu'elle a en, 1800, façonné son Atome qui, placé dans sa niche à la grande Bibliothèque, ne doit plus être dérangé; il rend là les services que demandent les équationnistes, vu qu'ils ne songent plus à comprendre le mécanisme intime des phénomènes.

L'Atome de 1800 est donc là préparé, déposé comme Point matériel, tout immodifiable ; comme on se dit que l'étendue de ce point est négligeable, on se résigne philosophiquement, stupidement à ne rien savoir de cette chose.

Puisqu'on ne s'en approche pas, on est convenu de de se dire que les atomes ne se touchent pas ; les intervalles sont remplis par des Forces immatérielles, ainsi surnaturelles, lesquelles se comportent surnaturellement comme on le désire, et font tout le travail du ménage, vu que ces Points matériels, ou nullités ne peuvent être prises au sérieux.

Points matériels, pas de contact, Forces immatérielles ; est-ce de la Physique ? Est-ce que ce sont là des Physiciens ! Quand les points restent à une certaine distance, ils disent que les Immatérielles attractives ont plus de succès ; quand les Points se sont rapprochés davantage, ce sont les Immatérielles répulsives qui l'emportent.

Sans doute ce sont les Immatérielles différentes les unes des autres qui ont le pouvoir de faire chanter, crier l'Atome de mille manières et davantage.

Le point n'a, bien entendu, aucune capacité ; on a donc expulsé la chaleur latente ; la chaleur qui disparaît on l'emploie à vaincre la cohésion ; dans l'opération inverse, liquéfaction, solidification, les Immatérielles prêtent main forte et créent surnaturellement la chaleur dont on a besoin.

Les Immatérielles rendent possible cette mirifique théorie cinétique des Gaz : les molécules gazeuzes sont des corps lancés ; l'Oxygène parcourt par seconde 401 mètres ; le Nitrogène, 402 mètres ; l'Hydrogène, 1844 mètres ; telle est la puissance du Calcul scolastique.

S'il n'y a plus de Chaleur latente, le Point n'ayant

plus de logements disponibles, le grand Maxwell a découvert que l'éther, en revanche, est un réservoir d'énergie ; tous en sont émerveillés.

Voici le savoir-faire des Scholastiques, ennemis des hypothèses hazardeuses, amis du positif, dans la Revue scientifique du Professeur Charles Richet, 1898, 770, 771 : « L'Univers est rempli d'une substance appelée Ether... L'Electricité est identique avec l'Ether interstellaire... L'Univers est plein d'Electricité... Tout atome de matière est un tourbillon électrique... Le Son et la Chaleur qui, comme chacun sait, sont des mouvements spéciaux de la matière, se réduisent à des déplacements d'Electricité... James Clerk Maxwell a affirmé le premier que la Lumière est produite par des oscillations électriques, changeant de sens un quatrillion de fois par seconde. Blockblockheadhead ! Hertz a exécuté en 1888 des expériences mémorables, dans lesquelles l'hypothèse de Maxwell a trouvé une éclatante confirmation — Pour des Imbéciles brevetés — Il a fait une communication aux Allemands sur l'identité de la Lumière et de l'Electricité... M. Poincaré proclame très justement que Hertz a fait la synthèse de la Lumière — Bébête — Les expériences de Roentgen ont encore corroboré la même hypothèse, et à l'heure actuelle elle n'est pas loin de devenir une loi physique. »

Un monstrueux gâchis ! Expériences des scolastiques bonnes ; philosophie des scolastiques stupide, Si ces heureux expérimentateurs travaillent ainsi la théorie, les malheureux ont dépassé la limite de leur talent, comme l'équationniste Clerk voulant jouerau législateur en Physique.

L'Ether n'ayant pas de profondeur ne peut être, sans forces immatérielles, surnaturelles, miraculeuses, un réservoir d'énergie, comme l'est notre Atome à nous ; il n'a d'autre énergie que celle qui lui est communiquée par l'atome de moment en moment: on éteint la bougie ; aussitôt l'éther n'a plus rien de cette excitation ; toute lumière a disparu ; tout excès de mouvement sur le parcours du rayon s'est noyé sur les bords.

L'Ecole croit triompher en proclamant l'identité de la Lumière et de l'Electricité ! Ils ignorent l'Electricité comme la Lumière ; nous en connaissons l'essence et les relations ; pas d'identité. Nous voyons comment un certain frottement peut produire en un moment, avec la chaleur, aussi la lumière ; néanmoins nous ne disons pas que ce frottement et la chaleur, la lumière sont identiques.

L'Electricité est tout simplement un frottement qui, atteignant avec assez d'énergie les organes de la Chaleur et de la Lumière, ces éléments des couches, les force à donner de la voix, à crier, chacune selon sa capacité particulière.

On ferme une pile électrique assez puissante avec un mince fil métallique, fer, cuivre, platine ; ce fil devient bien vite incandescent: c'est l'effet des chocs, battements des ondes électriques, couches atomiques, coups de marteau excessivement rapides, nombreux, qui ne peuvent manquer de communiquer en peu de secondes, le mouvement vibratoire intense aux deux classes d'éléments des couches atomiques, relativement peu nombreuses, sur ce fil si mince. Si au lieu de ce fil, on avait un cylindre creux de 0^m1 de diamètre, le mouvement ne serait plus à l'étroit, concentré, ne s'accumulerait pas sur les mêmes molécules ; les deux courants, étalés sur une telle surface, n'échaufferaient pas d'un $0°001$. de même qu'il n'y a pas d'échauffement sur le gros cylindre en face de la machine, quand on fait cesser l'induction.

On voit donc que l'Electricité et la Chaleur, Lumière ne sont pas identiques, ne sont pas nécessairement associées ; ces deux dernières ne le sont pas davantage, quoique l'Ecole, brûlant de tout embrasser, de faire la grande Théorie, avec l'atome sans étendue, sans contact, s'efforce de les confondre. La vraie théorie fait tout de suite comprendre que l'élévation de la température porte atteinte à l'Electricité ; il y a d'abord une diminution progressive de la conductibilité ; enfin, une forte chaleur désélectrise tout à fait.

Voici : l'atome n'est pas immodifiable, comme prétend leur fantaisie ; les couches atomiques en s'échauffant ne restent plus si nettement délimitées ; les amplitudes vibratoires croissant les couches se dilatent, fusionnent, enfin ne présentent qu'une pâte uniforme, où ne subsiste plus que le mouvement calorifique général ; voilà le fond des choses.

Cette perle précieuse de l'École, la Théorie cinétique des Gaz : un coup de balai à cette perle précieuse de la Grande-École.

Donc, vous êtes sommés par la Grande-École d'admettre que les Gaz sont des corps lancés, se présentent, comportent comme des corps lancés. Voyons si ce n'est pas à ces orateurs tout d'abord, que peut s'adresser le reproche de suivre leur imagination, plutôt que la raison, l'expérience. Il suffit d'ouvrir les yeux pour s'assurer, par les observations les plus faciles, que les Gaz ne se comportent nullement de cette manière, que l'assertion de la Grande est absolument fausse.

Prenons d'abord ce dioxyde carbonique, lequel n'est pas au premier rang, mais se montre pourtant encore assez réfractaire, et que l'on ne dompte qu'au prix de sérieux efforts. Eh bien, il ne se comporte pas comme un corps lancé, mais absolument comme un liquide. En différents lieux, il se dégage du sol, reste au fond, en bas, coule, remplit des creux, où périraient asphyxiés des êtres vivants, de petits chiens totalement immergés ; on le verse d'un vase dans un autre, où l'on voit s'éteindre des bougies allumées à différentes hauteurs, dès que le gaz asphyxiant les atteint : il est clair, que si les molécules CO^2 étaient des corps lancés, ayant pour métier de voltiger furieusement de tous côtés, la masse du dioxyde, librement exposée, serait dispersée en un moment.

Mais, considérons un gaz bien autrement sauvage, le plus réfractaire de tous les gaz en liberté, l'air atmosphérique. Eh bien, c'est la même chose. Dans une chambre chauffée, j'ai là plusieurs thermomètres fixés l'un sous l'autre à la muraille : en bas, il y a une couche plus dense, plus froide, comme clouée au plancher ; au-dessus, je trouve une série de couches de plus en plus chaudes, légères, comme collées ensemble, chacune immobile à la place que lui assigne sa température ; c'est absolument comme les liquides, le Mercure, l'Eau et l'Huile ; c'est ainsi que se superposent des corps lancés !

Ces sujets se moquent du monde et d'eux-mêmes ; il leur faut le brevet supérieur d'imbécillité !

Mais l'idée même de faire passer les Gaz pour des corps lancés est une absurdité, une stupidité de la Grande.

Toute molécule en quittant son liquide acquerrait la faculté de parcourir 400, 500, 1.800 mètres par seconde, et sans affaiblissement, sans répit !

D'où viendrait donc une si monstrueuse force ? En présence des mouvements, vitesses de nos projectiles, nous disons, c'est la puissance des explosifs ; mais une charge, une explosion ne produit qu'un seul mouvement dans une seule direction, tandis que pour les Gaz de la Grande, il y aurait sans cesse de nouvelles impulsions, explosions !

C'est donc purement une force immatérielle, surnaturelle : pauvre Grande ! Nous sommes sûrs que le liquide ne lance pas sa vapeur, sauf dans les explosions où il lance une fois à quelques pas, ensuite c'est fini comme pour la flèche ou la balle. Nous voyons la vapeur d'eau s'élever au dessus de la surface, non comme un corps lancé, pas plus rapidement qu'un bois léger, que l'on a lâché au fond de l'eau, ne remonte à la surface : cette vapeur gagne simplement la couche supérieure dont la densité répond à la sienne ; là haut, refroidie, la molécule s'unit à d'autres ; elles s'alourdissent réciproquement jusqu'au moment de la pluie.

Voici la vérité : Dans un corps que l'on chauffe chaque molécule n'acquiert nullement une force de projection vers l'Est ou l'Ouest, le Nord ou le Sud, mais uniquement une énergie, force répulsive qui la met en état de tenir à distance ses voisines tout alentour ; elle pousse à la fois, sans quitter son lieu, vers l'Est, l'Ouest, le Nord, le Sud, le haut et le bas ; le changement de lieu résulte toujours d'une action étrangère, tandis qu'un imbécile breveté s'attache à l'idée superstitieuse que le changement de lieu est une énergie propre, essentielle de la molécule gazeuse.

C'est évidemment exclure la possibilité d'une explication rationnelle que d'admettre un atome indivis, sans étendue, comme une seule corde pour mille sons, mouvements divers ; il est tout aussi fâcheux d'exclure le contact, ce qui implique l'action à distance, la force surnaturelle, tandis que la force réelle n'est absolument pas autre chose que le mouvement et le choc d'un corps.

L'univers est un système de pleins relatifs et de vides relatifs, une constitution, un arrangement qui seul rend l'association, l'action possible.

Dans chaque espèce de matière le plein rend pourtant encore possible l'accession, l'entrée d'une autre espèce ; on dit spécialement qu'un gaz est pour un autre gaz comme un espace vide.

Les molécules doubles-atomes sont engagées les unes dans les autres par des couches extérieures assez rares et se repoussent efficacement par les battements de ces couches, jusqu'à ce que le choc soit trop faible pour mettre la masse en mouvement et vaincre la pression, pesanteur.

La théorie mécanique de la chaleur qui plaît à une Grande Ecole est à jeter tout entière, elle possède dans ses tiroirs une force de cohésion et dépense, détruit, dans son imagination, de la Chaleur pour vaincre ladite force, mais le repos, inertie, cohésion n'est pas une force, mouvement d'un corps ; on ne détruit pas de la chaleur pour créer autre chose.

Les molécules passent de l'état gazeux à l'état liquide, puis solide, lorsque leur énergie propre diminuant de plus en plus la pression extérieure les pousse de plus en plus les unes dans les autres, comme dans un milieu de moindre résistance ; l'énergie peut leur revenir du dehors pour la transformation inverse ; alors il est évident qu'il ne faut nullement parler d'une consommation, destruction de chaleur ; elles redeviennent liquides, gazeuzes, justement parce qu'elles retiennent, possèdent cette quantité de chaleur qui les met actuellement en état de résister a la pression toujours active ; mais si elles la retiennent, c'est parce qu'elle est plus difficilement communicable, cachée à l'intérieur, elle est dissimulée, latente.

Un atome qui n'a pour ainsi dire pas d'étendue ne peut presque rien dissimuler, cacher, mais il doit en être autrement d'un atome qui, dans des milliers de de couches, prépare des milliers de rayons différents. Les observations les plus précises confirment ces considérations rationnelles.

Par l'action de la chaleur on peut augmenter, p. e., de 0^m001 la longueur du côté d'un cube de verre de 0^m1

de côté ; quelle traction il faudrait pour produire un effet pareil ! La chaleur employée a tout le temps travaillé en chaque molécule, comme chaleur, pour donner, pour conserver ce résultat ; ensuite toute la chaleur entrée, conservée dans le corps en est sortie comme chaleur dans la période de refroidissement.

Ils disent : A toute quantité de chaleur disparue correspond un certain travail produit. Quel travail a donc produit la chaleur en disparaissant ? La contraction est produite, non pas par cette chaleur, mais par la pression ; il ne reste aucun résultat de l'action de la chaleur ; toute l'action, tout le travail de la chaleur est renfermé dans cette dilatation, la lutte contre la pression, d'abord victorieuse, puis terminée par une série de défaites ; il n'y a rien au delà, en dehors, aucune conservation, transmission, ni changement de forme.

La température de la glace fondante ne s'élève pas, quoique l'on active la caléfaction, la combustion ; toute la chaleur fournie pénètre, se dissimule dans les molécules fondantes et fondues ; elle sort aussi de l'eau comme chaleur, quand on expose de nouveau le liquide à la congélation, de même toute la chaleur qui se dissimule pendant la vaporisation se conserve telle dans la vapeur et en sort telle à la liquéfaction : un poids de vapeur 1 kilogramme à 100° étant rapidement mis en contact intime avec 5,37 fois le même poids d'eau, en élève la température de 0° à 100°, donne 6,37 kilogrammes d'eau à 100°.

Si l'École jure que ce sont ses affaires, ses forces surnaturelles qui produisent toute cette chaleur, qui n'existait nulle part auparavant, ce sera autant, aussi absurde que si elle attribuait le fait à Pierre, Paul ou un Juif quelconque.

Surfusion, la persistance de l'état liquide, l'abaissement du point de solidification des liquides au-dessous de la température normale où ce changement d'état se réalise ordinairement. Les causes qui produisent ce phénomène sont : la présence de sels en dissolution, une complète immobilité, une vive agitation, un excès de pression. — L'eau de mer, à cause des sels dissous, ne se congèle qu'à 2°,5.

L'eau privée d'air peut, dans une immobilité complète, se refroidir jusqu'à — 13°, même au-delà, sans se solidifier ; si l'on imprime alors à sa masse un léger ébranlement, une partie du liquide se congèle aussitôt, en même temps que la masse restée liquide remonte subitement à 0°. « Cela prouve, dit l'Ecolâtre, que la force vive communiquée aux molécules se transforme en chaleur » ! Un léger ébranlement élève, en un moment, de 12 degrés la température d'une masse d'eau, tandis que les Ecolâtres affirment ordinairement qu'il faut une considérable force mécanique pour produire un seul degré de chaleur !

Cette preuve n'est qu'une preuve d'ineptie. L'absence d'air dans l'eau élève son point d'ébullition ; elle rabaisse aussi son point de congélation : c'est que l'eau étant privée d'air, contre lequel se forment les bulles de vapeur, vers lequel se dirigent les courants de chaleur, ne peut facilement se débarrasser de sa chaleur interne, latente ; elle reste forcément liquide, bien au dessous de la température ordinaire ; la couche superficielle des molécules possède la température qu'indique le thermomètre — 5° — 10° — 20° ; au-dessous de cette couche, c'est différent.

Tel ébranlement léger poussant les molécules les unes contre les autres, mettra en contact plus intime cette couche si refroidie avec les couches inférieures : alors se produit une communication, le dégagement de la chaleur latente, tandis qu'une vive agitation faisant glisser rapidement des masses les unes sur les autres, ne produira pas cet effet.

Une forte compression peut avoir de même pour effet, non de dégager, mais d'emprisonner la chaleur latente. L'eau salée expulse le sel avant de geler ; on conçoit que cette opération préliminaire suppose un un abaissement plus plus considérable de la température. Dans le surchauffement, l'absence de l'air a pour effet que l'on peut élever la température jusqu'au dessus de 130° sans ébullition ; mais voici ce qui arrive : la masse devient plus conductible, toutes les molécules acquièrent l'énergie latente de la vapeur d'eau à 100° ; à 138° degrés elles partent toutes ensemble avec explosion.

Des globules d'eau, suspendues dans un mélange

liquide d'égale densité et chauffés doucement, on été portés à 170°, sans ébullition ; une ébullition violente se produisait au contact d'un solide chargé d'air. Il me semble que cette expérience a une importance théorique de premier ordre.

Vous à qui l'Ecole a voulu frauduleusement implanter l'idée que la chaleur est un mouvement d'ensemble des molécules, n'êtes-vous pas frappés du calme parfait des éléments de ces globules sous une si vive excitation ? Si vous voulez y réfléchir un moment, vous rejetterez définitivement l'idée de l'École pour adopter la mienne : la chaleur n'est nullement un mouvement d'ensemble de la molécule, mais un mouvement vibratoire d éléments beaucoup plus petits, lequel laisse la molécule solide ou liquide en son lieu, et il s'entend qu'il en est absolument de même de la molécule gazeuse.

Dans le vide les liquides se vaporisent instantanément ; donc la chaleur communiquée au solide pour produire la fusion n'a pas été usée, consumée, détruite pour vaincre la cohésion ; elle est entrée, s'est dissimulée dans les molécules où son action permanente, elle seule, résiste à la pression, conserve l'état liquide : la manifestation de sa présence réelle est justement une si prompte vaporisation quand la pression disparaît plus ou moins complètement.

Liquéfaction des Gaz

On conçoit bien la liquéfaction des Gaz, que l'on réalise en leur enlevant progressivement leur force répulsive, par la compression et le refroidissement

En comprimant énergiquement on rend de plus en plus intime le contact des molécules entre elles et avec les solides en contact, de sorte que l'on unifie de plus en plus tous les foyers, dont le mouvement se décharge ensuite facilement au dehors.

Ainsi à chaque augmentation de pression nous dégageons une portion de chaleur latente ; si nous nous hâtons de l'éliminer par l'application d'un réfrigérant, nous nous rapprochons du but que nous sommes sûrs d'atteindre : les molécules s'enfoncent de plus en plus les unes dans les autres ; les vibrations, battements s'atténuent ; les molécules ont enfin trouvé un nouvel équilibre dans l'état liquide. Mais supposons que l'on ne persiste pas à refroidir : si, par exemple, au gaz CO^2 on laisse une chaleur de plus de 31°, cette force répulsive maintiendra l'état gazeux malgré toute compression : le gaz se comprimera encore, jusqu'à ce qu'il ait la même densité que le liquide, ce qui est le terme de la compressibilité ; 31° le point critique du dioxyde CO^2. Les molécules ne pouvant plus se rapprocher davantage, la liquéfaction est impossible.

La chaleur sensible, température est donc la chaleur des couches superficielles ; la chaleur latente est celle des autres, bien plus difficilement accessibles, ce qui du reste s'accorde avec l'expérience : la température de la surface extérieure d'une maison habitée, ou des épais vêtements qui, dans le besoin protègent une personne humaine est celle de l'air en contact, et l'on voit s'y former la glace, tandis que la température intérieure est très différente.

Comment, lorsque la glace couvre la terre et remplit les nuages, ces gaz libres de l'atmosphère peuvent-ils subsister, ne pas être promptement dépouillés de tout leur trésor de force ? C'est en vertu de leur très grand pouvoir absorbant que ce trésor est à chaque instant renouvelé par les courants qui les traversent, venant sans cesse de tous les centres de force de l'univers, en premier lieu de notre Terre, de 6371 kilomètres de rayon, encore si riche, puissante à 30 ou 40 kilomètres de la surface, la région d'où nous viennent les laves, pierres en fusion, de notre Terre, qui nous offre aussi un foyer plus proche, puisque, sauf pour la zone glaciale, la couche de température variable, gouvernée par le Soleil n'est que d'une douzaine de mètres, une profondeur où règne déjà une température constante d'une dizaine de degrés, et là commence la série des couches de température constante, de plus en plus chaudes, de sorte qu'à 10.000 pieds (3.148 mètres) nous avons déjà la température de l'eau bouillante.

Veuillez donc considérer ce fait remarquable : ce mélange d'Oxygène et de Nitrogène, l'air atmosphérique peut accuser une température de — 10°, — 20° — 70° et beaucoup moins encore, et ces corps restent gazeux ; donc ils possèdent, retiennent évidemment une grande somme de force répulsive, énergie interne ; par là est définitivement démontrée l'existence de la Chaleur latente et la maladresse de la Grande Ecole, qui s'en moque comme d'une fable ridicule! Ces personnages sont fort adroits pour mesurer les distances des astres, déduire leurs poids de l'ensemble de leurs mouvements; mais ils dépassent leur limite, quand ils veulent discuter l'essence des forces, la normalité humaine, l'honneur humain, juger le livre Juif, la bêtise juive, la scélératesse juive dont Newton veut être le fidèle, respectueux interprète.

La grande énergie réelle, constante de nos gaz se manifeste d'une manière frappante dans l'intéressant phénomène du briquet à air : on arrache à la vapeur d'eau sa force latente, en mettant ces molécules, toutes isolées en contact intime avec l'eau froide, qui embrasse, étreint, pénètre chacune d'elles ; dans ce briquet, c'est par le coup de piston le plus énergique, rapide que l'on enfonce les molécules les unes dans les autres, que l'on rapproche ainsi les éléments vibrants pour combiner leurs forces, que l'on produit le contact intime de ce feu avec l'amadou très sec déposé au fond de ce tube : il n'y a là nullement création, c'est un simple déplacement de chaleur, et au premier contact avec l'air ces molécules ont tout récupéré.

Les esclaves de la superstition ne voudront pas de la chaleur réelle; s'ils n'étaient pas esclaves, ils trouveraient, en faisant l'expérience, qu'une poussée tout égale contre la plus fine poudre de verre, métal privée d'air, ne donnerait aucun résultat comparable.

A bas le transformisme!

Des observateurs sérieux affirment constamment qu'il se manifeste un refroidissement dans la vapeur de la machine, après qu'elle a agi sur le piston et produit l'effet attendu.

Comme dans le briquet à air, au moment de la pression maximum, le contact entre la vapeur et les parois du récipient devient assez intime pour que s'effectue le passage, la communication d'une notable quantité de chaleur.

Le déplacement d'une molécule gazeuse ou liquide ou solide, par l'effet de la poussée calorifique d'une molécule voisine est un mouvement de masse; ainsi la chaleur elle-même, sans changer de nature, produit directement le mouvement de masse ; toutes les molécules de vapeur, un nombre immense, agissant de concert produisent à la fois l'échauffement et le déplacement de la paroi, du piston et des autres surfaces.

L'interpénétration lève toutes les difficultés. Deux atomes, soit homogènes, soit hétérogènes, s'unissent, sont poussés l'un dans l'autre, jusqu'à une certaine profondeur, quand ils s'offrent réciproquement le milieu de moindre résistance ; ils vibrent à l'unisson, entre certaines limites de température, forment une combinaison plus ou moins stable, montrent ainsi l'un pour l'autre une plus ou moins grande affinité.

Tout éminente est l'affinité du Potassium et de l'Oxygène ; la chaleur seule ne peut les séparer ; au lieu de s'expulser comme les H^2O en battant l'un contre l'autre, ils restent à l'unisson. Mais d'où vient que toujours il faut chauffer les corps, les porter, par exemple, au dessus de de 300°, pour provoquer leur combinaison, augmenter leur force répulsive, pour amener un rapprochement ? Une singulière contradiction : ce phénomène, dit la Chimie, n'a pas encore trouvé une explication satisfaisante.

La vraie théorie de l'Atome

A la température ordinaire l'Hydrogène et l'Oxygène ne se combinent pas ; ils ne s'offrent pas le milieu de moindre résistance ; ils sont fermés ; en les chauffant, jusqu'à un certain point, on les ouvre, jusqu'à un certain point, autant qu'il faut pour que paraisse, des deux côtés, le milieu de moindre résistance ; pour obtenir l'ouverture, on approche du mélange une allumette enflammée ; sur ce point la combinaison s'accomplit, en dégageant une chaleur qui ouvre comme il faut les voisines et l'incendie se propage avec une rapidité foudroyante.

Mais qu'est-ce que ce dégagement de chaleur ?

Des forces immatérielles ? Surnaturelles ? Bêtises !

Donc les atomes étant ouverts sont poussés, entrent vivement les uns dans les autres ; mais cette invasion arrête subitement, des deux côtés le mouvement interne ;

ce mouvement, justement la chaleur dissimulée, reflue vers le milieu de moindre résistance, la périphérie ; c'est le dégagement d'une assez grande portion de la Chaleur latente.

A la température ordinaire de notre époque, le potassium et l'Oxygène sont toujours assez chauffés, ouverts l'un pour l'autre ; le Fluor est toujours ouvert, prêt à dévorer ; l'Antimoine et le Chlore réagissent vivement l'un sur l'autre ; à une température très basse ils sont fermés ; nous les voyons inertes. Quand le fluor, l'Oxygène seront solidifiés avec le Nitrogène, l'Hydrogène, il n'y aura plus de Chaleur latente : ce sera la fermeture générale, pour le monde inférieur, mais pas encore pour nous.

La chaleur latente existe, ô équationniste, et le contact aussi : H^2O liquide est assez chauffé ; mis en contact avec CaO, il est poussé, s'enfonce vivement dans cet oxyde et abandonne presque toute sa chaleur propre, tenue en réserve ; de là ce grand dégagement de chaleur, sans nulle oxydation.

Pour décomposer l'hydrate de chaux il faut rendre à H^2O sa chaleur latente ; il ne faut rien de moins que la chaleur rouge ; H^2O y puise donc, reconstitue sa provision réglementaire, nécessaire à l'état libre, prend un excès pour le départ ; cela s'enfouit, se dérobe, se dissimule, afin d'empêcher un sujet comme toi de s'y reconnaître.

Le Potassium, jeté sur l'eau, met du premier coup l'Hydrogène en fuite, c'est-à-dire l'excite assez pour qu'il s'arrache à l'étreinte, et s'empare de son Oxygène ; le dioxyde CO^2, beaucoup plus stable que l'oxyde H^2O, résiste au Potassium, mais quand celui-ci arrive secondé par la chaleur rouge, le Carbone est battu, forcé à la retraite, c'est-à-dire que l'oxygène surexcité se dérobe, et le Potassium brûle couramment dans ce gaz ; au contraire, à la chaleur blanche le Fer, ce dioxyde portent à l'oxyde de Potassium des coups tellement vifs qu'il perd l'équilibre, son oxygène ; le métal est isolé ; il ne reste sur la place que des oxydes de Carbone.

Les atomes, les molécules de même espèce ne se comportent pas autrement ; ils se combinent entre eux comme les hétérogènes, dans les mêmes conditions :

des morceaux, grains de fer, de verre ne s'unissent pas ; ils sont fermés ; il suffit de les ouvrir, par une chaleur suffisante pour qu'ils fusionnent. Les corps de même espèce dégagent, comme les autres, en se combinant une portion de chaleur latente : c'est ce qui a lieu quand les molécules d'eau s'unissent en se solidifiant, aussi quand la vapeur d'eau s'unit au liquide.

L'eau possède à 4° son maximum de densité ; quand elle se refroidit davantage, le volume du corps augmente. Voici ce qui a lieu : au-dessous de 4° le corps continue de se contracter, mais alors les molécules, jusqu'alors assez profondément engagés les unes dans les autres, commencent, en raison de cette contraction, de s'expulser réciproquement ; le corps gagne ainsi en volume plus que la contraction ne lui fait perdre.

Il est évident que dans la glace la mobilité de la substance est bien réduite ; or la mobilité de la substance, c'est l'énergie vibratoire, force répulsive qui la détermine ; donc, pour en venir là cette substance a dû, dégager de la chaleur ; certaines couches pour se fixer ainsi réciproquement, ont dû céder leur excès de mouvement, se rejoindre, se combiner.

Le même phénomène est aussi très marqué chez le Bismuth et quelques autres.

Chaleur Spécifique

Une masse de fer d'une température donnée renferme dix fois moins de chaleur qu'une masse égale d'eau de même température, ou bien, il faudrait 10 kilogrammes de fer à 50° pour communiquer cette même température à 1 kilogramme d'eau à 0°.

La chaleur spécifique est en raison inverse de la conductibilité. Les métaux, les meilleurs conducteurs, ont la moindre chaleur spécifique ; l'eau, le plus mauvais conducteur, a la plus grande chaleur spécifique. On comprend tout de suite que la chaleur se communiquant difficilement d'une molécule d'eau à l'autre, en dehors du cas de la convection, quand on chauffe par en bas et que les molécules surchauffées sont poussées dans les molécules superposées, il faudra communiquer à une première molécule A un grand excès de chaleur pour que cette chaleur déborde, atteigne la molécule voisine B au même niveau; il faudra traiter de même B pour atteindre une troisième molécule C; pour combler, saturer, ainsi une à une toutes les molécules contenues dans un litre d'eau, il y aurait à dépenser une quantité de chaleur très considérable, comparée à celle que demandent ces bons conducteurs pour s'échauffer du même nombre de degrés. La chaleur que l'on amène s'engouffre dans la molécule d'eau, tandis qu'elle demeure dans la couche superficielle de la molécule métallique et court sur toute la surface du métal; on voit que cette effervescence doit être bien vite amortie par une immersion dans l'eau froide.

Chaleur Atomique

Le produit A C du poids atomique A par la chaleur spécifique C est un nombre constant, c'est-à-dire qu'il faut une même quantité de chaleur pour échauffer également un atome de tous les corps simples; le poids atomique augmentant, la chaleur spécifique diminue; si le poids atomique diminue, cette chaleur augmente dans la même proportion, d'où résulte la constance du produit.

On a déterminé les poids relatifs des atomes : si l'on a reconnu que l'atome d'un corps simple E pèse deux fois autant que l'atome du corps D, et que l'atome du corps F pèse autant que 2 E, et que 4 D, on sait que si 1 gramme de F renferme x atomes, 1 gramme de E en aura 2 x, et le même poids de D en comptera 4 x; or l'expérience montre, en effet, que si, pour élever de 0° à 20° x atomes F, il faut 1 unité de chaleur, il faudra 2 unités de chaleur pour produire le même effet sur les 2 x de E, et 4 unités de chaleur pour les 4 x de D. E, et D montrent ainsi une capacité supérieure; mais puisque cette quantité de chaleur deux fois, quatre fois plus grande s'applique à un nombre deux fois, quatre fois plus grand d'atomes, il s'ensuit qu'il faut la même quantité de chaleur pour échauffer également un atome de tous ces corps.

Cette expérience nous enseigne que dans le domaine, la masse d'un atome quelconque, la conductibilité est parfaite, la même pour toutes les espèces; ce n'est partout et toujours que le passage d'une molécule à l'autre qui présente des difficultés, occasionne des pertes, des frais extraordinaires, demande un renforcement de l'action, ainsi la quantité de chaleur nécessaire pour élever à tel ou tel degré la température d'un certain poids, d'un gramme de substance doit augmenter ou diminuer avec le nombre de ces passages.

Cela est certainement un renseignement sur la constitution intime de la matière... Il y a plusieurs exceptions.. Cela me fait plaisir ; je suis aussi une exception, ce qui me fait plaisir, un acheminement à la Révolution, Réconciliation.

Dans ce produit de la chaleur par le poids, on ne trouve pas une identité ; les écarts peuvent répondre à des différences réelles dans la constitution ; en présence de certains écarts considérables, il faut admettre des variations constitutionnelles de cette importance ; enfin ce ne sont pas des gelées printanières, des sécheresses cruelles, des inondations désastreuses ; elles n'affectent pas notre bien-être, ne déconcertent pas notre intelligence, vu que nous admettons parfaitement que des substances différentes diffèrent sous différents rapports, dureté, densité, capacité, perméabilité, conductibilité.

Il n'est pas difficile de se rendre compte de la conductibilité en général, d'en déterminer les conditions. La conductibilité est, comme dans l'atome, excellente, parfaite, pour l'électricité, la chaleur, la lumière, dans l'Ether universel, qui réunit l'homogénéité, la continuité, la parfaite mobilité des éléments, ce qui le rend également approprié pour les ondes de différentes longueurs.

Pour nos solides la meilleure conductibilité a été trouvée chez l'argent et le cuivre ; là, se trouve réalisée la plus uniforme répartition de substance homogène, élastique, avec un rapprochement favorable, une mobilité suffisante d'éléments assez massifs pour communiquer des chocs énergiques.

Mais, si l'on fait brûler de l'alcool dans une assiette métallique posée sur la surface libre de l'eau, on trouve que dans ce liquide la chaleur ne se propage que très difficilement de haut en bas. C'est le plus mauvais conducteur avec ses molécules enchevêtrées les unes dans les autres ; cet espace est rempli d'inégalités, d'accidents, d'obstacles à une propagation régulière du mouvement thermique ; la répulsion entre les éléments est assez grande pour créer des lacunes; les éléments sont trop légers pour transmettre par chocs des forces notables, tandis que dans ces corps métalliques ce sont des conditions toutes différentes pour des transmissions régulières, de continuelles décharges.

Les mystères de l'Allotropie, variation de formes, de propriétés d'un seul et même élément, s'expliquent par des différences d'interpénétration des molécules, se réalisant dans certaines circonstances.

Phosphore blanc, *densité 1,826*
Phosphore rouge, *densité 2,10*

Par la seule comparaison de ces nombres on peut juger que, si le Phosphore blanc est très excitable, ainsi toujours très excité, très fort, doué d'affinités énergiques, par conséquent redoutable, comme SO^3 est redoutable par son affinité pour l'eau, qu'il peut arracher à nos tissus, le Phosphore rouge doit l'être en tous cas beaucoup moins, qu'il doit avoir une moindre chaleur spécifique, être assez inerte, faible; l'expérience montre en en effet, qu'il n'est pas luminescent dans l'obscurité, parce qu'il ne s'oxyde pas spontanément à l'air, ne s'allume point par frottement, n'est pas vénéneux, tandis que c'est le même atome; mais les atomes identiques, ouverts différemment pour l'interpénétration, fournissent des groupes différents,. Le Phosphore blanc, longtemps exposé sous l'eau à la lumière, ou chauffé sans oxygène à 250°, son point de fusion, ou dans le vide à 300° se convertit en Phosphore rouge. Le Phosphore rouge, chauffé à 260° dans CO^2, revient au Phosphore blanc, sans changement de poids.

Voici: le Phosphore étant ouvert davantage, par la lumière, la chaleur, est poussé dans ses pareils à une plus grande profondeur; ensuite, chauffé à 260° dans CO^2, il regagne toute l'énergie cédée précédemment, se relève, retrouve l'autre position d'équilibre.

Carbone Octaédrique

Le diamant carbonique, avec le diamant borique le plus dur des corps: la difficulté de l'entamer résulte justement de la profondeur de l'interpénétration, comme la difficulté d'arracher un pieu enfoncé à 1 mètre,

2 mètres dans le sol ; pas de force dans cet enfoncement; la force n'est que le mouvement d'un corps ; il y a simplement à mettre en mouvement un plus grand nombre d'éléments que s'il n'allait qu'à 0ᵐ2. Densité, 3,52.

Carbone hexagonal, aussi amorphe, Graphite, densité, de 1, 8 à 2, 00, avec une dureté dix fois moindre.

L'octaédrique, transparent, non conducteur de l'électricité, l'hexagonal, opaque, conducteur. Formation par la voie sèche, ignée : pour former ces grands cristaux, des masses de molécules, emprisonnées dans une cavité, géode, ont dû être longtemps tenues largement ouvertes, pour se coordonner lentement, sans obstacle.

Le Soufre, *densité 1,97 — 2,07 ; fusion 111°*

D'abord un liquide jaune très mobile, à 160°, brun, plus épais, à 200° brun foncé très épais, ne coule plus, à 400° redevient clair et entre en ébullition.

A 110°, de la masse peu conductrice seulement une couche superficielle s'est ouverte, réellement liquéfiée, où nagent les noyaux encore durs ; à 160°, 200° nous reconnaissons, par la couleur, l'épaississement, que les couches inférieures s'ouvrent, de plus en plus, deviennent plus absorbantes, que les atomes s'engagent plus profondément les uns dans les autres, ce qui diminue leur mobilité ; à 400° toutes les couches sont également dilatées, ouvertes, pour absorber la chaleur avec toute énergie ; le liquide bout.

Le Mercure, *densité 13,60 ; fusion 38°8*

Un fait très remarquable la liquidité, à la température ordinaire, d'un corps si notablement plus dense que le Fer, le Cuivre, l'Argent et autres, tous solides dans ces circonstances. Il s'explique par la présence, à la périphérie de l'atome d'une mince couche, formée d'éléments très absorbants, excitables, se rattachant par une transition assez brusque aux couches plus denses ; les molécules glissent les unes sur les autres dans cette couche, qui ne se condense, pour servir de trait d'union, qu'aux environs de 36°.

On a trouvé mystérieuses, inexplicables, certaines actions dites actions de contact, où un corps provoque la combinaison de deux corps gazeux, de deux corps dont l'un au moins est gazeux, sans que le provocateur entre lui-même en combinaison ni subisse aucune modification.

Ainsi on peut mélanger, à la température ordinaire, le gaz Oxygène et le gaz Hydrogène sans qu'ils se combinent ; mais si l'on introduit dans le mélange une très mince lame ou un fil de platine, à pure surface métallique, les gaz se combinent tout de suite avec explosion : il reste de la vapeur d'eau et du platine pur.

Nous savons que la combinaison chimique demande l'ouverture des atomes, aussi des molécules ; la présence du platine procure donc cette ouverture, par une action purement physique.

Des gaz libres suspendus dans l'espace peuvent se trouver sur le passage de rayons énergiques et subir leur action sans qu'il en résulte aucune modification sérieuse : la molécule, l'atome reçoit le choc, pirouette et se détourne ; la rencontre n'a aucune suite ; mais si la molécule, fixée sur le platine, reçoit de l'éther, toujours du même côté, des trillions de battements à la seconde, et reçoit, de l'autre côté, des trillions de coups secs du métal, l'atome est ouvert à l'instant et l'effet se produit. Les trillions viennent du solide, de l'atome à l'Éther, qui n'a rien de lui-même.

Encore d'autres corps métalliques et non métalliques par exemple, le verre pulvérisé, possèdent ce pouvoir absorbant, fixent de tels gaz et les ouvrent de cette manière, provoquent ainsi cette combinaison, bien que moins vivement que le platine, à cause d'un moindre pouvoir absorbant, d'une moindre énergie vibratoire.

Tandis que le platine, 1 volume, peut condenser plusieurs centaines de volumes d'oxygène, et aussi de l'hydrogène, 1 volume de palladium absorbe jusqu'à 982 volumes d'hydrogène ; il ne le perd pas dans le vide, ainsi forme avec ce métal hydrogène un véritable alliage.

Cet hydrogène est ouvert, comme à l'état naissant, c'est-à-dire au moment où il sort d'une combinaison, avec les grandes oscillations qui résultent de l'arrachement ; sur le Palladium, il est ouvert par les innombrables chocs, battements qu'il reçoit, ainsi prêt à se combiner, un énergique agent réducteur.

Si le platine prépare la combinaison de O avec H', il prépare aussi celle de O' avec O, la formation de l'ozone O³ : le troisième O, plus exposé, plus excité et alors excitant lui-même lesdeux autres, comme dans SO³, fait de l'ozone l'excitant le plus énergique ; la Force, toujours le mouvement d'un corps ; on voit que les mystérieuses immatérielles, surnaturelles ne sont pas à notre usage, ne me regardent nullement.

Si l'on mélange de l'acide acétique à une solution aqueuse de carbonate de potasse, l'acide carbonique s'échappe, et il se forme de l'acétate de potasse ; si l'on ajoute de l'acide carbonique à une solution alcoolique d'acétate de potasse, l'acide acétique se dégage et il se forme du carbonate de potasse, qui se précipite.

L'Ecole dit là sérieusement que l'acide acétique se dégage, parce qu'il se formera ensuite du carbonate de potasse, insoluble dans ce liquide alcoolique !

Voyons donc : la Force c'est uniquement le mouvement, le choc de corps ; le départ de la molécule d'acide acétique est dû certainement au choc d'un corps. « Il se formera ensuite, après le départ, du carbonate de potasse insoluble dans l'alcool. » Est-ce là le choc d'un corps, lequel choc produit ce départ ?

La molécule d'acide acétique prévoit donc cette formation, et l'horreur qu'elle lui inspire, ou le désir qu'elle en a, serait le choc qui la décide à céder la place ! La formation subséquente n'est pas le choc d'un corps ; ce n'est qu'un vain bavardage !

Puisqu'il faut absolument le choc actuel réel d'un corps, ce ne peut être que ceci : dans le premier cas, l'acide carbonique se déplace, se retire, parce qu'il n'est pas assez fermement établi, parce qu'il est trop volatil pour résister aux chocs venant des corps voisins, spécialement de ce nouveau venu, l'acide acétique ; dans le second cas, l'acide acétique se déplace, se retire, parce qu'il n'est pas assez solidement établi pour résister aux chocs réunis de l'alcool et de l'acide carbonique ; il absorbe ce mouvement, se mobilise, change de quartier.

Le Fluor, *Poids atomique 19,*

Est un Oxygène, P. at. 16, énormément renforcé, aussi ne peuvent-ils jamais se rapprocher, former ensemble un système d'équilibre.

L'énergie d'un élément, son pouvoir absorbant, auquel correspond son pouvoir émissif, sa faculté d'absorber plus ou moins et de transmettre l'énergie réelle, sans cesse rayonnante des grands centres de force.

Le Fluor est si énergique parce qu'il a le plus grand pouvoir absorbant.

Rien n'est comparable au Fluor, qui attaque violemment, démolit la silice, le verre, contre lesquels l'oxygène plus ou moins accumulé, ainsi que les autres agents ne peuvent rien du tout. Un effet de son extraordinaire excitabilité est la phosphorescence qui se manifeste dans l'obscurité quand on chauffe le fluorure de calcium.

Le Chlorure de Nitrogène NCl^3

Chauffé à 96°, détone violemment, de même au simple contact de certains corps, Phosphore, Potasse, Arsenic, Huile. La Nitroglycérine, $C^3H^5O^6N^3$, chauffée vivement dans un vase de fer, détone avec une terrible violence, chauffée lentement elle brûle sans détoner.

Nous pouvons seulement, en général, observer que ce sont là des accumulations, des atomes les plus capables d'absorber, d'emmagasiner les forces les plus considérables. On conçoit, en général, que le chlorure chauffé à 96° peut se charger d'une d'une énergie débordante, des plus redoutables, mais nous ne concevons nullement l'action identique de ces choses disparates, huile, arsenic, potasse, phosphore ; nous pouvons seulement constater le fait ; ils sont constitués pour ouvrir le chlorure, tellement qu'il absorbe en un moment la force du soleil et s'élance ! Cette Nitroglycérine, il n'existe évidemment aucun assemblage comparable : certes, on comprend que sous les battements incisifs du fer chaud elle doit s'en aller au plus vite, pousser avec fureur, tandis que l'échauffement lent ne peut produire le même effet ; pourtant on ne pouvait prévoir ni le premier ni le second de ces effets.

Heureusement nous n'avons pas besoin de connaître les secrets intimes de la Nitroglycérine, pour nous conduire à la perfection, selon notre habitude.

III

CHALEUR RAYONNANTE, LUMIÈRE.

L'Ecole a exécuté sur cette Chaleur et sur la Lumière un énorme travail pour aboutir à cette misérable conclusion que la Chaleur et la Lumière, d'égale réfrangibilité, sont identiques.

Et qu'est-ce qu'elle a donc pour expliquer ces inégales réfrangibilités, pour tirer tous ces mouvements inégaux d'un Point matériel, et par surcroît pour faire de la Lumière une forme de l'Electricité ? Elle a des Forces immatérielles, ainsi surnaturelles ; ce n'est rien du tout : la clarté, la rationalité, l'accord avec les faits, les expériences, cela ne se trouve que dans les distinctions établies par l'Exposition antithéologique : l'Electricité, un mouvement vibratoire des couches atomiques, la Chaleur, un mouvement vibratoire des éléments immédiats de ces couches, les sphères de premier ordre, la Lumière, qui vient à la suite de la Chaleur, un mouvement vibratoire des sphères de second ordre, voilà le système complet, l'accord avec les observations.

Les ondes électriques, relativement très volumineuses, massives ; les ondes calorifiques, beaucoup plus ténues, les ondes lumineuses, encore beaucoup plus fines, ainsi plus pénétrantes, capables de fournir la plus longue carrière, en se glissant par des couloirs infranchissables pour d'autres, cela ce sont des faits positifs.

Voyons, la lumière d'une lampe n'est-elle pas capable de traverser une assez grande épaisseur d'eau claire ? Et maintenant la chaleur de la lampe, jusqu'où elle pénètre dans ce milieu ? Elle s'arrête presque à la surface, cela ne compte pas : Est-ce vrai ? La lumière de Sirius, après un voyage de plus de huit ans, à raison de 300.000 kilomètres par seconde, nous arrive bien nourrie, magnifique, certes, une lumière sérieuse ; et la chaleur de Sirius, immense comme sa lumière ? Elle reste accrochée aux longueurs du chemin, tout épuisée, usée, réellement négligeable ; cela ne s'accorde-t-il pas avec ce que nous pensons, disons ici, de la Chaleur, de la Lumière ?

Donc, il ne faut pas identifier la vérité, la Science du monde avec ce qu'en débite une certaine Ecole : Courage, fiez-vous à votre sensibilité. Croyez en l'expérience : la Matière donne un démenti à l'Ecole, n'accepte pas leur identité de la Chaleur et de la Lumière : dans l'obscurité, à la température ordinaire, le Chlore ne se combine pas avec l'Hydrogène ; il ne décompose pas l'eau ; la Lumière tend les ressorts, les fait agir, ouvre les portes, accomplit des travaux immenses ; avec la Chaleur elle gouverne la Vie ; mais aucune ne peut suppléer l'autre.

Pour la Lumière nous avons spécialement l'appareil de la vision ; pour la Chaleur nous avons tout le système sensitif, toutes les régions, le corps entier reçoit ces impressions ; le Sensitif central est affecté par la chaleur tout autrement que par la lumière ; donc, ce sont des mouvements différents, aussi ceux qui sont également réfrangibles.

La fine lumière peut nous laisser tout calmes, dispos pour la pensée, qu'elle favorise évidemment par son action sur le cerveau, une action tout autre que l'atrocité de l'Alcool, de la Caféïne, Théïne, etc. ; il suffit de ne l'admettre qu'avec mesure dans notre délicat organe ; la grossière chaleur nous accable, ne nous remplit pas sans nous incommoder : nos Physiologistes accepteraient cette maladroite identité ? C'est absurde, impertinent.

Un peu avant le lever du Soleil, par un ciel assez serein, toute la surface, la campagne est déjà bien éclairée, alors que le thermomètre le plus sensible n'indique pas encore le moindre réchauffement. La Lumière et la Chaleur se montrent là séparées, agissent isolément ; les beaucoup plus fines ondes lumineuses escaladent l'atmosphère, descendent, se répandent partout, agitent sur chaque atome de la surface les petites sphères optiques, alors que les gros éléments thermiques reposent encore, de même que les doigts peuvent agir sans que le bras se déplace.

Inversement, la totalité, la main peut se mettre en

mouvement sans que les doigts agissent ; de même un peu au-dessous de 525°, la température du rouge naissant, la chaleur agit déjà puissamment sans être encore accompagnée d'aucune Lumière.

Notre description générale, esquisse de l'atome, établit la différence entre la Chaleur et la Lumière, explique leurs étroites analogies, fait prévoir qu'elles peuvent aussi agir indépendamment l'une de l'autre. Quand on fait passer sur un mince fil de platine le double courant d'une pile, on obtient d'abord la chaleur obscure, puis apparaît la chaleur lumineuse rouge ; des renforcements successifs du courant atteignant des couches de plus en plus profondes de l'atome ; on voit donc ensuite apparaître l'orangé, puis le jaune, le vert, le bleu, l'indigo, le violet, tous ensemble formant le blanc, dans l'incandescence.

Les groupes de rayons émis simultanément par l'atome se séparent, se juxtaposent, de manière à pouvoir être embrassés d'un coup d'œil, quand un faisceau de rayons solaires vient frapper obliquement un prisme de verre, de cristal de roche : la formation ultra-rouge, atteinte la première, rayonne la première, fournit les rayons les moins déviés, brisés, ensuite viennent successivement les rayons des couches de plus en plus profondes, fournis par des éléments à vibrations de plus en plus rapides, d'où résultent des ondes d'autant plus courtes, jusqu'au centre même de l'atome.

Les couches ultra-rouges sont composées d'éléments thermiques non formés eux-mêmes d'éléments optiques : les mouvements de ces couches ne peuvent affecter que notre système sensitif, mais non notre organe visuel.

Depuis la couche rouge jusqu'à la couche violette, les éléments thermiques sont composés d'éléments optiques ; ces rayons sont donc à la fois calorifiques et lumineux. Les éléments thermiques décroissent depuis l'extrême limite, à travers toute la série des couches photothermiques, jusqu'à la limite du violet, où ces éléments n'ont plus que la dimension des lumineux, eux-mêmes réduits au point de ne plus être capables d'ébranler suffisamment les grosses molécules albumineuses de notre système visuel.

Tel est le système de l'Atome, la structure qui rend compte des phénomènes observés.

Quand on met en action un timbre d'horlogerie sous le récipient rempli d'air de la machine pneumatique, le mouvement sonore se transmet d'abord du timbre à l'air, puis de l'air au verre de la paroi, ensuite de la paroi à l'air extérieur, de celui-ci finalement aux parties solides de l'appareil auditif. Il est évident que l'onde sonore, pour sortir, se forme dans la substance même de la paroi, et, plus loin, dans l'organe de l'ouïe.

Il est clair qu'il faut concevoir de même la communication de l'Ether, de ses courants avec les corps qu'il rencontre; la diffusion, par laquelle l'École introduit dans tous nos corps l'Ether universel, comme elle y introduit ses forces immatérielles, pour agir, elle ne sait comment, sur l'atome intangible, sans étendue, ce n'est qu'une sottise de plus dans sa collection.

Nous en sommes certain, le rayon, l'onde électrique, thermique, lumineuse touche, heurte la substance même du corps, comme une masse touche certainement le plateau de la balance qu'elle déplace, comme tout corps touche celui auquel il communique son mouvement, formant une seule masse avec lui; le corps pondérable n'est qu'un Ether condensé, où cette onde produira nécessairement une chose toute semblable : ainsi comme pour l'onde sonore, l'onde calorifique, lumineuse dans le verre se forme dans la substance même de ce corps.

Les analogies entre la Chaleur et la Lumière tiennent à la très petite dimension des éléments actifs, qui mettent en jeu semblablement l'élasticité de la matière à tous les degrés.

Une boule tombant verticalement sur une surface horizontale pousse devant elle la substance rencontrée, produit une dépression régulière; sa force étant épuisée, transmise tout entière au corps heurté, elle s'arrête, tandis que la substance déplacée, cessant d'être poussée de haut en bas, et repoussée par la couche sous-jacente qu'elle comprime, revient vers sa position d'équilibre et fait quelques oscillations de part et d'autre.

Dans ce mouvement de retour, elle entraîne, ramène la boule, qui ne peut être poussée ni vers l'Est, ni vers l'Ouest, ni au Nord, ni au Sud, puisque les poussées respectives qui existent sur les bords, les talus de la dépression, se font équilibre deux à deux, rangées symétriquement autour du centre : la boule sera donc repoussée, réfléchie verticalement, de bas en haut ; l'angle de réflexion est égal à l'angle d'incidence.

Si la boule vient obliquement, p. e., du Sud au Nord, sous un angle de 45°, elle ne s'arrête pas un moment, n'ayant dépensé que la moitié de sa force ; avançant toujours pendant le contact, elle creuse un court sillon, d'où elle est relancée par la réaction élastique de la surface. Cette portion en mouvement a été poussée de haut en bas ; elle remonte verticalement de bas en haut pour regagner l'horizontale et pousse de même le projectile ; mais celui-ci, possédant encore un mouvement Sud-Nord, suivra la résultante ; or, l'intensité de la force Sud-Nord est déterminée par l'obliquité de l'incidence, donc nécessairement l'angle de réflexion est égal à l'angle d'incidence ; en outre les voies de réflexion et d'incidence se trouvent dans le même plan, car il ne peut y avoir aucune déviation, ni vers l'Est, ni vers l'Ouest, puisque les poussées des deux pentes du sillon se font équilibre.

On n'a qu'à mettre une onde à la place de la boule et l'on a la réflexion de la Chaleur, de la Lumière ; la ligne sinueuse du rayon peut être prise pour une droite, ce que l'on fait couramment pour l'incidence normale, de part et d'autre les écarts n'étant que de quelques dix-millièmes de millimètre, parce qu'elles suivent la même loi, ne sont pas pour cela identiques ; il faut en dire autant de la Lumière et de la Chaleur.

La réflexion est due tout d'abord à la résistance du corps heurté, lequel est plus ou moins perméable, imperméable, capable, incapable d'absorber, de reproduire dans sa substance tel ou tel mouvement. Les rayons ne traversent pas les centres des atomes ; ils ne peuvent former leurs ondes que dans les couches supérieures, moins denses, et encore dans ces couches mêmes, au-delà d'une certaine épaisseur la dispersion augmente rapidement, les images lumineuses sont bientôt très diffuses, enfin toute lueur disparaît ; l'obscurité règne à peu de distance de la surface de la mer, combien plus dans ces abîmes océaniques de huit à neuf mille mètres de profondeur.

Si l'eau, assez perméable pour la Lumière, est à peu près imperméable pour la Chaleur, il faut, sans hésiter, en conclure que Lumière et chaleur sont des choses différentes : la grosse onde calorifique est promptement brisée, dispersée ; la fine onde lumineuse traverse encore bien une assez grande étendue de brousse ; la très fine onde X, de la région centrale de l'atome, est en conséquence beaucoup plus pénétrante.

L'air étant 773 fois moins dense que l'eau sera dans cette proportion plus pénétrable, éteindra moins les rayons qui le traversent.

Que devient la chaleur, la lumière absorbée ? Elle devient une petite agitation plus ou moins persistante d'immenses multitudes d'éléments, qui rendent peu à peu ce dépôt, une restitution qui soutient plus ou moins la température. C'est ce qui arrive pour la première couche terrestre, de température variable, de dix, douze mètres d'épaisseur : pendant toute la saison chaude elle absorbe une chaleur qui n'arrive à la limite inférieure qu'après six mois, quand nous avons l'hiver à la surface ; elle retourne aux couches froides superposées, de sorte que cette limite a perdu tout son excès, qu'elle a l'hiver, quand nous sommes de nouveau en été.

Mais cette limite ne descend pas au-dessous d'une certaine température moyenne, car elle est en contact avec les couches de température constante, de plus en plus chaudes jusqu'au centre de la terre. Ce n'est pas un zéro, mais avec ce jeu-là nous péririons tous, sans la chaleur artificielle, si Prométhée ne nous avait pas apporté du ciel le feu pour nos foyers, et vous vous dévoreriez, comme ne le font pas les tigres, sans cette doctrine de la Solidarité, cette manière de s'occuper raisonnablement.

Quand on se trouve en face d'une rangée d'arbres, le regard la traverse, on reconnaît le mieux les intervalles ; ces derniers se rétrécissent à distance quand on se rapproche de la rangée ; enfin ils disparaissent, et l'on ne voit plus qu'une surface de bois, formée par troncs qui semblent se toucher. C'est ce qui arrive pour l'angle limite, qui détermine l'obliquité qu'un rayon ne doit pas dépasser, pour qu'il puisse pénétrer d'un milieu dans un autre ; cet angle sera plus ou moins grand, suivant la constitution, l'éloignement des molécules, dans les couches supérieures desquelles les rayons peuvent trouver un passage.

De l'eau à l'air, l'angle limite est de 48° 35'; du verre à l'air, il est de 41° 48 : dans l'eau les centres moléculaires sont assez espacés, les couches perméables sont assez larges pour que l'on puisse, beaucoup plus que dans le verre, s'éloigner de la perpendiculaire à la surface, sans perdre les intervalles.

Considérons une surface formée par des rangées de molécules réunies sur le même plan : le faisceau qui frappera normalement cette surface sera en partie absorbé sans déviation, en partie réfléchi normalement. Quant aux rayons atteignant obliquement les molécules au-dessus de leur équateur, ils sont réfléchis vers le haut; ceux qui les atteignent au-dessous de l'équateur sont réfléchis vers le bas, l'intérieur, avec une déviation qui est la réfraction, impliquant la Dispersion ; le Diamant, par sa résistance inflexible, produit la plus grande déviation; c'est le corps le plus réfringent. Dans ces corps composés, comme le carbonate de chaux, où l'oxygène est appliqué contre l'oxygène, tandis que le carbone s'attache au calcium, deux voies se présentent au faisceau incident, qui se scinde en deux parties, dont l'une suit la tranche constituée par l'oxygène, vibre aussi dans ce sens, tandis que l'autre rayon suit la tranche plus résistante du calcium-carbone, vibre perpendiculairement au premier.

L'Ecole prétend expliquer la double réfraction en racontant à qui veut bien l'entendre que dans ces corps l'Ether ne possède pas la même élasticité dans toutes les directions, d'où résulte une inégale vitesse de propagation, ainsi une réfraction inégale dans ces différents sens. Ces précieux ridicules n'osent pas toucher l'atome, qui leur est intangible, parce qu'ils ne le comprennent pas; ils ne savent que faire d'un Point matériel ; c'est donc l'Ether qui doit tout leur arranger ! Mais comment? Est-ce que l'Ether aurait peut-être le privilège unique de toucher les atomes ? Est-ce que peut-être les atomes en touchant, poussant l'éther lui confèrent telle ou telle élasticité ? Tout faux, du bafouillage, les équations à sec sur le sable ; pas de produit.

Dans le verre il n'y a aucune autre substance que le verre ; les ondes sonores, pour le traverser, se façonnent des ondes dans la substance du verre, ailleurs, c'est dans le bois, la pierre, le métal. De même pour la chaleur, la lumière : elles se façonnent des ondes dans les éléments correspondants de ces substances, lesquelles ne sont qu'un Éther condensé de telle ou telle manière, ce qui donne, sans opération à part, milieu hypothétique telle ou telle élasticité. En conséquence un corps tout homogène, tel que le Diamant, ne peut donner lieu dans sa masse à aucune diversité de mouvement; ce n'est pas nécessaire de discuter la forme ; en raison de sa qualité chimique il ne peut être biréfringent.

L'oxyde d'Hydrogène liquide, le verre, p. e., un mélange de silicate de potasse et de silicate de soude, quoique non homogènes, ne sont pas biréfringents, à cause d'une absence d'orientation uniforme des éléments divers, dont aucun ne peut agir de concert avec ses pareils pour dégager le mouvement spécial propre à chaque espèce de matière, mais l'orientation uniforme, fixe, est réalisée dans la Glace, où toutes les molécules sont dressées, selon la densité, et donnent la biréfringence, dont elles ont toujours l'étoffe, sans que l'éther libre y participe.

Le chlorure de sodium, monoréfringent : le métal est masqué, noyé dans le chlore, d'où résulte une action uniforme dans toutes les directions. De même quand, dans le cristal de carbonate de chaux, un rayon vient suivant le grand axe frapper les 3 O, qui masquent débordent les Ca C, il n'y a pour cette raison aucune déviation, réfraction quelconque; seulement sous un rayon oblique la double réfraction se produit, les éléments différents se découvrent.

Suivant notre esquisse de la constitution générale de l'atome, l'énergie calorifique, lumineuse qui peut s'y accumuler doit se manifester par un mouvement vibratoire de ses éléments respectifs, lequel s'exécute suivant tous les rayons de la sphère, et, de l'éther atomique, substance de ce système, se transmet exactement, complètement à l'éther extérieur en contact, de sorte que tout l'intérieur se révèle nécessairement au dehors.

Ainsi le rayon, série d'ondes partant de chaque atome,

renferme tous les mouvements divers du foyer dont il émane.

Cependant on a reconnu que dans certaines circonstances, au choc d'un corps, solide ou liquide, ces vibrations si différentes en direction se classent, le rayon se dédouble, de telle manière que chacun des deux rayons nouveaux ne possède plus qu'une seule espèce de vibrations, lesquelles sont perpendiculaires à celles de l'autre : ces rayons à vibrations d'une seule espèce sont dits polarisés ; l'un des rayons est polarisé par réflexion à la surface, l'autre est polarisé par réfraction en traversant le corps.

La polarisation par réflexion se réalise parce que les vibrations de l'autre espèce, perpendiculaires, sont plus ou moins éliminées, absorbées ou transmises par le corps. Le dédoublement avec polarisation réussit le mieux quand le rayon réfléchi et le rayon réfracté sont à angle droit.

On comprend maintenant cette chose : si le rayon réfléchi se place justement à angle droit sur le rayon réfracté, il se trouve en rapport avec le rayon qui peut le mieux le débarrasser des vibrations perpendiculaires nuisibles à sa propre polarisation.

Supposons une surface réfléchissante horizontale ; le rayon qui arrive sous l'angle convenable frotte cette surface avec ses vibrations horizontales, crée au point d'incidence un rayon qui n'a pas d'autres vibrations ; ce sera un rayon réfléchi polarisé, car les vibrations perpendiculaires trouvent dans le rayon réfracté au même point le milieu de moindre résistance, s'éloignent dans cette direction.

Ces deux rayons à angle droit favorisent la polarisation l'un de l'autre, par une pression réciproque qui tend à exclure le mouvement différent.

Si ce rayon polarisé par réflexion rencontre une surface parallèle, où sa vibration peut s'appliquer de la même manière, il sera réfléchi ; plus le second miroir s'éloigne de ce parallélisme, plus la portion de lumière réfléchie diminue ; elle devient nulle quand la rotation autour du rayon comme axe, atteint le quart de cercle 90° ; alors, ce n'est plus de tranche, mais de pointe que le miroir est touché par la vibration ; de même à 270°, tandis qu'à 180° c'est comme à 0° dans le cas du parallélisme : ces faits démontrent que le plan de vibration est perpendiculaire au plan de polarisation qui est le plan d'incidence et de réflexion.

On trouve que la réfraction par une seule lame de verre ne suffit pas, ne fait que commencer la polarisation, mais le passage par une pile d'une dizaine de glaces polarise assez complètement ces passages d'une lame à l'autre, c'est comme un passage par dix cribles sur chacun desquels sont retenus des vibrations comme celles du rayon réfléchi ; les vibrations perpendiculaires sont de plus en plus prédominantes ; c'est pourquoi le plan de polarisation du rayon réfracté se trouve perpendiculaire à celui du rayon réfléchi.

Dans tous ces phénomènes le résultat dépend de la manière dont la surface est atteinte, de tranche ou de pointe, si le rayon y trace un trait ou marque seulement un point ; dans ce dernier cas, la lumière ne devient pas visible, tandis que dans l'autre elle se manifeste. Si la lumière polarisée par réflexion sur un miroir est dirigée sur une pile de glaces parallèle au miroir, elle sera en partie réfléchie par la première glace, mais la lumière qui traverse la pile ne sera pas perçue de l'autre côté, ce dont l'École ne se rend pas compte ; elle s'imagine que la lumière ne traverse pas et elle se contente de dire que cela arrive, parce que les plans de polarisation ne concordent pas !

Voici : la lumière traverse parfaitement la pile, mais la vibration frappe de pointe la surface de sortie ; cette lumière réelle n'existe pas pour nous ; si maintenant on met le miroir et la pile à angle droit, alors, nécessairement les vibrations suivront ce mouvement, elles ne seront plus dressées, mais couchées sur la surface, par là même visibles.

On prend deux piles de glaces, l'une pour polariseur, l'autre pour analyseur. La lumière polarisée, dit la fameuse École, traverse l'analyseur, quand les deux piles sont parallèles, mais si l'on tourne de 90° l'une des deux piles, la lumière s'éteint en majeure partie.

O École, la lumière traverse dans tous les cas, mais dans l'un en arrivant, elle frappe de tranche *caesim*, dans l'autre en arrivant, elle frappe d'estoc, *punctim*. Suivons cette manœuvre.

La première pile, le polarisateur, fournit donc à l'autre une lumière polarisée par réfraction, qui sort en pointe, atteint de cette manière l'autre pile ; or, l'effet de la réfraction est de produire une polarisation perpendiculaire à celle de la surface ; donc, cette vibration poignante se trouvera changée en une vibration rasante, visible à la sortie.

Le croisement des deux piles produit, amène sur la seconde une vibration rasante qui par la réfraction se métamorphose en une vibration invisible.

La Tourmaline, un mélange de boro-silicates aluminés, avec d'autres essences, une dizaine d'éléments différents, le problème des douze corps arrangé tout exprès pour vexer les Imbéciles. Deux plaques de Tourmaline étant superposées, avec un croisement des axes, suivant lesquels s'accomplissent les vibrations, la lumière est éteinte sur toute la surface occupée par le croisement : c'est un pur phénomène d'interférence. En dépit de l'imbécilité, il y a comme une entente cordiale entre tous ces partenaires pour produire ensemble différents effets intéressants.

Outre cette polarisation dite rectiligne, on a reconnu sûrement d'autres combinaisons désignées comme polarisation elliptique, circulaire ; l'occasion était si belle que l'Ecole ne pouvait manquer d'en tirer parti. Donc, elle a engagé deux rayons qui, se rencontrant sous un certain angle, avec une certaine différence de phases, produisent bénévolement la danse circulaire, elliptique pour les friands d'exercices mathématiques.

Ils ne veulent pas traiter avec l'atome intangible, c'est entendu ; ils ne veulent avoir affaire qu'à l'éther céleste, tandis, que nous réalistes ne recherchons, regardons que l'atome et regardons le céleste comme absolument incapable de faire autre chose qu'obéir à la poussée de l'atome.

Les coups que peuvent combiner deux rayons ne sont que des chimères ; en ouvrant les yeux nous voyons à l'instant de quoi il s'agit. Par exemple, il se produit une réflexion totale intérieure : il y a là évidemment une molécule qui reçoit une poussée particulière, une impulsion qui lui communique un mouvement curviligne, lequel se communique aussitôt à l'éther ; le mouvement curviligne de la molécule, telle est l'origine du mouvement semblable de l'éther ; il n'y a jamais autre chose. Ils aiment à se rapporter aux figures produites par les mouvements combinés de deux diapasons... Très bien... on voit qu'elles ont une base solide ; de même celles dont il est ici question et que l'Ecole attribue à l'initiative des rayons, devenus, pour l'Ecole, indépendants de l'atome.

Les phénomènes de coloration que l'on observe sur une plaque de quarz dans la lumière polarisée sont rapportés à une rotation du plan de polarisation, laquelle rotation est inégale pour les différentes couleurs. Un rayon polarisé entrant dans la plaque se divise en deux rayons polarisés circulairement, lesquels, allant en sens contraires avec la même durée de rotation, traversent la plaque avec des vitesses inégales, et c'est le plus rapide qui produit la rotation dans son propre sens.

Biréfringent le Carbonate de chaux cristallisé, mais pas dans la direction de l'axe C O' Ca O ; Ca et C dissimulés dans les 3 O qui débordent partout ; l'axe sur la droite, dans le plan du papier, entre C O' et Ca O ; les 3 O collés ensemble, de même C et Ca : ainsi un rayon arrivant sur l'axe, le long de l'axe trouve dans les O un milieu homogène où il avance sans dévier.

Biréfringente la Silice cristallisée, aussi dans la direction de l'axe. Si O O, 28 et 32, les deux éléments presqu'égaux en poids ; l'axe perpendiculaire au plan du papier entre les trois atomes engagés les uns dans les autres ; ainsi le rayon arrivant suivant l'axe attaque simultanément les deux éléments qui se présentent sur le même plan, des masses inégalement excitables, tendues ; il produit un tourbillon dans l'Oxygène, un autre, de sens contraire, dans le Silicium.

Le rayon venant du polarisateur a ainsi cédé son énergie à la plaque interposée ; ce cristal envoie des rayons tout différents à l'analyseur, qui se trouvait orienté pour réfléchir les rayons du polarisateur parallèle ; donc l'analyseur, pour réfléchir ces nouveaux rayons, devra subir une rotation conforme à celle d'où sortent les rayons, laquelle fait connaître le sens et la mesure du pouvoir rotatoire du corps mis en expérience. Certains échantillons de cristal de roche sont dextrogyres, d'autres sont lévogyres ; ceux-là portent à droite, ceux-ci portent à gauche l'élément oxygénique fournissant le mouvement puissant qui domine l'antagoniste.

Ce double mouvement de réfraction excite nécessairement les différentes couches des atomes : selon l'expérience le tourbillon doit opérer une giration de 18° à 19° pour mettre en évidence le rouge moyen ; pour atteindre le violet, il faut 41° ; en conséquence il faut tourner autant l'analyseur pour y transporter ces nuances. Depuis l'apparition du rouge, on obtient successivement toutes les nuances par un mouvement progressif de l'analyseur. Si les tours faits par le rayon se multiplient par l'augmentation de l'épaisseur de la plaque, il faudra que l'analyseur parcoure le même nombre de degrés.

L'atome seul est le réservoir, le foyer de la Force, l'origine de tout mouvement ; comme il reste dissimulé derrière un voile, les Professeurs, Mathématiciens tapent sur l'Ether, qu'ils croient tenir par les oreilles. Pour expliquer la diffraction, ils ont besoin d'un Ether dont chaque molécule est elle-même un corps lumineux émettant des rayons dans toutes les directions !

C'est contraire à toute expérience, tout bon sens : Notre œil ou une plaque sensible tournée vers un corps lumineux ou assez bien éclairé est fortement actionnée par les rayons qui en émanent ; en dehors de cette ligne droite l'action de l'Ether est absolument nulle ; notre œil détourné ne perçoit rien du tout du courant d'images qui le frôle ; ainsi une action latérale n'existe pas ; la molécule d'Ether n'est pas un corps lumineux.

Eh bien, alors d'où viennent les rayons qui, des deux côtés, s'écartent de la fente, interfèrent, pour se renforcer ou pour s'annuler ? Ils viennent des molécules des bords de la fente ; comme celles-ci sont atteintes successivement, on trouve sur les rayons toutes ces différences de phases qui donnent lieu au phénomène.

Tous les corps transparents se montrent, sous une très faible épaisseur, vivement colorés, p. e., une couche d'air au-dessous de 1/1000 de millimètre, les parois des bulles de savon, d'ampoules de verre soufflées jusqu'à l'éclatement ; il s'entend que les rayons peuvent donner lieu à des phénomènes d'interférence aux deux faces de ces lames si minces, mais on ne dit pas un mot des atomes, des causes de cette coloration ; il suffit aux savants de tenir les rayons, pour les exploiter à leur manière, à leur pleine satisfaction.

C'est tout simplement que la matière très divisée, la molécule isolée, parfaitement accessible est devenue extrêmement excitable, tant pour la Lumière que pour la Chaleur. Même chez les corps transparents massifs, l'air, l'eau, le verre, les éléments lumineux sont déjà très accessibles, mobiles, beaucoup plus que les éléments calorifiques, mais l'excitation de la molécule reste ordinairement superficielle ; chez les molécules très accessibles et assez fixes le mouvement pénètre facilement dans l'intérieur de l'atome, comme dans le cas de la réfraction, et alors se manifestent les couleurs qu'il renferme.

Dans les tubes évacués on voit le gaz devenir lumineux à 100°, tandis qu'un gaz peut être porté à 1000° sans émission de lumière ; donc il existe pour la Chaleur et la Lumière des éléments distincts ; les éléments plus ténus de la Lumière entrent facilement en action dès que la pression diminue, tandis que le renforcement du mouvement d'ensemble des éléments thermiques ne surexcite pas tout de suite leurs éléments, parties constituantes : c'est la seule explication possible.

Avec une lampe on chauffe de l'eau ; quand on éteint, toute lumière disparaît à l'instant, mais une notable quantité de chaleur subsiste : on garde quelque temps la chaleur en bouteille, mais nullement la lumière.

Si un faisceau de Lumière complète, blanche, venant du Soleil ou d'un autre corps porté à la chaleur complète, blanche, arrive obliquement sur un prisme et le traverse, cette lumière, se brisant, réfractant, est décomposée en ses éléments, parties constituantes, parce qu'elle atteint, agite les différentes couches de l'atome : les sept groupes que notre œil distingue, inégalement déviés, juxtaposés dans le Spectre, Violet, Indigo, Bleu, Vert, Jaune, Orangé, Rouge, sont réellement les éléments de cette lumière, puisque réunis au foyer d'une lentille, ils reproduisent le Blanc.

Si l'on divise le spectre en deux parties, égales ou inégales, ces parties sont complémentaires, se complètent l'une l'autre, chacune fournissant à l'autre les rayons qui lui manquent pour former le Blanc. Nous distinguons nettement ces mouvements ; nous reconnaissons l'effet total, sans percevoir les opérations multiples qui le produisent, comme nous reconnaissons en bloc la progression plus ou moins lente, rapide d'une personne, sans saisir les détails ; il n'en est pas moins vrai que pour apprécier ainsi les effets, nous devons, sans compter les vibrations percevoir, pourtant en général, les mouvements mêmes, qui se réalisent en nous ; pour cela, nous possédons une série d'organes, rangés comme les couleurs du spectre, dont chacun reçoit le mouvement de l'une d'elles et le transmet tel qu'il est, mais très atténué, au récepteur central.

Cependant on dit, d'après l'expérience, que le Rouge a pour couleur complémentaire le Bleu verdâtre, le Jaune a l'Indigo, le Vert a le Pourpre (Rouge-Violet) ; l'Ecole est capable d'affirmer que l'on fait du Blanc avec le Rouge et le Bleu verdâtre, avec le Jaune et l'Indigo, avec le Vert et le Pourpre !

Ce n'est donc qu'une chimère, l'expérience fondamentale de la dispersion, résolution de la lumière blanche en sept groupes de rayons, et du rétablissement de cette lumière blanche par la recombinaison de ces sept groupes, si l'on peut dire ensuite que le Rouge seul est suffisant, apporte au Bleu verdâtre tout ce qui lui manque pour faire le Blanc, tandis qu'en soumettant ce Rouge au prisme, on voit qu'il n'apporte que du Rouge, et de même pour le Jaune et l'Indigo, pour le Vert et le Pourpre !

L'Ecole n'a pas compris. Nous ne voyons jamais le Blanc que si les sept couleurs spectrales nous arrivent régulièrement ensemble. Voici : Quand l'organe du Rouge entre en action avec l'organe Bleu verdâtre, ces deux ou trois organes mettent en branle tous les autres, les organes extérieurs comme les organes interposés ; la série complète des mouvements arrive ainsi au récepteur ; cela, c'est le Blanc. Autrefois, on désignait simplement le Vert comme partenaire du Rouge ; le Vert seul n'est pas assez fort pour cette fonction.

C'est la solution d'un problème physique et d'un problème physiologique.

Des faits précis révélés par l'étude de la Phosphorescence viennent également démontrer la différence essentielle entre la Chaleur et la Lumière.

Le Phosphore blanc est luminescent à l'air dans l'obscurité : ce n'est pas la vraie phosphorescence ; c'est une oxydation de ce corps, la lumière est due ici à un phénomène chimique ; le phosphore n'est pas luminescent, car il ne s'oxyde pas, en l'absence de l'Oxygène.

La vraie phosphorescence est une luminosité sans action chimique, sans incandescence : après l'insolation, le diamant, les sulfures de Calcium, Strontium, Baryum continuent à émettre quelque lumière, pendant des heures, jusqu'à trente heures ; chez la plupart des corps cette émission est beaucoup plus courte, de quelques moments, d'une fraction de seconde. Le fluorure de Calcium est si excitable qu'il suffit de le chauffer un peu pour le rendre phosphorescent.

Il ne peut être question de rapporter cet effet à la chaleur : ces corps sont lumineux à la température ordinaire, et l'on sait quelle forte mesure de chaleur il faut employer pour obtenir la lumière dans la plupart des cas.

Nos pendules composés prolongent leurs oscillations d'autant plus que l'on a mieux réussi à diminuer les résistances, les pertes de force dues aux frottements ; c'est ainsi qu'en préparant ces sulfures par la voie sèche, à une assez haute température, on tache de dégager, isoler autant que possible les molécules, pour atténuer les frottements nuisibles.

L'expérience montre que ces corps convenablement préparés n'entrent en action, ne deviennent phosphorescents que par l'exposition dans la partie violette, surtout ultra-violette du spectre, ou bien à la lumière solaire, complète, qui renferme ces rayons ; toute la partie visible du spectre ne produit pas cet effet. La partie ultra-violette, ce sont les éléments les plus petits, animés du mouvement le plus rapide ; ce n'est pas le mouvement thermique, mais cela touche au mouvement lumineux ; le choc de ces radiations ultra-violettes mettra en branle les éléments optiques de toutes les couches plus ou moins excitables, selon leur état thermique : la température variant de — 20° à 200° le sulfure de Strontium varie du violet au rouge jaunâtre.

Nous avons donc là deux classes de corps, d'un côté, ceux qui exposés à la lumière, celle du Soleil ou une autre, deviennent lumineux, visibles par réflexion, mais dont la luminosité cesse à l'instant même où la lumière extérieure cesse de leur arriver, de même que le mouvement d'un bloc, d'une voiture sur un plan horizontal, cesse absolument avec la poussée ; de l'autre côté, les corps qui, après avoir été fortement excités par une lumière intense, ne s'éteignent pas si subitement ; les éléments vibrants gardent une mobilité, qui ne décroît que peu à peu, comme celle des pendules composés, par l'action des résistances, frottements inévitables.

Entre ces deux classes se place une troisième catégorie, les corps fluorescents, dont le type est le fluorure de calcium, lequel, éclairé par les rayons très réfrangibles du spectre ou la lumière du Soleil, semble comme enveloppé par une couche laiteuse, visible en plein jour, diffusant une lumière variant du violet au bleu verdâtre. Ainsi cette luminosité est produite, comme celle des corps phosphorescents, par les rayons très réfrangibles, mais elle cesse tout à fait subitement avec l'excitation, comme celle des corps de la première classe.

Les corps fluorescents sont des combinaisons douées d'un éminent pouvoir absorbant pour les rayons violets, ultra-violets, lesquels excitant toutes les couches des atomes, pourtant inégalement, selon l'état, la disposition de ces couches plus ou moins accessibles, mobiles, en composent une couleur caractéristique de la substance.

Ces corps sont donc très absorbants, excitables, mais ces éléments vibrants sont moins dégagés, mobiles. On observe une absorption de rayons très réfrangibles, et une émission de rayons moins réfrangibles, sur quoi l'Ecole n'hésite pas à dire que ces rayons plus réfrangibles se sont directement métamorphosés en rayons moins réfrangibles, ce qui, au lieu d'être appuyé, est démenti par les faits.

Un son aigu ne se transforme nullement en un son plus grave en se transmettant à distance, en traversant un milieu plus dense, il ne fait que s'affaiblir de plus en plus ; il en est nécessairement de même pour la Chaleur, la lumière ; on admet que si le corps sonore, lumineux s'éloigne, se rapproche rapidement, le son, la couleur se modifient, mais il n'y a ici rien de pareil.

Le mouvement, travail de ma main reste ce qu'il est, ne se transforme pas en celui du tranchant, de la pointe, du marteau, du cachet que j'emploie ; le mouvement de l'archet ne se transforme pas en celui des cordes A, B, C, D, E ; l'archet s'arrête à la limite des cordes ; celles-ci, écartées de leur position d'équilibre, se comportent ensuite selon leur constitution, leur tension ; l'effet produit par chacune lui appartient. Le mouvement violet, ultra-violet vient heurter les mille cordes de la molécule fluorescente, dont les éléments sont plus promptement agités, mais ensuite par des résistances intérieures bien plus promptement arrêtés que ceux du corps phosphorescent ; cette molécule réagit, combine ses mouvements à sa manière, et le résultat ne lui est pas soufflé du dehors,

Quand l'ultra-violet vient assaillir un dessin tracé sur une feuille blanche avec du sulfate de quinine, cet ultra-violet frappe, mais reste à la porte; et le sulfate de quinine arrange sa réponse qui, pour telle température, se manifeste par une teinte verte, un vert auquel prennent part, comme l'atteste le prisme, beaucoup de cordes attaquées en même temps.

Il est clair que cet étranger ne se transforme pas en toutes ces nuances; il se borne à frapper à la porte : c'est ainsi que mon voisin répond, à sa manière, selon ses dispositions, à une parole que je lui adresse.

Un ultra-violet travaillant dans un vase de pétrole, qui répond par une teinte bleue. ne peut passer, décharger sa force dans un second vase de pétrole juxtaposé, comme un archet travaillant sur un instrument A ne travaille pas sur un second instrument B, séparé du premier par une double paroi de verre.

Quand un faisceau ultra-violet réveille ainsi toutes ces lumières chez le pétrole, ce faisceau est lui-même éclairé par ces lumières : on reconnaît les nombreuses raies qui existent au fond des atomes du prisme dont il provient.

IV

ÉLECTRICITÉ, MAGNÉTISME

L'électricité est un mouvement vibratoire des couches de l'atome, produisant des ondes dans l'éther, par lesquelles le corps électrisé, de même que le corps échauffé, lumineux, influence les corps environnants, avec une intensité qui décroît, comme celle de la chaleur, lumière, en raison inverse du carré de la distance.

On électrise un corps, un bâton de résine, une tige d'acier tenue avec un gant de soie, en le frottant avec une étoffe de laine, de soie : une telle action ne peut avoir d'autre effet que de pousser, déplacer des éléments du corps dans tel sens, puis dans le sens contraire, ainsi de créer un mouvement vibratoire.

Ce frottement produit tout de suite un double mouvement électrique, le mouvement des couches supérieures, moins denses, vibrations, plus amples, ondes plus larges, l'électricité vitrée, et le mouvement des couches inférieures, plus comprimées, tendues, vibrations plus courtes, ondes plus étroites, l'électricité résineuse.

Si l'on sépare ces corps pendant le frottement, il se trouve que l'un possède le mouvement vitré, et l'autre, le mouvement résineux

Si l'on suspendait en contact deux corps possédant le mouvement électrique, soit vitré, soit résineux, on les verrait se séparer, se repoussant vers le milieu de moindre résistance, car ils se font obstacle réciproquement ; au contraire, deux corps suspendus, proche l'un de l'autre avec des électricités différentes s'offriraient l'un à l'autre le milieu de moindre résistance et seraient mis en contact par la pression extérieure des deux côtés.

C'est ainsi que l'oxygène repousse l'oxygène, l'hydrogène repousse l'hydrogène, mais l'oxygène et l'hydrogène sont rapprochés par la pression extérieure ; chacun pénôtre dans l'espace, le vase rempli par l'autre, comme dans un milieu de moindre résistance.

Si l'on ne sépare pas les deux corps que l'on a frottés ensemble, les deux mouvements se détruisent tout de suite, chacun pénétrant dans le système de l'autre pour se l'assimiler; il en est de même de deux corps différemment électrisés qui se rapprochent; si les charges, quantités de mouvement sont égales, sinon, il y aura sur l'un des deux un reste, qui se répartira également sur tout le système; alors les deux corps chargés du même mouvement se repousseront, se sépareront, si la force qui reste est suffisante.

Nous avons à résoudre l'importante question de la conductibilité.

Si l'on saisit avec un gant de soie, de laine, une tige métallique fer, cuivre ou autre, et que l'on frotte la partie, moitié, la plus rapprochée avec une étoffe de laine, de soie, on constate, avec l'électroscope, que l'électricité produite par le frottement s'est tout de suite répandue sur la tige entière, tandis que si l'on frotte de même une baguette de bois recouverte d'une couche de cire à cacheter, de résine, on reconnaît que l'électricité ne se répand pas ici jusqu'au bout, mais n'existe que sur la partie actionnée directement.

Il est ainsi établi que les corps diffèrent beaucoup les uns des autres quant à la faculté de prendre, de transmettre dans leur substance le mouvement électrique : il y a de bons et très bons, de médiocres, de mauvais conducteurs de l'électricité, d'un côté, les métaux, l'argent, le cuivre, le platine, le fer, de l'autre, les corps gras, résineux.

Nous voyons bien, en général, de quoi il s'agit : chez ces métaux une élasticité, mobilité particulière; les couches si massives sont pourtant facilement mises en branle, ensuite par leurs battements elles transmettent avec facilité, un mouvement net, énergique aux molécules voisines si rapprochées, intimement associées, tout aussi mobiles, tandis que cette molécule grasse, résineuse formée d'éléments divers, une centaine d'atomes et davantage, c'est un marais dont le mouvement qui entre ne peut guère se dégager.

Le Diamant, non conducteur, le Graphite, conducteur:

chez celui-là c'est la mobilité qui manque; les couches sont trop solidement encastrées; elles ne résistent pas à une action directe, un frottement, mais le mouvement électrique ainsi acquis est beaucoup trop faible pour soulever les couches voisines, y produire un gros mouvement semblable, tandis que le très fin mouvement lumineux traverse le corps.

Sous ce double rapport le verre se comporte comme le diamant et ces pierres précieuses; le soufre, le phosphore se comportent comme la graisse, la résine, la cire, le cuir, le parchemin.

Le verre, ramolli par la chaleur, devient conducteur, de même la résine, la cire, quand les molécules se dégagent par une élévation de température. Tels corps, non conducteurs sous une surface polie, sont conducteurs quand on leur donne une surface rude : un nombre immense de molécules, plus accessibles, plus libres, deviennent électriques sous le battement de l'onde qui arrive, tandis que cette onde électrique glisse sur la surface polie sans l'entamer, n'y produit pas ce mouvement.

L'Hydrogène est un métal, une sphère presque vide, limitée par une très mince enveloppe métallique; son oxyde, à la surface duquel il domine, est conducteur de l'électricité, de même tous les êtres vivants, qui en sont toujours imprégnés, aussi la terre ferme.

On comprend bien que l'électricité est une action de surface; ce n'est qu'à la surface libre que ce mouvement se déploie, persiste : si l'on essaye d'électriser la surface intérieure d'une sphère creuse, tout ce mouvement est refoulé vers le milieu de moindre résistance, la surface libre, par les battements de même nom qui se trouvent en présence.

Ce n'est que dans le cas où les deux électricités différentes sont séparées par une mince lame non conductrice qu'elles pénètrent quelque peu dans l'intérieur de ce corps allant à la rencontre l'une de l'autre, vers le milieu de moindre résistance.

Il n'est donc pas possible d'électriser un conducteur, d'y accumuler l'électricité, sans l'isoler; elle s'écoulera dans le sol en contact, directement ou par l'intermédiaire du corps humain. L'air sec est mauvais conducteur; il n'entre pas en contact assez intime avec le corps électrisé; pourtant ce corps se décharge assez promptement par l'air, s'il est terminé en pointe : les éléments se meuvent sur une pointe beaucoup plus librement que sur une surface plane, où ils sont plus fortement encadrés, retenus par des barrières de tous côtés, sauf dans la direction verticale; donc par l'effet de la répulsion, le mouvement se porte vers la pointe comme milieu de moindre résistance; elle prend réellement tout le mouvement dont elle est susceptible, en appauvrissant les surfaces planes attenantes; sur la pointe les vibrations devenant plus amples, plus intenses, atteignent les molécules d'air, qui sont ensuite repoussées, puis remplacées par d'autres qui enlèvent, emportent encore une portion de mouvement.

La production de l'électricité par frottement confirme à la fois notre théorie de la structure de l'atome et celle de l'essence de l'électricité; de même la production de l'électricité par le déchirement, puis par la décomposition chimique : en effet, si l'union des atomes, des molécules est une interpénétration, il est clair que l'arrachement doit être accompagné d'un mouvement d'ensemble des couches atomiques

On constate qu'un mouvement vibratoire est d'autant plus rapide que le corps dont on a troublé, dérangé l'équilibre est plus tendu, ce dont les cordes de ces instruments offrent des exemples : en conséquence le son se propage dans l'eau plus rapidement que dans l'air, et dans ces solides plus rapidement que dans les liquides; la vitesse de propagation de l'électricité, la chaleur, la lumière est à peu près la même, et beaucoup plus rapide que celle du son, car ces trois mouvements sont dus à un ébranlement de l'élément de masse, l'atome lui-même, formé par la disparition d'une immense énergie, ainsi actuellement rigide, tendu en proportion.

Quand on frotte deux corps l'un contre l'autre, c'est évidemment le plus résistant des deux qui prend l'électricité vitrée, le verre, très dur, prend cette électricité ; l'autre corps plus pénétrable, atteint dans ses profondeurs, prend l'électricité résineuse.

Un conducteur isolé, un cylindre de cuivre en communication avec la machine électrique, se chargeant p. e., d'électricité vitrée, agira tout de suite efficacement sur un conducteur semblable, placé à une courte distance, disons sur l'axe du premier : le frottement des ondes vitrées, venant du premier conducteur, a tout de suite, sur tous les atomes superficiels du second cylindre, éveillé le double mouvement électrique, fixant, accumulant sur la face en regard, l'électricité résineuse et repoussant la vitrée à l'autre extrémité, tandis que sur le premier cylindre lui-même l'électricité vitrée s'accumule en face de cette résineuse, et s'affaiblit sur le reste de la surface.

Voilà, certes, une très remarquable élasticité, mobilité des éléments métalliques si promptement, profondément modifiés par le simple choc de l'éther : massifs et nets, succints, retroussés, voilà leur mobilité, leur énergie.

Dans cette électrisation par influence, induction, nous avons donc une action de l'électricité pure, absolument indépendante de la Chaleur, de la Lumière, autant que du Son, de même que la Chaleur et la Lumière et le Son se montrent tout indépendants de l'Electricité ; ce sont des natures essentiellement différentes ; il faut être aussi dépourvu de goût que cette Ecole pour vouloir amalgamer, identifier toutes ces choses, pour s'imaginer qu'elle les transmute à volonté les unes dans les autres. Non, l'électricité n'apporte au second cylindre, pas plus une chaleur, une lumière, qu'une énergie sonore. On décharge complètement le premier cylindre en le reliant par un fil métallique à la terre ; au même instant toute électricité disparaît sur le second cylindre ; l'électricité pure disparaît sans fournir plus de chaleur, plus de lumière que de musique.

L'Electricité peut exister, puis cesser d'être, sans chaleur, sans lumière comme un être humain peut marcher, chevaucher, puis cesser l'exercice sans dire une parole. Les éléments thermiques ne sont nullement agités par ces deux mouvements électriques dans l'induction, comme ils ne le sont pas sur la grenaille, quand je déplace le vase qui la renferme. Il n'en est plus de même quand un puissant courant électrique arrive tout à coup à n'avoir plus d'autre voie, d'autre issue qu'un ténu fil de platine, alors c'est comme un fleuve tombant dans un étroit couloir, où il fait tourbillonner des rocs ; mille ondes assaillent la même couche atomique, avec des centaines de trillions de chocs à la seconde, tendent à la broyer contre les couches voisines, ce qui signifie justement que les éléments thermiques sont dans une effervescence croissante ; c'est l'incandescence, qui n'est plus l'électricité, effacerait d'un coup l'électricité, si le courant, normal dans la section voisine n'arrivait sans cesse pour traverser l'obstacle en restaurant les ondes.

On comprend bien comment une température supérieure efface le mouvement électrique, en faisant fusionner toutes les couches.

Si l'on élimine l'électricité vitrée du second cylindre en le mettant, par un fil conducteur, en communication avec le sol, ce cylindre conservera, aussi en l'absence de l'inducteur, son électricité résineuse, puisqu'il n'y a plus d'antagoniste pour la détruire, ce qui montre que l'action mécanique, le frottement de l'éther a réellement suffi pour produire une véritable électricité, comme par le frottement elle produit, accumule la chaleur, la lumière au foyer d'une lentille.

On comprend que les corps conducteurs seuls peuvent donner lieu à ces mouvements de rapprochement de corps électrisés : le pendule électrique est un conducteur ; un corps électrisé l'influence, produit sur la face en regard une accumulation du mouvement de nom contraire et le pendule est poussé vers l'inducteur ; au contact des deux corps cette électricité disparaît, et il ne reste qu'une électricité de même nom, ce qui provoque le départ.

Le Son, l'Electricité, la Chaleur, la Lumière empruntent la substance des corps perméables qu'ils traversent ou à la surface desquels ces mouvements se réfléchissent ; ils y créent des centres de mouvement ; ils en forment les ondes par lesquelles ils se propagent. Les corps diffèrent seulement beaucoup les uns des autres par les obstacles qu'ils présentent au passage : les couches supérieures des molécules de l'air offrent un facile passage aux impondérables ondes électriques, mais ces molécules ne sont pas disciplinables, facilement accessibles au choc des atomes, ne transmettent pas un courant comme un fil de cuivre ; il faut un rapide élan pour les saisir. On présente le bout du doigt à un conducteur fortement chargé vitreusement : aussitôt, par influence, s'amasse au bout du doigt une charge proportionnée de mouvement résineux ; les deux pôles se rapprochent encore ; alors dans l'étroit intervalle qui les sépare, les ondes sont si massives que toute la rangée, les molécules d'air qui s'y trouvent sont atteintes, saisies, ouvertes, électrisées, entraînées, lancées dans les deux sens comme les boulettes de sureau, avec une telle violence qu'elles sont devenues incandescentes comme les molécules du fil de platine, de l'arc électrique ; on a entendu le choc, donc il y eu contact et ainsi une décharge, un passage du courant ; la sensibilité a été affectée ; c'est que les molécules nerveuses ont été vivement agitées par une subite communication de mouvement.

Cette expérience d'électricité se réalise assez souvent dans le grand laboratoire, où la vie humaine n'est pas plus respectée qu'un flocon d'écume. Des masses nuageuses, chargées d'électricités contraires arrivent noires menaçantes, remplissent tout l'espace que notre vue découvre ; électrisées différemment elles sont poussées les unes contre les autres ; à la distance explosible les deux électricités se joignent ; l'éclair jaillit par le choc, le tonnerre éclate ; il y a de longs roulements quand la décharge se produit successivement sur des séries d'amas, d'étages nuageux. Les molécules d'eau chargées du mouvement électrique restent séparées, mais une fois dépouillées de leur force répulsive elles fusionnent et se précipitent.

Dans la zone tropicale, où l'évaporation est incessamment impétueuse, énorme, des avalanches liquides, cataractes descendent du ciel, ce sont des fleuves qui s'épanchent ; des remparts liquides, disent les témoins, roulent sur les pentes. Il est certain que ces redoutables quantité d'électricité se produisent par l'arrachement violent de masses d'eau enlevées par le soleil tropical aux mers qu'il domine.

Alors nécessairement chaque jour arrive l'orage régulièrement, avec ses tonnerres épouvantables, car de telles masses d'eau et charges électriques ne peuvent rester en suspens ni faire un voyage.

L'amplitude oscillatoire des couches atomiques, telle

est la réalité qu'ils dénomment : charge, masse, densité, épaisseur électrique.

« Si l'on touche le conducteur en différents points avec un plan d'épreuve et qu'on porte le plan, après chaque contact, dans la balance de Coulomb, on constatera chaque fois, en général, une répulsion différente.

Cela prouve que la densité électrique n'est pas en général la même aux différents points du conducteur bien que celui-ci soit dans un état électrique permanent. »

En effet, si le conducteur a une forme allongée, porte des aspérités, des arêtes, des pointes, le mouvement sera partout sur les hauteurs autrement intense que dans les plaines et pourtant l'équilibre existe : les éléments se meuvent partout comme ils sont poussés, selon les résistances : c'est l'équilibre. Une sphère parfaitement polie, électrisée vitreusement, suspendue à un mètre du sol, influencera et sera influencée ; son mouvement électrique sera plus intense en face du sol qu'à la partie supérieure ; toujours l'équilibre.

« Si l'on relie successivement à la boule fixe de la balance, différents points du conducteur, on constatera toujours la même répulsion. » Les pointes, étant plus libres, offrant toujours le vide conservent leur supériorité relative, ne peuvent être dépouillées plus que d'autres points, en vertu de la solidarité qui les unit. — On a deux conducteurs sphériques électrisés, de surface S et 4 S ; on s'assure avec le plan d'épreuve, que « la densité électrique est la même sur les deux conducteurs, p. e., aux points M et N. Or si l'on met les deux conducteurs en communication par un fil métallique long et fin, reliant les deux points M et N, on constatera qu'il passe de l'électricité de la grande sphère sur la petite : cela tient à ce que le Potentiel sur la grande sphère est plus élevé que sur la petite. »

Cela tient à ce que la petite sphère est plus aiguë, soutire en conséquence le mouvement qu'elle peut employer ; la pointe accapare le mouvement sans que dans la plaine attenante le Potentiel soit plus élevé, le mouvement plus considérable. Le Potentiel, une si grande découverte de l'Ecole, donnant lieu à tant d'équations ! Mai quoique ne sachant pas de quoi il s'agit, elle a fait tout de même beaucoup de bonnes observations et expériences.

L'Electricité, c'est l'atome en mouvement, un certain mouvement d'une certaine partie de l'atome : comme l'atome est incassable, indéchirable, indissoluble, si le mouvement des parties respectives de l'atome dépasse une certaine mesure, l'atome entier sera entraîné, arraché au système où il était enchâssé ; le transport des molécules dans l'arc voltaïque en est un exemple. Déjà le simple passage d'un courant électrique soulève plus ou moins les molécules, de telle manière qu'elles offrent au Son le milieu le plus favorable ; sans cette préparation une très grande portion de la force vive du Son est consommée pour ouvrir la voie, ce qui amène un prompt épuisement ; mais ici l'électricité fait ce travail, de sorte que celui-là peut fournir une carrière étonnante. — TÉLÉPHONIE.

Cette instructive action du condensateur : on a deux plateaux de cuivre isolés A B, séparés par une glace ; les plateaux appliqués contre la glace sont munis chacun d'un petit pendule électrique à fil conducteur de chanvre. On fait communiquer B avec le sol et A avec le conducteur vitré de la machine ; en un moment A possède toute la charge qu'il est capable de prendre, car le pendule atteint aussitôt son maximum d'écart. A travers la glace le plateau A influence B, repousse l'électricité vitrée et fixe, sur la face en regard, la résineuse. Si B n'était pas relié au sol, son pendule, à la face extérieure, divergerait, par un mouvement vitré, comme celui de A, mais ce mouvement vitré sans cesse entraîné, ne peut s'affirmer, occuper ce corps, tandis que le résineux, à la face qui touche le verre, ne tend qu'à se rapprocher de l'autre plateau, pour lui le milieu de moindre résistance, d'où il résulte que le pendule de B ne diverge pas ; l'électricité résineuse de B est dissimulée dans le verre, forme ses ondes dans cette substance.

Du reste le mouvement vitré de A tend, est dirigé de la même manière vers B, à travers la glace.

Si, après avoir rompu les communications, nous joignons par un conducteur A et B, il jaillit une étincelle au moment du contact ; c'est une interpénétration et annulation réciproque des deux mouvements. La commotion que l'homme ressent, quand cette réunion s'accomplit par son corps, montre que, pour peu que le mouvement vibratoire des couches de l'atome s'accumule, il en résulte un mouvement d'ensemble des atomes en action, ce qui est inévitable.

Après la première étincelle on peut encore à certains intervalles en tirer quelques autres, de plus en plus faibles : c'est qu'une électrisation s'est développée sur les deux faces, dans l'épaisseur du verre ; alors quand la pression cesse, ce mouvement intérieur se reporte vers le milieu de moindre résistance, à la surface du corps : on voit de toute manière que le mouvement électrique est normalement un mouvement de la surface du corps.

L'Electricité, comme le Son, la Chaleur, la Lumière, est certes en mouvement, à l'état dynamique, quand elle se propage sur un conducteur, ce que peut faire chacun des deux mouvements à lui seul, ou bien lorsque les deux mouvements vont à la rencontre l'un de l'autre, ce qui se réalise dans une décharge quelconque : pourtant cela ne signifie pas que le Galvanisme ne mérite pas d'être classé spécialement comme Electricité dynamique.

Comprendre la réalité, connaître la vérité, par exemple, en hygiène, cela seul importe, assure la normalité ; l'histoire des malentendus, erreurs n'est pas l'Hygiène, le Salut lui-même ; de même le tableau complet des erreurs en Physique est un luxe dont nous pouvons nous passer, si nous jouissons de la Vérité même. Tâchons une fois de comprendre le mécanisme de la production chimique du double courant.

C'est un fait avéré que l'action chimique produit ensemble les deux électricités, lesquelles, si nous leur offrons des conducteurs, formeront deux courants, comme ceux que peut fournir la machine électrique ; prolonger cette action chimique, c'est prolonger la durée du double courant, mais en l'absence du conducteur, il n'y a pas plus de courant que sur les condensateurs chargés ou un conducteur de la machine.

Par exemple, le zinc et l'acide sulfurique Zn, $SH'O'$, peuvent être les éléments d'une action qui aboutit à changer le sulfate d'hydrogène SO', $H'O$ en sulfate de zinc SO', ZnO, avec élimination de l'hydrogène. Voici ce qui se passe : la force réside dans cet acide, où l'accumulation de 4 O entretient un mouvement très énergique. De même qu'il travaille, le cas échéant, sur un visage humain, il travaille sur le zinc; il bat, frotte, soulève ses profondeurs, et le zinc réagit dans la même mesure : il gagne l'électricité résineuse, tandis que la vitrée s'établit sur l'acide.

Le métal est ouvert, et offre le milieu de moindre résistance à l'oxygène de l'eau laquelle est ébranlée, se désagrège dans ce conflit ; le zinc est oxydé, se combine avec le reste de l'acide, et l'hydrogène reste libre.

Cependant ces battements, frottements, déchirements de molécules, ont électrisé les atomes ; l'électricité vitrée de l'acide est recueillie par une lame de cuivre plongée dans le liquide en face du zinc, sur lequel reste l'électricité résineuse ; si l'on joint les deux lames par un fil extérieur, les deux électricités se portant l'une vers l'autre se rejoindront, s'annuleront en partie, mais se renouvelleront sans cesse par l'oxydation de nouvelles molécules de zinc ; il y aura ainsi un mouvement continu du courant vitré du cuivre vers le zinc, dans le fil extérieur, et du zinc vers le cuivre dans le liquide, tandis que le courant résineux va en sens contraire.

Une pile est constituée par une série de gobelets, dans l'acide étendu desquels plongent des couples cuivre-zinc sans contact mais de manière que le zinc de chacun soit, par un fil hors du liquide, en communication métallique avec le cuivre du couple suivant : $+$ C, Z $-$ C, Z $-$ C, Z $-$; l'extrémité C, pôle vitré de la pile, Z, pôle résineux. Dans la combinaison de l'oxygène avec un autre corps, d'un acide avec une base, un métal, l'oxygène, l'acide prend l'électricité vitrée, l'autre corps prend l'électricité résineuse ; dans les décompositions, les effets électriques sont inverses : voilà ce qu'établissent les observations, expériences.

Lorsque dans le couple cuivre-zinc, le zinc en s'oxydant se charge d'électricité résineuse, l'eau acidulée en contact a l'électricité vitrée, qui passe sur le cuivre inactif ; au contraire, dans la décomposition électrolytique de l'eau ou d'un autre oxyde, l'oxygène se dégage au pôle vitré, ainsi possède l'électricité résineuse, tandis que l'autre corps, parce qu'il a l'électricité vitrée, se dépose au pôle résineux. Quel est ce mécanisme ?

Au premier choc entre l'oxygène et un corps qu'il va envahir, l'ample vibration vitrée se forme nécessairement sur l'oxygène encore à peu près libre ; l'oxygène atteint ensuite une couche plus profonde du combustible, laquelle ne peut donner qu'une vibration plus courte, la résineuse ; mais quand l'oxyde est exposé dans le double courant à ces deux chocs, le combustible est cette fois le contenant, l'oxygène est le contenu, pincé, agité, dans ses profondeurs, moins libre que l'autre, de sorte que lorsque ces deux corps violemment excités se séparent, c'est le contenant qui possède le mouvement le plus ample et c'est l'oxygène qui porte le mouvement résineux.

L'Induction, reconnue dans l'électricité statique, se retrouve absolument dans l'électricité dynamique. Un conducteur chargé, p. e., d'électricité vitrée éveille aussitôt les deux électricités sur un conducteur que l'on en approche ; un conducteur où circule le double courant éveillera pareillement le double courant chez un conducteur voisin. On dit que ce courant est instantané, car de fait il ne se manifeste qu'un instant, mais néanmoins nous pouvons avoir une idée positive de l'état du conducteur qui a subi l'induction.

Quand il s'agit d'Electricité statique, nous sommes sûrs que l'inducteur continue son action ; nous pouvons aussi en reconnaître les effets sur l'autre corps ; je dis qu'il n'est pas possible de penser que le courant inducteur, qui continue d'exister, pourrait cesser d'agir au dehors ; certainement il agit ; les deux ondes ou vibrations existent donc sur ce conducteur voisin isolé, mais, serrées l'une contre l'autre, elles se dissimulent, comme elles sont dissimulées sur le condensateur. Dès qu'on interrompt le courant inducteur, il se produit de nouveau, dans l'autre conducteur, un courant induit, instantané comme le premier, mais direct, de même sens que le courant inducteur, tandis que le premier était inverse de l'inducteur.

Le premier courant induit était inverse, parce que l'inducteur le repoussait, de même que dans l'électricité statique l'inducteur repousse l'électricité de même nom qu'il éveille.

Maintenant quand le courant inducteur cesse, l'électricité induite s'effondre, d'abord sur la partie la plus rapprochée de l'inducteur, ensuite des profondeurs de la bobine induite les ondes reviennent vers cette origine pour s'évanouir en ce lieu ; c'est le courant direct.

Notre Théorie de l'atome rend parfaitement compte du mécanisme de la production des courants thermoélectriques.

On forme un circuit métallique de préférence avec une lame de Bismuth et une lame d'Antimoine que l'on applique, soude, seulement par leurs bouts, l'une contre l'autre. Si l'on chauffe à la lampe, l'eau bouillante, une des soudures, tandis que l'on refroidit l'autre, avec de la glace fondante, on peut constater la présence d'un courant électrique. Voici : un courant de chaleur arrive de la soudure chaude à la soudure froide, il ne peut pénétrer ; les battements persistants donnent lieu à un double mouvement d'ensemble des couches atomiques, lequel se propage sur le circuit ; c'est le courant électrique, l'élément le plus résistant fournissant l'électricité vitrée. Si ensuite on refroidit C et chauffe F, on a un courant de sens contraire.

Le couple Antimoine-Bismuth donne un courant plus intense que tout autre ; cela signifie que la chaleur se communique plus difficilement de l'un à l'autre que partout ailleurs, ce qui donne lieu aux battements les plus violents. Un autre trait de leur constitution, c'est que l'antimoine, plus résistant, offre tout de suite une voie facile au courant vitré, tandis que le courant résineux demeure, se propage sur le bismuth ; donc le couple étant orienté de l'ouest à l'est, si l'on chauffe la soudure ouest, le courant vitré s'élancera vers l'est ; si l'on chauffe une autre fois à l'est, ce courant volera vers l'ouest ; c'est la même chose.

Induction

Notre planète en rotation représente un couple thermo-électrique avec son hémisphère échauffé par la présence, et l'autre hémisphère refroidi par l'absence du Soleil, l'alternative du jour et de la nuit pour chaque région dans le cours de la période diurne. Le résultat c'est un courant, double courant électrique à la surface terrestre, lequel décèle sa dépendance de l'action solaire en suivant la marche apparente de cet astre, qui, selon l'observation, pousse constamment evant lui le courant vitré de l'Est à l'Ouest, tandis que le résineux se porte, vers la région chauffée, ouverte par l'action solaire. Il s'agit bien, en effet, d'un courant électrique terrestre, puisqu'il se comporte absolument comme tel, manifeste sa force directrice sur les courants électriques mobiles que l'on suspend près de la surface, justement comme font nos courants électriques, à l'égard les uns des autres.

Deux courants parallèles de même sens sont portés l'un vers l'autre, se rapprochent; deux courants parallèles de sens contraires se repoussent. Deux courants rectilignes dont les directions forment un angle, se rapprochent lorsqu'ils se dirigent tous les deux vers le sommet ou s'en éloignent. Ils se repoussent si l'un marchant vers le sommet de l'angle, l'autre s'en éloigne.

Eh bien, un courant circulaire mobile, suspendu près de la surface terrestre, n'est en équilibre que si le plan du cercle est dirigé de l'Ouest à l'Est, et si le courant vitré monte à l'Ouest, descend à l'Est, car alors, en présence du courant terrestre qui passe au-dessous, le nôtre se dirige comme le terrestre vers le sommet de l'angle.

Un système de courants circulaires, une hélice où circule un courant est dirigée de la même manière du Sud au Nord, dans chaque spire. Le courant montant à l'Ouest, descendant à l'Est.

Deux hélices semblables ne peuvent être côte à côte en équilibre; le courant descendant de l'une se trouverait en face du courant ascendant de l'autre.

Les courants parallèles de même sens ne peuvent se heurter, contrarier; il faut admettre que sur les deux conducteurs les mouvements de noms contraires sont en présence, le vitré de l'un des conducteurs en face du résineux de l'autre.

Lorsque dans une hélice ainsi orientée, dirigée par le courant terrestre, on introduit une petite barre cylindrique d'acier, celle-ci est rapidement transformée en un système semblable à l'hélice, également dirigeable par le courant terrestre, comme si, sans jamais recevoir la double électricité d'une machine, d'une pile, elle renfermait, un double mouvement semblable et perpétuel; cette barre est devenue par sa constitution, un Aimant; la propriété, force acquise est le Magnétisme.

L'électricité est parfaitement comparable au mouvement que, par une impulsion, je communique à un pendule composé; ce mouvement doit fatalement se réduire de plus en plus, enfin s'éteindre, par l'effet des frottements contre une matière immobile en contact; quelques-uns de ces frottements peuvent sans doute mettre en branle les éléments thermiques, donner lieu à une quantité de chaleur infiniment petite; d'autres poussées sont trop faibles pour ébranler ces éléments thermiques; ensuite ces éléments thermiques arrivent au repos, encore par l'effet de frottements, sans avoir pu produire des mouvements de masse; l'énergie est réellement éteinte. De même ces vibrations électriques, p. e. sur le verre frotté, arriveraient fatalement au repos, aussi dans un vide absolu, par l'effet du frottement contre les parties inférieures de l'atome; ces vibrations n'attaquent pas les éléments thermiques ne produisent pas de chaleur, hors le cas du double courant condensé sur un menu fil métallique ou de l'énorme décharge de la foudre.

Au contraire, le double mouvement du fer, le mouvement magnétique persiste, comme la pesanteur sans excitation chimique, physique, apparente; est-ce que le fer aurait le pouvoir de le produire, créer de rien?

Nullement.

Les très nombreuses raies de l'atome ferrique nous montrent la substance divisée en autant de couches, que nous devons nous représenter comme très accessibles, mobiles, les couches à vibrations amples, comme celles à vibrations courtes, répondant, les unes à la vibration vitrée, les autres à la résineuse; ces deux ordres de couches résonnent sans cesse, chacun à sa manière, sous le choc de la vibration thermique, mouvement universel, l'action à laquelle est due la Pesanteur elle-même: telle est l'excitation réelle qui assure la perpétuité de la force magnétique. Quand l'air sera solidifié, cette force aura cessé d'être.

Comme on a été forcé de l'admettre, on ne crée, ni

n'augmente ou diminue la force magnétique, ce que l'on conçoit maintenant, la constitution des atomes étant invariable.

Les molécules sont de petits aimants tout faits ; deux courants, dont nous voyons maintenant l'origine, circulent en sens contraires autour de la molécule se dégageant du tourbillonnement causé par la force excitatrice; l'aimantation ne consiste qu'en un arrangement uniforme des aimants élémentaires.

Du Nord au Sud, d'un Pôle à l'autre, le courant terrestre est dirigé de l'Est à l'Ouest; ainsi l'aimant est en équilibre sur les deux hémisphères, quand le courant à larges ondes monte à l'Ouest et descend à l'Est sur la molécule orientée.

Sur le grand aimant terrestre comme sur la barre d'acier on distingue un équateur et deux pôles.

Nécessairement quand on s'éloigne du grand cercle de l'équateur, les cercles parcourus par le courant terrestre se rétrécissent de plus en plus, jusqu'à se confondre avec un centre à l'extrémité de l'axe magnétique.

Sans mathématique on comprend qu'en ce point, le pôle magnétique, soit boréal, soit austral, une aiguille mobile sur son centre de gravité devra se placer verticalement, pour que, selon la règle des courants, son courant soit sur tout le circuit, parallèle au courant terrestre.

Sans mathématique on comprend que, sur l'équateur magnétique, cette aiguille sera horizontale, et au-delà s'inclinera de plus en plus pour se placer de nouveau verticalement sur son autre bout au pôle magnétique austral.

Puisque le courant terrestre dépend de l'excitation du Soleil et de l'excitabilité du sol, de la couche superficielle, on peut s'attendre à trouver dans sa marche, le tracé des lignes magnétiques, de très nombreuses irrégularités, mais on ne s'étonnera pas de trouver que le pôle magnétique ne coïncide pas avec le pôle géographique, pendant six mois privé de tout soleil.

Pour notre barre d'acier, il faut admettre que les deux courants sont juxtaposés sur chaque molécule, le vitré au Nord, allant vers l'Est, le résineux au Sud, allant en sens contraire.

De cette disposition uniforme, il résulte au Nord un pôle vitré, au Sud un pôle résineux; dans une section moyenne du barreau, les deux mouvements se font équilibre, c'est l'équateur, tandis que des deux côtés l'un des deux prédomine de plus en plus jusqu'au pôle; dès lors il est clair que la division de la barre produira toujours des aimants complets.

Que l'on juxtapose deux aimants, deux pôles dirigés vers le Nord : on aura, d'un côté, le courant descendant, de l'autre le courant ascendant; donc, suivant la loi des courants, les pôles de même nom se repoussent.

Mais si l'on porte le bout Sud de l'un en avant, à la suite du bout Nord de l'autre, on verra que les courants des deux aimants vont dans le même sens, s'accordent comme s'ils formaient un seul aimant : les pôles de noms contraires se rapprochent.

Si l'on approche de même d'un pôle Nord une barre de fer pur, cette barre s'aimantera, deviendra comme une continuation de l'aimant, un pôle Sud; la barre de fer pur s'aimanterait de même dans l'intérieur d'une hélice active; mais la barre de fer pur cesse d'être un aimant si on l'éloigne de l'aimant, de l'hélice, sans pour cela rien perdre de ses forces et aptitudes, mais l'arrangement cesse, l'orientation uniforme disparait; les rangs se confondent; sur une infinité de points les molécules voisines forment de petits systèmes, aussi instables que le précédent; pour former un aimant, sachant garder les rangs, le fer doit perdre son extrême mobilité en se combinant avec le carbone, qui le durcit à cet effet.

La vibration électrique est plus ample; le mouvement électrique, plus violent, peut déborder sur tous les corps, tandis que le mouvement magnétique, renfermé dans des bornes étroites, ne s'adresse qu'à un petit nombre; du reste ces deux mouvements ont, quant à la forme, une telle ressemblance que l'électricité renforce étonnamment le magnétisme; les électro-aimants sont les plus puissants, parce que cette vibration électrique, renforçant la magnétique, produit des vides relatifs plus considérables, capables de mieux retenir les corps qui s'y introduisent; c'est là le fond des choses.

Cette intime ressemblance est mise en pleine lumière

par le phénomène si remarquable de l'induction magnétique, magnéto-électrique, où l'on voit l'aimant produire directement l'électricité dynamique; nous sommes bien forcés d'admettre les courants de l'aimant si nous constatons que l'aimant produit directement le courant électrique, exactement comme le fait l'approche d'un courant produit par la pile.

Ainsi on introduit brusquement un fort barreau aimanté dans une bobine sur laquelle est enroulé un long fil conducteur; à l'instant il passe dans le fil un courant induit instantané, inverse; dès que l'on retire le barreau, il se manifeste un courant induit direct : c'est exactement comme l'induction voltaïque; les ondes magnétiques induisent, par leur choc, l'électricité aussi facilement que la machine électrique ou la pile.

L'Ecole s'obstine à dire que le courant terrestre est confiné à l'équateur magnétique terrestre, circule, dans le plan même de cet équateur ! Elle ne veut donc pas admettre que le courant terrestre est dû à l'action du Soleil, laquelle s'exerce sur le méridien tout entier ! Cela est contraire aux faits observés : un courant vertical mobile descendant se place à l'Est, parce qu'il se rapproche, comme le courant terrestre au-dessous, du sommet de l'angle, vers lequel ils sont dirigés l'un et l'autre; si ce courant vertical est ascendant, il se place à l'Ouest, car là il s'éloigne du sommet de l'angle comme le courant terrestre; s'il y a deux courants descendants ou ascendants la tige ne se dirige plus, chacun des deux en trouvant sa place mettrait l'autre dans une fausse position ; ces résultats doivent nous convaincre que le courant terrestre est réellement présent, tout proche, comme sa présence, sa proximité, contiguïté détermine au pôle, la position verticale de l'aiguille, hors de vue de l'Equateur !

L'Ecole s'imagine qu'elle établit sa thèse avec l'expérience de la Rotation des courants horizontaux mobiles autour d'un axe vertical. Voici : l'action de la Terre sur les courants horizontaux ne consiste plus à les diriger, mais à leur imprimer un mouvement de rotation continu; la rotation a lieu de l'Est à l'Ouest, en passant par le Nord, quand le courant horizontal s'éloigne de l'axe de rotation, et de l'Ouest à l'Est quand il s'en approche. Le courant arrive par l'axe de rotation A qui s'élève, isolé, au milieu du vase renfermant le liquide conducteur; au sommet de la colonne axiale, il passe de l'axe sur *deux rayons, branches horizontales, va donc pour moitié à droite, pour moitié à gauche,* redescend par deux fils verticaux dans le liquide, d'où il retourne à la pile. Le circuit mobile se met à tourner d'un mouvement continu ; or l'action de la terre sur des fils verticaux est détruite ; c'est donc bien par son action sur les branches horizontales que la rotation se produit. Si le courant terrestre était au Nord, le courant mobile tournerait de l'Est à l'Ouest, en passant par le Sud, ce qui est contraire à l'expérience. Si le courant terrestre était au-dessous, le courant mobile resterait en équilibre dès qu'il se serait mis parallèle au courant directeur et de même sens : il ne tournerait donc pas d'une manière continue, comme cela a lieu réellement. Si le courant terrestre est au Sud, les choses doivent, au contraire, se passer comme l'indique l'expérience « Georges Manœuvrier », de l'Ecole normale supérieure, agrégé des sciences physiques, répétiteur à La Sorbonne.

Pour ce garçon, le courant mobile resterait en équilibre dès qu'il se serait mis parallèle au courant directeur et de même sens ! Maître étourdi, de même sens ! Comment est-ce possible, si, le courant terrestre étant unique, le courant horizontal mobile va moitié à droite, moitié à gauche ! Il est donc clair que ce courant mobile est voué au mouvement pour toute la durée de son existence avec lequel ces deux courants ne peuvent jamais se mettre en équilibre, non par le fait d'un courant équatorial, mais par les chocs matériels d'un courant contigu, avec lequel ces deux courants ne peuvent se mettre en équilibre.

Cela dit, nous reconnaissons pourtant qu'il vient du Sud, où l'action est certainement plus énergique, une certaine pression, suffisante pour faire passer la rotation par le Nord : une brise du Sud peut quelque peu infléchir vers le Nord la trajectoire d'un projectile lancé de l'Ouest à l'Est, mais on ne lui attribue pas le gros mouvement du corps.

Variations du Magnétisme terrestre

Dans nos climats, l'extrémité Nord de l'aiguille marche tous les jours de l'Est à l'Ouest depuis le lever du soleil jusque vers une heure après-midi. Elle retourne ensuite vers l'Est par un mouvement rétrograde, de manière à reprendre, à très peu près, vers 10 heures du soir, la position qu'elle occupait le matin. La nuit, l'aiguille ne présente que peu de variations, mais subit cependant de nouveau un très faible déplacement vers l'Ouest. A Paris, l'amplitude moyenne de la variation diurne est, pour avril, mai, juin, juillet, août et septembre, de 13 à 15 minutes, et, pour les autres mois, de 8 à 10 minutes. Il y a des jours où elle s'élève à 25 minutes, et d'autres où elle ne dépasse pas 5 minutes. Le maximum de déviation n'a pas lieu partout à la même heure. L'amplitude des variations diurnes décroît des pôles vers l'équateur où elle est très faible. Près de l'équateur, il existe une ligne sans variation diurne.

Il est clair que le Soleil est l'excitateur, produit le double courant qui constitue le magnétisme terrestre. Dès que le Soleil paraît, le matin, la grande vibration vitrée se dresse sérieusement ; un courant instant plus intense s'établit, et c'est lui que pousse, entraîne l'aiguille, malgré la poussée contraire de l'autre courant ; est-ce que le courant n'arrache pas, ne transporte pas des molécules, le courant vitré beaucoup plus que l'autre ? A une heure le courant a produit les effets dont il était capable ; son panache s'affaisse ; le courant contraire se fait valoir jusqu'à dix heures du soir. Puisque le Soleil est le maître, la nuit doit être une période de calme, de même les mois d'hiver comparés aux mois d'été.

L'absence de contrastes thermiques, l'uniformité de plus en plus marquée vers l'équateur doit réduire de plus en plus les variations dans une atmosphère chargée d'électricité vitrée, à laquelle répond la résineuse de la Terre. Pas de variations ou très peu de variations, cela signifie incontestablement, pas de courant ou un très faible courant, ce qui répond parfaitement à ce que la Physique nous enseigne sur l'origine, les conditions des courants thermo-électriques. La zone équatoriale n'en reste pas moins e laboratoire, où se produisent d'énormes quantités des deux électricités, dont une notable partie se déverse vers les pôles où elles donnent lieu dans l'air raréfié, au phénomène des aurores polaires, comme l'a reconnu Delarive. De cette région, nous arrive, sensible aussi à la surface, une forte pression électrique, un océan d'ondes électriques, lesquelles se composent avec notre courant terrestre.

Comme la formation du courant terrestre dépend de la constitution, conductibilité des terrains, on comprendra en général, les accidents, nombreuses diversités qu'il présente, on concevra de même les perturbations dues aux aurores polaires, aux éruptions volcaniques, à la chute de la foudre.

Que dire maintenant de ces variations à longue période, séculaires? La déclinaison est actuellement occidentale en Europe et en Afrique, orientale en Asie et dans les deux Amériques. A Paris, en 1580, elle était de 11° 30' à l'Est, en 1666, de 0°, en 1814, de 22° 34', à l'Ouest, l'écart extrême, en 1878, de 17° à l'Ouest. L'inclinaison de 75° en 1671, de 65° 34' en 1875, diminue de 3'3 par année.

Il est certain que le Soleil n'y a aucune part; c'est-à-dire que l'excitation n'a pas encore varié sensiblement; c'est donc à la Terre seule qu'est dû ce résultat. Déclinaison orientale: le courant, en majeure partie océanique n'a pas assez d'énergie pour pousser, entraîner l'aiguille plus loin; le courant européen, plus énergique, après avoir traversé tout le vaste continent, a poussé jusqu'à 22° 34'; il a faibli depuis 1814.

Il faut donc admettre qu'un travail intérieur des couches terrestres qui se relèvent ou s'affaissent, se disloquent plus ou moins, le vulcanisme, produisent des modifications au courant terrestre dont dépendent ces variations.

Le contraste qui produit de l'électricité quand on chauffe le point de soudure de deux métaux inégalement absorbants, excitables, ce même contraste produit encore un tel effet, quand on chauffe un cristal, dans la molécule duquel se trouvent unis des éléments, atomes aussi différents les uns des autres. On chauffe la Tourmaline, le Boracite: dans chaque molécule les éléments antagonistes, battant plus vivement les uns contre les autres, prennent, d'un côté, l'électricité vitrée, de l'autre, l'électricité résineuse ; comme ils sont, sur toute la longueur, orientés uniformément, les mouvements de même genre étant dirigés du même côté, il se forme aux deux extrémités deux pôles différents, et de même que sur l'aimant, si l'on divise le corps, les deux pôles se montrent sur chaque fragment.

Chez certains autres on n'obtient pas deux pôles différents, mais la même électricité se montre aux deux extrémités : topase, zéolithe. Les deux pôles différents se forment quand les deux éléments respectifs sont orientés suivant l'axe, rangés en file l'un derrière l'autre AB AB, comme les courants de l'aimant ; cette polarité manque, lorsque les éléments sont perpendiculaires, à cheval sur l'axe. L'électricité change de forme pendant le refroidissement, de sorte que le même pôle, devenu vitré pendant l'échauffement deviendra résineux pendant le refroidissement.

On observe aussi chez certains cristaux, boracite, titanite, que l'électricité change, passe d'une forme à l'autre, une ou deux fois, pendant l'échauffement comme pendant le refroidissement.

Il est facile de s'en faire une idée précise, avec notre Théorie de l'atome. Pendant l'échauffement, l'un des éléments est devenu vitré, l'autre est devenu résineux ; le refroidissement arrive, éteint sur celui-là le mouvement de surface ; le mouvement des profondeurs se fait aussitôt valoir ; sur l'autre c'est le mouvement des profondeurs qui devient languissant ; le reste de l'énergie remonte à la surface, y établit le mouvement vitré. Une certaine constitution rend possibles ces fluctuations, où les mouvements de la surface et ceux des profondeurs alternent, s'en vont et reviennent.

Outre le Fer, le Nickel, le Cobalt, les trois corps éminemment magnétiques, à un degré presque égal, il en est encore plusieurs autres, p. e. Manganèse, Chrome, Platine, qui ne manifestent cette polarité que sous l'action violente de courants électriques intenses, de puissants électro-aimants : il y a là une certaine ressemblance avec ces trois corps, mais une beaucoup moindre excitabilité, des couches tassées, agglutinées, qui ne frémissent pas à chaque souffle qui passe, mais qui ne tiennent compte que de l'ouragan.

Les autres corps, les non magnétiques, diamagnétiques, en première ligne le Bismuth, l'Antimoine, également sous l'excitation violente de puissants électro-aimants sont susceptibles de prendre une polarité analogue à celle des aimants sans être de cette famille, car ils sont repoussés par l'un et l'autre pôle de l'aimant.

Une barre de fer pur entre les pôles contraires de deux aimants, se place tout de suite sur la ligne des axes de ces aimants, devient elle-même un aimant qui, suivant la règle, montre un pôle Sud au pôle Nord et un pôle Nord au pôle Sud ; au contraire, une barre de Bismuth, parce qu'elle est repoussée par les deux pôles, se place à angle droit sur la ligne axiale ; une petite boule de Bismuth, suspendue entre deux pôles très rapprochés, est repoussée en dehors de cette ligne par leur action commune.

L'École fait mine de vouloir expliquer le Diamagnétisme par la Raison. Voilà Weber qui prend la parole, tous les compagnons, maîtres, savants confrères applaudissent.

Admettez donc qu'un énergique aimant ait le pouvoir d'exciter, d'induire dans ces corps diamagnétiques des courants moléculaires contraires aux courants moléculaires des aimants, mais des courants qui persistent tant que l'inducteur est en présence ; voilà tout ce qu'il nous faut pour expliquer les faits en question.

Les courants induits qui se propagent dans la masse, toute l'étendue d'un conducteur isolé sont, eux aussi, inverses de ceux de l'inducteur, mais ils ne durent qu'un moment, parce qu'ils ont à surmonter une grande résistance, par laquelle leur force vive est promptement épuisée, c'est-à-dire convertie en chaleur, si la perte n'est pas réparée par un apport continuel de forces électro-motrices ; c'est tout le contraire pour les courants moléculaires qui ne vont pas d'une molécule à l'autre, mais circulent autour d'une seule molécule ; ces courants n'ont à subir aucune perte de force vive ; ils conservent leur intensité sans nouvel apport de force électro-motrice.

Tout cela est faux, contradictoire ; la grande résistance que rencontre un courant induit dans un fil d'argent, de cuivre n'est qu'une chimère ; la conversion en chaleur n'est qu'une chimère, car le système de mouvements, de vibrations produit par le courant voltaïque existe toujours sur le conducteur voisin ; il y est toujours entretenu par le courant, mais dissimulé, parce qu'il n'y a aucune communication, décharge ; mais la décharge a lieu dès que cesse le courant inducteur, ce qui démontre bien son existence. Est-ce que l'on prétend escamoter aussi l'Electricité dissimulée, latente, comme on escamote la Chaleur dissimulée, latente ? Je les renvoie au Condensateur.

De même une force électro-motrice vient sans cesse au corps diamagnétique ; elle lui vient de son inducteur ; on supprime l'apport, l'inducteur ; au même instant, on ne trouve plus aucune trace de polarité, de diamagnétisme rémanent, aucune des actions réciproques observées sur les aiguilles aimantées ; dès lors, pourquoi donc attribuer aux molécules diamagnétiques des courants qui ne perdent jamais rien de leur force vive, ne demandent aucun appui, renouvellement ? Les aimants n'existeraient pas plus que la force chimique sans cette force universelle qui vient tout animer.

Le grand effort que l'on doit faire pour provoquer le Diamagnétisme montre que c'est une action, réaction, paresseuse, ne pouvant jamais produire un effet énergique, de puissance notable. Un afflux d'ondes magnétiques venant frapper le Fer y pénètre, crée tout de suite un mouvement semblable ; une boulette de Fer pur suspendue entre deux pôles est tout de suite, sur chaque moitié, assimilée aux pôles en regard, d'où résultent des courants conformes ; la boulette de Bismuth se montre réfractaire ; voici : elle ne commence pas son mouvement comme l'autre, justement avec le choc, mais reste en retard d'une demi-oscillation, de sorte que les deux éléments reviennent ensuite se heurter au même point ; la même action se renouvelle pour toutes les molécules et toutes les oscillations, d'où résulte une répulsion égale des deux pôles contre le corps.

Quelques mots pour clore la discussion sur les mirifiques Rayons de Roentgen, dont pourtant la vraie nature fut indiquée, mais non comprise, admise le lendemain de la découverte. En effet, un homme avisé avait dit sans hésitation, sans retard, Ce sont des rayons ultra-ultra-violets ! Mais ce dire fut comme non avenu, parce que l'on ne savait pas rapporter cette affirmation vraie à une vérité plus générale, la vraie constitution de l'atome. Il eût fallu jeter résolument cette constitution de l'atome, stupidement établie, stupidement retenue par l'Ecole : l'atome un point matériel isolé, intangible, immodifiable, flanqué de Forces immatérielles, ainsi surnaturelles, qui, sans rien toucher, je pense, font toute la cuisine, toutes les opérations possibles.

Il eût fallu être disposé à ne jamais laisser le Bonsens à la porte : il est impossible qu'un seul et même corps soit animé au même instant de deux, trois, dix mille vitesses différentes ; si l'atome émet simultanément, dans toutes les directions, cent, ou mille, ou dix mille rayons de réfrangibilité, vitesse vibratoire différente, il est certain qu'il possède autant de couches différentes, douée chacune d'un mouvement particulier, d'une amplitude qui décroît, d'une vitesse qui croît de la périphérie au centre de la sphère. On trouve là une variété de rayons ultra-ultra-violets, des ondes de différentes dimensions, d'une force de pénétration d'autant plus grande que la dimension est moindre, pour traverser les plus étroits couloirs offerts dans les couches supérieures des atomes, dont la densité ne dépasse pas une certaine mesure.

Dans les couches moyennes de l'atome, éléments électriques, magnétiques, diamagnétiques, les parties constituantes de ces couches, les sphères de premier ordre, éléments thermiques, sont elles-mêmes divisées en sphères de second ordre, éléments lumineux, dans l'ultra rouge des éléments lumineux disparaissent, tandis qu'à l'autre extrémité ce sont les éléments thermiques qui s'effacent dans les couches où règne le type lumineux réduit à la dernière limite.

Notre théorie de l'électricité reconnaît l'électricité résineuse comme l'action des couches inférieures ; on comprend dès lors que les rayons cathodiques, en pénétrant mieux dans les profondeurs, ont le pouvoir de les agiter vivement ; voilà pourquoi ce sont eux qui donnent lieu à ces radiations nouvelles.

Une température supérieure, une flamme d'alcool, les rayons violets, ultra-violets, enfin les rayons de Rœntgen enlèvent l'électricité : on comprend que ces mouvements dissolvent les grosses ondes électriques, ce qui confirme aussi notre théorie de l'électricité.

Les rayons de Rœntgen donnent lieu à la diffraction, ils sont polarisables ; leur longueur d'onde est quinze fois plus petite que celle des ultra-violets plus connus on peut dire que le mystère des rayons Rœntgen est maintenant éclairci.

Scolastique

Quand nous observons la production de rayons cathodiques ou de rayons Rœntgen, nous fournissons nous-mêmes au tube producteur l'énergie par une pile, une machine, en dépensant du travail ; mais dans l'émission spontanée, continue, par l'Uranium ou Ur X, le Thorium, le Radium, le Polonium, de rayons qui agissent comme les rayons Rœntgen, c'est-à-dire traversent, déchargent des corps électrisés, rendent l'air conducteur de l'électricité ; beaucoup de corps opaques, impressionnent des plaques photographiques, déchargent des corps électrisés, rendent l'air conducteur de l'électricité, la source de l'énergie reste introuvable ; c'est là le côté troublant, l'intérêt profond du phénomène, peut être un désaccord avec le sublime principe de Carnot, les lois fondamentales de la Science considérées jusqu'ici comme générales.

Les sujets pourraient tout aussi bien être alarmés de la constance de l'action, de la perpétuité du mouvement magnétique, un aimant pouvant, sans pile, machine, continûment induire des courants sur un nombre quelconque de circuits, sans jamais rien perdre de son énergie. Cependant, aujourd'hui nous reconnaissons parfaitement la source de cette inépuisable, indomptable énergie de l'Uranium, du Thorium, la même que celle qui à chaque instant renouvelle le trésor de ces gaz atmosphériques, de tous les atomes, éléments : il s'agit tout simplement de la force immense que représente le mouvement de l'Éther universel, lequel, en contact avec tous les foyers, les énormes masses incandescentes, en partage le mouvement et le propage, le distribue sans cesse à tout ce qui existe, produit tout d'abord la poussée gravifique.

Il est clair que l'effet produit par le choc, les battements perpétuels, dépendra de la constitution des corps heurtés ; chez les corps magnétiques les couches atomiques possèdent une certaine ténacité, sont en même temps équilibrés de manière à prendre facilement, sous la poussée, un mouvement d'ensemble, constituant la permanente vibration magnétique ; l'atome d'Uranium, de Thorium est plus ouvert, plus accessible est la région centrale, dont les éléments très mobiles, sans cesse battus par le flot, réagissent de même pour troubler ces personnes.

Les rayons uraniques et semblables ne se réfléchissent pas, ne se réfractent pas et ne se polarisent pas ; ils rendent l'air qu'ils traversent, conducteur de l'électricité ; les rayons cathodiques et les rayons Roentgen possèdent les mêmes propriétés.

Cette absence de réflexion, réfraction, polarisation tient simplement au volume des ondes respectives, lequel est beaucoup plus petit que celui des ondes moins réfrangibles, ce qui justement détermine leur puissance de pénétration, d'un autre côté, ne permet plus de constater une polarisation, de distinguer nettement les directions différentes des mouvements vibratoires : le périmètre d'un polygone régulier dont les côtés n'ont plus qu'une longueur d'une fraction de millimètre nous montre déjà une courbure continue. Quant à la conductibilité acquise par l'air que traversent les rayons cathodiques, uraniques et autres rayons ultraviolets, il faut rappeler la conductibilité extraordinaire, pour le Son, d'un fil traversé par un courant électrique : les atomes étant vivement excités, les molécules étant relevées, dressées par le mouvement électrique offrent évidemment un milieu favorable au mouvement sonore, qui, sans dépenser, perdre une force notable, peut y former ses ondes plus volumineuses.

De même l'air étant vivement agité par les rayons cathodiques, les ultra-violets de Roentgen, Becquerel ou autres, forme un milieu bien préparé où l'électricité peut former ses ondes plus volumineuses, se transmettre, opérer le déchargement de l'électroscope. Mais de même que la chaleur peut sur place réduire l'électricité en dissolvant ce gros mouvement pour y substituer le sien, de même peuvent désélectriser les fines radiations de Roentgen, Becquerel et Curie.

Du reste, il est évident que, sans la vraie théorie de l'atome, plus on avance, plus les observations, les faits se multiplient, plus le trouble, l'embarras augmente, plus les ténèbres doivent s'épaissir.

V

MÉCANIQUE CÉLESTE

Essence, Origine, Entrée du Mouvement dans la Matière inerte, l'Etre unique.

Après avoir reconnu, dans ses traits essentiels, la constitution intime de la Matière, la structure, les fonctions de l'Atome, l'accord des observations, des faits avec la construction, la théorie adoptée, nous allons enfin considérer le vaste ensemble, l'Univers, les forces qui l'animent, résoudre la question essentielle, l'essence, l'origine du mouvement, du système auquel est attachée notre existence.

Le globe céleste que nous habitons, la Terre, n'est pas comme l'enseigne aux méchants crétins le stupide Livre juif, fixée immobile sur une base solide : sans cesse elle se meut dans l'espace, où elle est librement suspendue. D'un autre côté, il n'existe pas de Firmament, voûte ferme, solide, selon ce Judaïsme, où seraient encastrés, à peu près à la même distance de la Terre, tous ces astres : Soleil, Lune, Planètes, Etoiles, et comme un bassin portant un Océan supérieur qui, sur l'ordre du Grand Chien juif, devenu fou furieux, aurait une fois déversé des masses d'eau sur la Terre, pour y détruire les êtres vivants : tous ces corps sont, au contraire, comme notre globe, librement suspendus et toujours en mouvement

Les habiles calculateurs, mesureurs, qui réussissant dans certains détails, persistent à vénérer ce livre juif comme la parole d'un Seigneur, Créateur tout-puissant, omniscient, éternel, moralement parfait ; ces fiers sujets se montrent, en dehors de leur mathématique, de purs imbéciles, qui jamais n'apprennent par leur Géométrie, leur Analyse, à faire usage du bon sens, à mieux se conduire que les plus ignorants des hommes ; leur Analyse les laisse aussi à sec lorsqu'il s'agit de l'origine du mouvement.

La Terre se déplace continûment, un fait qu'il est facile de vérifier. A un moment quelconque sur la ligne droite qui joint la Terre au Soleil, nous voyons sur le prolongement de la ligne, derrière le Soleil, un peu à côté, une étoile, ou un groupe, situé à une distance prodigieuse, comme la géométrie en donne la certitude. Six mois après c'est la Terre qui sur cette ligne se trouve entre le Soleil et l'étoile, après avoir décrit une courbe presque circulaire, puisque la distance au Soleil n'a pas beaucoup varié.

Pour y arriver la Terre devait traverser le Firmament juif et l'Océan juif qu'il porte, mais il n'y a ni voûte solide ni Océan supérieur, il y a seulement l'immense Ether où nagent tous les astres, à peu près comme dans le vide, ce qui n'empêche nullement Newton, Leverrier, tous les lâches de s'humilier devant cette brute, la stupide chimère juive. Encore six mois plus tard la Terre est revenue à sa première station, et c'est de nouveau le Soleil qui se montre entre la Terre et l'autre étoile : décidément la Terre tourne autour du Soleil en 365 j. 5 h. 48 m. 46 s. 045.

Qu'est-ce que ce mouvement ?

D'où vient ce mouvement ?

Il est clair que ce mouvement réel est une résultante de deux poussées différentes, une poussée vers le centre de gravité et une poussée tangentielle ; une chaîne de parallélogrammes peut figurer ce concours, ce résultat.

La poussée constante vers le centre ne donne lieu à aucune incertitude : c'est la poussée qui use promptement la force de projection d'un corps lancé en haut, ensuite, après épuisement de cette force, ramène le corps à la Terre, vers son centre de gravité ; c'est la Pesanteur.

Tous les atomes existants sont encore actuellement, et pour une longue période, animés d'un mouvement vibratoire de bas en haut, de haut en bas : cette pulsation constitue la pression universelle, qui est la pesanteur. De cette poussée les corps plus denses absorbent plus, transmettent moins que les corps moins denses.

Un pendule suspendu au centre d'une vaste plaine indiquera presque la verticale, sera dirigé par la poussée d'en haut presque directement vers le centre de gravité, car les poussées horizontales, à travers l'air, se font équilibre deux à deux; au contraire, le fil à plomb étant placé au pied d'une haute montagne, à l'ouest, il se produira une déviation vers la montagne, parce que la poussée qui la traverse est plus faible que la poussée venant de l'ouest, par l'atmosphère.

La pesanteur au pôle, c'est la vraie pesanteur, non diminuée, comme à l'équateur, par la force tangentielle.

Reste l'autre composante du mouvement terrestre. Tiens, elle ne saute pas aux yeux; cela ne vient pas tout seul, à nous les ducs et princes?
Peut-on faire notre Mécanique céleste sans force tangentielle? Il nous faut cela sur l'heure; nous commanderons cette chose par décret académique!

Tiens, de la fierté il en faut, mais pas trop n'en faut; faisons donc comme notre grand Descartes, le géomètre, demandons doucement à ce tout-puissant Bondieu un brin de force tangentielle; nous avons demandé, nous avons reçu; avec ce don nous irons jusqu'au bout du monde.

Donc, Messieurs, il suffit que Dieu, pour commencer, ait donné à la Terre une impulsion unique, par exemple, au point A, une extrémité du petit axe A B de l'orbite, pour que tous les phénomènes s'en suivent indéfiniment, s'expliquent de la manière la plus satisfaisante.

Votre Dieu vous a mis dedans; il a fait là une aussi furieuse bêtise que lorsqu'il vous a fabriqué le Firmament.

Une impulsion unique ne peut lutter contre une force constante comme la pesanteur. On conçoit une impulsion portant un corps à une distance 500.000 diamètres de l'orbite terrestre; pour ce corps-là l'influence gravifique du Soleil serait certainement effacée, mais si l'impulsion unique laisse le corps à la distance des planètes, il arrivera ce qui arrive toujours sous nos yeux pour tout corps lancé; au moment où il cesse de monter, sa force est épuisée; il est pris, retombe sans rémission.

Il faut avoir perdu la tête pour ne pas comprendre qu'une telle expérience emporte tous les doutes et les paroles contraires.

Empochez ceci: avec une impulsion unique vous ne nous ferez pas la Mécanique céleste, naturelle, réelle; avec une force de projection résultant d'une seule impulsion qui résisterait toujours à la pesanteur, vous nous faites une mécanique céleste surnaturelle à laquelle nous donnons le coup de pied.

Figurons-nous une surface horizontale polie avec un bord rectiligne AB : elle est balayée par un courant d'air parallèle à ce bord, et, perpendiculairement au bord, on y met en mouvement une boule légère. La résultante de ces deux forces aura la forme d'une courbe qui s'écartera de la perpendiculaire, s'infléchira de plus en plus, parce que la force de projection s'affaiblit à chaque instant par l'action de la force parallèle constante ; inévitablement la force de projection s'épuise bien vite ; elle est tout épuisée au moment où le corps cesse de s'éloigner de la base AB ; dès lors il obéit uniquement à la force parallèle.

Je soutiens que la force de projection de votre planète serait épuisée dès qu'elle cesserait de s'éloigner de A B ; plus de parallélogrammes sur le compte de l'impulsion unique ; cette force n'existe plus ; directement il faut alors descendre, et sans retour. Vous ne le croyez pas ? Faites l'expérience ; lancez vingt-cinq fois de suite et vous verrez comment se passent les choses dans le ciel, car nous y sommes.

Pour expliquer la persistance des orbites, il faut absolument une force de projection constante comme la pesanteur ; il faut une force, une poussée renouvelée à chaque instant.

Un corps étant lancé vers l'Est, pour le ramener vers l'Ouest, il faut absolument une nouvelle force contraire, comme la réaction élastique d'une paroi contre laquelle on a dirigé une balle. Il y a une seule exception, le très ingénieux Bomarang, une règle coudée, laquelle, lancée par l'Australien expert, tourne sur sa courbe à une certaine distance, revient en arrière, atteint un but caché ; mais pour qu'une masse arrondie parcoure une orbite fermée, il faut à chaque instant une nouvelle poussée, comme la réaction des parois d'une rigole dans laquelle on met une boule en mouvement.

Est-ce que vous vous flattez encore de posséder la Mécanique céleste, de savoir comment ces masses voyagent de jour en jour, d'année en année, sans que leur élan semble s'affaiblir ? Vos travaux conservent leur valeur, comme fragments, mais il faut trouver, définir la force de projection constante dont nous voyons les effets.

La force de projection constante, c'est le mouvement tourbillonnaire de notre Éther, directement produit par la rotation de la masse solaire, environ sept cent trente-sept fois plus grande que tout le reste du système : 1 kilogramme, un poids très médiocre contre sept cent trente-sept kilogrammes.

L'Éther, une matière si excessivement ténue, peut-on lui attribuer une telle action sur des masses relativement aussi considérables que nos planètes ? Considérez donc l'effet que peut produire la force concentrée au foyer d'un miroir de dimensions toujours restreintes : comme elle déchire les corps les plus réfractaires ! Ces effets étonnants ce n'est que le mouvement de l'éther ; ne pourrait-on pas dire aussi bien qu'il n'y a pas de proportion entre ces effets et la ténuité de la matière active ?

Malgré la ténuité de l'Éther c'est la poussée de l'Éther qui porte une masse de fer contre le pôle qui l'influence ; de même dans les grands espaces, où la résistance est si faible, l'Océan éthéré puissamment agité donne des ailes aux globes qu'il rencontre.

Dans le voisinage de la grande masse centrale l'éther prend et communique un mouvement plus intense, au moyen duquel la planète acquiert au périhélie une vitesse supérieure, s'éloigne ensuite, s'élève dans des couches d'éther plus élevées, moins énergiques ; à l'aphélie le surcroît de force est épuisé ; elle redescend vers le périhélie où se prépare une nouvelle série semblable.

Il est purement stupide d'attribuer à la pesanteur, plus intense au périhélie, un accroissement de la force tangentielle, mais on se raccroche où l'on peut dans un si cruel embarras.

Le grand calculateur, pauvre physicien, qui admettait parfaitement la piteuse théorie de l'impulsion unique, puis la sotte théorie de l'accroissement de la force tangentielle par la pesanteur, crut dévoiler complètement le mécanisme de la formation des planètes, en disant que la nébuleuse solaire en rotation, se contractant de plus en plus par le refroidissement, avait abandonné à diverses reprises, dans sa zone équatoriale, des couches annulaires qui peu à peu s'étaient condensées, agglomérées pour former les planètes !

On peut être habile calculateur et pauvre physicien, chimiste, minéralogiste, philologue : cet abandon de couches annulaires qui se changent en globes est une pauvreté insigne, un manque de jugement phénoménal.

A moins que la Pesanteur ne soit sujette à s'endormir de temps en temps, la nébuleuse n'a jamais abandonné de couches; notre atmosphère, par exemple, malgré sa mobilité, la grande énergie propre de ses éléments, reste en masse collée à la surface liquide, solide; les parties d'un tel anneau n'auraient jamais pu sentir le besoin d'attendre ou de rattraper leurs voisines; les anneaux de Saturne sont restés des anneaux, ce qu'ils étaient dès l'origine.

Tous les globes de l'univers sont des produits d'autant d'explosions, sont sortis comme gros fragments de la masse gazeuse dont ils faisaient partie, et la pesanteur la pression, les a tout de suite arrondis, comme elle façonne la goutte liquide.

Un jour, notre observateur, au lieu d'une comète qu'il avait étudiée la veille, trouva deux comètes; ainsi un phénomène subit, une explosion avait d'un coup divisé le corps et porté les parties à une distance assez considérable; tel est le mode de formation des corps célestes.

Par exemple, lorsque notre nébuleuse solaire, animée du double mouvement de rotation et de translation, se resserre, condense par le refroidissement, c'est que les molécules se rapprochent, et par là se dégage, devient sensible une partie de plus en plus grande de leur chaleur latente.

Dans un foyer, comme une vaste chaudière, la chaleur s'accumule de plus en plus, jusqu'au moment où se produit une grandiose explosion, par laquelle est soulevée tout d'une pièce une région de la sphère; un bloc, fragment notable est projeté dans l'espace, en dehors des premières fortifications de la pesanteur.

Aussitôt se fait valoir la différence de vitesse des couches inférieures, moyennes et supérieures de cette portion : les supérieures, possédant, par leur origine, leur position antérieure, une plus grande vitesse tendent à précéder les autres; retenues par la pesanteur elles passent en dessous; mais toutes jusqu'à la dernière se comportent de même, contribuent à établir un mouvement de rotation de la masse, laquelle demeurant dans le tourbillon, poussée par l'éther, commence tout de suite sa révolution, tournera autour de la masse d'où elle est sortie.

Est-ce qu'il n'y a pas plus de mécanique, de physique, de bon sens dans cette chose-là que dans la fantaisie de l'abandon des couches?

Les grosses planètes, sorties de la nébuleuse à l'état de gaz incandescent, étaient des masses assez considérables pour reproduire dans leur propre système le phénomène qui les avait formées : une fois ou plusieurs fois elles lancèrent des masses tournent depuis lors autour d'elles dans le sens de la rotation du corps principal, comme les planètes tournent autour du Soleil, et sur elles-mêmes, dans le sens de sa rotation.

Il sera question du phénomène présenté par Uranus et Neptune, qui tournent sur elles-mêmes dans un sens inverse, tandis que leurs satellites suivent la règle, ont un mouvement de révolution conforme à la rotation du corps dont ils sortent. Les anneaux de Saturne proviennent d'une émission qui a duré pendant au moins une rotation entière, de sorte que chaque masse est restée sur le rayon suivant lequel elle est venue.

La rotation manque aux comètes, qui sont les dernières nées du Soleil. Formées à une époque où l'énergie de l'astre était déjà très réduite, elles ne proviennent pas de l'arrachement de toute une série de couches : elles sortent de cheminées, puits très profonds ouverts, creusés dans la masse par de très violents tourbillons ; par ces orifices s'élancèrent au dehors des torrents de gaz surchauffés, doués d'une énorme force répulsive, très capable de vaincre la poussée de l'éther, de leur assurer, le cas échéant, un mouvement rétrograde.

On conçoit que les conditions d'un mouvement rotatoire n'existent pas chez ces masses, relativement très faibles, toutes venues de la même profondeur.

Des jets discontinus formèrent des essaims de petites comètes qui sont les Étoiles filantes. Quant aux Aérolithes, Météorites, lesquels ne sont composés que d'éléments connus sur notre globe, ils ont très certainement une origine terrestre. L'Ecole avance maladroitement « que ces corps doivent être des projectiles lancés, soit par les volcans terrestres, soit (ce qui paraît beaucoup plus probable) par les volcans lunaires. » Une telle projection suppose une énergie bien plus grande que celle de ces volcans. Il faut remonter à l'époque de la formation de notre satellite : après avoir lancé au loin une masse pareille, on admettra bien que la Terre ait encore pu de temps en temps expédier une cendrée comme ces météorites, en ramassant du fer, du nickel de ses profondeurs.

Cependant la réalité d'un mouvement de translation n'est pas démontrée seulement pour les planètes, les comètes, ce mouvement existe aussi pour le Soleil, le système solaire dans son ensemble : selon des observations concordantes, il se dirige tout entier, d'un mouvement uniforme, vers la constellation d'Hercule.

Très certainement ce n'est pas un mouvement de chute, car un tel mouvement s'accélèrerait de moment en moment dans des proportions fantastiques ; donc, sans hypothèse, c'est un mouvement central, s'exécutant autour d'un centre de gravité, comme celui des planètes et comètes autour du Soleil ; donc il faut ici encore une force de projection continue : c'est nécessairement la poussée, le tourbillon de l'éther, mis en mouvement par la rotation de toute la Voie Lactée, le système partiel de premier ordre auquel nous appartenons.

Il est facile de déterminer l'origine, la cause de cette rotation. La Voie Lactée, ce qui deviendra la Voie Lactée, une branche détachée du grand Tout, un immense amas d'atomes dissociés, lesquels, en se glissant finement les uns entre les autres, ont très bien réussi à faire de la Voie Lactée, de haut en bas, de droite à gauche, de l'avant à l'arrière, un mélange explosif d'une incommensurable puissance. Et l'allumette ? L'allumette est dans chaque atome ; ils sont dissociés simplement parce que la chaleur y est en excès, très supérieure à la température de combinaison, combustion ; ainsi quand le refroidissement les aura calmés, ils s'allumeront, se trouveront allumés sans allumette étrangère.

On pourrait faire l'expérience avec l'hydrogène et l'oxygène. Le moment vient; l'incendie éclate. C'est d'abord la couche superficielle, la plus refroidie, qui seule est prête pour la combinaison : pendant des siècles le torrent de feu roule ses vagues pour faire le tour de l'amas; l'énorme chaleur qui se dégage élève la couche sous-jacente bien au-dessus de la température de combustion, ce qui divise en de nombreux actes le drame colossal de la transformation; ce n'est que dans de longues périodes que les différentes couches furent atteintes jusqu'au fond de l'abîme.

Nous ne sommes évidemment pas en état de préciser la direction des courants, les nombreuses circonstances qui l'ont déterminée, mais il est déjà rassurant d'avoir conquis les positions suivantes :

1° La rotation de la Voie Lactée est un fait démontré par le mouvement tout régulier de translation de notre système et des groupes similaires;

2° Les actions chimiques dont je parle ont nécessairement dû se produire dans les éléments que nous connaissons;

3° Ces actions déploient des forces suffisantes pour donner un tel résultat, cette rotation; si tous les atomes agissent aussi énergiquement, il est certain que la masse entière doit être ébranlée; la force est proportionnée à l'effet: il n'existe pas d'autre force à laquelle on pourrait l'attribuer.

D'ici nous pouvons revenir à un détail, une anomalie de notre système solaire. Le sens de la révolution ainsi que de la rotation des planètes et de leurs satellites est celui de la rotation de la masse principale; si les deux plus anciennes planètes, Neptune, Uranus, ont une rotation inverse, il faut admettre que dans leur période ignée, antérieurement à l'émission des satellites, il s'y produisit un phénomène semblable à celui qui détermina la rotation de la Voie Lactée.

Nous continuons à étudier la Mécanique universelle, le mécanisme de la création ; je vous dis que nous arriverons promptement tout à l'heure au fond des choses, sans rien demander, comme Descartes et M. Faye, Origine du Monde, qui demandent l'aumône au dieu juif, qui aime le brigandage, la polygamie, le concubinage ; Fi... fi ! Honte, Infamie, rien du dieu juif.

L'infini est une puérilité, un malentendu : tant que l'enfant pense, se meut, il ne se sent pas à sa fin, sa limite ; il est, se croit infini, illimité, voilà tout !

N'est-il pas clair que la quantité de matière existante est une quantité finie ?

Ainsi la force, qui n'est qu'un déplacement de la matière, est une quantité finie ; or le temps c'est la perception des déplacements d'un corps, qui peut occuper tel lieu, ensuite tel autre lieu, par l'action d'une force ; donc lorsque la force, qui déplace, sera tout épuisée dans l'univers, le temps n'existera plus.

La chaleur, c'est le fait primordial dont tout dérive : Le Monde, le Mouvement, le Temps commence, finit, est éternel ; ainsi la Chaleur, comme tout mouvement commence, finit, est éternelle.

Tout cela c'est la réalité, l'exacte vérité, mais l'objet se trouve encore inaccessible, à quelques pas de vous ; tout à l'heure il sera mis à votre portée, tangible.

Le monde, comme un projectile, part, entre dans la carrière avec un maximum d'énergie : cette énergie se dépense, décroît de moment en moment pour aboutir à zéro.

L'énergie se conserve, oui, dans les limites de son existence réelle, car tout est immuable ; en dehors de ces limites, après les dernières, faibles vibrations il en reste zéro ; voilà ce que suggère l'observation, le bon sens. L'Ecole veut se mettre au-dessus, elle se met en dehors du bon sens, en voulant se montrer profond philosophe qui pénètre les mystères ignorés du vulgaire, en bavardant comme ceci : nulle force ne se détruit, ne disparaît ; la chaleur qui nous échappe s'est transformée en mouvement de masse ; le mouvement de masse qui disparaît s'est transformé en chaleur ; admirez notre génie !

M. Faye demande avec chagrin ce que peut devenir cette énorme quantité de chaleur gaspillée par le soleil ?

Les vibrations des éléments solaires ont travaillé en produisant dans l'éther des systèmes d'ondes qui, si tout est immuable, parce que tout est immuable, existent toujours, comme vous verrez tout à l'heure ; ces ondes se prolongent dans l'espace en s'abaissant toujours jusqu'à une limite où la hauteur de l'onde est zéro; on intercepte un faisceau avec un écran; aussitôt derrière l'écran la hauteur de l'onde éthérée s'abaisse à zéro; voilà comment l'énergie se conserve, mais pas de transmission, de transformation, pour prolonger le jeu, sinon dans une imagination qui se repait de chimères, pour acquérir de la gloire. En remontant dans le passé, en nous rapprochant des origines nous trouvons une énergie de plus en plus grande, qui se conserve, en effet, dans chaque région, puisque tout est immuable. Nous trouvons le globe terrestre gazeux, de même toutes les planètes; plus loin ils sont tous dissous dans la nébuleuse solaire; plus loin celle-ci et ses semblables se fondent dans l'amas de la Voie Lactée, qui est là-bas une masse gazeuse continue; enfin tous les grands amas se rejoignent : l'univers n'est plus qu'une masse continue d'atomes dissociés.

Une grande dernière étape de plus nous met en présence de l'origine vraie, de l'énergie suprême, absolue, où tous les atomes sont complètement dissous; c'est le Fluide primordial, extrêmement rare, parfaitement homogène, absence de toute condensation, différenciation; donc il n'existe là ni lumière, ni chaleur, ni électricité, ni pesanteur, puisque les éléments respectifs font défaut.

Il n'y a qu'une pression, tension qui, en l'absence de tout vide, exclut tout mouvement.

Notre univers actuel est un système de pleins relatifs et de vides relatifs; voilà l'état qui rend le déplacement possible, chaque élément, à l'état gazeux, offrant à un autre gaz le milieu de moindre résistance.

Par exemple, l'hydrogène, sous telle pression, ne pénètre pas dans un vase déjà occupé par le même gaz sous la même pression; c'est le plein, mais ce n'est pas le plein pour un autre gaz qui, sous une pression quelconque, ne manque pas de s'y introduire; donc la parfaite homogénéité du fluide primordial y rend le mouvement impossible.

Dans cette masse en parfait équilibre il se réalise une pression de chaque élément contre tous les autres, et de tous contre chacun : la tension sans mouvement possible, c'est l'énergie stationnaire, d'où il sortira évidemment tout de suite l'énergie active, dès que cette substance primitive se transforme en atomes.

Une masse parfaitement homogène, en parfait équilibre, une masse qui est le Tout, une matière inerte, une substance que l'on nous a dit être immuable, cela va se mettre spontanément à se modifier, à frétiller !

Allons, ce sont des farces...

Qu'est-ce que vous allez nous coller !

Je parie que l'on verra encore le vieux Juif, le dieu de la polygamie et du concubinage remonter sur le trône, plus insolent que jamais !

Pariez, mais ne risquez rien de solide, pas un centième, un sol !...

En effet, il n'y a qu'une seule chose qui puisse vous soustraire à cette éventualité, conjurer le désastre, une chose que nul n'a soupçonnée, puisque l'on n'a jamais avancé que des bêtises sur l'essence, l'origine de la force; je la dirai dans trois minutes; j'énonce d'abord le fait, puis je rendrai compte.

Le fluide primordial n'existe qu'un moment; une détente ne tarde pas à se produire; le mouvement, le temps commence; l'énergie du projectile lancé diminue dès le second pas; dès que la tension diminue, la modication se produit simultanément dans toutes les régions de l'immense domaine.

La modification consiste nécessairement en un affaissement de la substance, comme lorsqu'une vapeur se liquéfie : ainsi la matière se condense en une infinité de points autour de centres régulièrement espacés.

La force répulsive étant diminuée, la matière obéit plus facilement à la pression ; les premières couches précipitées autour de chaque centre seront les plus denses de l'atome, les éléments se rapprocheront davantage, car ils seront là plus abrités contre les poussées, les ondes, battements contraires; la densité des couches décroît comme la distance au centre augmente, jusqu'à ce qu'elles se confondent avec l'éther universel.

Mais il en est exactement de même pour le système universel : c'est au centre de pression que se formeront les corps les plus denses; les autres s'étageront au dessus en couches régulières, concentriques, par ordre de densité décroissante : ainsi la région centrale de l'univers est occupée par un globe d'Osmium, le plus dense des corps, 22,47, l'eau étant 1,00, puis viennent l'Iridium, 22,4, le Platine, 21,45, l'Or, 19,36, le Tungstène, l'Uranium, le Mercure, le Ruthénium, le Rhodium, le Thallium, le Palladium, le Plomb, le Thorium, l'Argent 10,47, le Cadmium, le Cuivre, le Nickel, le Cobalt, le Fer 7,79... enfin aux limites du monde réel, l'immense formation de l'Hydrogène englobant toutes les autres.

Aussitôt la Diffusion des gaz commence, un déplacement des masses de l'univers, une énorme dépense de force : la force répulsive est alors tellement réduite, la pression, la pesanteur acquiert une telle prépondérance que, les volumes étant partout fortement diminués, la masse universelle se trouve enfin divisée en nombreux lambeaux, dont le plus considérable de beaucoup est notre Voie Lactée, qui reste le centre du système total, entraîne même dans son mouvement tous les autres amas.

Le moment est venu ; il faut payer. Eh bien, qu'est-ce qui donne l'impulsion, détermine la modification du Fluide primordial ?

Ecoutez donc ceci : *L p c l a o l m r m q l p.*

Le passé et l'avenir ont la même réalité matérielle que le présent, avec lequel ils forment une continuité immuable.

Ce qui donne l'impulsion au Fluide primordial ?

Mais rien du tout ; il n'y a rien en dehors, aucune coexistence qui puisse donner une impulsion.

Je vous ai dit que tout est immuable, éternel ; vous l'aviez oublié, faute de comprendre. Cela signifie que tout est immobile, en repos ; cela signifie que ce fluide primitif existe là-bas, existera toujours seul, inaccessible, comme Hier nous est inaccessible, à une distance pour nous incommensurable: cela signifie que le Temps ne fuit pas ; cela signifie que le Temps est une chaîne matérielle dont les anneaux sont soudés les uns aux autres, chacun restant solidement fixé à sa place, avec une énergie un peu moindre que celle du précédent ; cela signifie que nos ancêtres, qui ne sont pas arrivés jusqu'ici, ne sont nullement effacés; ils jouissent et jouiront toujours de leur Soleil, de la plénitude de leur existence, mais que, ne jouissant pas de la lumière surnaturelle, ils sont, sans mérite, ni démérite, de misérables, méchants crétins, comme leurs descendants jusqu'aujourd'hui, avec la seule exception velche qui se produit ici en ce jour, sans mérite ni démérite.

C'est notre destin de ne pas avoir eu de père parfait; mais à partir de ce jour nous pouvons nous suffire, être honnêtes, parfaits, comme ma volonté à moi est absolument parfaite; je sais me conduire, j'aime mon prochain comme moi-même, c'est-à-dire que je suis communiste, communiste pour mon compte, sans tyrannie, à mes frais, tout honnête. Ce n'est pas un Juif, semence de bétail, c'est l'humanité qui a trouvé cela; c'est un bien commun.

Pour être heureux, soyons communistes, car nous sommes absolument solidaires. Les ancêtres existent, les descendants existent, tous éternels, immuables, sans que nul Juif puisse rien y faire; pour exister sans regrets, soyons honnêtes.

Le mouvement universel décroît insensiblement; dans un avenir immensément éloigné à une très grande distance de nous, il sera, il est réduit à zéro, et nous qui travaillons, respirons, nous serons toujours à cette place comme aujourd'hui; nous qui vivons ne sommes pas une terre, sortis de la terre et nous ne retournerons pas à la terre; nous sommes éternels, cette vie est immuable, chaque moment est immuable : *Nil igitur mors est ad nos neque pertinet hilum*.

La mort n'est donc qu'un mot, une vaine menace qui n'atteint jamais notre existence; efforçons-nous seulement de rendre parfaite notre vie individuelle et sociale, alors nous en jouirons encore dans l'existence supérieure qui nous est assurée.

La rotation du Soleil s'affaiblira; elle cessera et tous ses satellites s'en rapprocheront, finiront par le rejoindre la rotation de la Voie Lactée cessera de même, d'où résultera la même réunion de tous ces astres; enfin les grands amas se retrouveront; l'unité du système entier est rétablie à une distance déterminée, finie : c'est à ce cerveau de l'organisme universel que tous les mouvements réalisés dans la vie universelle viennent aboutir; rien n'y manque, les foyers sont immuables; tous les mouvements de ma vie s'y rencontrent; ma conscience existe, dans un milieu d'une excessive ténuité; ma sensibilité, de plus en plus parfaite, recueillera tous les faits chaque être humain deviendra la conscience universelle.

Mais cette sensibilité réalisera aussi une communauté parfaite des jouissances et des souffrances.

Soyez-en sûrs, nous serons communistes pour notre bonheur, notre honneur ou pour notre châtiment; nous sommes et serons en réalité membres les uns des autres.

Pas de monde meilleur, vous aurez le monde que vous aurez fait; l'homme est le seul être moral de l'univers; hors de lui, pas de justice; hâtez-vous de mieux faire ; en dépit des fous, menteurs; les faits, les œuvres sont tout.

La brute inconsciente fait des égoïstes sournois, doucereux et des égoïstes violents, puis, elle vous empoigne loups et agneaux, vous jette et pile tout cela dans le même mortier.

Voilà l'Idée !

La justice consisterait à guider, préserver avec sagesse et bonté les êtres sensibles; mais dans ce monde réel, la force et l'intelligence restent séparés jusqu'à l'extinction finale.

Pourtant si l'humanité pouvait enfin se convertir à la raison, réaliser la Providence par l'union fraternelle, ce serait un adoucissement merveilleux de l'immense amertume; on aurait beaucoup fait pour maîtriser le Destin, sublimer, idéaliser l'existence.

« On ne saurait vaincre le mal humain; la société conservera toujours, comme l'Océan, son immense amertume. » Ignotus.

Regardez donc de ce côté : la preuve est ici faite : la vérité, le vrai dogme anéantit le mal chez l'homme qui l'a embrassé avec une conviction sincère, qui l'aime parce qu'il l'a compris; mais d'attacher le grelot à d'autres, c'est là que gît la difficulté, peut-être insurmontable.

En tout cas on essaye, on se bat jusqu'à la fin, et l'on désespère alors que pour continuer à vivre on espère toujours.

Puisque le mouvement coïncide avec le repos, si un boulet en fer parcourt, couvre en une seconde 5 mètres et qu'un autre boulet tout semblable couvre en une seconde 500 mètres, on sait qu'il se trouve réellement sur ces 500 mètres une masse de fer exactement 100 fois plus grande que ces 5 mètres, qu'on ce moment il s'est produit d'un côté une action 100 fois plus forte que de de l'autre; un cylindre de 5 kilogrammes en repos sur une base produit l'effet simple de la pression d'une telle masse ; si on le laisse tomber d'une hauteur de 10 mètres, l'effet est celui que peut produire la rencontre, le choc, la pression d'une colonne massive de cette hauteur.

L'orbite de la Terre est partout occupée, pour toutes les époques passées et futures elle est remplie par ce corps ; le choc, sur une tangente, produirait un effet proportionné à la masse et la vitesse.

En mécanique on dit que l'on gagne en force ce que l'on perd en vitesse : on obtient l'effet que doit produire la multiplication de la masse, suivant l'espace qu'elle remplit dans le détour qu'elle fait avant d'attaquer.

Le mouvement est une accumulation de matière.

Notre sens intime reconnaît la continuité de notre existence, mais nous ne saisissons pas de continuité en dehors de nous : l'organe de la conscience du moment présent, celui du moment qui précède et celui du moment qui suit forment une série discontinue ; chacun de ces organes sert, est façonné pour un seul moment, ne peut comprendre deux moments distincts, comme il ne se confond pas avec son prédécesseur, son successeur ; chacun ne peut être façonné de deux ou plusieurs manières ; donc nous ne pouvons avoir la perception de plusieurs moments, du moment présent et d'un autre ou de plusieurs autres.

On voit déjà que la conscience est un mécanisme, un phénomène matériel, dont il sera question ci-après. Du reste l'interpénétration concilie autant que possible la juxtaposition et la continuité.

Le seul maître des siècles c'est l'esprit velche qui a dompté le temps, qui guérit, sauve la vie et a définitivement vaincu la mort ; l'ennui est absolument éliminé ; tous les moments sont remplis délicieusement : être aimé partout, le but de la vie, atteint sûrement sans la grâce d'aucun brigand juif, despote jouisseur ; tous se sentant l'objet d'une parfaite bienveillance ; avec la Religion pour guide il n'y a qu'à étendre la main pour saisir le salut : déjà notre béatitude est apparue, *Apparuit jam beatitudo nostra.*

VI

LA VIE

L'infâme superstition théologique n'exploitera plus, pour les besoins de sa cause, l'essence jusqu'ici obscure, l'origine inconnue du Mouvement : les grands docteurs ne la découvrent pas dans la nature; donc il est évident qu'il faut la chercher dans une surnature, notre tout-puissant, tout saint, adorable Dieu juif du brigandage, de la polygamie et du concubinage, lequel a créé toutes choses de rien, par un seul acte de sa volonté!...

Même histoire pour le grand phénomène de la Vie : les grands naturalistes se sont montrés tout impuissants; ils n'ont pas expliqué par la Physique la Création de la Vie, ni la production de la pensée humaine; donc la Vie est évidemment créée par notre saint dieu juif, en dehors des lois de la nature, et la pensée est une action de l'âme humaine, être immatériel uni par notre saint dieu juif au corps de l'homme : notre dieu juif, un grand magicien, forma le corps du limon de la terre, puis il répandit sur le visage un esprit de vie, par lequel ce corps devint vivant et animé.

Nous avons découvert par quelles opérations naturelles l'homme fut tout de suite formé vivant pour sentir et penser, par son corps, sans l'âme des ineptes bavards; par le développement spontané de sa sensibilité, d'heureuses combinaisons d'idées, il est enfin devenu un être sympathique, épris de raison, de justice, du bonheur, de l'honneur de tous, choses vraiment étrangères à la nature, comme à la juiverie, purement surnaturelles, tandis que tout ce que suggère le dieu juif sont des saloperies naturelles, des insanités qui rabaissent l'homme au-dessous de l'animal, en ont fait un objet de dégoût, d'horreur.

La vie est un ensemble de mouvements, une certaine action du corps organisé, comme, par exemple, le fonctionnement du moulin, de l'horloge, est un mouvement, une certaine action de l'ensemble de ses organes, l'un et l'autre, horloge, moulin, et végétal ou animal, n'agissant ainsi que sous une impulsion du dehors : on arrête le balancier, on ferme le biez, l'appareil chronométrique, le moulin cesse d'agir; on rouvre le biez, l'appareil, le moulin reprend son travail, si, dans l'intervalle il ne s'est produit aucune avarie, altération importante du système.

Par le retour de l'hiver, des gelées, se ferme le biez, sont supprimés les courants de chaleur solaire qui seuls entretenaient le mouvement vital; tous les végétaux, presque tous les êtres animés sont en léthargie.

Pas de travail latent chez ce moulin arrêté; pas de voyage latent chez l'homme assis, se reposant au bord du chemin; pas de vie latente, en l'absence de circulation, de nutrition, chez ces végétaux plongés dans une atmosphère à la glace, ces graines sèches, ces animalcules réviviscents partis en poussière après le dessèchement de la mare; dans une autre mare, ces êtres ressuscitent; au retour du printemps les courants vivifiants reviennent, l'arbre se réveille, si la gelée n'a pas fendu le tronc, déchiré, les vaisseaux, les cellules.

Et pourquoi l'homme, par exemple, ne peut-il pas, comme ce chronomètre, ce végétal, cet animalcule, cesser tout à fait, sans dommage, son mouvement, interrompre sa vie, et la reprendre, continuer plus tard ?

C'est ce que je veux vous expliquer tout de suite pour vous ouvrir une perspective.

Les molécules dont se composent les conducteurs nerveux, musculaires sont, dans l'état de veille, debout dressées, par là plus mobiles, ce qui donne à ces organes, comme nous verrons, leur maximum de conductibilité ; dans l'état de sommeil les molécules sont assises, un peu affaissées, mais gardent assez de ressort, d'énergie pour se relever facilement sous une certaine excitation ; si au contraire, à défaut d'une excitation convenable, les molécules s'affaissent davantage, jusqu'à s'embourber, *s'agglutiner*, alors elles ne se relèveront plus, il n'y a plus de conducteurs, c'est la mort définitive ; donc pas d'interruption, toujours une excitation suffisante, jamais exagérée.

Il est clair que le chronomètre, le végétal, l'animalcule

sont autrement conditionnés, mais ceux-là même ne supporteraient pas un long repos ; il se formerait certainement des obstacles à la reprise facile du mouvement.

Ainsi la force substantielle, l'âme des pauvres d'esprit n'est rien ; dans l'organisme comme dans l'inorganisme il y a seulement à considérer l'état de la matière, partout et toujours inerte, et son aptitude à s'approprier les impulsions du dehors. Ce caractère fondamental étant si bien reconnu dans sa généralité nous garantit qu'il nous sera possible de rattacher complètement, intimement l'organisme à l'inorganisme, de démontrer la Génération spontanée des êtres vivants.

Tous les travailleurs sérieux ne s'efforcent-ils pas depuis longtemps de ramener tous les phénomènes de la vie à des lois physico-chimiques ? Cela s'appelle exprimer implicitement la conviction que l'organisme fut produit directement par l'inorganisme, dans des conditions qu'il s'agit de déterminer.

Le corps organisé, qui s'accroît, se transforme, se multiplie, qui entretient un continuel commerce d'échanges avec le milieu, diffère certainement beaucoup du cristal rigide qui ne sort pas de son ornière, mais toutes ces fonctions supérieures n'en sont pas moins de simples applications de lois physico-chimiques.

Le Fer créa la vie ; la réaction du Fer sur le Carbone fut l'origine du développement organique.

Le chimiste dans son laboratoire obtient couramment les corps humeux, composés organiques, lorsqu'il fait réagir le fer sur le carbone ; nous pouvons admettre que dans le grand laboratoire ces deux corps si répandus produisirent partout à la surface du globe ces composés, qu'une expérience constante fit toujours considérer comme le principal élément de fertilité de notre sol. Le chimiste hollandais Mulder donna à cette expérience une expression scientifique : la substance fondamentale de la vie, un Hydroxycarbure nitro-sulfuré dit Protéine, terme générique du groupe Albumine, Caséine, Fribrine, et les corps qui l'accompagnent dérivent directement de Corps humeux, lesquels, pour cette formation, fixent encore le Nitrogène et le Soufre.

Par l'action de certains excitants potassiques, sodiques, calciques et autres, en solution dans un courant d'eau, plusieurs mollécules humeuses se brisent et les fragments, s'adjoignant le Nitrogène et le Soufre, forment une molécule de protéine et des molécules de cellulose, glycose, amidon ou graisse.

Mulder, Versuch einer allgemeinen physiologischen Chemie.

Liebig, étudiant la protéine avec les procédés, ressources du maître, a reconnu qu'il n'est pas possible d'éliminer le soufre sans briser la molécule.

Cette expérience nous permet de faire un premier pas dans la détermination de la structure de cette molécule qui compte des centaines d'atomes : le soufre n'est certainement pas suspendu dans une couche superficielle ou moyenne ; il est caché, presque inaccessible, au centre, dans un groupe qui forme le noyau du système.

Ces nombreux atomes forment des groupes, qui sont les éléments immédiats de la molécule. Le potassium, sodium, calcium, silicium, etc., n'entrent dans aucun de ces différents groupes comme parties constituantes ; ils restent à côté, mais sont indispensables comme stimulants.

Le botaniste Kützing, ayant réussi, par une pression convenable, à faire sortir le contenu d'une algue unicellulaire de son enveloppe de cellulose, observa peu après que la membrane de cellulose s'était régénérée : la cellulose était sans doute en solution dans le suc de la cellule et elle s'est solidifiée au contact de l'air.

On voit que, dès que la substance organique est complète, la forme organique ne tarde pas à paraître spontanément.

On n'a pas manqué de chercher, par des expériences laborieuses, à éclaircir le mystère de la végétation, de la production de ces différentes substances, éléments immédiats de la vie, à vérifier la théorie de l'humus : on a fait végéter une plante dans du verre pilé, du sable calciné, chauffé préalablement au rouge pour détruire toute substance organique ; puis on ajoutait les engrais minéraux, ces stimulants, et l'on arrosait avec de l'eau distillée : cette plante, après avoir végété aussi pauvrement que possible, périssait au moment où elle aurait dû fleurir.

Le renommé botaniste Hugo von Mohl, rendant

compte de ces expériences, *Anatomie und Physiologie der vegetabilischen Zelle,* trouve que la théorie de Mulder mérite l'attention.

Si l'on reconnaît comme réels ces faits, ces résultats, on peut être plus affirmatif : nous acceptons franchement la théorie de Mulder; dans ces expériences il s'est introduit des traces de matières humifiables; l'exosmose même en a fourni; les stimulants qui abondaient les ont promptement mûries.

Le plâtrage fournissant le soufre, est très utile.

Au lieu d'incinérer les débris, on doit les entasser pour en faire de l'humus; c'est à ce trésor que les antiques forêts doivent leur splendide végétation.

Sous quelle forme le carbone s'est-il présenté au fer à l'origine ?

S'il se trouvait en totalité comme dioxyde dans l'atmosphère, il était très condensé, pouvait donner prise au métal.

La théorie de l'humus explique tout de suite la création des végétaux, à laquelle se rattache celle des animaux qui s'en nourrissent : évidemment la création des parasites et celle de leurs nourriciers sont simultanées. Une couche d'humus pur est traversée par de nombreux filets d'eau chargée de tous les excitants; les rayons du Soleil aidant, l'équilibre de ces molécules est rompu; il s'opère une décomposition et une recomposition; la protéine et ses accompagnements apparaissent, d'où résultent aussitôt des cellules qui se multiplient et forment des systèmes divers.

La formule de l'école : *Omne vivens ex ovo, Omnis cellula ex cellula,* toute cellule provient d'une cellule n'a de valeur que pour ceux qui ne connaissent pas la formation et les relations de ces différentes substances; c'est bon pour des enjuivés comme Cuvier, Pasteur, qui font simplement intervenir la Surnature juive, quand la Terre a cessé d'être incandescente, mais, si l'on est décidé à se passer de cette honte, si l'on est pas un lâche, on admet, après la période d'incandescence, la production de cellules sans ancêtres, par la simple action des lois physico-chimiques, et sans retard l'on entreprend de les définir.

Voyons, il est évident, admis que ce sont les organes

foliacés qui élaborent les matériaux des cellules, puis, dans l'arbre, les déposent entre l'écorce et l'aubier, pour former le cambium, la nouvelle couche végétative, qui va devenir l'aubier, tandis que l'aubier de l'année précédente durcit de plus en plus et se change en bois.

Si l'on empêche le développement des feuilles, il n'y a plus de couche végétative, l'arbre périt.

Maintenant il est clair que les feuilles n'émettent pas de cellules, mais seulement des matériaux fluides, substances en solution, d'un autre côté, que l'écorce, l'aubier ne se mêlent nullement au cambium, donc, si le cambium se change en cellules, ces cellules se forment là spontanément; l'air qui circule solidifie la cellulose et bientôt ce dépôt n'est plus qu'une masse d'utricules fermées. Les couches annuelles sont nettement séparées : il y a chaque année une nouvelle création, sans intervention des autres.

Nous considérons une couche d'humus, sillonnée par de petits filets d'eau très chargée de tous les stimulants capables d'agir fortement sur la substance en contact.

De nombreuses molécules humeuses se divisent, forment des molécules protéiques et autres; sur beaucoup de points la cellulose se fige, enveloppant de petites portions de substance; voilà des colonies, des taches arrondies de cellules en contact; quand elles sont gorgées de sucs, la membrane protéique tapissant l'intérieur se replie sur elle-même en s'accroissant, ce qui produit plusieurs compartiments, finalement la division de la cellule en plusieurs autres, où se répèteront des actions semblables.

Le bord en contact avec le courant extérieur s'accroît beaucoup plus rapidement; on voit s'élever un système de cellules sous la forme d'une coupe dont les parois s'amincissent en s'élevant.

La source s'éloigne, l'apport de substance devient moins abondant, l'évaporation est plus active, l'excitation de plus en plus vive dans les zones supérieures; elle est maximum sur l'arête tranchante qui prépare les groupes énergiques répondant au pollen; la zone mince qui touche à l'arête répond à l'organe foliacé.

Tous ces groupes descendent, intérieurement, par les cellules, vers le centre de la coupe qui est l'ovaire, s'unissent à l'œuf, qui, déjà auparavant, renfermait bien des représentants du système entier, mais, trop aqueux, relâché, ne possédait pas l'énergie nécessaire pour provoquer, entretenir un développement, car le développement c'est une série de combinaisons, et, selon la loi chimique générale, la combinaison demande un relèvement d'énergie, chez les corps qui ne sont pas déjà très excités dans les circonstances ordinaires.

En conséquence, la fécondation n'est plus le cruel mystère qu'elle était autrefois ; nous voyons, pourtant, en général, de quoi il s'agit : la matière fécondante est semblable à l'autre, mais bien plus excitée, d'où résultent des formes différentes.

Voilà un système de cellules, une coupe très basse à laquelle s'accole extérieurement une coupe élevée, plus étroite, dont le fond est au niveau du bord de la coupe inférieure : la coupe élevée, bien plus exposée aux excitations de tout genre, c'est le mâle ; elle est échancrée ; il y a du haut en bas une lacune dans la paroi, de sorte que le fond de cette coupe se présente comme un palier, d'où partent, à l'intérieur, les groupes fécondants qui sont poussés en bas, jusque dans l'ovaire, le moindre résistance.

Tel est le Protophyte de la plante dioïque, où les deux sexes sont séparés, portés par des individus différents, ce qui a lieu chez le Dattier, le Chanvre.

L'œuf qui a reçu tout juste assez de groupes énergiques pour que le développement soit assuré, celui-là produira une femelle ; l'œuf qui a reçu, un excès de ces groupes énergiques formera un mâle.

Dans les protophytes résultant d'une action plus calme les groupes des deux espèces se font équilibre dans chaque œuf : dans la fleur, comme dans le protophyte, les organes mâles entourent de près régulièrement leur femelle ; c'est l'hermaphroditisme.

Un autre type de protophyte : à l'intérieur de la coupe, sur tout le contour, près de la crête, se forment de petites coupes, dés à coudre, au fond desquelles se concentrent les groupes préparés sur leurs bords.

La symétrie subsiste encore dans l'œuf ; il s'établit entre les groupes calmes et les groupes très agités un équilibre qui prévient la scission ; ils restent donc dans le même système, mais chaque espèce travaille de son côté; il ne leur est pas possible de se rapprocher dans une même fleur : les éléments mâles du Maïs s'établissent bien entendu au sommet; l'œuf reste plongé dans l'obscurité derrière des gaines multiples, seulement les filaments pistillaires viennent au jour à la rencontre des éléments qu'ils doivent introduire dans les profondeurs. C'est la plante monoïque, laquelle porte sur le même pied des fleurs mâles et des fleurs femelles distinctes.

Des expériences importantes (Revue scientifique Richet), ont récemment montré que l'on obtient facilement un excès de plantes mâles ou de plantes femelles, selon que l'on cultive au grand jour ou à l'ombre, selon que l'on prodigue l'excitation, la lumière, ou qu'on la ménage : vous le voyez, le sexe, c'est simplement le degré d'excitation ; vous le voyez, l'inorganisme pénètre à l'aise dans l'intimité de l'organisme, l'inorganisme crée l'organisme.

Il existe des individus, soi-disant intellectuels, lesquels convaincus que la création d'une espèce est une opération horriblement difficile, s'efforcent d'épargner à leur déesse Nature une peine si grande, en faisant tout sortir d'une cellule, au moyen de tours, artifices de coquin, cuisinier dont ils se sont fait une spécialité pour l'acquisition d'une gloire immense. Je vous dis que sur une surface humeuse en pente d'une hauteur de, p. e, 100 ou 200 mètres, la déesse toute stupide, au moyen de cette seule différence de niveau fut capable de créer ensemble de toutes pièces et sans but, quelques douzaines de variétés. Si de telles circonstances purent introduire dans le type des modifications de ce genre, nous concevons que les mêmes actions extérieures purent produire peu à peu ces effets sur un type primitif unique, plus souple dans sa jeunesse; inversement si cela est possible plus tard, cela put aussi se faire à l'origine, lors de la création.

La Vie, un courant, un flux perpétuel, le contraire de la stagnation, ce qui est, chez l'être animé, encore plus apparent que le Végétal : après cela, comme si l'on avait passé en revue toutes les possibilités, approfondi la Physique et la Chimie, crier dans la rue que, puisque d'une pourriture croupissante il ne sort jamais aucun système vivant, il est démontré que la Vie est un phénomène surnaturel, ne pouvant avoir pour auteur qu'une admirable, parfaite intelligence, adorable Surnature, un Grand-Chien juif, lequel, à sa propre image et ressemblance, façonna une masse de limon, pour le corps de l'homme, ensuite répandit sur le visage de la statue insensible un esprit, c'est-à-dire un vent, un souffle de vie, pour faire de cette masse un être qui sent et pense, un tel braiement, signe de vie, démontre en effet qu'un savantasse comme cela est fait, vit exprès pour ne jamais concevoir sur ce phénomène aucune idée raisonnable.

L'être vivant se présente à notre observation comme une réalité matérielle; de plus en plus le bon sens s'est attaché à l'idée que les fonctions organiques sont des phénomènes matériels, purement physico-chimiques, ce que de jour en jour confirme le progrès de l'analyse, aujourd'hui même notre théorie de l'action affective, intellectuelle.

Mais si les fonctions organiques ne sont actuellement que des actions physico-chimiques, elles l'ont été dès l'origine, c'est-à-dire que, selon les lois invariables, ces éléments se sont combinés, dans des circonstances toutes particulières, pour former les composés organiques, les êtres organisés, de même qu'à un moment donné, telle phase du refroidissement, l'Oxygène et l'Hydrogène, dissociés dans leur mélange, se sont nécessairement unis pour former cet oxyde.

En effet, toutes les fois que dans nos laboratoires, sous la main d'habiles expérimentateurs, les éléments respectifs ont rencontré ces circonstances, ont trouvé les excitations nécessaires, on a vu se produire, sans intelligence surnaturelle, la génération spontanée des composés organiques; chaque nouveau succès de la Synthèse confirme la grande théorie : la vie entière est du domaine de la Physique et Chimie; lorsque dans ces circonstances déterminées la Physique et la Chimie produisent ensemble ces différentes molécules, elles en construisent des systèmes d'équilibre qui, par les mêmes actions, sur des cycles qui caractérisent l'espèce, se renouvellent tant que dure l'excitation.

Est ce que ce ne sont pas des corps inorganiques, le Carbone, l'Hydrogène, l'Oxygène, le Nitrogène, le Soufre, ou CO^2, H^2O, NH^3, NH^3SO^4, HNO^3, Ca^22PO^4, qui entrent dans la plante pour y former la substance vivante ou fonctionner comme stimulants nécessaires ?

Donc positivement il existe un passage de l'inorganisme à l'organisme, lequel passage s'accomplit notoirement par une action physico-chimique, celle de la Chaleur et de la Lumière.

Ces deux forces produisent des dissociations et des combinaisons dans l'inorganisme comme dans l'organisme ; donc il n'existe réellement à la base aucune opposition entre les deux domaines.

Ces éléments organiques ne s'offrent pas isolés, ainsi fermés, à la plante ; ils sont là en combinaison ; quand ces groupes, serrés dans les cellules, soumis aux battements photo-thermiques, se désagrègent, les atomes à l'état naissant sont le mieux préparés à des combinaisons nouvelles. Cependant nous ne pouvons admettre que, pour former un système aussi considérable que la molécule protéique, les atomes se sont ajoutés un à un : cette construction doit résulter du rapprochement de groupes importants fournis par les corps humeux, autour d'un noyau nitrosulfuré.

Nous concevons qu'une énergique action chimique, un puissant mouvement photothermique a d'un coup, par la création de la Chlorophylle, fixé le type des plantes vertes. La Chlorophylle, corps nitrogéné, ferrique, non saturé, très excitable, de structure inconnue, a seule le pouvoir de dompter, à la lumière, le dioxyde carbonique, difficilement réductible, et encore, sans violence, l'oxyde d'hydrogène ; c'est l'organe digestif, le centre vital de la plante. D'un coup, avec $6 CO^2$ et $5 H^2O$, la Chlorophylle produit une molécule d'Amylum $C^6 H^{10} O^5$ et il se dégage $12 O$. Ces $H^{10} O^5$ ne sont là plus de l'hydrogène brûlé, de l'eau ; les H arrachés aux O, tout en restant à côté, ont récupéré leur force, leur liberté, sont redevenus combustibles comme les C. On trouve en effet de l'Amylum dans le grain de Chlorophylle, ce qui montre que cette réaction s'est produite. La Cellulose $C^6 H^{10} O^5$ ét nt un isomère de l'Amylum, c'est-à-dire composée des mêmes éléments dans les mêmes proportions, nous pouvons supposer que c'est un dérivé de l'Amylum, dont nous connaissons du moins l'origine, mais les conditions de cette modification restent obscures.

L'excitation, l'épuration par l'Oxygène est une condition constante, générale de la vie : végétaux et animaux absorbent de l'Oxygène, émettent CO^2, du dioxyde carbonique, mais chez les plantes à chlorophylle, l'émission de CO^2 est masquée, à la lumière, pendant le jour, par l'émission simultanée de l'Oxygène provenant de la réduction de CO^2. La vraie respiration, émission de CO^2, s'accomplit, se manifeste toujours sur les racines, sur les parties vertes pendant la nuit. La croissance pendant la nuit est due à l'action des corps humeux.

A côté des plantes à chlorophylle se placent les champignons, environ huit mille espèces : pas de chlorophylle, pas d'Amylum, respiration purement animale, émission constante de CO^2 ; les détails de la nutrition tout inconnus : je suis persuadé que c'est uniquement une transformation des corps humeux.

Au bord d'une vaste plaine humeuse sur laquelle mille filets d'eau s'occupent de créer le Froment, les courants ont creusé dans la roche calcaire un bassin, où une source thermale voisine qui s'y déverse entretient une température constante, celle de notre corps, 37°, la première condition essentielle de la formation humaine, qui s'y prépare et accomplit. Le courant froid apporte la substance du froment, qui revêt d'une membrane continue la paroi exposée au Sud ; mais il se déverse encore dans ce bassin les produits d'un appareil générateur voisin qui fonctionne en même temps, celui du Bœuf, également chauffé par cette source, ce qui fait que, normalement, l'Homme sera toujours un parasite du Bœuf comme du Froment. La vie normale, c'est une certaine élaboration transformation de la substance dont il tire son origine, celle même qui eut lieu pendant la création : or il est clair que l'introduction d'une autre substance implique un mouvement différent, qui par là même n'est plus le mouvement normal, mais doit aboutir à des résultats fâcheux.

Du reste un moment de réflexion suffira pour vous convaincre que les actions physico-chimiques dans cet appareil générateur et celles du corps que nous pouvons observer sont identiques. La membrane entière s'est animalisée, humanisée sous l'influence de cette température et des autres actions, qui sont justement celles nous ne cessons de subir, les actions qui affectent la vue, l'ouïe, le toucher, la sensibilité générale, le goût, l'odorat, les transformations chimiques des organes, toutes subordonnées à la température. Un homme retenu très longtemps dans une obscurité complète perd la faculté de voir; de même se perdent les autres facultés, par exemple la locomotion, par l'inaction complète des organes : le courant nutritif efface des formes qui ne sont pas conservées, renouvelées par les agents respectifs; sans doute possible, la lumière en nous façonne l'élément optique, notre organisme visuel; elle produit le même effet sur la membrane de notre appareil, où les molécules se trouvent dans des conditions identiques.

Les corps protéiques se sont mis en équilibre entre eux, avec les corps gras, avec l'eau : tout d'abord la masse entière s'est divisée en petits groupes équivalents, en cellules, lesquelles d'un bout à l'autre, du haut en bas entretiennent un commerce d'échanges entre elles et avec le courant qui passe, se mettent ainsi à l'unisson. Spécialement la zone supérieure, plus excitée, tend à se mettre en équilibre avec la zone inférieure, de même composition, mais plus calme, mâle et femelle. Dans la zone supérieure, sous l'action la plus intense de la lumière, se forment les éléments optiques pour la région périphérique de l'organe, lesquels subiront le choc le plus violent, tandis que dans les zones plus profondes se forment les éléments optiques pour les profondeurs du cerveau. Il en est de même pour tous les sens ; tous les genres de mouvement sont utiles au système entier ; contribuent à lui donner le ton convenable; l'absence de l'un d'eux, comme la lumière, le son, altère gravement l'harmonie.

Tous les mouvements sensoriaux, comme nous verrons, aboutissent au sensitif central : le sensitif actionne, façonne les nerfs moteurs; ceux-ci agissent de même sur les éléments musculaires.

Le courant froid, à son entrée dans l'appareil, fait une petite chute, entraîne et lance un paquet d'air contre le premier segment de la membrane, la région pulmonaire, d'où l'air se répand sur l'organisme entier. Toutes les fonctions de notre corps existent dans l'appareil : toutes ces actions incessantes ne s'accomplissent pas sans destruction de molécules; comme dans notre corps le carbone de ces débris est éliminé par sa combinaison avec l'oxygène introduit, ainsi comme dioxyde carbonique. Ce fait a induit les Intellectuels à penser, à jurer que l'homme vit de ce qui n'appartient plus à sa vie, de la combustion du rebut, de ses ordures! Je m'obstine à ne pas le croire, mais à croire que l'homme vit par la chaleur produite par l'action vitale, les frottements de ces innombrables éléments qui se meuvent sans cesse, fluides contre fluides, et solides contre solides, ce dont nous donnent une idée ces incessants bruits musculaires, durs, saccadés chez l'homme, doux, moelleux chez la femme, produits par une constante innervation, et les mouvements qu'elle détermine.

La vie végétale est remplie d'actions chimiques; ces plantes exhalent toute la nuit du dioxyde carbonique; ce n'est rien; la chaleur produite est négligeable; au lieu de se réchauffer les plantes se refroidissent la nuit entière: voilà aussi un fait, je pense. La chaleur qui les fait vivre vient uniquement du soleil; la chaleur qui fait vivre l'homme vient du soleil; des feux qu'il allume, enfin de ses mouvements, comme appoint. Si l'appareil n'avait pas possédé la chaleur nécessaire, la vie spécifiquement humaine n'aurait pu commencer; si, ayant commencé, ces actions chimiques avaient notablement élevé la température, elles n'auraient pu continuer.

Le frottement et la vie, cela se connaît : on le retira de l'eau, selon toute apparence bien mort, mais il avait des amis de qualité qui se mirent à le travailler sérieusement, à lui flanquer du mouvement sans mesure; après quatre heures d'efforts héroïques, ils le regagnèrent, parce que la force, aussi la force vitale n'est qu'un mouvement de la matière, et que ses centres nerveux, actionnés avant l'agglutination, étaient encore capable, d'absorber le mouvement dont ils le gratifiaient; le mouvement de leurs bras, enfoncé dans ses nerfs c'était la vie elle-même, sans âme immatérielle. Il atteignit en quelques moments les centres nerveux, le pot-de-vinier qui, appliquant résolument sa bouche sur la bouche du noyé, se mit à y souffler de toutes ses forces.

Les nerfs vasomoteurs agissent sans interruption : d'où vient l'excitation, la force constante aux sensitifs qui actionnent ces vasomoteurs? C'est l'irritation permanente de la pression résultant du poids du corps ; on sait que cette vive irritation ne peut pas, sans grave préjudice, porter longtemps sur la même région sensitive : on a besoin de changer fréquemment la base qui porte le corps. Dans le sommeil quand le mouvement s'est accumulé sur telle base, ou sur tout le corps, par l'effet d'une couverture trop chaude, une décharge a lieu sur les moteurs, qui, sans réveil, portent le corps sur une autre base ou repoussent la couverture : ce n'est pas de l'Intelligence, c'est de la Physique.

Il s'est produit, dès l'origine de la vie, une si parfaite adaptation des vasomoteurs et de leurs sensitifs qu'il ne se présente là aucune résistance au passage ; ces moteurs et muscles reçoivent des impulsions si mesurées, si douces qu'une interruption n'est pas nécessaire ; pour une restauration suffisante il faut seulement l'atténuation de l'activité générale par le sommeil, tandis que les décharges violentes, nécessaires pour l'action des membres, rendent chaque jour indispensable un repos complet de ces parties.

Évidemment c'est dans la zone supérieure de la membrane que les agents extérieurs produiront l'effet le plus énergique ; c'est donc là que les éléments qu'ils façonnent se trouvent plus condensés, entrent en relation. Eh bien, voyez donc si dans notre corps les organes de ces quatre sens ne se trouvent pas très rapprochés, réunis dans la partie supérieure? Cette localisation n'est-elle pas une preuve, ne dirige-t-elle pas votre pensée sur cette membrane génératrice ?

C'est le choc du courant qui forme le toucher, celui-ci sera en conséquence répandu sur toute la surface extérieure.

C'est la chaleur, la température supérieure qui forme l'élément sensitif : la sensibilité, qui apprécie la température, la pression, sera en conséquence répandue dans toute la masse du corps. Est-ce que ce sont là deux nouvelles preuves de la vérité?

Si c'est la vérité, ce phénomène unique, le corps humain, où se manifeste aujourd'hui enfin la raison absolue, n'a donc jamais rampé dans les sombres égouts du Darwinisme, mais s'est tout d'abord déployé à la lumière dans sa plénitude, perfection, comme il doit toujours être un enfant de lumière, d'honneur; ces éléments, ces organes, me dessinent son berceau, marquent la voie qu'il a suivie.

L'appareil digestif occupe chez nous l'axe central du corps c'est que dans l'appareil c'est une zone moyenne qui doit remplir cette fonction. Dans une large poche se forme le foie; d'autres poches pour d'autres organes. Chaque segment de la membrane reçoit du courant qui passe certains éléments, et lui livre des produits qu'il élabore lui-même; le courant s'enrichit donc en avançant, et il offre au dernier segment une collection des produits de tous les autres; la zone supérieure en forme des corpuscules très excitables, excités, les fils spermatiques; la zone inférieure compose l'œuf tout calme, sans initiative; les deux zones avaient aussi reçu des éléments différemment excités quoique semblables. Par diosmose le produit mâle arrive au produit femelle, ce qui du reste a lieu dans tous les segments, mais seulement dans le dernier ces produits sont représentatifs de tout le système; ainsi l'œuf fécondé formant un tout complet, possédant la matière et la force, tous les organes peuvent se constituer en s'appuyant les uns sur les autres, s'accroître au moyen du courant, jusqu'au moment où ce nouvel organisme forme un corps assez résistant et considérable pour entrer en relation directe avec le monde extérieur, puisqu'il ne peut plus subsister dans ces conditions.

Au milieu de la longueur du bassin la membrane descend dans une dépression; c'est cette partie qui fournit les membres du nouvel être, les supérieurs et les inférieurs, venant des régions correspondantes de la dépression, car les éléments plus calmes, nerveux et musculaires, formés en bas ne peuvent se fixer que plus loin des centres de mouvement. Chez les quadrupèdes la dépression est à peu près rectangulaire; il en résulte deux paires de membres de dimension à peu près égale; pourtant la paire plus rapprochée des centres, de la tête est plus mobile, plus souple au service de l'idée, de la volonté; chez l'espèce humaine la dépression se rétrécit vers le bas ; il se détache un cinquième des éléments pour les membres supérieurs et il reste quatre cinquièmes pour les inférieurs, ce qui établit tout d'abord la position verticale.

L'absence de membres, chez ces nombreuses espèces, est déterminée dès l'origine, pour toujours, par l'absence d'une telle dépression dans l'appareil générateur ; des rudiments de membres, chez certains ophidiens, sont déterminés dès l'origine, pour toujours, par une très petite dépression et ces rudiments mêmes sont alors, comme la moindre partie d'une clef de voûte, nécessaires pour l'équilibre. L'absence de dépression chez ces Vers, a déterminé l'absence de membres, et leur hermaphroditisme a été déterminé par la petite hauteur de leur membrane génératrice : sur cet étroit ruban la zone femelle était elle même assez excitée par l'action extérieure pour se défendre, se maintenir dans l'embryon à coté du mâle, tandis que lorsqu'un œuf fécondé produit un mâle, c'est que le mâle a vaincu, effacé la femelle, comme c'est le mâle qui cède pour qu'il naisse une femelle.

Dans l'appareil du Bœuf un rebord, promontoire, qui ramène le courant à son origine, à l'entrée du bassin, détermine tout d'abord, pour toujours, le caractère du Ruminant. Sur les bords de la mer un ruisseau qui tombe d'une falaise et lance continuellement des paquets d'air contre une membrane génératrice, c'est la création d'un être aquatique à respiration aérienne.

Du reste, un tel apport d'air en masse peut être très variable, plus ou moins abondant ; s'il est intermittent, c'est une affaire réglée, une fois pour toutes : l'animal supportera une immersion plus ou moins prolongée, exactement conforme au caractère de cette intermittence. Chez les Batraciens cet apport d'air en masse n'a eu lieu décidément que dans la dernière période de leur développement sur la membrane génératrice ; en conséquence dans la première période de leur vie libre, ce sont des êtres aquatiques à respiration branchiale, avec nourriture végétale ; sur ce fonds s'est appliquée, greffée une seconde manière, une existence d'être aérien, par un apport d'air en masse et de substances animales. A présent ils retournent périodiquement à leur première

existence : pendant toute la saison froide, en l'absence
de leurs insectes, ils sont immergés, tout immobiles,
engourdis, collés contre la berge des ruisseaux, dont
le courant bien aéré leur apporte le nécessaire ; une plus
grande quantité d'air leur serait tout inutile, nuisible.

Dans un appareil alimenté par une source plus
chaude, un courant plus rapide, c'est un oiseau qui se
forme. Suivant une Revue d'Entomologie, on a reconnu
sur le Chêne environ deux cents espèces, dont beaucoup
ne se trouvent pas ailleurs : en naissant le Chêne a formé
tous ces êtres, dans des appareils qui diffèrent les uns
des autres par les dimensions, les formes, les exposi-
tions, ce qui explique réellement toutes les diversités,
lesquelles sont dues à des circonstances de ce genre.
Les êtres animés sont diurnes, ou crépusculaires, ou
nocturnes, créés tels, dès l'origine, par l'action de la
lumière pendant la formation, suivant l'exposition au
Midi, en lieu découvert, ou bien au Nord, ou bien en un
lieu couvert, accessible seulement à la lumière diffuse,
ou bien dans une caverne, de plus en plus loin de l'ouverture, jusqu'à l'obscurité complète : dans ces dernières
stations l'organe de la vue se montre de plus en plus
imparfait, enfin dans la dernière il disparait absolument ;
il est ainsi encore une fois démontré que l'agent forme
l'organe, que l'inorganisme crée l'organisme.

L'œuf est fécondé ; il y a là deux œufs, un inférieur
et un supérieur ; le développement commence. La fécondation, une répartition convenable des éléments énergiques dans toute la masse de l'œuf, elle s'opère par la
segmentation. Le développement, c'est le classement
progressif des espèces moléculaires si dissemblables, qui
tendent à se coordonner comme sur la membrane, d'où
résulte la première indication de la tête, du tronc, des
membres ; c'est l'accroissement de tous ces systèmes par
l'arrivée des éléments, tout préparés, qui viennent de la
membrane, chaque espèce de molécules se fixant sur ses
semblables dans l'embryon. Sur la membrane la migra-
tion par les cellules reste la règle, mais dans l'embryon
les vaisseaux se dessinent, se consolident de plus en plus ;
les vasomoteurs, avec leurs sensitifs, étant une fois en
place, il suffira d'une action plus énergique sur ces
derniers pour inaugurer la circulation vasculaire.

Aux environs du solstice d'été les deux enfants de la terre et du soleil étaient faits, complets, en possession de tous leurs moyens : les rayons du soleil les agitèrent si vivement qu'ils déchirèrent leurs enveloppes et parurent à la lumière. Tout d'abord leurs jeunes mains étaient si solides, qu'en touchant le bord elles se contractèrent pour saisir, et ils firent si bien qu'ils se dégagèrent, sortirent, s'élevèrent chacun pour soi, se trouvèrent enfin, les plus parfaits de l'espèce, assis côte à côte sur le roc pour se reposer de leur premier travail.

Tout à coup leurs visages se tournèrent l'un vers l'autre; ensemble ils étendirent la main; leurs mains se rencontrèrent, puis un doux sourire de joie d'avoir trouvé une si bonne chose.

Lui : A, A, A!
Elle : A, A, A!
Bien accordés, faits pour s'entendre, se répondre.
Une pause pour y réfléchir.
Lui : Pa, Pa!
Elle : Ma, Ma!
C'est toujours mieux.

Jacob Grimm dit très bien, au début du dictionnaire allemand : « *A, der edelste, ursprünglichste aller laute, aus brust und kehle voll erschallend, den das kind zuerst und am leichtesten hervorbringen lernt* ». A, la plus noble, primitive des voix, résonnant pleinement de la poitrine, de la gorge, que l'enfant produit la première et le plus facilement. — Quand on s'observe on reconnaît que A résulte d'une action parfaitement symétrique, harmonieuse de tous les groupes d'organes, depuis le fond jusqu'à la surface; c'est le calme, la paix, le bonheur de vivre, sans nul arrêt, resserrement, contrainte; cela étant, il faut, selon la raison, qu'il ne se produise que conformément à l'idée, avec mesure, quand il en vaut la peine pour une émotion profonde; Ah! c'est ce que ne comprend pas du tout le Sanscrit; c'est répugnant. A a a a a a... Abadagalasara kakama sacrata... il vous rabâche cela comme un idiot; on croirait que c'est quelque chose, et ce n'est rien. Non moins laid, le grec se précipite, se perd dans son horrible ou ou ou.

On sait que l'être humain émet des sons dès sa naissance : il faut être malheureusement stupide pour ne pas comprendre que ce doit être tout primitif, un trait de son organisation essentielle, pour supposer qu'il a ramassé cela en traînant dans les égouts à Darwin! Mais voilà, ces Intellectuels sont persuadés qu'il a aussi accroché dans les égouts à Darwin ses pieds et ses mains, ses yeux et ses oreilles. Envoyez-les donc promener! La Police ne devrait-elle pas s'en mêler?

L'excitabilité des molécules animales entrées dans l'appareil humain a conféré au système de l'homme plus de mobilité, de souplesse, une conductibilité dans toutes les directions, laquelle n'existe pas chez les autres, spécialement la conductibilité dans la direction des organes de la voix : ainsi toute émotion tant soit peu vive se réfléchit sur ces organes et les fait agir; l'enfant, l'homme primitif parle ordinairement quand il pense; il ne se retient pas; le mouvement n'est pas, comme chez nous, absorbé par un cerveau qui combine activement; ce mouvement se décharge de ce côté; cette organisation, spécialement humaine, a créé, dans le premier quart d'heure, le langage humain, qui n'est qu'un mouvement réflexe. Nous verrons tout à l'heure comment les mouvements, paroles, images sont retenues par un cerveau cultivé, mais on reconnaît déjà que cette manifestation de la pensée met tous les hommes en rapport intime les uns avec les autres; chacun peut connaître les expériences de tous et en tirer avantage; le trésor s'accroît de génération en génération et augmente de plus en plus notre puissance. On le connaît, il se connaît lui-même comme Pa-Pa; quand il entend ce nom, il sait que l'on pense à lui, et quand elle entend Ma-Ma, elle sait que l'on a besoin d'elle.

Voilà Pa-Pa et Ma-Ma, alertes comme les poussins, et se tenant par la main, qui se dirigent bravement vers un objet merveilleux qui attire leur attention. Ils arrivent près d'un groupe de magnifiques vaches qui s'occupaient de recueillir des épis, et maintenant, de leur côté, les dites vaches regardent les nouveaux venus avec un intérêt croissant. Mais bien vite les vaches leur ont reconnu, comme bien on pense, l'odeur la plus correcte; oui, ceux-là sont de leur bande, et elles se mettent à les lécher consciencieusement, ce qu'ils n'oublièrent jamais. Mais eux aussi avaient un odorat fin et sûr : l'odeur des vaches, c'était un bonheur! Que faire sinon lécher ces délicieuses? La Ma-Ma, rôdant autour comme une rôdeuse, découvre bientôt une chose très jolie, fort nette, qui lui semble très bonne à lécher; elle est à genoux et lèche et tette bientôt à la perfection, ce qui confirme la vache dans ses idées.

Pa-Pa! Le Pa-Pa s'empresse et bientôt il est au courant, s'en tire comme un connaisseur. Ils ne quittèrent plus les bonnes nourrices ni de jour, ni de nuit, restaient collés contre elles pendant la fraîcheur, apprirent d'elles bientôt à grignoter des épis de froment qui leur semblèrent justement aussi bons, qu'à moi me semblent bons les grains pulvérisés, mélangés dans leur totalité au lait de la nourrice, tandis que les débris végétaux et animaux, salés, poivrés, même sucrés, empyreumatisés, une infâme ratatouille, ne servent qu'à énerver, qu'à éloigner de plus en plus de leur vie normale, les aveugles qui s'y adonnent.

Ils apprirent aussi bientôt que l'épi vient d'un grain qui germe et qu'il faut laisser travailler en paix.

Le Bœuf dut apparaître comme le bon génie de l'humanité, digne de toute sa vénération.

Tous les êtres sensibles se trouvent, à leur réveil, à côté de la nourriture qui leur convient uniquement, absolument et qu'ils préfèrent à tout autre, celle qui affermit, fortifie leur système; il est clair que les hôtes du Chêne se trouvent justement à côté du Chêne; l'être humain ne fit pas exception à la règle, et pourtant il devait être immensément plus maltraité, tourmenté que tous les autres, qui sont mieux couverts et trouvent facilement un abri. Le misérable humain, à peu près nu, est chaque jour tourmenté par le froid, le chaud, le manque de vêtements, d'abri, de nourriture, horriblement difficiles à trouver dans un monde où l'éducation avec Dieu est toujours en honneur; actuellement il n'y a dans l'Inde que cinq millions d'hommes torturés par la faim; voilà, Dieu le veut; c'est l'éducation, la politique avec Dieu.

Les misérables abandonnés virent le feu allumé par la foudre: ah! s'il était possible de le capter, de le fixer près de l'abri, dans la hutte, la caverne! Enfin il parut l'ami des hommes, Prométhée, qui fit descendre du ciel ce trésor, qui découvrit le moyen de faire le feu : il y eut un homme qui, partant du fait, de l'expérience que le frottement échauffe, conçut l'idée qu'un frottement assez vif devait produire le feu et qui suivit cette idée avec une obstination victorieuse. Je le salue comme le plus grand génie, le vrai sauveur de l'humanité ; il nous rendit possible la vie dans cette maudite boutique, plus tard l'utilisation du métal, tous les progrès matériels. Aujourd'hui nous avons l'idée, la vérité, la solidarité, la victoire sur le temps, la mort, mais il faut pourtant avant tout que l'on puisse respirer, que la vie soit supportable, c'est à dire il faut le feu. En Afrique « le jour on étouffe, la nuit on gèle », Dr Hocquard. Il faut partout, dit le missionnaire, le parasol, une épaisse couverture, le feu. Un des nôtres écrit de Tombouctou : « Il fait ici un froid de chien.

Quelle intelligence resplendit dans ce monde ! Quelle adaptation aux besoins, à la vie du seul être pensant ! Ces brigands, assassins sont, aussi avec Dieu des fous complets.

Les Hellènes, en célébrant, vénérant leur antidieu, Prométhée, signalent réellement le fait capital de l'histoire humaine ; les Chuifs, réellement une semence de bétail, ce qu'ils disent de nous, n'adorent que le brigandage, l'assassinat, la saloperie, Moïse, Josué, Jahvé, une exécrable canaille.

Puis-je me figurer qu'il se soit formé, par l'action des forces naturelles, en Asie, en Afrique, en Amérique des bassins générateurs aussi semblables les uns aux autres que le sont les différentes races humaines ? Je me figure bien une pluralité de bassins possédant tous ce caractère fort simple, un Cap de Bonne-Espérance qui forme un Ruminant, du reste très différent des autres Ruminants, mais plusieurs appareils préparant par hasard cette même très fine chose, la constitution des hommes à langage articulé, Meropôn anthrôpôn, plusieurs hommes écrivant à l'insu l'un de l'autre, la même rhapsodie interminable, lamentable Achilléide, cela n'est pas possible. Donc toutes les familles humaines sont sorties du même appareil, situé dans la région de l'Hindou-Koh ; il y eut au moins trois couples, peut-être quatre, cinq, dès l'origine différant les uns des autres, selon la différence des années plus ou moins chaudes, claires, brumeuses ; ces hommes étaient nécessairement très impressionnables, sensibles aux actions extérieures. Les sédentaires firent des progrès plus rapides que les vagabonds ; ils firent des inventions qui peu à peu se communiquèrent aux autres, assez rapprochés pendant une longue période. Ce qui est dit des hommes s'applique aussi à d'autres espèces, aux Bœufs, aux Ours, aux Chiens, à tous les embranchements.

Dimensions des Etres organisés

Nous nous expliquons aussi les dimensions si variées des espèces : ces dimensions sont déterminées par celles de leurs appareils générateurs. Chaque région de l'appareil, chaque point de chaque région crée un type moléculaire plus ou moins différent de tous les autres ; tous les types ainsi créés se retrouvent concentrés dans le produit sexuel femelle, comme dans le produit mâle, puis dans l'embryon ; donc chacun pour son compte se détend, s'épanouit, dépense son énergie en s'assimilant des molécules neutres en contact, et l'équilibre n'est établi, le corps ne cesse de croître que lorsque l'extension des espèces de molécules répond à peu près à l'étendue des régions dont elles proviennent, comme tout généralement le volume est déterminé par la température, l'énergie totale.

LE RÉGIME

Enfin est résolue, par la Raison et l'expérience, cette terrible question du régime alimentaire qui, depuis l'origine jusqu'à ce jour, a fait trébucher l'homme ignorant, abandonné, de folie en folie, de dégradation en dégradation, de pourriture en pourriture, de crime en crime, de honte en honte.

La règle absolue est mise en lumière, s'impose à tous et toujours :

Pour sa santé, son salut, son bonheur, son honneur, l'homme doit éviter absolument tout mordant, pour l'odorat, le goût, l'estomac, le cerveau, comme pour l'œil; il ne doit boire qu'une eau bien aérée, minéralisée, pure de débris organiques; il ne doit manger, une fois par jour, à midi, qu'un mélange, jamais altéré, gâté par la cuisson, de bon lait de vache et de blé entier, pulvérisé au moment de l'usage, avec ce condiment unique, le froid, la température ordinaire. Il est bon d'ajouter, six heures après, un fruit, 1 ou 1/2 ou 3/4, pomme ou feuilles de laitue. Voilà le salut, la santé ferme, durable, la paix intérieure et extérieure, l'honnêteté, l'honneur: pour une telle nourriture l'homme n'aura pas besoin de tourmenter ses semblables en s'empoisonnant lui-même; c'est la Liberté, l'Egalité, la Fraternité rêvée, nécessaire, inaccessible jusqu'à ce jour.

L'homme, dans l'intérêt de sa santé, de sa force, doit, de même que dans cette vie primitive, la période de création, vivre du bœuf sans le déchirer comme fait une bête féroce. Une molécule qui a fait partie du tissu solide d'un animal y a reçu en tout cas une certaine empreinte ineffaçable, n'est plus susceptible d'être complètement assimilée par un autre; en conséquence les chairs dévorées par les bêtes de proie ne forment en elles qu'un bousillage peu solide, beaucoup moins ferme, résistant que les tissus des végétariens, formés de molécules neuves, réellement assimilables, parfaitement emboîtées; il y a, chez ces rapaces, au besoin, un énorme mouvement de molécules, mais ensuite c'est une rapide dégringolade; elles ne sont pas capables d'une action énergique assez soutenue; du reste, elles n'en ont pas besoin, si d'un coup, par un violent effort, elles mettent l'adversaire hors de combat. En Nubie un bouvier entend le lion et se hâte d'emmener ses bêtes; un gros bœuf, qui certainement a aussi entendu, refuse de suivre. Le brigand approche et s'élance, mais le bœuf, d'un coup de tête, le relance à dix pas. Dans un second assaut le lion réussit à casser au bœuf la clavicule; mais le vaillant ne perd pas sa forte tête, il pousse et pousse et aplatit enfin la brute (*Le Tour du Monde*).

Le végétarien est plus fort, mais il n'a pas toujours ce caractère; il se laisse souvent surprendre par un ennemi bien armé, très agile, comme un homme fort s'est plus d'une fois laissé surprendre par un baïonnettiste plus faible, mais agile, résolu.

Le général de D..., qui a étudié le cheval d'Afrique, écrit : Si le cheval évite les premiers bonds terribles du lion, il le distance ensuite sans peine.

Le régime de viande fournit une grande abondance de matériaux de sixième qualité; il fournit surtout, aux hommes comme aux bêtes, une insigne grossièreté, une passion de brigandage dont nous voyons dans cette guerre une nouvelle explosion. L'éléphant, le rhinocéros, l'hippopotame sont plus grands, plus forts ; ils ne sont pas enfiévrés comme ces rapaces; l'Académie ne pose pas même cette question si importante.

Ces étonnantes bêtes, buveurs et buveuses d'air, courent toute une journée, puis le soir, toujours vifs, se battent, se roulent comme des chiens, fournissent un travail dix fois plus grand que celui dont le lion est capable, des choses qui sont maintenant complètement expliquées. Leurs maîtres disent : c'est l'orge qui fait le cheval. Eh bien, je crois qu'il est né avec l'orge; je pense aussi que toutes ces espèces végétariennes, dans les premiers jours de leur existence, se sont nourries en buvant à leurs bassins respectifs, ce qui équivalait à l'allaitement.

Il s'entend que l'espèce humaine donne lieu aux mêmes constatations, pour ce qui concerne le régime de viande. Un voyageur en Orient, Dampierre, communique à la Justice Sociale ses observations. — On dit : fort comme un Turc. La chose est vraie. Ces cultivateurs du pays de Smyrne mangent très rarement de la viande; leur nourriture végétable les rend durs à la fatigue. Les travaux du port de Syrne se font à bras d'hommes; ils portent des fardeaux pour lesquels chez nous on ne se passerait jamais de voiture; l'un d'eux m'a porté avec aisance un colis de 150 kilos pendant une demi-heure, me demanda 10 centimes.

Les Turcs, disent nos journaux, des soldats incomparables, d'une endurance illimitée. — Ils font encore beaucoup trop de bêtises, absorbent trop de mordants pour être comme il faut, viande, café, tabac etc. mais ils n'ont pas les alcooliques et les fermentés, voilà leur avantage, leur supériorité. Le rationaliste, avec ses principes, ne fait aucune bêtise : il n'a ni l'horrible café ou thé ni les alcooliques, ni sel, ni sucre, ni tabac, ni cochonnerie empyreumatisée; il jouit pour cela de toutes les exemptions et de tous les bénéfices.

A soixante-cinq ans j'ai couru sur la Vôge cristalline, de bas en haut, de haut en bas, autour des lacs, depuis 5 heures 25 du matin, jusqu'à 7 heures 35 du soir; sur l'honneur, sans une seule fois, un seul instant m'asseoir, m'appuyer contre le sapin, le granit, sans jamais cesser de jouir de cet exercice dans la splendide lumière. A droite de la Meurthe jeunette qui s'élance, la pente nue, ensoleillée, le jour éblouissant; le regard embrasse en même temps à gauche toute la pente boisée, la forêt de sapins, noire comme la nuit sans étoile. A deux heures, après vingt-six heures d'un jeûne absolu je ne trouve qu'une demi-tasse de lait; quatre heures après encore une tasse et demie. Pendant la nuit suivante un sommeil calme; je n'avais pas outrepassé mes forces: parbleu, quand ils ne sont pas faits de cochonnerie, aiguillonnés par les mordants, traînés à la danse de la folie, les nerfs se reposent après l'exercice, rentrent au repos comme le moellon que l'on cesse cesse de pousser. A soixante-neuf ans je cours de Moncel jusqu'au fond de Nancy, aller et retour, 41 kilomètres de 5 heures et demie à midi, sans m'asseoir, à jeun depuis la veille à midi.

A 76 ans, à jeun depuis la veille à midi; je cours de Darney au Chêne des Partisans, aller et retour 50 kilomètres, de quatre heures et demie du matin à cinq heures du soir; assis dix minutes à midi pour prendre le lait. Le seul repas de midi, lait et blé, suffit pour un travail quelconque : j'ai scié du bois du matin au soir, pendant quatre jours consécutifs. Ces endurants, vaillants, je voudrais les voir travailler comme cela, chargés de 65 ans, leur grimace après vingt-cinq heures de jeûne. Et le travail intellectuel ? J'avais écrit l'Exposition anti théologique; il m'en fallait une copie, cela m'ennuie, non pas de scier, mais de me copier : à 77 ans, je prends mon élan et je me mets à tout écrire de mémoire ; j'écris au courant de la plume, je trouve tout ce que je veux, je modifie et j'ajoute ; ça y est ! Est ce que le cerveau fonctionne de cette manière chez ceux qui vivent comme l'Académie? Mon hygiène, c'est l'hygiène, et l'hygiène des autres, la pensée des autres sur l'homme, c'est un contre-sens, c'est une bêtise.

Et le précieux principe de la variété dans l'alimentation? Et le Sel de Sodium, qui est le salut de l'humanité depuis les temps les plus reculés? Et nos savantes analyses des légumineuses, montrant qu'elles sont encore plus riche que le Blé en nitrogène?

Vos principes sont des inepties ; les faits, les longues expériences sont au-dessus de vos principes ; l'application de vos analyses à notre hygiène est une bêtise. La plupart des animaux s'en tiennent à une seule nourriture soit animale, soit végétale, et s'en trouvent bien, sans votre variété; mais il y en a aussi qui, d'après leur origine, puisent à plusieurs sources, comme l'espèce humaine ; eh bien, ceux-là s'en tiennent alors aux quelques substances, toujours les mêmes, non frelatées, ils s'en trouvent bien, sans votre variété : la variété n'est donc pas un principe réel. L'animal mange pour satisfaire un besoin réel ; l'homme ayant besoin d'être occupé et n'ayant pas pour cela les idées supérieures, l'enthousiasme pour la recherche de la vérité, pour contribuer par des œuvres journalières, au bonheur, à l'honneur de tous, cherche à remplir le vide en multipliant, variant ses sensations gastronomiques et sexuelles ; à David, une variété de 365, à Salomon de 1000 numéros de machines à plaisir; il s'efforce d'arracher des sensations nouvelles à des substances pour l'homme insapides, en y fourrant toutes sortes de mordants, au premier rang desquels figure ce fameux chlorure de sodium. Ce corps tout généralement répandu, a dû par sa présence, même en minime quantité, exercer une certaine action indéfinissable sur la vie humaine lors de sa création; il faut donc le regarder en effet comme nécessaire à la normalité de notre vie; mais ce sel a joué le même rôle chez le chevreuil, le cerf, le lièvre, le sanglier et tous les autres ; la quantité réellement nécessaire ils la trouvent toujours dans l'eau qu'ils boivent, les végétaux qu'ils consomment, de même qu'ils trouvent le fer, le fluor, l'iode, l'arsenic nécessaire, il en est évidemment de même pour l'homme; il n'a besoin de le rechercher que pour attraper une sensation particulière, capter un certain esprit de volupté renfermé dans telle substance végétale ou animale.

Le chlorure de sodium, l'iode, le fluor, l'arsenic, le fer, le phosphate, le carbonate de chaux, les sels de soude, de potasse, il en faut quelque peu; donc n'y touchez pas; comme les animaux nous trouverons la quantité nécessaire; pour jouir de la santé, pour être contents de vous-mêmes, pour être aimés, suivez en tout mon exemple, méprisez la gloire, pratiquez la raison. C'est de cette manière que la Liberté et l'Egalité, et la Fraternité est possible.

Le poisson si prolifique, surtout le poisson de mer, notre cochon civilisé le recherche comme un trésor, parce que le poisson excite, entretient les mouvements lubriques, lesquels sont le bonheur de sa vie. N'allez plus à Terre-Neuve, plus de naufrages, cultivez les champs pour vous et la nourrice, laissez à l'Océan morues, harengs. sardines et tout le reste; cela souille votre sang, vous prédispose à la lèpre, fléau de tant de peuples, menaçant toujours la Norwège, qui a cru pouvoir se plonger impunément dans cette saloperie. J'ai abandonné le régime de la cochonnerie en 1855; plus de chair salées, empyreumatisées, qui vous prédisposent aux plus cruelles maladies; puisque le résultat est tel que je l'ai dit, l'excellence de cette pratique est démontrée.

Comme ils passaient le long des champs de blé, où la moisson était mûre, les disciples qui avaient faim, prirent des épis, comme la loi le permettait, et ils mangeaient.

Nous voyons là que l'être non frelaté mange dans le besoin avec plaisir la nourriture normale; pour lui elle renferme en elle-même son condiment; l'être humain ne peut manger comme du blé, du lait, les pois, les haricots, les lentilles; il faut des condiments; donc tout cela ce n'est pas notre nourriture normale; c'est pour telle et telle chenille, qui trouveront ces choses excellentes sans condiment étranger. Ils ne veulent pas manger le riz sans sel, sans piment; donc ce n'est pas ce qu'il nous faut; mais sans condiment la pomme de terre se mange, est utile; c'est une fécule sans mordant suspect, peut prévenir des obstructions,

L'Académie, au lieu de marcher ici à la tête de la civilisation, de montrer le chemin de l'idéal, donne, comme vous voyez, tous les mauvais exemples; elle adore les dîners, cochonneries du sublime hôtel; elle toaste, elle est dans le train, elle sait se conduire comme un voyou ; elle n'est pas plus utile que le sorcier nègre dans son village. Elle est cependant capable de dire : Ne buvez pas de cette eau, si vous ne voulez pas gagner la fièvre typhoïde. — Mais, sans gagner la fièvre typhoïde, cette société mal conseillée par les soi-disant hygiénistes ne s'en précipite pas moins à une rapide dégénérescence, pour crever de la fièvre de crapule et débauche. Les quelques opérations chirurgicales que la susdite peut réussir ne guériront pas la fièvre putride; celle-ci rentre du reste dans le système d'hygiène de ces faiseurs, qui enseignent si bien une jeunesse déshonorée, *a a d l'e,* après avoir donné l'exemple.

A présent le Matérialisme va montrer comment la Matière pense.

VII

CONSCIENCE, PENSÉE, SENTIMENT

Le sentiment d'intégrité des amputés, depuis si longtemps connu, ce phénomène, dont nul n'a su tirer parti, suffit à lui seul pour dévoiler le mystère, démontrer la matérialité, éclaircir le mécanisme de la conscience, de l'action intellectuelle, affective.

Un cruel accident a privé un être humain d'un membre, de la main, du pied; quand ensuite on touche la cicatrice, il semble au sujet que l'on touche le membre disparu; il a le sentiment persistant d'une intégrité qui n'existe pas, du moins au dehors, dans la sphère périphérique. L'excitation de la cicatrice donne toujours le sentiment de la partie qui manque. Il est certain que l'on sentira telle ou telle partie, seulement si les nerfs mêmes de cette partie sont excités; donc si l'on sent la main quand la cicatrice est près du coude, comme lorsqu'elle se trouve près du poignet, c'est que les sensitifs de la main se trouvent également dans les deux régions, au coude comme au poignet, et cela se continue jusque dans le récepteur central. Ainsi le conducteur nerveux, de la périphérie jusqu'au centre, consiste en une série continue de pieds sensitifs, de mains sensitives; cette chose, la représentation sensitive, qui semble illusoire, chimérique, se trouve donc sur tous les points de la série et dans le centre même; voilà ce que l'on ne peut amputer, de sorte que l'intégrité existe tout de même; l'existence de cette réalité dans le centre, qui est justement l'organe de la conscience, y assure la reproduction, l'apparition de l'image dès que l'excitation y arrive. Tout s'explique, si l'on retient que le récepteur même est une réduction sensitive de l'organisme entier, ce que démontre en effet une expérience frappante.

La chirurgie réparatrice fait usage de la greffe animale, pour remplacer certaines parties détruites, enlevées par accident; elle réussit à restaurer un nez mutilé en y appliquant un fragment de peau, emprunté à la joue, au front de la personne. Cet étranger est sans difficulté adopté, nourri par la famille où il entre; pourtant il n'est effectivement naturalisé qu'après un séjour, une vie commune d'une certaine durée. D'abord il babille, chante à sa manière, le chant de sa patrie, baragouine sans se gêner ni gêner les autres; cependant il s'instruit, apprend peu à peu le langage de ses hôtes. Avant sa transformation vous le touchez légèrement : l'onde s'élance, court à travers champs, remplit tout l'espace; mais dans les multitudes qu'elle traverse une seule chose, très différente de tout le reste, est à l'unisson; elle s'empare aussitôt de l'air qui passe, le répète : sans aucun acte d'intelligence la personne se sent touchée, non pas au nez, mais au front, à la joue, ce qui n'est pas une erreur, puisque le fragment touché possède encore sa première constitution. Cela, c'est une démonstration, une révélation : le récepteur est donc en effet une réduction sensitive parfaitement exacte du système entier; tandis que dans la région périphérique certains déplacements sont possibles, dans le récepteur toute chose demeure en son lieu : pour la théorie de la connaissance nous voyons déjà que nous pouvons nous fier à nos perceptions, qu'un parfait accord existe entre la région extérieure et la conscience que nous allons atteindre. Le cerveau est une masse exclusivement nerveuse; il n'y existe aucun type qui ne se présente aussi en dehors du cerveau; il y a deux formes de la substance, des fibres, conducteurs, et des cellules, récepteurs, réservoirs; sept espèces, optique, acoustique, olfactive, gustative, tactile, sensitive, motrice.

Chaque sens a sa région imaginative, portion de subtance grise, amas de cellules, en rapport avec des conducteurs, où se déposent, conservent les images qui lui appartiennent. Tous les mouvements, aussi les mouvements des cinq sens, aboutissent au sensitif, deviennent la propriété du sensitif : on aime ou l'on hait telle lumière, couleur, tel son, contact, telle odeur, saveur, uniquement parce que le mouvement a pénétré dans le sensitif, vrai centre d'association, où il se montre conforme ou non conforme à l'harmonie vitale, ce qui détermine la réaction.

En quoi consiste l'action nerveuse, le courant qui transmet évidemment des excitations?

Un ensemble de mouvements constituant une image lumineuse vient frapper la rétine : sous le choc, des molécules superficielles sont déplacées, arrachées; elles ont heurté leurs voisines en contact, qui se détachent de même, et cette action se propage sur toute la longueur du fil, du faisceau, arrive aux cellules de la région imaginative, au récepteur, centre commun, où se produit un effet semblable, un affouillement plus ou moins considérable; il y a donc une très fine écorchure, un sillon, une brèche, qui est aussitôt remplie par le courant nutritif. Les éléments détachés sont entraînés; les débris entrent aussitôt dans la voie de la métamorphose régressive; les molécules intactes exercent dans le courant une action assimilatrice sur les molécules vierges qu'elles rencontrent, en font des molécules optiques, acoustiques et autres.

Sur les conducteurs, sans cesse travaillés par de telles actions, aucune trace ne se conserve, chacune est effacée par le torrent qui succède; il en est autrement de ce tissu cellulaire : quand une brèche a été fermée par un apport d'éléments nouveaux, après quelques répétitions, oscillations, le calme relatif est revenu; mais les molécules nouvelles, ensemble une image, ne forment plus avec celles où elles s'appliquent un tissu homogène; sous un certain choc elles seront détachées ensemble; l'image sort de l'inconscience, revient à la lumière, la conscience; tel est le mécanisme de la mémoire, évidemment un phénomène matériel.

Mais la conscience! Il est admis que les fibrilles, en s'éloignant de la périphérie, diminuent constamment en nombre; tout se resserre, quant au volume, mais, selon l'expérience, sans appauvrissement, perte de détails; donc une seule fibrille, à une distance de plus en plus grande de la périphérie, représente des fibrilles de plus en plus nombreuses; elle en conserve les qualités comme une photographie microscopique possède les détails de l'objet. Ainsi toute la moitié sensitive droite du corps et toute la moitié sensitive gauche s'atténuent en s'éloignant de la périphérie, en s'avançant l'une vers l'autre, nécessairement vers le récepteur commun;

chacune s'arrête au plan moyen, sans empiéter l'une sur l'autre, puisque la droite et la gauche restent distinctes; elles s'appliquent donc là l'une contre l'autre. Mais il en est de même de la moitié antérieure et de la moitié postérieure; elle s'appliquent de même l'une contre l'autre; elles ne peuvent se rencontrer qu'au point même où se joignent la droite et la gauche. Nous avons donc comme un sommet de pyramide, formé par un groupe qui représente le corps entier, les représentants des différentes parties occupant les positions relatives que ces parties elles-mêmes occupent dans la région périphérique.

N'avons-nous donc pas reconnu, par l'expérience de la greffe, qu'il existe dans le cerveau justement une chose de ce genre?

Nous allons voir qu'elle explique réellement la conscience.

Rappelons d'abord que nous avons dans les produits sexuels une réprésentation bien plus complète de l'organisme entier, sous un très petit volume.

La conscience se dégage très simplement de ces données. Une image visuelle, sonore, sensitive arrive au groupe suprême, dans lequel se terminent la droite et la gauche, l'avant et l'arrière. Le mouvement, selon sa nature, saisit surtout la partie optique, ou auditive, ou sensitive de ce groupe, mais pourtant le groupe entier est à l'instant fortement atteint. Il y a donc ceci : Système humain X, tête, poitrine, membres, avec image visuelle, ou sonore, ou sensitive; système humain X Moi; tout cela se trouve en Moi. Ainsi moi je vois, j'entends, je sens.

Voilà tout : c'est l'explication de la conscience ; cette explication est renfermée dans la description qui montre l'image dans la substance du Moi, et plus particulièrement dans sa substance visuelle, auditive, sensitive, puisque l'on ne dit pas j'entends, quand il s'agit d'une image visuelle, comme on ne dit pas je vois quand un son est en présence. Le système visuel, auditif, est intimement uni au groupe constituant le Moi, voilà pourquoi la modification particulière de ce système, le mouvement spécial qui est une image pénètre dans l'intimité du Moi. Le mouvement venant du dehors gagne simullanément le centre commun, organe de la conscience, une région imaginative où se dépose l'image et le sensitif central qui apprécie, puis détermine la réaction appropriée selon les dispositions de la personne.

L'organe de la conscience est, comme les conducteurs, incapable de rien retenir. Il est entouré d'un nombreux cortège de groupes qui lui deviennent de plus en plus semblables en se rapprochant du centre et ils renforcent l'effet. Il se trouve en tout cas dans le plan vertical moyen, pas dans la grande commissure qui manque normalement chez plusieurs espèces de Mammifères et dont on a constaté l'absence chez des hommes qui avaient joui de toutes leurs facultés.

Les facultés intellectuelles morales, dépendent du développement et de l'action des six régions imaginatives, de l'excitabilité qu'elles possèdent, de la conductibilité qui les met en rapport, surtout de la quantité et de la qualité des images qu'elles retiennent. Le mouvement excité par la vue du portrait d'une personne connue évoque des séries d'images visuelles, présentant divers actes, circonstances de la vie de cette personne ; dans une imagination auditive assez excitable ce mouvement évoque des images sonores ; on entend avec le timbre de la voix, des paroles prononcées, toutes choses qui affectent agréablement ou désagréablement le sensitif central, lequel prononce un jugement plus ou moins favorable, défavorable ; si ce mouvement est assez intense, il déborde, se décharge sur les organes de la voix, et la pensée intime éclate, se manifeste à l'entourage.

Ce que l'on observe sur la moelle épinière, où l'excitation de la branche sensitive d'un couple rachidien se transmet sans retard aux moteurs pour la réaction, cela même s'accomplit aussi dans le cerveau, c'est-à-dire que les sensitifs et les moteurs y sont également en contact pour la même fonction, seulement la résistance au passage est beaucoup plus grande pour la transmission aux moteurs dits volontaires ; il faut, pour effectuer ce passage, un surcroît de force, une impulsion beaucoup plus vive, qui s'obtient lorsque le sensitif central est spécialement pressé par l'image d'un bien à gagner ou d'un mal à éviter.

Chez l'homme cultivé, digne de ce nom, l'idée, l'amour de l'harmonie générale, raison, justice, honneur, fraternité est toujours présente: toutes les idées qui passent, tous les désirs, volitions s'y adaptent; toutes les excitations du dehors la mettent en relief; que se passera-t-il si un tel homme, bien armé, rencontre un polisson qui l'insulte en paroles? Est-ce qu'il réagira tout de suite de manière à casser la tête à l'insulteur? La physique s'y oppose : si l'organe de la pensée était fermé, comme un bloc dur incapable d'absorber le mouvement, celui-ci n'ayant qu'une seule issue, tournerait court, se déchargerait tout de suite sur les moteurs et l'insulté, ayant la tête près du bonnet, abattrait l'assaillant,

C'est ainsi que se comporte l'animal ou l'homme brutal son semblable. Mais chez cet homme cultivé, raisonnable, où les idées excellentes sont toujours prêtes, comme mille oiseaux s'enlèvent au premier coup de fusil, le milieu de moindre résistance, où le mouvement se décharge tout d'abord, c'est l'organe de la pensée. Cet homme est forcé de penser avant d'agir; il ne voudrait pas ne pas y être forcé; donc en pensant il voit tout de suite que ce misérable, souillé par le vin, l'eau-de-vie, ne mérite que la pitié, puisqu'il ne s'agit pas encore de violence. Un homme ordinairement doux, laborieux se change en fou furieux dès qu'il a ingurgité ce poison; ces misérables volent, assassinent pour dîner dans de vrais restaurants; dans un campement de Touareg tout le monde se lève au milieu de la nuit et ils se mettent à s'entretuer, rendus fous furieux par la graine du Falezlez, que par mégarde on avait mêlée à la bouillie; le mal humain, physique et moral, vient, pour les quatre-cinquièmes, de la gourmandise, et ils acceptent comme sagesse divine le stupide bavardage d'un homme sans jugement, le dieu juif Jésus, qui débite que ce qui entre dans l'homme ne peut le souiller! Matérialisme!

Il faut penser, posséder la vérité, avoir une forte conviction pour être à l'abri de la tentation, bien se conduire : le dogme, la Religion, vraie lecture, c'est la morale; mais avec la pensée il faut le sentiment, la sympathie : la Morale, c'est l'amour du bonheur, de l'honneur de tous, remplissant la vie d'actions qui le manifestent.

Dans un combat il reçut un coup sur la tête, lequel lui représenta tout de suite, avec une surprenante netteté, l'image d'un fait oublié depuis trente ans. On aurait pu le croire définitivement effacé par le travail nutritif, soit par l'enlèvement pur et simple des molécules qui le dessinaient, soit par la substitution de molécules autrement groupées et rattachées; il ne l'était pas; tant de vicissitudes n'avaient pu altérer les groupements primitifs, les liaisons, même quand d'autres molécules succédaient aux premières, et ce coup-là, par son intensité, sa direction, devait nécessairement saisir, détacher tout le système, affecter de même le groupe central, organe de la conscience. « Tout à coup la nonagénaire entendait parler et chanter dans sa tête quelque belle musique qu'elle répétait elle-même à mi-voix, un peu surprise et presque enfantinement charmée. Et voilà qu'un jour ses circonvolutions cérébrales lui chantèrent une vieille chanson de son enfance, oubliée jusqu'au titre depuis plus de soixante-dix ans et qu'elle répéta de même ». Revue scientifique (Charles Richet), 1899, p. 330.

Le mouvement de la chanson avait primitivement arraché au tissu cérébral, dans la région imaginative de l'ouïe, un ensemble de molécules, la substance de plusieurs images successives; les molécules qui venaient aussitôt remplir la brèche reçurent ce même mouvement de la base qui les fixait mais, par suite de l'arrêt subit, elles demeuraient en place avec une tension correspondante, de même qu'un gaz comprimé conserve sa tension dans le flacon qui l'emprisonne; quand enfin elles furent de nouveau par quelque choc enlevées ensemble pour chaque image, la détente se produisait et renouvelait le mouvement primitif, avec l'intensité infinitésimale qui appartient aux faits de cet ordre et n'en altère nullement la vérité, le caractère, ce que l'on reconnaît bien si l'on considère que tous les degrés d'intensité se présentent dans la réalité vivante, depuis l'idée simple, jusqu'au désir, à la volonté que suit l'action sensible des organes périphériques.

La matérialité de l'idée est mise en évidence par le fait de cet acte brutal rappelant une idée à lui seul, sans le concours de ce qu'on appelle raison, volonté; mais cela est général : toute idée est toujours réveillée par un choc matériel : une parole entendue ou lue, la vue d'un objet, d'une personne, voilà des chocs matériels; de même peut agir un exercice corporel quelconque, de même le silencieux courant nutritif, qui réveille ou laisse dormir, sans aucune régularité, les idées anciennes ou nouvelles qu'il frôle en passant, selon que ces idées sont plus dégagées, mobiles, pour avoir été plus souvent appelées, ou bien que ce sont des connaissances négligées qui se collent, s'attachent de plus en plus fortement à leur fauteuil, des choses jadis étudiées, puis laissées de côté, de sorte qu'avec la meilleure volonté on ne peut plus en dégager que des fragments. Trouvez-vous que le fait de la réapparition d'une imago, par l'effet d'un choc violent, est favorable à ma théorie, qui rapporte le courant nerveux à un détachement de molécules?

Lorsque, pendant une douzaine, une quinzaine d'heures, les conducteurs et les récepteurs ont fonctionné sérieusement, dans ces organes harcelés, entamés sans trêve, il doit se produire une irritation de plus en plus vive, un mouvement fébrile qui enlève la précision désirable à l'action, soit purement nerveuse, soit nervo-musculaire ; dans les conducteurs nerveux comme dans les métalliques la conductibilité décroît quand la température s'élève, augmente la dilatation, il faudrait donc pour la continuation de l'action des décharges de plus en plus fortes, de plus violents, pénibles efforts; l'être sensible, sensé comprend que, pour la restauration du système une période de repos doit succéder à la période d'activité; pour rétablir le calme, l'équilibre, il faut supprimer toute excitation, toute action volontaire; il faut dormir. Pour réaliser ces conditions, autant qu'il dépend de lui, l'homme se retire dans un lieu d'où sont exclus la lumière, le bruit, où il se couche, pour faire cesser aussi toute excitation de l'intérieur, tout effort, toute action de la volonté. Les excitations plus violentes du dehors étant ainsi éliminées, il est clair qu'il doit se produire un affaissement général des molécules; elles se resserrent, pénètrent davantage les unes dans les autres, ainsi pendant le sommeil le courant nerveux, un effet du détachement d'une série de molécules, s'obtient plus difficilement; une foule de faibles actions passent inaperçues, lesquelles, pendant la veille arriveraient sûrement à la conscience; il faut justement le réveil pour que la chose se fasse, le réveil, une poussée du dehors au dedans ou bien du dedans au dehors, laquelle relève les molécules, rétablit ainsi la conductibilité, les communications. Ainsi pour que l'état de sommeil se réalise il faut évidemment l'absence de l'une et de l'autre de ces deux poussées, qu'après avoir exclu l'excitation du dehors on réussisse à calmer l'agitation interne, à séparer le monde extérieur du sens interne, de la conscience, ce qui est la caractéristique du sommeil. En effet, la région supérieure peut, dans un tel isolement, continuer à fonctionner : c'est le rêve : le chien domestique a ramassé beaucoup d'images, par ses rapports avec l'homme; il peut rêver comme son maître. Ce sont les délicates poussées résultant du mouvement nutritif qui relèvent, réveillent les images à mettre en œuvre, combiner; ces poussées n'ont pas la force de relever toutes les images, mais seulement quelques-unes des plus mobiles; or vous comprenez que l'homme, pour imaginer quelque chose de raisonnable, convenable, acceptable, a besoin de tous ses moyens, de tenir compte de toutes les réalités, observations, expériences, rapports des hommes et des choses; donc il est évident qu'avec les fragments que présente le rêve il ne peut guère se former que des assemblages baroques, ridicules, monstrueux. On ne rêve pas que l'on a des ailes; mais on rêve bien que l'on se balance dans l'air, d'un bout de la rue à l'autre, à la hauteur du premier étage, sans fournir aucun travail! Comment, moi rester suspendu dans l'air, est-ce possible! Possible, mais c'est un fait, maintenant, cela m'est arrivé déjà, plusieurs fois; c'est une nouvelle faculté que j'ai acquise, je la garde; c'est d'une douceur! — Malgré les objections qui se présentent, je ne peux me dégager; cela vient simplement de ce que le sensitif périphérique, endormi, stupéfié, ne me renseigne plus sur la base solide qui me porte; sans lui, me voilà dans le vide, parfaitement stupide. Le chien est à la chasse; un gros lièvre se montre, tout près de Taïaut qui va le happer, le plus beau qu'il ait vu; seulement deux pas à faire; Taïaut s'élance, et ne peut avancer dans une boue collante, des broussailles impénétrable, il gueule furieusement cela ne sert de rien ; le mouvement se propage bien aux organes de la voix, mais les membres lui sont fermés ; le lièvre s'échappe.

Quand l'homme pense, cherche, les moyens d'atteindre un but, de produire un effet déterminé, lorsqu'il tâche d'adapter des moyens connus à un cas nouveau, il a ordinairement dans sa pensée, avec les images des objets, des actes, aussi les termes, les paroles qui les expriment; voilà, le mouvement de ces images-là, se répandant partout, atteint, réveille facilement les images correspondantes qui sont tendues, assoupies dans la région du langage.

La région du langage est distincte, peut fonctionner seule, comme les autres : on peut penser sans parler ni penser la parole, comme on peut parler, sans penser comme il faut. La pensée n'a pas besoin, chez l'homme lui-même, de s'appuyer sur le langage, l'écriture. Je venais jeter des poignées de grain à des poules dans un espace fermé par un grillage de deux mètres de hauteur; quelques-unes de la bande se trouvaient en dehors; exaspérées d'être exclues de la fête, elles couraient comme des folles vingt fois le long du grillage pour chercher une ouverture, et s'éloignaient enfin lentement de ce lieu de malheur. Mais parmi ces imbéciles s'était trouvée une poule noire qui ne fit que deux fois cette course, l'aller et le retour, puis, je la vis lever la tête devant une toiture basse attenante. Elle pense, sans langage : Moi je suis oiselle, monte sans échelle; moi sur le toit, moi en bas. En deux secondes c'était fait. Elle l'a voulu, donc elle l'a pensé. Une autre fois le coq se trouvait en dehors : je le vis se conduire comme la poule, seulement sans aucune course préalable le long du grillage; pensée plus prompte. Il ne s'agit pas là d'un dressage, d'une imitation : l'oiseau et l'oiselle ne s'étaient jamais trouvés dans un cas pareil, et ils agirent en liberté avec autant d'apropos que nous-mêmes aurions pu le faire : eux aussi sont infiniment au-dessus de cette stupide, atroce nature.

On a souvent cité les traits d'intelligence, de sensibilité de ces êtres qui ne parlent pas : l'éléphant qui ne permet pas que l'on touche le petit enfant qui lui a été confié ; le cheval qui, entendant le cri de détresse poussé par un enfant de la maison en tombant dans une tonne pleine d'eau, comprend sans phrase, accourt et le retire; les exploits du chien sauveteur; le chien qui s'obstine à revenir à la tombe de son maître, celui qui s'acharne contre l'assasin de son maître et le fait condamner. L'homme lui-même, en s'occupant de rapports, d'actes simples, peut, par un acte d'inhibition, éviter de penser les paroles; celles-ci ne sont indispensables que lorsqu'il s'agit d'abstractions, de choses compliquées dont il importe de bien distinguer les détails, pour en transmettre la connaissance.

Matérialisme

Chez les végétaux, l'accumulation des substances incrustantes, surtout dans la membrane cellulaire, résultat inévitable de la vie, amène inévitablement la mort : la circulation, diosmose est entravée; toute souplesse disparait, une segmentation, multiplication est désormais impossible ; c'est la fin de l'action végétative ; la cellule ne peut plus être qu'un entrepôt, une route d'étape conduisant aux ateliers de la vie. Il en est au fond de même chez les êtres animés : l'action vitale intense du premier âge s'affaiblit justement aussi de plus en plus, par l'accumulation des substances incrustantes, le resserrement des tissus de moins en moins ouverts à la combinaison, pour s'accroître en fixant des molécules nouvelles. Le tissu végétal et le tissu animal deviennent donc l'un et l'autre en se desséchant de moins en moins souples, de plus en plus cassants. Appliquons ces données à l'organe de la pensée, aux fonctions de cet organe.

Une image visuelle, auditive ou autre atteignant l'organe respectif de l'enfant n'y rencontrera aucune résistance appréciable; elle entamera donc sûrement le tissu, et la brèche sera refermée par des molécules dont l'ensemble forme réellement l'image en question, et peut, en se détachant plus tard, la présenter de nouveau à la conscience. Cependant comme ce jeune tissu n'est guère consistant et que les molécules en sont assez ouvertes, ces molécules de rechange ont pu refaire un tissu homogène, se combiner à peu près assez intimement avec la base pour ne pas être détachées facilement par un choc quelconque : voilà pourquoi l'enfant est oublieux. Mais qu'on lui répète la chose même, alors il se souviendra de l'avoir une fois entendue, car en même temps reparaîtront comme accompagnement, appui, plusieurs circonstances accessoires, toutes réellement conservées dans l'organe.

Encore à cause du peu de consistance du tissu certaines choses pourront faire sur l'enfant une impression si profonde, déplacer tant de molécules, que ces choses resteront inoubliables, toujours debout au milieu des campagnes dévastées.

Nous, assurés que la dévastation, le vide n'est qu'une apparence, et que tous les faits sont conservés pour le jugement, nous agissons toujours, et il nous suffit de savoir en général que chaque jour aura sa beauté.

La vieillesse peut être aussi oublieuse que l'enfance, et davantage ; chez elle l'organe est devenu trop dur ; les empreintes sont confuses, insuffisantes ; à la fin la substance même des images peut être entraînée ; la perte est irrémédiable ; l'expérience, l'esprit a disparu, car l'esprit, c'est un certain arrangement et mouvement de molécules.

On a de l'esprit, du talent, du génie, quand on a sur l'homme et les choses une abondance de vues, d'idées qui ne sont pas attachées avec de la colle forte, mais se détachent facilement, affluent, se rapprochent, se combinent de manière à montrer que l'on comprend, que l'on sent vivement ce qui intéresse la société humaine, que l'on est même capable de suggérer les moyens de la satisfaire, de l'occuper par une variété d'images qui donnent à réfléchir, mettent en jeu les facultés des autres. Le talent, le génie est une exaltation de ce pouvoir, produisant des effets inattendus dont nous aimons à garder le souvenir.

La théorie de la connaissance, le Moi, le Non-moi ; peu de lignes suffisent.

Sur une question, demande quelconque, après réflexion, je dis en moi-même, je pense : il en est ainsi, cela peut se faire, je consens, Oui, ou bien le contraire,

Non; ensuite, pour les autres, je parle, je dis tout haut : Oui ou Non. Aussitôt mon oreille est affectée, ma conscience est en action, je suis en parfait accord avec moi-même : j'entends Oui ou Non. C'est ce que j'ai voulu dire. Je suis pourtant en état de savoir immédiatement ce que je pense, ce que je veux : cela se passe dans mon « Intelligence », « Raison », elle saisit directement ce qui s'y trouve; il n'y a pas ici à expliquer le passage d'un être à un autre. Eh bien, n'ai-je pas ici la certitude absolue que j'ai pensé, voulu dire Oui ou Non, et que justement, ce que j'ai pensé, voulu dire est revenu à ma conscience, intelligence, raison, par le circuit de ma bouche à mon oreille, comme un écho d'une région extérieure, bouche, oreille, que mon intelligence voit en dehors du centre cérébral où elle réside, agit? Par conséquent j'ai réellement dit ce que je voulais dire; il existe un accord parfait entre ma pensée, ma volonté et la région périphérique; le mouvement intime, subjectif Oui, et le mouvement objectif Oui, sont qualitativement identiques. La notion du Moi et la notion du Non-Moi se déduisent tout aussi clairement.

Je veux lever à la hauteur de mes yeux ce que je vois et appelle ma main; aussitôt, sans poussée extérieure, cette main se trouve amenée dans la position voulue. Maintenant je touche du bout de mon index cette petite table et je veux qu'elle se rapproche de moi avec la feuille écrite qui s'y trouve; mais elle reste immobile, ne suit pas ma volonté; en outre je sens parfaitement la pression le poids du livre que je tiens à la main, tandis que je ne sens nullement le poids des objets dont la table est chargée : la main, sur laquelle ma volonté agit directement tout de suite, et dont ma sensibilité reconnaît de même toutes les modifications, c'est une partie intégrante de mon système, de ma personne, du Moi; tout ce qui ne se trouve pas dans un tel rapport avec ma volonté, ma sensibilité, c'est évidemment un être étranger, c'est le Non-Moi.

L'Intelligence retient obstinément la notion, distinction du Moi et du Non-Moi, du dedans et du dehors, ce qu'il n'est pas possible de contester, de lui enlever. Il plaît à certains orateurs, une demi-douzaine, de rejeter cette distinction, admise par tout le reste de l'humanité :

tout ce que nous percevons, pensons, disent-ils, est une création de l'Intelligence!

Très bien, cette puissance, l'Intelligence crée donc aussi la distinction entre le Moi et le Non-Moi, qu'elle prend décidément au sérieux; donc ceux qui ne la prennent pas au sérieux désavouent l'Intelligence, vivent en opposition, désaccord avec l'Intelligence. Tapez, dites que votre Intelligence créatrice à vous est une ignorante, une idiote, et vous serez de plus en plus brouillés avec votre Intelligence, tandis que moi, je m'accorde délicieusement avec la mienne.

Examinons encore si notre connaissance du Non-Moi possède un suffisant caractère de certitude. J'exécute avec une autre personne un mesurage quelconque, je crie à cette personne de se déplacer d'un mètre sur sa droite, je vois que ce mouvement s'exécute sans retard : comment pourrais-je ne pas reconnaître, sans sortir de moi-même, qu'elle a saisi ma pensée intime, laquelle est pour elle le Non-Moi?

Donc son idée du non-moi et le non-moi même sont identiques. Ainsi, l'homme peut parfaitement acquérir la connaissance réelle du non-moi! Nous acquérons réellement par nos sens, en recueillant, mesurant tous les phénomènes, la connaissance de la constitution intime des choses. Comment notre air atmosphérique, ou l'éther, ou un autre conducteur, les conducteurs nerveux pourraient-ils cacher, dissimuler aucunement l'état des corps, falsifier les ondes qu'ils produisent, émettent selon leur température, la pression, toutes les actions qu'ils subissent? Nous sommes sûrs que ces ondes restent inaltérées jusque dans le centre sensitif, le récepteur commun; ce n'est qu'un bavard, ce n'est pas un physicien, un travailleur sérieux celui qui a pu séparer l'un de l'autre, opposer l'un à l'autre, la constitution intime et le phénomène, sa manifestation.

Nihil est in intellectu quod non fuerit in sensu, dans l'intellect, l'intelligence il n'y a rien qui n'ait été auparavant dans le sens, l'appareil sensoriel, région périphérique.

Cela est maladroit, c'est faux : l'intelligence n'est pas une poche, une valise, c'est une vue d'ensemble, une certaine combinaison d'images ; à laquelle on s'attache, après vérification, comme répondant exactement à la réalité, au développement réel, à la constitution, connexion des choses, à l'harmonie, c'est-à-dire que dans le sensitif central se présentent l'observation et la théorie; si les deux impressions sont concordantes, identiques, comme lorsque se présente $(6 \times 4) - 2$ et 22, la théorie est retenue comme la véritable explication des faits, sinon la théorie n'est qu'une balayure. Or jugez maintenant si ce mesurage, pesage, analyse qualitative et quantitative s'accomplit sur la langue, dans le nez, l'œil, l'oreille, le cœur, ou bien dans le sensitif central, en cour plenière, en présence de tous les conseillers, les idées domiciliées dans les régions imaginatives! Il est évident que dans la région périphérique les images arrivent une à une, dissociées, ne se rencontrent pas; il ne peut s'y former aucune combinaison; dans un catalogue alphabétique de tous les mots de la langue ne se trouve nullement la vérité dont l'humanité a besoin; la vérité n'y a pas été découverte; elle vit dans les profondeurs; il ne suffit pas de la lire : l'amour seul comprend l'amour.

Le Non-moi pénètre dans le Moi : il ne s'agit là que des mouvements, ce qui explique tout : vous comprenez bien qu'un mouvement puisse passer d'un milieu, conducteur A sur un conducteur B en contact; une bille A en mouvement atteint une bille B en repos; le contact intime fait des deux corps un seul corps, alors l'équilibre s'établit entre les deux parties de la masse AB; conduction lumineuse, calorifique, électrique dans l'éther comme dans les masses pondérables. Comme tout mouvement ondulatoire ou autre décroît en se propageant, continuant sa course, le mouvement du-Non-moi, sans s'altérer, s'atténue de plus en plus dans les conducteurs nerveux, comme diminue la vitesse du projectile qui traverse un gaz, un liquide, un solide, ce mouvement nerveux décroît énormément, pour devenir un fait de la conscience, pour ne pas dépasser la capacité d'une de ces nombreuses molécules supérieures dont chacune représente le système entier, le Moi. C'est en s'atténuant ainsi que la lumière, la chaleur, le son, odeur, saveur, effet de contact, douleur, deviennent la sensation, l'idée de la lumière et autres. Comment une chose différente pourrait-elle en exprimer, expliquer l'essence? Inversement l'Idée, d'abord un petit grain, devient promptement puissante, lorsque dans le sensitif central, reconnue alliée à toutes les idées de vérité, d'honneur, elle est saisie, aimée comme un principe de vie, une condition du bonheur; le mouvement s'accroît, ébranle les moteurs, ce que l'on sent comme volonté, parce que des sensitifs sont affectés par ce mouvement; la décharge se produit, les masses entrent en mouvement pour l'exécution.

Toujours, nécessairement, on s'arrête à ce qui plaît davantage, à ce qui semble, pour le moment, plus avantageux, agréable, moins désavantageux, désagréable que le reste; c'est quelquefois la mort.

Trahit sua quemque voluptas... Que dit cet imbécile, je ne fais pas le bien que je veux, mais je fais le mal que je ne veux pas? (Romains, VII, 19). — S'il fait le mal, il le veut, plus fortement qu'il ne veut l'autre chose; il se dit : Prenons encore en passant cette jouissance, j'aurai encore le temps de faire pénitence et de m'ennuyer assez avec cette triste Règle ! *Voluptas!*

Ainsi l'éducation consiste à faire connaître le Vrai, le Bien, l'Harmonie autant qu'il faut pour que l'on puisse l'aimer uniquement, être heureux de l'accomplir, à exercer l'homme à le pratiquer, car la pratique assidue dispose le corps au bon usage des forces, en augmentant la conductibilibité dans certaines directions; il suffit alors de vouloir en général tel résultat pour que le mouvement atteigne les muscles qui peuvent réaliser l'action. Donc la disposition physique détermine la fonction, la conduite, le moral.

Les êtres de même espèce, les hommes qui vivent ensemble absorbent constamment le mouvement les uns des autres, par les effluves, l'éther, s'assimilent réciproquement; de là cette grande similitude des individus chez les sociétés, peuplades longtemps isolées.

On a dit : Sir Henry Pottinger avait passé la plus grande partie de sa vie en Orient, dans des fonctions diplomatiques; tous ceux qui l'ont vu ont été frappés de l'empreinte orientale marquée sur sa personne, les traits de son visage. — L'action assimilatrice peut n'être pas si apparente, sans être moins réelle, et c'est le premier intérêt de chacun et de tous de n'être toujours en rapport qu'avec une vie parfaitement normale, des personnes tout honnêtes, bienveillantes, c'est-à-dire que tous soient sains, instruits, bien occupés, heureux par une sainte affection réciproque, un progrès continu, l'absence absolue de toute sujétion, domination, concurrence. Réellement le sentiment, la pensée, le bien et le mal, se communique, diffuse comme la chaleur, la lumière, comme une contagion, aussi sans intervention de la volonté ; cela établit décidément le matérialisme, donne congé à vos fantaisies, chimères, puérilités spiritualistes ; si vous trouvez ancré dans mon corps un amour sincère de la Règle, de la parfaite Honnêteté, de la vraie Fraternité, une conduite conforme, la conviction d'une responsabilité devant un tribunal suprême parfaitement informé, alors quelle querelle pourra s'élever entre nous ? Voulez-vous avoir autre chose dans votre bonne Ame ?

Ces communications de mouvement intime observées, signalées depuis longtemps sont donc des phénomènes physiques parfaitement expliqués. Le Juif Jésus se trouvant, dans la sphère vitale de la Samaritaine, seul, sans mouvement perturbateur, découvre la pensée, la vie passée de cette personne.

C'est une sensibilité, aptitude spéciale à saisir des mouvements délicats.

L'écrivain allemand Zimmermann, se trouvant à table d'hôte placé en face d'un jeune homme sur lequel il attache ses regards, découvre en lui si nettement certaines choses, lit comme dans un écrit, sans aucun travail de son imagination, qu'il ose lui dire discrètement : « Mais, mon ami, vous avez commis là une infidélité envers votre patron ! L'autre fut tellement saisi qu'il ne nia pas le fait. Zimmermann serra la main du pauvre garçon. Ce Juif Jésus a la faculté de rentrer quelquefois en lui-même, de se soustraire aux bruits qui l'entourent, et de saisir, dans l'extase, des mouvements, hors de vue, mais à peu de distance, très subtils, qui lui arrivent, il découvre ainsi ce Nicodème sous le figuier ; la somnambule de Nancy, encore mieux isolée, saisit aussi des mouvements beaucoup plus faibles : à quinze lieues de distance elle découvre un homme dont on lui apporte un gilet ; une nuit d'hiver il s'était égaré dans la neige, et on le retrouve dans le ruisseau, entamé par les écrevisses. — A l'époque où le voyageur Martin visita les Iles occidentales Hébrides qu'il a décrites, les vues à distance et prévisions y étaient des faits de chaque jour : telle personne sera ici dans une heure ; il y aura là un décès dans trois mois, etc.

Il est fort possible que la nervosité de cette population ait été profondément modifiée par un usage prolongé des cochonneries civilisées, alcool, café, thé, sucre, etc. Politique, littérature, la fréquentation des animaux qui s'y adonnent.

Il est instructif de considérer les effets que l'homme, sans actes sensibles, peut produire sur son semblable.

Un Européen fut invité par le chef d'un temple cambodgien à un spectacle tout extraordinaire, prodigieux ; il débite cela dans le *Figaro*, pouf. L'étranger est introduit par le maître dans une salle n'ayant pour tout ameublement que deux nattes contre la muraille. Quelques moments après fait son entrée l'artiste, grand, maigre, couvert seulement d'un pagne, ce qui veut dire que ce ne sera pas une prestidigitation, un escamotage vulgaire. Il porte une flûte et une corbeille remplie par un foulard ; il fait voir aux spectateurs une peau de serpent sous le foulard, puis il dépose la corbeille au milieu de la salle. Les spectateurs doivent s'asseoir sur sur les nattes, simplement regarder avec attention ; défense absolue leur est faite de quitter leur place, de faire aucun mouvement.

La fonction commence. Le magicien tire pour eux de son instrument des airs si doux, moelleux, langoureux qui les enlacent, les enivrent, les déposent dans le pays du rêve ; déjà ils portent avec aisance, bonheur, les blancs bonnets de la soumission qu'ils doivent avoir ; ils sont encapuchonnés, prêts à gober correctement.

Des mélodies nouvelles, de plus en plus vives, entrent dans ces mollasses, et comme cela travaille ! O prodige ! une tête bien vive de serpent s'avance de dessous le foulard ; le serpent s'enhardit, quitte la corbeille et frétille sur le parquet.

Au son de la charge le serpent se met à danser, tournoyer furieusement autour de la corbeille ; on entend des sifflements; des regards flamboyants font frissonner les spectateurs.

Ils l'ont vu face à face, ils ont savouré le prodige; la musique redevient moins sauvage; le serpent prodige s'apprivoise; finalement il regagne son nid, disparaît sous le foulard.

Rompez! Les gobeurs se précipitent et retrouvent sous le foulard la vieille peau de serpent.

Il n'existe pas d'expérience physiologique aussi arrondie, réussie, parfaite que ce phénomène de suggestion.

La matérialité de la pensée est démontrée; la pensée traverse l'espace, par l'éther, comme la lumière traverse l'espace par l'éther : les prodiges n'ont existé que dans les cerveaux humains, se composant dans celui-ci pour se répandre, se reformer ensuite, sans paroles, dans ceux-là.

L'éther ne devient nullement lumineux, ne retient, ne fixe pas la lumière, quand le mouvement lumineux l'agite en le traversant; de même l'éther ne devient nullement intelligent, sensible, quand il sert de véhicule au mouvement intellectuel, affectif; de même que le Sens, l'Ether ne pense pas, pour la même raison : sur tel point, en tel moment, il ne possède qu'une seule chose; il ne devient un réservoir d'énergie que pour des mathématiciens, expérimentateurs, trop peu capables de penser en dehors de leur spécialité. De même que le courant lumineux n'illumine que des corps pondérables où le mouvement s'accumule, de même le courant intellectuel, affectif dans l'éther, reproduit l'intelligence, le sentiment qu'il renferme seulement s'il rencontre dans le voisinage une mollesse consciente toute calme, assez mobile, préparée spécialement.

De tous les mouvements qui assaillent sans cesse la conscience, ce sont les plus forts qui l'emportent, occupent la place, fixent l'attention; ils étouffent les fluels qui n'ont pas assez de souffle; aussi voyez comme dans ces expériences on s'efforce de réduire l'action propre, le feu de la place que l'on attaque, en tâchant, d'un autre côté, d'imaginer, vouloir avec fureur, pour produire des ondes irrésistibles : matérialisme évident. Il est plaisant de voir comme dans ce journal le narrateur, persuadé qu'il s'agit-là de réalités extérieures, d'un serpent réel, s'extasie sur les profondeurs mystérieuses, les forces prodigieuses de la nature, que le génie de l'homme parvient pourtant à dominer, comme le pense un imbécile.

Exactement de même force le gobeur émerveillé, qui dans la *Revue des Revues* 1898, 528, a écrit pour ses semblables, sous le titre significatif de Choses étranges, une relation d'expériences encore plus ébouriffantes.

« Covindasamy, natif de Bénarès, brahme de caste et fakir de profession... Nous pûmes remarquer la finesse, la gravité des traits de ce petit homme maigre... Covindasamy est à vos ordres, nous dit l'Anglais. M. B. auriez-vous l'extrême bonté de remplir d'eau jusqu'au bord un vase quelconque, et de le poser sur un guéridon que vous placerez vous-même à quelque distance du fakir. B. s'exécuta. Covindasamy s'assit les jambes croisées, et dans une immobilité qui le faisait ressembler à une statue de bronze, il regarda le verre. J'avoue que » — par la stupidité venant de nos bonnets — « nous sentîmes cette petite commotion qui, dans les fortes surprises mêlées de quelque peur, semble rayonner du creux de l'estomac jusqu'aux extrémités des mains et des pieds, lorsque nous vîmes le verre se mouvoir tout seul » — sous vos bonnets, mais pas du tout en réalité — « s'élever au-dessus de la table, osciller sans qu'une goutte d'eau fût répandue, et enfin de lui-même redevenir immobile à sa place primitive. » — Même un renversement complet du verre, dans l'imagination, ne lui eût pas fait perdre une goutte. Le magicien aurait bien pu y penser ; c'était là un prodige à offrir aux gobeurs. « Je fus chargé moi-même d'aller couper et dépouiller cinq baguettes dans le parc, de les ficher dans autant de pots de fleurs pris au hasard, et d'embrocher sur chacune des feuilles arrachées, séance tenante aux arbres.

Covindasamy regarda les pots placés devant lui, comme il avait fait pour le verre et bientôt nous vîmes les feuilles monter et descendre le long des baguettes qui les traversaient. Les yeux du fakir se portèrent sur une mandoline accrochée au mur comme bibelot ; les cordes se mirent à vibrer et à jouer un air inconnu de nous, que notre hôte se souvint vaguement avoir entendu dans l'Inde. » Les cordes vibraient sous vos bonnets, mais aucun grain déposé n'aurait, par des mouvements visibles, démontré l'existence, la production réelle de ces vibrations. « Le docteur Jolly fut invité par notre Anglais à étendre sur le plancher une mince couche de sable, à placer sur ce sable le crayon de son propre carnet et à penser trois noms de maladies choisies parmi les moins communes et les plus bizarres de la terminologie médicale : le fakir étendit les main vers le sable ; l'attente fut un peu longue ; mais le crayon finit par se soulever » — derrière vos nez — « et par tracer très lisiblement » — pour votre imagination — « les trois mots Actinomycose, Pemphigus, Dothiénentérie. J'observai qu'un tremblement nerveux agita les lèvres du docteur. » Un double et très pénible travail : lire dans la pensée du docteur, ensuite expédier cette pensée à tous ces bonnets ; le magicien fit l'un et l'autre, dit le récit, mais il paya son succès. « Enfin Covindasamy, sous nos yeux qui le dévoraient » — c'est justement ce qu'il fallait — se croisa gravement les bras sur la poitrine ; sa figure prit un air d'extase, et doucement il quitta le sol, s'éleva environ à un mètre, resta quelques secondes dans cette position paradoxale, puis redescendit avec la même lenteur et reprit, en contact avec le plancher, son attitude de statue. »

Après de si furieux efforts le misérable était tout détraqué ; il tomba inanimé, dit le récit, lorsque, pendant l'évocation d'un mort, un des gobeurs prononça une parole inattendue. Matérialisme.

Ce docteur Jolly se vante là de mépriser le surnaturel et d'être matérialiste ; ce singulier matérialiste chante sur ce ton là : « Sommes-nous en droit d'affirmer que le contact est, dans tous les cas, la condition nécessaire de la faculté que nous avons de mouvoir les corps pesants ? Depuis que j'ai vu l'aimant à distance faire passer l'anesthésie ou la contracture de gauche à droite sur le corps d'une hystérique, il ne me répugne pas du tout d'admettre a priori qu'en certains organismes, tout au moins, peut exister une force encore inconnue qui, à distance, est capable d'agir sur les corps et les mouvoir. »

Il ne sert de rien d'être matérialiste quand on n'a pas le bon sens de la physique, quand on s'appuie sur Crookes, qui prétend mettre en mouvement sans contact, par un acte de volonté, des corps inanimés. Le contact proprement dit n'est pas nécessaire, comme le prouvent ces expériences, pour influencer, sans la parole, sans gestes visibles, des personnes rapprochées, pour produire chez elles une illusion quelconque, par exemple, leur faire croire qu'un homme s'élève à leurs yeux dans l'air, par la seule force de sa volonté. Mais le physicien n'admet le déplacement d'un corps inanimé qu'à la suite du choc d'une masse de même ordre ou du choc de l'éther, chocs électriques, magnétiques, gravifiques, chocs au foyer d'une lentille, et autres; quant à l'action très réelle exercée à distance par un corps vivant sur un semblable elle ne dépend pas moins de chocs matériels: la vie agit par ses effluves et le mouvement continuel qu'elle communique à l'éther. Sans contact les mouvements, les passes du magnétiseur agissent puissamment sur la personne qui s'abandonne à cette action. La personne qui s'abandonne à la suggestion, reçoit, absorbe par le cerveau le mouvement étranger; elle arrive tout d'abord à penser, sentir comme celui qui l'influence, pourtant la région périphérique reste ouverte à l'action du cerveau; en se mettant à agir elle reprend sa vie propre.

Au contraire, la personne qui se laisse magnétiser est prise par la périphérie et, en même temps suggestionnée, ne fait plus attention qu'aux actes du magnématiseur; la périphérie se ferme à l'action centrale, et quand cette fermeture est achevée par l'envahissement, la prédominance décisive du mouvement étranger, le sujet s'endort, suivant la loi du sommeil ordinaire, lequel se réalise également par une telle occlusion. Alors la région supérieure du sensitif central, par elle-même extrêmement impressionnable, étant soustraite à cette multitude de mouvements grossiers, devient capable de percevoir, distinguer les actions les plus délicates, quelquefois même de reconnaître les réalités du passé, de l'avenir.

Le temps est éternel; non seulement chaque objet, chaque mouvement demeure à sa place, mais forme le centre d'un système d'ondes qui, dans l'espace et le temps, atteint, en s'atténuant toujours, les limites de l'univers, de l'existence. Le sentiment humain n'est donc pas dans l'erreur quand il envisage, par exemple, l'avenir comme une réalité; il a toujours fait effort pour le deviner, dévoiler. Oui, il lui est utile de le savoir; oui, il est nécessaire de savoir où l'on va, pour se conduire en conséquence comme il convient.

Eh bien, l'avenir, le voici tout entier, les jouissances et les souffrances deviendront inévitablement communes entre tous! Ainsi la sagesse, c'est l'union fraternelle. Cette vérité, qui est la vérité absolue, ne plaira sans doute à aucun de ces êtres là. Si la vérité leur plaisait, ils ne seraient pas ce qu'ils sont, c'est clair : aimer son prochain comme soi-même, la religion seule en rend capable; dans une gueule juive c'est le plus impudent mensonge de l'histoire.

Mais outre cette connaissance générale, il est possible à chacun d'être fixé sur son avenir, ce qui l'attend dans ce te vie : le bien, le mal du lendemain cela dépend de sa conduite sage ou folle d'aujourd'hui; j'ai été depuis 1855 absolument sûr d'être en parfaite condition le lendemain, d'un côté, en exécrant tous ces mordants, d'un autre côté, en pratiquant le communisme, selon mes moyens. Voilà, certes la seconde vérité que détesteront tous ces êtres là, par exemple une Faculté d'imbéciles; on n'est pas nécessairement un imbécile parce que l'on n'a pas découvert la vérité, mais on le devient par les sottes prétentions, quand on se rengorge, quand le sujet croit mériter les admirations, les adorations, alors que sous sa direction tout va de mal en pis.

Toutes les autres divinations ne sont que des curiosités sans importance pour la conduite de la vie : l'avenir s'est quelquefois réellement révélée à tel ou tel sensitif, soit dans l'état de veille, soit dans le sommeil, naturel ou somnambulique; nous autres nous en tenons toujours aux calculs, suggestions de la raison, honnêteté, fraternité, d'autant plus que l'on ne sait jamais d'avance si une prédiction se base sur une clairvoyance réelle, ou bien si la prédiction n'est qu'un roman, l'œuvre de l'imagination, l'expression d'un désir égoïste. Voyez donc... Le Juif Jésus, sortant une fois de son horrible temple juif, voit tout à coup les gros bâtiments changés en un monceau de décombres. Il sait qu'il n'a pas cherché, combiné cette chose; cela est tombé sur lui comme venant du ciel; c'est donc une révélation, l'annonce d'une catastrophe prochaine. Eh bien, oui, c'est vrai, voilà une vision de l'avenir, laquelle se réalise 47 ans plus tard; mais son péché, la monstrueuse ambition s'en empare comme d'une proie; cette vision lui annonce pour sa convenance que le jour de sa gloire approche; évidemment le monde va être bouleversé; comme cet édifice; et le Fils viendra sur les nuées avec une souveraine majesté pour juger les hommes; le monde va finir pour faire place justement au Royaume de Zuzu, où la volonté à Zuzu sera tout, et où Zuzu se vengera par d'éternels supplices des méçants qui n'ont pas voulu l'adorer comme Roy divin, ce qu'il dit lui-même sans détour.

Après cette monstrueuse duperie juive allez donc vous fier aux prophéties et si vous êtes bêbête, placez tout votre capital dans de telles affaires!

Aux Etats-Unis un homme rêve qu'il périra de la morsure d'un serpent à sonnettes. Peu après il rencontre la vermine : Ce n'est que cela? Ce n'est pas dangereux du tout! Il s'approche étourdiment; un faux pas, il tombe, il est mordu, il meurt par sa folie! Sans la folie ce n'était qu'un jeu, une des innombrables bêtises de l'imagination : Tenéz, vous saurez que je suis actuellement dans l'estomac du grand-serpent de mer, de 100 myriamètres de long sur 10 de large; celui-là me dit : Va au septième ciel! J'y vais et je vois des choses que la langue ne peut exprimer; j'en reviens pour ajuster ma phrase.

L'imagination est capable de toutes les folies; cela ne nuit pas, si la sagesse tient toujours le gouvernail; donc si l'autre avait écouté la sagesse il n'aurait pas été mordu. Le sage domine l'astre, sauf pour le cyclone, le tremblement de terre, mais contre de tels ennemis nous avons la fraternité... Moi je vous délivrerais de tout mal, c'est-à-dire que vous pourriez vous-mêmes vous en délivrer.

Des montagnards d'Ecosse voient tout-à-coup des maisons sur un terrain où il n'existait rien de pareil, et où il n'était pas question de construire. Plus tard les maisons aperçues se firent en réalité — Un homme, sur une route solitaire, se voit tout-à-coup devant un convoi funèbre avec un grand mouvement de feuilles ; quelque temps après il trouva là réellement un tel convoi, autour duquel une forte brise faisait tourbillonner les feuilles mortes — Le vieux berger westphalien, connu comme visionnaire, Spoikengiecker Spukgucker, en arrivait, dans sa solitude, à ne plus penser à rien du tout ; il entendait alors un grondement formidable venir de la forêt voisine : il entendait les trains du chemin de fer qui fut plus tard établi dans ces parages.

Moi je glisserai et périrai dans une crevasse d'un glacier du Montblanc.... Moi je périrai dans une vague énorme qui, un jour de grande marée, me saisira au bord de la mer et m'entraînera au large... Je roulerai dans l'étang de lave au fond du cratère... Voilà comment l'imagination peut confectioner des prédictions, que Grecs, Romains et autres, toute la foule imbécile n'ose ensuite prononcer, comme étant gauchères, sinistres, de mauvais augure. Rien du bon augure, du mauvais augure, seulement la Raison, la Fraternité, la lumière.

Je n'irai ni au Montblanc, ni à la mer, ni au volcan, étant sûr que je n'y ferais pas de découvertes, et lis seulement les études des spécialistes ; cherchant toujours l'agrément il m'est absolument agréable d'employer l'argent pour procurer à quelques délaissés les objets indispensables. Du reste la Raison m'enlève toute inquiétude au sujet de la terminaison de cette existence, et me trace la voie à suivre.

L'homme, sans autre protecteur que la Raison, doit se défendre par la Raison. C'est une chose vile, que de vivre pour se laisser outrager, torturer par une ignoble brute ; c'est se mettre à son niveau, une posture honteuse. Le mal auquel vous vous soumettez ici, vous l'aurez dans la vie supérieure, et vous l'imposez aux autres : on l'abrège. Ce devoir d'honneur, de fraternité, je ne manquerai pas de le remplir, si je ne suis pas assassiné par ceux que j'ai convaincus d'imposture.

Ayez de la foy en Dieu. Je vous dis en vérité que quiconque dira à cette montagne : Ote-toi de là et te jette dans la mer, et cela sans hésiter dans son cœur, mais croyant fermement que tout ce qu'il aura dit arrivera, il le verra en effet arriver. Marc, XI, 22.

Il le verra! Si ce n'est que cela, je l'accepte; cela peut se faire; il pourra bien le voir. En effet, un désir enragé, une foy, volonté furieuse, voilà bien la condition requise pour qu'un mouvement d'une région supérieure, la sphère de l'idée pure, déborde sur le centre optique inférieur, où se rassemblent, coordonnent d'abord les rayons dans leur marche ascendante. Dans ce centre il y a déjà une association avec les sensitifs qui touchent aux moteurs; l'idée est ainsi matérialisée : on a dans sa chair, on sent l'image; c'est l'hallucination. Les conditions sont très différentes quand une personne toute calme, seule, inoccupée, voit tout à coup apparaître, pour un moment, l'image d'un ami qui meurt sur une station éloignée.

C'est un phénomène d'induction. Le voyant portait toujours en lui le mouvement latent de cette personne, sans cesse entretenu à travers les espaces; que la transmission s'arrête; alors des profondeurs ce mouvement reflue, pour se décharger par le centre optique; s'il est assez calme, assez sensible, il s'y composera une image reconnaissable du mort, qui, bien entendu, ne prend aucune part à cet effet.

Par quel mécanisme mon image, réfléchie, par exemple, normalement, par un miroir, me semble-t-elle fixée derrière le miroir, aussi loin de la surface réfléchissante que moi, l'objet, je suis en avant de cette surface ?

Observons d'abord que nous apprécions, avec quelque exactitude, la distance d'un objet, seulement par l'apparence d'objets connus interposés, arbres, maisons, largeur de route, figures d'hommes, d'animaux; à cause de l'absence de tels objets, nous n'apprécions nullement les distances des astres.

Je vois mon image derrière le miroir; j'ai donc d'abord une perception plus ou moins nette du miroir, une idée de sa distance; j'en vois distinctement quelques parties. L'image directe de ces objets et mon image réfléchie, comme aussi celles d'autres objets voisins, arrivent ensemble dans un centre optique inférieur; là ces deux classes d'images, de rayons révèlent leurs différences; elles ne peuvent interférer, se renforcer; s'annuler; tous les rayons réfléchis cèdent la place aux rayons directs, se retirent vers le milieu de moindre résistance; ils se reportent en arrière dans l'épaisseur de l'organe qu'ils illuminent, où ils créent des centres lumineux affectant le sensitif; tous les groupes de faisceaux sont là rangés suivant leur origine. Ainsi l'illumination de la région située en arrière de l'image du miroir est une réalité vivante, non pas seulement une fiction géométrique. Quelle géométrie, physique, physiologie produirait un effet pareil ?

Suivant les lois physiques, la lentille cristalline renverse l'image qui pénètre dans l'œil; quand on regarde par derrière un œil de bœuf détaché, on voit en effet renversées sur la rétine les images des objets droits devant cet œil : ainsi dans le sens externe, l'appareil périphérique l'image est renversée ; dans le sens interne, centre de perception, l'organe de l'intelligence l'image est droite, comme l'objet même au dehors; par là est balayée la rengaine des bavards : *Nihil est in intellectu quod non fuerit in sensu.*

Une figure, un visage humain dressé droit au bord d'un miroir, *p. e*, horizontal est vu renversé sur le miroir par une personne placée au bord opposé. En effet, les parties inférieures de la figure atteignent avant les autres le miroir, se relèvent là tout de suite par la réflexion, forment ainsi dans l'œil les parties supérieures de l'image, tandis que les parties de plus en plus élevées atteignent le miroir de plus en plus obliquement se relèvent plus tard, se projettent sur la surface plus loin du bord, forment ainsi, derrière le miroir, les parties inférieures de l'image; donc l'objet c'est ici une image renversée qui entre dans l'œil; il est renversé, malgré le redressement dans l'œil.

Mon image droite, comme l'objet, est vue droite, malgré le renversement qui s'opère dans l'œil; quand on regarde dans une position renversée, la tête en bas, c'est la même chose. Est ce donc que le cerveau a le pouvoir de redresser les images? Rien de cela; l'opticien, par l'étude, les connaissances rationnelles, obtient un tel résultat, en modifiant, complétant ses appareils; dans la nature il n'y a que chocs, poussées, pas de combinaisons préméditées, rationnelles, pour modifier la constitution du système vivant; mais tirer d'une image renversée qui lui arrive une image droite, voilà ce que peut faire et fait le sensitif central, organe de l'intelligence.

Quand je reçois un choc d'en haut, d'en bas, de gauche, de droite, etc., je conclus aussitôt, sans raisonnement, à l'existence d'une masse qui m'a heurté, venant du côté respectif; le sensitif central, qui est le moi, ne fait pas autre chose : il ne se modifie pas ; il ne raisonne pas, lorsque, recevant les innombrables poussées de tel rayon qui vient de traverser la lentille, lequel est dirigé obliquement de haut en bas, il rapporte à un point supérieur du dehors l'impression faite sur un point inférieur de la vivante plaque sensible, tandis qu'au bord opposé de la plaque, l'impression faite sur le point supérieur par un rayon venant d'en bas, est nécessairement rapportée à une réalité active située en bas, l'explication vraie trouvée depuis longtemps. Voilà comment nous voyons dans leur position réelle les êtres qui nous entourent, et comment s'achève la théorie de la connaissance, nous donnant la certitude que nous sommes exactement renseignés sur ce qui se passe dans les régions étrangères.

CONCLUSION

NORMALITÉ, INTELLIGENCE

Cher peuple gaulois, la condition unique, absolue de la santé, prospérité, de l'honneur, du bonheur, du salut de l'homme individuel et de la société entière, c'est la possession de la Vérité, des vrais, bons principes, et la pratique de la Vérité, l'application des vrais, bons principes, ce qui est la manifestation de la parfaite Raison, la réalisation de l'Idéal.

Considérons le particulier pour mieux saisir le général. On vous soumet un système d'hygiène, une théorie si claire, et si bien confirmée par une longue expérience, que vous ne pouvez vous empêcher d'en reconnaître le bien-fondé, de l'approuver, en paroles : Oui, cela c'est la normalité, l'harmonie parfaite, ainsi la vraie, bonne conduite de la vie, tout utile, avantageuse, salutaire; les résultats le prouvent : je crois.

Est-il maintenant clair que le vrai et le bien sont identiques?

Après être ainsi arrivé à la Foi, vous sera-t-il possible de vous arrêter un seul instant à cette idée stupide, insensée, huguenote que la foi suffit pour votre santé, salut? S'il vous reste un grain de bon sens, cela ne sera pas possible; vous reconnaîtrez, retiendrez que la santé, le salut, c'est la conduite entière, la Foi prouvée par les œuvres, selon la Raison parfaite; vous direz comme ce Juif Paul disait à ceux de Corinthe, 1, XIII : Quand j'aurais toute la Foi, si je n'ai pas la charité, *qui agit*, je ne suis rien, *Outhen eimi*. Il faut dire : Je serais quelque chose, un fou, si je disais que la foi seule, sans les œuvres, procure la santé, le salut.

La vraie Foi, les vrais principes, certes, c'est précieux, tout indispensable : c'est le poteau indicateur, qui fait éviter toute fausse démarche; c'est la lumière, qui éclaire le travail; comment, la Foi montre sans cesse le but, soutient le courage, la sympathie. Vous ne la connaissiez pas : c'est ici la Foi qui conduit au salut.

Les vrais principes moraux ! Le plus méchant crétin

tombe d'emblée sur les meilleurs principes : Aime ton prochain comme toi-même — Liberté — Egalité — Fraternité !... Comprenez donc : vous devez m'aimer comme vous-mêmes, être pour moi aux petits soins; que j'aie toute liberté de vous arranger comme il me convient; que vous vous sentiez tout libres et heureux d'être ainsi arrangés par moa?

Comment s'appelle le méchant crétin? Il y en a plusieurs; au premier rang c'est vous, peuple gaulois; vous sentez si bien que c'est vous, et moi je sens si bien que je ne suis pas de cette couleur, absolument pas! C'est un commencement; pour être aimé partout, excepté chez ces cosmopolites, Intellectuels, il faut être comme je suis. Donc moi, l'Athée, je désavoue absolument, je repousse comme des crimes, des hontes toutes vos gloires; les gloires françaises ne nous regarderaient pas, mais, après avoir abattu les étrangers, les tyrans français, vous avez adopté leurs gloires, comme vous avez lâchement retenu leur nom, leur marque, et vous les avez imités avec fureur. Je ne suis pas Français, je suis Velche; les Allemands savent notre nom et nous l'appliquent toujours dans les moments d'irritation, sentant bien que Français c'est Germain. Karl, dont les Allemands raffolent et qui tua d'un coup 5000 prisonniers saxons, était de la horde française, n'a jamais parlé gallo-roman, toujours français.

Cependant la Vérité, la Justice crie, déclare que tous ceux-là ont commis des crimes, des atrocités semblables aux vôtres; c'est positif, incontestable, mais nul ne les a commises, comme vous, au nom de la Liberté-Egalité-Fraternité. Je trouve, moi, qu'il n'y a rien d'aussi agaçant que cette chose-là. Encore aujourd'hui vous pâturez, broutez la prétendue gloire jacobine, bonapartiste, après le pitoyable dénouement de cette folie furieuse; ainsi cette conclusion ne vous a pas encore guéris, fait réfléchir! Moi je désavoue, je foule aux pieds toute votre gloire; il est bien vrai que pas un de vos ennemis ne songe plus que vous à désavouer ses propres crimes; mais ils sont pourtant moins fous, car ils n'ont pas entrepris, de Cadix à Moscou, des choses extravagantes qui devaient aboutir à cette chute honteuse, et, encore une fois, la Liberté-Egalité-Fraternité n'est pas mêlée à leur affaire. Les peuples ne vous doivent rien : c'est en vous cassant le derrière qu'ils ont appris à aimer la Liberté. En 1815 vous avez rétabli l'esclavage dans vos colonies, ce qui montre que la Liberté-Egalité-Fraternité n'est que dans votre bec, et quand vous alliez vous battre pour délivrer les Grecs, les Belges, vous nourrissiez là-bas des esclaves ! Je vous surveille... Extravagance... Mais moi qui désavoue, je dis : Vive cet Athéisme ! Les bondieusards chantaient, prônaient tout le temps ces crimes dans leurs églises.

J'en ai l'expérience. Sans cet Athéisme pas de raison, pas de justice, pas d'affection, pas d'honneur. En 1871 et 1872, des Frannsauces, je ne les reconnais pas pour mes compatriotes, mes frères, s'occupèrent d'installer en Algérie des émigrants alsaciens-lorrains, de fonder quelques villages pour les recevoir. Les bondieusards s'y prirent simplement comme des Anglo-Saxons à qui le dieu juif donne le bien d'autrui ; Kabyles, Arabes, notre dieu juif nous a donné ces terres ; déguerpissez vite, oust !

Voilà des villages fondés par des Frannsauces bondieusards. Les Anglais ont fait déguerpir de même, à la baïonnette, 18.000 Gaulois de leurs propriétés du Canada, et ils ont pris de même l'Irlande que le Bondieu leur donnait gracieusement. Notre parlement nomma en 1872 une Commission d'enquête pour visiter l'Algérie ; un des voyageurs adressa une série de lettres au *Moniteur Universel*... Il suffit d'être ici vingt-quatre heures pour s'apercevoir que l'on se trouve dans un pays conquis !... On voit un gamin chasser d'une gare un vieillard à coups de pied... L'enfant était juché sur le cheval pendant que le père était au marché à ses affaires ; un coup de baguette d'un conquérant tyran, fait partir le cheval au galop à la grande frayeur de l'enfant ; le père accourt et ne peut témoigner sa colère que par un geste, un regard... Le conquérant ne se gêne pas du tout pour prendre, sans payer, aux étalages, ou cueillir aux arbres les fruits qui lui conviennent. L'indigène regarde avec résignation... sans mot dire.

On nous assaille chaque jour pour obtenir de nouvelles expropriations, expulsions. Vous êtes d'aussi méchants crétins que les Anglo-Saxons ; vous êtes bondieusards, juifs ; le Bondieu vous donne tout cela, c'est sacré. Je déclare que le sort de ces expulsés m'a très péniblement occupé pendant ces vingt-huit ans. Si je gagnais un lot sur les obligations qui me font vivre, comme je serais heureux de les dédommager amplement ! Pas de lot. Un lot ? Ce n'est pas nécessaire : beaucoup de personnes intelligentes, honnêtes, soucieuses de notre honneur, désireuses de réparer une horrible injustice apportent des pièces, et la somme nécessaire est promptement réunie. J'écris au directeur des Missions Catholiques, en lui offrant 300 francs pour ouvrir la souscription.

Réponse : Il ne serait pas prudent de faire un appel motivé. Mieux vaudrait donner aux Pères blancs du Soudan cette somme qui soulagerait bien des misères ; nous nous chargerions de la transmettre. — Et la misère noire des expulsés ? — J'écris au célèbre Edouard, de la *Libre Parole*. Réponse : La question n'est pas encore élucidée !!! J'écris au maire d'Alger, Voinot en offrant 500 francs. Pas de réponse. J'estime que ceux-là ne méritent pas d'être député, maire d'Alger.

Honnêteté ! Fraternité ! Honneur ! Il ne me reste que les six derniers tirages des Bons de l'Exposition. Les Frannsauces, adonnés au banquet, au vin, à l'eau-de-vie, au tabac, à la Comédie, à l'Opéra, sont aussi vides, desséchés, obtus, égoïstes, que qui que ce soit. Brouter la fable de leur gloire, de leur générosité, en voilà assez pour les intervalles des banquets et des comédies.

Mais de quoi vivent donc les autres ? Est-ce qu'ils n'ont pas tous, en Europe, les prétendus raisonnables, pieux, dévôts, bondieusards, assisté sans broncher au massacre de trois cent mille Arméniens ? C'est l'honnêteté ? l'honneur ? La Gaule, c'est la glorieuse, généreuse ; cette autre puissance se dit la sainte ! Une troisième fait profession de ne craindre, cultiver que le Bondieu, juste juge ! Tout cela est évidemment aussi ridicule, dégoûtant que votre culte de la déesse Raison, de la Gloire, Colonne, Arc-de-Triomphe.

Je me battrai jusqu'à la fin : je suis plus raisonnable que tous ceux-là qui périraient plutôt que de désavouer leurs mauvaises, honteuses actions ; eh bien, je me dis que vous pouvez, avec plus de réflexion, plus d'étude, devenir raisonnables comme je le suis, et dignes d'affection, et heureux comme vous ne l'avez jamais été. Je fais la guerre à toutes les illusions, mensonges, feux-follets qui vous ont conduits dans cet infect marais : entrez donc à votre tour en campagne, si à vos yeux l'honneur en vaut la peine.

La liquidation de 1815 aurait dû vous démontrer que, par les Jacobins et leur héritier continuateur, Bonaparte, vous étiez devenus pour tous un objet d'exécration, de mépris ; alors que tous, sauf les tyrans, avaient à l'aurore, salué avec joie ces promesses de liberté, de bonheur, mais comme vous étiez devenus réellement fous par ce régime de brigandage, vous avez cru que vous aviez la tâche, le devoir de glorifier cette carrière de tyrannie et de chercher à remonter la pente. Cette épouvantable erreur qui, par un déluge de stupides écrits brigandesques multipliés à profusion, pénétra jusqu'à la moelle, aux dernières fibres, empoisonna la nation, fut une condamnation, un arrêt de mort auquel il lui fut impossible d'échapper.

Lorsque l'Europe vit la honteuse parade de la translation du cadavre, salué avec délire, elle comprit que le sort en était jeté, que ce peuple était désormais incapable d'oublier, incapable de comprendre, d'apprendre. L'élection du Louis annonça l'approche, l'imminence de la crise. La danse bonapartiste, commençant en Crimée, se continua en Italie ; alors la Prusse comprit que son tour était venu, qu'elle serait attaquée inévitablement à bref délai : le Bonaparte était là le maître ; donc c'était une échéance fatale.

En mars 1868, à Bitche, le capitaine du génie me disait : Après les agrandissements de la Prusse il nous faut le Rhin ; la France ne saurait déchoir ; avec cent mille hommes, on en bat trois cent mille ; Quelques semaines après il était invité à Huningue, je survins au dessert et j'entendis le maître, apparemment un ancien militaire, dire posément : La Prusse est plus forte que nous. L'autre s'abstint de répliquer. Cent mille Russes, Allemands, contre trois cent mille Chinois ancien modèle, ce ne serait pas exhorbitant ; mais la guerre de 1866 aurait dû faire comprendre que ce n'était pas de ce côté là qu'il fallait les chercher. Les officiers, affamés d'avancement, tenaient en tous lieux un pareil langage ; la Prusse l'entendait, déployait par conséquent un luxe de préparatifs ; il s'agissait de son existence. Des écervelés ne comprennent pas la prévoyance, mais ce n'était que cela : c'était la volonté absolue de périr plutôt que de recommencer l'atrocité bonapartiste : Non, non, la Prusse n'a pas cherché la guerre ; elle a cédé aux exigences ; elle avait évacué Luxembourg ; Si le ministre a poussé quelque peu au dernier moment, c'est qu'il savait que ceux-là recommenceraient le lendemain sur une base nouvelle.

Après l'affaire je le revis, retour de Cologne, sur le Rhin. Son premier mot, en m'abordant, fut : Ineptie ! Je détournai tout de suite la conversation. J'ai traduit là de l'allemand un Traité de Mécanique... On serait devenu fou... Je suis nommé Chef de bataillon....

Il faut se faire une raison, sapristi ! Vous avez, avec le Jacobin Bonaparte, voulu faire une guerre jacobine de conquête, démembrer l'Allemagne ; elle a repris les pays qui lui avaient été enlevés par nos tyrans allemands ; vous n'avez pas le droit de récriminer. Le journaliste allemand écrivait : si nous avions perdu, nous aurions payé ferme, avec les provinces rhénanes, *tüchtig, mit den Rheinlanden* : ils ont perdu, qu'ils payent ! *Von Sybel ;* Les Frannsauces ne reconnaissent pas non plus aux peuples le droit de choisir leur nationalité.

Allez donc : les Jacobins de 1792 à 1815, ensuite les nouveaux : Algérie, Dahomey, Madagascar, Tonkin, etc. En obéissant au Jacobin vous avez joué l'Alsace-Lorraine contre les Provinces rhénanes, vous avez perdu ; il faut payer : il est déloyal de chicaner là-dessus. Allez-donc en pleurnichant redemander à Messieurs les Croupiers l'argent que vous avez perdu à la roulette ! Fallait pas y mettre vos bonnes pièces ! Assez de pleurnicheries des deux côtés de la Vôge ; cessons d'êtres ridicules ; protestons contre ce que nous avons fait ; désavouez avec moi toute notre maudite histoire ; brûlons le Bloc, et mettez-vous avec moi à démolir toutes ces infâmes idoles, Mausolée, Colonne, Arc de triomphe, à proclamer, pratiquer la Religion qui peut résoudre d'un coup la question sociale, assurer le bonheur, l'honneur de tous.

Cependant je veux encore mettre sous vos yeux une page d'histoire, laquelle bon gré mal gré, vous inspirera un dégoût sérieux pour l'assassinat des Républiques de Metz et de Strasbourg par les Roys de Paris, les odieux tyrans français de notre race gauloise. Ci les grands avantages qu'il y eut pour des peuples d'être confisqués par un brigand !

Voici l'Histoire de la ville de Metz, depuis l'établissement jusqu'à la fin de la République, par M. Justin Worms, ouvrage couronné en 1848 par l'Académie nationale de Metz 2e édition, pages 98-100. Le peuple fatigué, ruiné par les guerres, les contributions, était dégoûté de l'infâme gouvernement aristocratique. Henri II se présente comme protecteur, défenseur (!!!) des libertés allemandes; le connétable de Montmorency est là tout prêt avec une armée. Le sire de la Vannes, maréchal de camp, vint vers le Conseil de la Cité, demandant passage pour le connétable et ses gardes seulement, avec une compagnie de gens à pied. Les bourgeois avaient été invités par les traîtres, l'évêque Robert de Lenoncourt et les seigneurs, à se tenir dans leurs maisons en attendant les résolutions du Conseil, et les portes furent ouvertes; le connétable entra dans la ville avec son armée. Au dernier moment les bourgeois éclairés avaient voulu leur fermer le passage, mais il était trop tard. Un capitaine Suisse, à la solde de Metz, prit les clefs, les jeta à la tête du sire en s'écriant: « Tout est perdu ! » Tout était en effet perdu : la ville était au pouvoir de l'ennemi.

Le 18 avril 1552, le Roy français fait son entrée avec tous ses brigands (toute la noblesse de France); il entra dans l'église judaïque où, la main sur l'Evangile juif, il jura judaïquement de conserver les libertés et franchises de la cité, comme l'aurait juré Don Barabbas ou M. de Mandrin. Il prit logement chez son polisson de serviteur Robert de Lenoncourt, fit aussitôt mander les Treize, réclama d'eux le serment de fidélité, et comme ils refusaient, disant qu'ils devaient d'abord être relevés de celui qu'ils avaient prêté à Charles-Quint, le connétable entrant les contraignit à obéir. — Voilà ce que rapporte aux peuples Paris, le gouvernement parisien. Metz et Strasbourg avaient un protecteur, pas de tyran. Charles, visitant une fois sa ville impériale, les Messins lui remirent une valeur convenable ; mis en appétit Charles essaya d'obtenir encore des subsides, à quoi les Messins répondirent qu'ils avaient acquitté la coutume ; il y avait des privilèges consacrés par tous ses prédécesseurs. Le protecteur ne se faisant pas écorcheur, Parisien, n'insista pas, continua son voyage.

Libertés allemandes. Un de ces prédécesseurs de Charles, voulant aussi faire visite, trouva d'abord quelque difficulté ; pourtant les Messins, après avoir convoqué, rangé leurs milices, ouvrirent les portes, rendirent les honneurs, payèrent la coutume ; ce galant homme leur dit, dans leur langue, bien entendu : « Je vois que vous savez bien garder votre bonne ville ; je vous engage à continuer comme cela ! »... Hélas !

Le Roy français méritait d'être pendu ou guillotiné avec tous ses brigands ! Strasbourg instruit par l'exemple de Metz, lui ferme ses portes, refuse le passage. Il commence alors à écarteler Metz, lui arrachant l'une après l'autre toutes ses franchises, libertés, à le ruiner en le forçant de nourrir une forte garnison. En 1569, Charles IX à Metz s'amuse à parler de sa protection ; en 1570, il assure par lettre qu'il continue de protéger.

Page 151. Quand arriva l'époque du renouvellement des magistrats municipaux, les sept collèges se présentèrent devant son Altesse sérénissime le gouverneur, M. de Vieilleville, et l'invitèrent à assister à l'élection du Maître-échevin ; mais il leur répondit qu'il entendait bien plutôt nommer lui-même le Maître échevin et les Treize, qu'il laisserait pourtant aux citoyens la faculté de faire connaître leurs sympathies, mais qu'en définitive la nomination émanerait de lui seul. Et, de fait, il choisit sur l'heure pour Maître-échevin Michel Praillon, et congédia les bourgeois avec ces mots : « Je veux désormais vous faire perdre à tous le goût et l'appétit de ces mots de très sacré empereur (très sacré respect de la liberté des Immédiats, détestée aussi de Bismark) très saint empire et chambre impériale de Spire, et y mettre en leur place ces braves noms de Roy très chrestien, très redoutable (détestable) majesté royale, l'invincible couronne de France et la cour souveraine de Paris.

La violence est flagrante : les Frannsauces ne reconnaissent pas non plus aux peuples le droit de choisir leur nationalité.

La stupeur des bourgeois fut extrême : un joug écrasant ; le Maître-échevin, foudroyé, mourut au bout de deux jours, clôturant la série des Maîtres-échevins de la ville de Metz, et le nom du Maître-échevin survécut — pour désigner un sergot.

Il ne restait plus qu'à supprimer la justice municipale, ce qu'on résolut de faire par l'institution d'un Parlement... Grande fut la consternation des Messins ; toutes les supplications furent vaines ; Richelieu ; le 15 janvier 1633, emporta le dernier débris de la vieille république messine.... Après avoir subsisté quatre siècles.... au milieu de tant d'ennemis.... soutenu tant de guerres.... vivants descendre dans la tombe !

Le Roy français, les Jacobins, plus exécrables que lui... cela prime, quand il n'y a en présence qu'une multitude de lâches crétins.

Monsieur le professeur Pfister, à Nancy, fouille l'histoire de la région et donne les résultats dans des conférences ; il constate que les gens auraient cent fois préféré leur Duc, très médiocre, au Parisien, qui les maltraite horriblement, comme le dégoûtant bon Henri IV abîmait, exterminait les Franc-comtois.

Metz et Nancy se sont avec une honteuse facilité acoquinés à Paris, empesté par le Roy français qui, dit Louis Veuillot lui-même, souille la terre où il pourrit. Il n'en fut pas de même de Strasbourg ; moi je suis aujourd'hui le seul homme vivant ayant reçu à ce sujet les déclarations d'un témoin oculaire. Nous avons été très liés avec Madame Malye-Foissac, veuve d'un vaillant officier, laquelle avait habité Strasbourg avant le grand tumulte, misérable, méprisable tapage d'où n'est sortie qu'une perversion morale, la folie de gloire de méchants crétins. Elle a observé avec intelligence, et m'a dit plus d'une fois, avec regret, que les Strasbourgeois, à la veille de 1789, ne voyaient pas sans déplaisir, aversion marquée, les subjects du Roy circuler par là le nez en l'air.

S'introduire ainsi dans une maison honnête, au déplaisir des habitants, quelle honte ! Je leur aurais rendu avec bonheur leur pleine indépendance. Cette chose a fait sur moi une impression décisive, pour me faire haïr à jamais la gloire de rapaces, tyranniques malfaiteurs, méchants crétins.

Il y eut aussi à Strasbourg des traîtres, hommes corrompus, amateurs de mauvaises plaisanteries, comédies et de sottes tragédies, lesquels, pour de l'argent, des places en perspective, se chargèrent de séduire, asservir leurs concitoyens, de leur persuader qu'il serait pourtant très amusant, très avantageux, profitable, instructif de se lier intimement avec une cour si brillante, riche protectrice du commerce, école incomparable du savoir-vivre, de tous les arts et modes admirables, élégances, délices qui embellissent la vie ; ce serait tout autre chose que l'existence monotone, mortellement ennuyeuse de l'Empire ; du reste le Roy laisserait subsister toutes les libertés, accorderait toutes les franchises imaginables, ce serait un vrai paradis, alliance parfaite de l'utile et de l'agréable.

Malheur aux peuples qui ne se gouvernent pas eux-mêmes, qui se laissent encapuchonner par un conseil, salarié ou non salarié, non révocable chaque jour, à la première sommation des commettants ! Le peuple a cent fois plus d'intelligence et mille fois plus d'honnêteté que le conseil, où se glissent toujours des intrigants, des pourris, des impudents, corrompus corrupteurs, qui ont les meilleures chances de réussir. Le conseil, fléau du peuple, vous en savez quelque chose, se laissa corrompre aussi à Strasbourg ; il ne s'engagea pourtant pas sans s'être assuré des avantages économiques importants, assez bien définis, spécifiés pour que la tricherie fût impossible, de sorte que Strasbourg resta certainement la ville de beaucoup la moins maltraitée d'un État mal administré, gouverné, livré à la rapacité d'un fisc impitoyable. Le Roy, qui craignait l'Empire, voulait à tout prix, par toutes les concessions, étouffer les mécontentemens bruyants, prévenir des appels furieux qui pouvaient créer une situation très dangereuse. On réussit en effet à empêcher de telles explosions ; néanmoins lorsque le peuple trahi se vit dépouillé des attributs de la souveraineté, par là humilié, gêné dans ses habitudes par l'invasion de cette langue étrangère et de ces visages étrangers, dont il n'avait nullement senti le besoin, il entra dans son âme une colère qui ne s'évapora qu'au tintamarre de la Révolution. Alors Strasbourg fut bête, se laissa berner comme tous les autres ; j'entends Liberté ! Liberté ! Tiens, tiens, c'est justement la chose à laquelle nous pensions depuis si longtemps ! Délicieux, délicieux ; au lieu de sujets, nous voilà citoyens, enfin, c'est si beau que l'on pourrait faire des folies, sauter par la fenêtre ! Pas plus que les autres, il n'eut le bon sens, le courage de dire que la cuisine des Jacobins c'était une tyrannie pire que le despotisme des Roys français : ils perdaient même de vue leurs franchises, puisque demain, oui demain ça viendrait ; on fournirait, débiterait la Liberté à la toise, au quintal. C'est que l'illusion persiste, parce que l'on a besoin de liberté, de respirer à l'aise, d'être heureux, et l'on croit devoir une reconnaissance à ces saligauds ivres, parce qu'ils ont gueulé la Liberté !

Après 1815 Strasbourg pensa qu'en attendant la Liberté pour demain, on pourrait pour aujourd'hui saisir de nouveau les avantages matériels, et il envoya une députation au Roy de France : Sire, la ville de Strasbourg est heureuse de vous voir rentré en possession de votre bien. Maintenant Strasbourg espère que Votre Majesté voudra aussi faire honneur à la signature de son illustre aïeul, et remettre à leur place nos Droits, Franchises, Immunités, Privilèges...

Il y a là une question de droit, dont l'intérêt théorique ne diminue pas : les convenances de l'Etat français ne sauraient modifier, annuler ces engagements pris par lui envers Strasbourg ; si vos convenances ne vous permettent pas aujourd'hui de rétablir nos Privilèges, eh bien, alors la solution est trouvée, rendez la république et nous saurons nous gouverner comme Francfort, Hambourg, comme se gouvernaient nos ancêtres !

Un appel à l'Europe en ce sens aurait dû, selon la justice, trouver bon accueil, mais à ces damnés ce vil mensonge de Révolution devait arracher leurs avantages économiques, sans donner autre chose que l'ombre, le mot agaçant de Liberté ; après avoir tant souffert avec nous sur cette galère maudite, ils n'ont pas voulu nous frapper au cœur dans l'horrible situation, l'abîme où nous avait précipités notre aveuglement, notre criminelle folie. Ensuite chez eux il y avait toujours l'Espérance : la parole de Liberté-Égalité-Fraternité a surgi de la Gaule ; peut être cette âme gauloise est encore capable d'en procurer un jour la réalisation !

Eh bien, l'Espérance n'a pas été vaine ; seulement on ne se trouve plus qu'en présence d'un peuple, dont tous ses journalistes constatent avec terreur la veulerie, que l'on dirait irrémédiable : veule, faible, mou, sans énergie, un peuple de sans tête, sans cœur, un troupeau de lâches ! Pour affirmer, réaliser l'Idéal il n'y a là qu'une seule âme gauloise ; mais pour cela l'Idéal n'en est pas moins acquis, pleinement, absolument réalisé : sans compter les bulletins de vote qui ne sont rien, considérez une fois le fond.

Un Juif, un Huguenot, un Franc-Maçon avec quelques gendarmes se présentent pour forcer la porte des couvents, expulser les conventuels, gens parfaitement paisibles, payant l'impôt établi régulièrement. Le peuple le voit, laisse faire : il pousse un cri de désapprobation, puis il prend la fuite, effrayé de son audace ; il souffre que le Juif-Huguenot-Maçon taxe au double, triple, quadruple, les Religieux que le peuple regarde comme les soutiens de sa Religion. A-t-il une conviction ou bien n'est-ce qu'un comédien ? C'est un aveuli, une pourriture.

Ce peuple souffre que l'on gracie des traîtres condamnés, que l'on emprisonne ceux qui acclament l'armée ! Il souffre tout ce que l'on veut. Veulerie : ce peuple n'a d'enthousiasme que pour le banquet, soulerie et exhibitions obscènes ; l'oppression ou le zèle pour la justice ne peuvent plus le provoquer. Les écrivains, prêcheurs sont paralysés par ces choses comme les autres. Avec 110 millions les Juifs ont acheté le Parlement : la fin de l'histoire ! Metz, Strasbourg, il est stupide, vous êtes stupides, de chercher l'Idéal de ce côté là ; reconnaissez le donc où il existe, pour le réaliser à votre tour dans votre vie entière, en jouir dans tous vos moments.

Il faut que vous reconnaissiez cette chose : en tout cas dans Une âme gauloise l'égoïsme est simplement supprimé ; il n'y existe que le zèle, une volonté absolument parfaite pour le bonheur, l'honneur de tous. Liberté morale, l'indépendance morale, voilà le but sublime No plus regarder du côté de Paris. L'Autorité, Septembre 1899 : « La République » du Franc-Maçon-Juif Gambetta — « a fait de Paris un mauvais lieu, comme il n'en est nulle part ailleurs » — mais comme fut le saint royaume juif de David, Absalom, Salomon. — « Les étalages de librairie à la portée de tous, de la jeune femme, de l'enfant sont devenus de véritables appels à la débauche. L'image obscène et les titres infâmes sollicitent l'attention malsaine des passants. Dans les théâtres, c'est la même immoralité qui coule à longs flots. Les cafés-concerts de Paris, c'est l'ordure à jet continu… Le pot de vin : le parlementaire, le journaliste se vend comme un cochon », — justement, pour se vautrer dans la crapule, la débauche.

Le Juif, le Franc-Maçon, veut un tel état de choses pour avoir des esclaves de plus en plus aveulis; le Huguenot est leur fidèle allié. Les voilà, on les connait maintenant. Le peuple laisse faire, élit comme ils désirent. Metz, Strasbourg, c'est là que vous cherchez l'Idéal, que vous espérez satisfaire votre besoin d'Idéal ? Jamais je n'y ai mis le pied ; j'aurais vu avec intérêt les bêtes du jardin, je me suis abstenu pour ne pas être forcé de voir les bipèdes.

La gestion financière chez nous est depuis de longues années une folie furieuse, tandis que votre budget allemand, Metz, Strasbourg, montre des excédents. De persécution des catholiques, de droits d'accroissement, il n'en est pas question : la Prusse a tout d'abord augmenté de cinquante pour cent les appointements de ce clergé. Donc il est insensé, bestial, de répondre de cette manière à de bons procédés, de voter sans une ombre d'utilité, de raison pour des inintelligents qui se disent Protestataires ; qu'ils protestent contre tout ce qui se fait ici, chez nous, cela ne nous semblerait pas si déraisonnable. Que les jeunes hommes qui ne brûlent pas de servir chez nous le circoncis fassent leur service militaire en Prusse, où le Juif ne commande pas. M. de Wuelknitz me disait à Bitche : « On nous avait envoyé au bataillon un médecin juif ; on ne pouvait pas l'avoir ; nous l'avons expédié à Metz dans un hôpital… » Bravo, vous êtes des hommes ! Les officiers français, à côté de ceux-là, sont des sujets rabaissés ; les Juifs les insultent à plaisir et ils se courbent. Si cet échantillon d'Idéal vous sourit, vous pouvez en ramasser encore d'autres de même valeur.

Un Conseiller municipal de Paris gueule que Dumas le Grand avait l'honneur d'être enfant naturel ; tous applaudissent. Saligauds ! C'est purement franc-maçonnique ; Drumont, *France Juive*, cite des chants maçonniques lesquels « feraient rougir un singe ». Cette semence, non de bétail, mais de monstruosités a dépouillé toute sensibilité humaine. L'élection de Ranc fut suivie d'une goinfrerie où l'on introduisit des gourgandines pour chanter des pièces de leur répertoire, dont *La Lanterne* admirait « la verdeur ». On conçoit qu'une race pareille ait pu, contrairement à la Loi, s'adjuger 0,000 par tête : cela n'a jamais plu au gouvernement, mais la veulerie ne proteste pas ; il laisse faire et fait de son côté. Quand il reste des crédits non employés, ils se les partagent amicalement là-haut ! On en a bien parlé, mais la Veulerie des Veules...

N'est-ce pas faire quelque chose que de parler ?

Vous avez faim et soif d'Idéal ? Moi de même : mais je n'ai pas l'imbécillité d'attendre qu'un gouvernement distribue des rations d'Idéal. C'est à nous à concevoir et manifester l'Idéal : donc brisez la vile idole, le monstrueux tyran juif et embrassez la raison, la religion de la solidarité ; vivez comme je vis et distribuez votre superflu, afin qu'il n'y ait plus autour de vous de misérables hommes-torchons, la honte de notre société. Dans mon entourage on s'aperçoit chaque jour que j'ai une loi, une foi, un idéal ; montrez également une fois ce qu'il y a en vous, ce que vous êtes, et que d'autres puissent s'en réjouir.

Cher peuple gaulois, vous avez comme cela donné assez de preuves de votre savoir faire en veulerie ; vous pourriez produire maintenant une pièce nouvelle, à grand effet, pour nous dédommager complètement. Cela réussira pour peu que vous le vouliez.

Paris l'inconscient nous avait expédié dans le pays conquis de langue germanique un receveur de l'enregistrement ne parlant que parisien. Un campagnard ayant acheté dans la forêt domaniale un lot de fagots se présente, pour s'acquitter, à ce bourreau de Paris. Pas moyen de s'entendre. Le campagnard sort du bureau, et en rôdant aux alentours il découvre des fagots dont il extrait un bâton qui pourrait bien, pense-t-il, lui servir d'interprète; il vient donc le brandir au nez du parisien, qui se croit menacé d'une exécution peu agréable. Esclandre. Ils en riaient comme des fous; j'ai été irrité de voir maltraiter de cette manière une population, à laquelle on ne s'était pas donné la peine d'enseigner le nécessaire. J'ai dit alors qu'il serait raisonnable et juste de les laisser s'administrer avec leur propre langue. Un peu plus tard les Bonapartistes voulaient absolument extirper en Lorraine la langue germanique : les prêtres devaient se mettre à ne plus prêcher qu'en parisien. Ils résistèrent.

Peuple gaulois, est-ce là une situation normale? Vous n'avez pas voulu travailler pour faire cesser un si pitoyable, dégoûtant état de choses; eh bien, je dis que vous ne méritiez pas de rester, d'occuper cette place.

Un cri de l'âme : Corses, Niçois, Flamands, gouvernez-vous avec votre propre langue, la langue de la mère, en toute indépendance, sous le symbole de Liberté-Egalité-Fraternité entre patrons et travailleurs. Tant que vous aurez assez d'intelligence, de caractère pour vous appartenir, pour rester vos propres maîtres, les gardiens de votre honneur, liberté, vous serez dans notre pays comme chez vous !

Que les Savoisiens votent de nouveau en toute liberté ! Est-ce là encore le vieux jeu de l'égoïsme, ou bien la parfaite sincérité, l'Idéal? Il est en tout cas réalisé chez celui-là. Espérance! Foi et OEuvres!

Et vous vouliez recommencer avec les provinces rhénanes!!! Je proteste contre votre protestation. Elle est réellement mal fondée, et si ridiculement inutile, que vous feriez pourtant un acte de haute raison de sortir de cette ornière, et de gagner la paix, d'échapper à la ruine en reconnaissant franchement que les torts étaient de votre côté, que les Jacobins et les Bonaparte et les François, Henri, Louis, Turenne, Condé, avaient tort, et que vous désavouez toutes ces détestables aventures. Votre obstination à y chercher la gloire est la vraie cause de l'horrible malaise de l'Europe, alors que votre bon sens y mettrait tout de suite un terme à notre plus grand avantage, et nous donnerait un excellent appui contre notre véritable ennemi, l'Angleterre, qui a pendant des siècles ravagé ce pays.

Je dis que dans toutes nos communes il devrait se former un Comité, pour réunir de plus en plus de signatures pour un acte de désaveu, dont les progrès seraient rendus publics de jour en jour. Je désavoue nos maîtres germaniques français, je désavoue nos Jacobins anciens et nouveaux. Cela c'est la délivrance, la seule délivrance possible et très facile, très prompte, infaillible, pour laquelle vous n'avez pas besoin de ce Parlement. Dès que le mouvement de désaveu aura atteint une certaine ampleur, nous en tirerons profit : nous fermerons les casernes ; nous supprimerons la cavalerie, et l'on s'appliquera avec zèle à faire un fusilier bour (boer) de chaque citoyen. 000 millions disponibles, dont 100 pour l'armement et les officiers, 300 pour l'amortissement de la Dette, 400 pour la dotation de nos travailleurs. Pour l'armement, vente des chevaux, sauf les attelages de l'artillerie. Au lieu des cuirassés on cherchera d'autres engins.

Désavouez et désavouez.

Pour ce qui me concerne, j'estime que l'entente *cordiale* avec les Allemands n'est pas possible s'ils ne désavouent pas de leur côté des actes nombreux dont nos populations toutes pacifiques ont eu trop à souffrir.

Nous avons lu la Proclamation où le Roi en entrant dans ce pays promettait de protéger les habitants qui ne commettraient aucun acte d'hostilité. Eh bien, est-ce que ses gens, officiers et soldats, ne lui ont pas chaque jour, partout donné impunément le démenti le plus cruel pour nous, comme s'ils méprisaient parfaitement ses paroles.

Le docteur Stieber, directeur de la police au quartier général, pour accompagner toujours le Roi, a écrit des Mémoires, où il est dit : « Les Bavarois avec leurs cantiniers sont de véritables bandes de brigands, qui détruisent ce qu'ils ne peuvent emporter. » — Cela devait singulièrement faciliter les réquisitions sur le passage du Quartier général et des autres ; même cette considération ne leur a pas donné le courage de sévir contre ces brigands !

Un trait général, une pratique permanente des

troupes allemandes fut le pillage partout et toujours; encouragé au besoin par des lettres venues d'Allemagne, dont quelques-unes furent interceptées. Sous la conduite des officiers les hommes procédaient au pillage de maisons de bonne apparence. (*Récits militaires*, général Ambert.)

Les Bavarois répliquent : « Vous êtes maintenant occupés par des Prussiens, de vrais Prussiens du Brandebourg, disaient-ils, quand ceux-ci venaient les relever, voulant dire que l'on trouverait les Prussiens encore plus mordants, ce qui était vrai. Après un combat ils s'amusaient à brûler les villages voisins. *(Récits militaires.)* — Madame Coyratier, luthérienne, veuve d'un de nos officiers, eut l'occasion de demander à un officier prussien quelques mots d'explication : « Nous faisons la guerre à Louis XIV », fut sa réponse, qu'elle me répéta. Je demande : quel rapport y a-t-il entre Louis XIV et la promesse solennelle du Roi de Prusse? Il faut venger la Reine Louise, oh! oui, la Reine Louise: faut venger, bien venger la Reine Louise!...

Pour exprimer d'une manière saisissante leur incommensurable mépris pour les vaincus, ils aimaient à déposer partout leurs excréments sur les planchers, les plats et assiettes dont ils ornaient les tables, les cheminées; on ne dit pas que tous les individus l'aient fait, mais nobles et roturiers, officiers et soldats, tous les rangs et conditions voulurent exprimer ainsi leurs idées et sentiments. La protection du Roi de Prusse !!!

Ils tiennent à la gloire tout comme les nôtres. J'ai vu l'ouvrage du grand État-Major; à propos de Rezonville-Gravelotte il est dit : « Les pertes furent de 10,000 de chaque côté; la nuit mit un terme à l'action, où seulement deux corps allemands furent engagés contre cinq corps français, mais le lendemain on vit que les Français s'étaient retirés et que les Allemands étaient restés maîtres du champ de bataille ». — Ainsi les officiers veulent faire croire aux bourgeois allemands que les cinq corps ont pris la fuite pendant la nuit pour se soustraire à la vengeance des deux corps allemands. Pour vérifier cette assertion j'ai fait le voyage, et j'ai appris, à Rezonville, d'un témoin oculaire, que le 17 août (lever du Soleil à 4 h. 50) les Français étaient sur leurs positions jusque vers 0 heures et que les Allemands encore trop fatigués de leurs terribles efforts de la veille, ne firent aucun mouvement pour les rejoindre. Dans ses six volumes le commandant Roussel, ne dit pas un mot de cette chose : c'est stupide ! M. de Wuelknitz, qui a fait la campagne, a dit devant moi et trois de messieurs ses collègues qu'il y a des inexactitudes dans le récit du grand Etat Major. Mais Fontenoy ! Tout à coup parvint au Quartier Général la nouvelle de la destruction du viaduc. La présence d'une seule sentinelle allemande aurait fait manquer le coup; il n'y en avait aucune; cette fois c'était chez eux comme dans un camp français.

Pas de sentinelle allemande et notre viaduc détruit ! Tous les habitants de Fontenoy méritent donc la mort ! Il faut au moins en tuer quelques-uns et brûler Fontenoy — Nous les tenons ! — Ils n'osaient pas réprimer les brigands ; ils n'ont pas eu le courage de frapper leur officier coupable. C'est une honte ; il fallait se venger de cette déconvenue et ils l'ont fait.

Sans chauvinisme, je suis forcé de constater que Napoléon tenait ses hommes autrement que ceux-là ; le pillage n'était pas sur le programme : « Vous serez le modèle des armées, sans quoi vous ne seriez pas les libérateurs des peuples, vous en seriez les fléaux... » Pour la maraude, il y avait la fusillade, ça ne ratait pas. Carus à Dresde obtint deux cadavres, des bijoux, les plus beaux qu'il ait vus ; s'ils n'avaient pas été Italiens, ils auraient été Allemands, de ces indisciplinables maraudeurs, tourmenteurs de leurs frères allemands. J'ai encore là un original de la proclamation du duc de Brunswick en 1793, datée de Coblentz : même promesse que dans celle du Roy, même pillage impuni dès l'entrée dans notre pays, à Bitche, après la provocation des Jacobins.

Ils étaient presque nus, sans chaussures, dit Soult de nos soldats de Hollande, et traversaient le pays le plus riche de l'Europe ; ils se contentaient, officiers et soldats, de ce que leur fournissaient leurs magasins.

Si nous désavouons honnêtement, comme je l'ai fait et le répète, nous aurions le droit s'il s'agit d'amitié, de demander aussi aux autres un désaveu semblable. Quant à moi, pour entrer en relations avec un Allemand, je demande le désaveu de :

1° Des innombrables actes contraires à la promesse du Roi ;

2° De la violence commise à Fontenoy, injustice pour laquelle une réparation est due ;

— 3° Des injures prodiguées à l'occasion de Dreyfus, dont l'acte de trahison n'était pas douteux, et que l'on n'a fait semblant de soutenir, par manière de représailles, que pour punir la déloyauté des protestataires, laquelle nous autorisait à rechercher de toutes manières leurs secrets.

Le bon sens ne dit-il pas que pour préparer des relations amicales, il faut chercher à s'entendre sur les principes, surtout sur les actes qui ont pu troubler la paix, l'entente cordiale ?

Est-ce que mes voisins me jugent, me condamnent pour mon principe, ma profession de foi : Liberté, Egalité, Fraternité, ou bien pour mes œuvres, les actes qui se résument dans la Colonne, l'Arc-de-Triomphe ? S'il est certain qu'ils me haïssent pour mes œuvres; ils reconnaissent par là même, qu'un principe, une foi, reconnue tout honnête et bonne, n'est rien par elle-même, à elle seule, que je ne suis pas justifié, digne d'affection pour cette profession de foi, mais seulement par une conduite conforme à cette foi toute bienfaisante, utile aux hommes; ils donnent ainsi eux-mêmes un démenti à la stupide Théologie qu'ils se sont laissé imposer par des pédants, laquelle est aussi, comme vous verrez tout à l'heure, absolument contraire au document théologique, comme elle est contraire à leur sentiment, leur vraie conviction, leur conduite.

Nos voisins ont lieu de désavouer comme nous-mêmes; leurs actes sont condamnables comme les nôtres : est-ce que leurs hordes n'ont pas ravagé, pillé cet ancien monde, continué le brigandage romain ? Ils nous ont flanqué les brigands français; l'histoire de la Gaule a été une histoire française, et lorsque les Français brigandaient d'un côté, leurs cousins faisaient ailleurs un métier identique.

Un beau jour le Moine allemand Fraenzel von Schwarzkappe, envoyé par le Ciel, fait son apparition dans un canton slave; il examine tout avec soin, le pays et les gens; il a pour eux des vérités célestes qui feront sans manquer leur bonheur ; il reviendra prochainement leur apporter les trésors ; ils peuvent compter sur lui ; leur salut est assuré.

Quelques jours après les malheureux en se réveillant aperçoivent sur la colline Dat Fraenzel avec deux cents hommes armés qui construisent un Burg avec ardeur. Bientôt, ils descendent, entrent dans les demeures pour les réquisitions et pour encaisser les impôts ; le canton slave est escamoté ; ils ont continué ces opérations pendant des siècles. *Dat Fraenzel, frank, frak und frech, zum wegwerfen.* Pour la Pologne ils ont partagé avec le voisin ; tout cela est, certes, aussi honnête que la danse française et la pratique jacobine et la judaïque.

Tous ensemble désavouons tout, et employons les budgets de la Guerre et de la Marine à installer, doter les travailleurs. Chez moi rien ne s'oppose à cette solution ; chez vous s'y oppose l'éducation avec Dieu, qui notoirement, selon le sacré Livre, est le Seigneur des armées, le Président de la nocerie, l'unification de Mars et de Bacchus.

Désavouons noceries, histrionnerie, poésie, musique, peinture, sculpture, chiffonnerie : la Religion, l'honnêteté avec la fraternité suffit pour chasser tout ennui, assurer le progrès continu, le Bonheur, l'Honneur de tous, Jouir du contentement, de l'affection des autres, toujours jouir, remplir avec cela le temps immense, une demeure maternelle ; c'est un fruit que nous pourrions cueillir.

Gaulois, vous n'êtes plus des perclus réduits à vous appuyer sur des béquilles juives ou grecques ou autres, ne sachant que penser du Monde, de l'Homme, de la Vie, de la Mort, du Passé, de l'Avenir : vous avez chez vous le nécessaire, la pleine lumière sur toutes les grandes questions, la vraie théorie, la parfaite pratique ; sur le Monde, la Destinée humaine ; la pensée velche c'est tout, le reste n'est que malentendu, puérilité, mensonge.

Les Chauvins allemands, pour amener les Flamands à abdiquer en leur faveur, à s'annuler pour leur faire plaisir, publient en Belgique un journal où ils disent aux Flamands : Ne regardez pas ces velches ; à nous, c'est à nous qu'il faut venir ; c'est chez nous la prospérité, l'avenir, la Science !

La Science chez les Allemands ! L'érudition, qu'ils ont, ne suffit pas, en effet ; alors la Science, qu'il nous faut, la Science de la vérité et de l'erreur, du Bien et du Mal, ils se l'attribuent bénévolement ! S'ils ont la vérité, alors la vérité n'est pas du tout une chose qui guérit, sauve, transforme une société, car l'état social est chez eux aussi triste, l'égoïsme est aussi féroce que partout ailleurs, et il y a chez eux assez d'hommes-torchons qui en souffrent et le disent. La Science qui produit des œuvres parfaites entre en guerre contre la science sans œuvres ; il faut dissiper leur illusion, montrer que cet épi sans grain ne mérite aucune estime.

L'éclaircissement du mystère universel, l'être, le devenir, repos, mouvement, l'origine, le but, cela c'est la Science ; ne pas le savoir c'est rester dans les ténèbres. Le mot de l'énigme s'est découvert à Londres, à Berlin, à Paris ! Ces gens sont tous aussi aveugles, stupides, en conséquence aussi méchants crétins les uns que les autres ; ils n'étaient pas plus avancés que le concubinaire Aristote ou Platon. Leur sagesse ne consiste pas à raisonner, mais à adorer Dieu ou la Nature, certes, au-dessous de la bête.

On se croit un peuple philosophique avec Kannt, Fichteu, Schellinngue, Héguel, des volumes de phrases et pas de lumière, pas de solution.

Kannt : Dieu, un postulatum de la Raison ! J'ai démontré que cette prétendue Raison est la sœur de la déesse que la Canaille adorait dans le furieux Tumulte ; ignorance puérile, incapacité de penser, de distinguer, en morale, le blanc du noir.

Kannt : Nous ne saisissons que les apparences, le phénomène, jamais la chose en elle-même ! Ignorance, incapacité de penser. Il est évident qu'un corps ne peut agir, réagir que selon son essence, sa constitution intime, son état réel ; donc le phénomène est toujours une révélation de cette essence, constitution, de l'état actuel de de la Matière. De ma main droite, je saisis un centimètre cube de fer ; de ma gauche un volume égal de liège. Est-ce que je n'entre pas à l'instant même dans l'intimité de ces corps ? Et quand je touche, d'un côté, un cube de fer à 50°, de l'autre, un cube de glace à — 1° ? Toutes les investigations physiques, chimiques nous dévoilent des caractères essentiels de la substance étudiée; en compparant, combinant tous les phénomènes j'ai réussi à les rapporter à une structure déterminée de l'élément de masse, à les reconnaître comme les fonctions d'organes différents. Des profondeurs de l'espace nous arrive l'image d'un soleil rouge, ou vert, ou bleu; par une série de déductions rigoureuses les travailleurs ont établi que ces lumières sont la révélation de l'état vibratoire qui domine dans ces mondes lointains; il y a là tant de trillions de vibrations par seconde ! Et l'apparence ne nous renseignerait pas de plus en plus complètement sur le fond des choses :

Ce sujet-là, se fourvoyant jusqu'à bavarder sur l'homme moral, soutient que la volonté, l'action réellement morale, normale ne se règle pas sur le sentiment, le plaisir ou le déplaisir, mais sur une loi supérieure qui ordonne, se fait obéir par cet homme moral, sans le plaisir, malgré le déplaisir,

C'est parfaitement faux, parfaitement stupide. Voici la Vérité, l'expérience, un fait : *Trahit sua quemque voluptas*, chacun est entraîné par son goût, son inclination, fait ce qui lui semble préférable, selon son tempérament, ses idées, habitudes, son éducation, ses dispositions actuelles; dès lors il s'agit seulement d'amener l'homme, par l'instruction, l'éducation, la pratique, un certain genre de vie, à aimer uniquement le Vrai, le Bien absolu, la parfaite Honnêteté, le Bonheur, l'Honneur de tous, et, ne faisant que ce qu'il aime, il agira certainement pour l'avantage de tous, avec plus d'énergie, de persévérance que s'il ne faisait que se plier à un ordre, une parole de commandement. Voyons, est-ce qu'un homme ne déploie pas plus de force quand il se précipite que lorsqu'il obéit seulement à une impulsion étrangère ? *Trahit sua quemque voluptas* ; cela c'est justement notre organisation mise en évidence par la Physiologie : les nerfs moteurs reçoivent l'impulsion du sensitif central; c'est là que naît la volonté; c'est du sentiment que l'action tire son origine.

Mes chers amis, votre peine, je la ressens comme mienne ; votre joie, c'est ma joie, mon bonheur, voilà ce qui me fait agir avec une parfaite satisfaction et me soutiendra toujours.

Est-ce que ceux qui entendent de telles paroles aimeraient mieux entendre que l'on n'agit pas en toute indépendance, liberté, que l'on ne se dévoue que pour obéir à un ordre, une impulsion étrangère, et non par une sincère affection :

La dignité de l'homme c'est sa Liberté, quand il n'a pas d'autre loi que sa conviction, son affection, raisonnable, sa volonté invariablement, invinciblement dirigée vers le Bien, Bonheur, Honneur de tous. Voici un autre Philosophe pour les Allemands, qui ont la Science. Fichteu trouve son point de départ dans les divertissements de Kannt. Pour ce chef de file l'expérience, connaissance est un produit de deux facteurs, un idéal et un réel ; l'idéal, le sujet pensant, crée la forme, possède les notions de l'espace et du temps ; le réel, la chose en elle-même, fournit la matière de la connaissance. Sans cette chose, qui nous reste inconnue — puisque nous n'étudions pas la Physique — nous n'aurions pas de sensation ; c'est justement par les sensations que nous en reconnaissons l'existence. Comme nous n'avons pas conscience de les avoir nous-mêmes produites en nous, il faut conclure, selon la loi de causalité, que les sensations sont dues à une cause qui nous est étrangère, dont la réalité nous est par là démontrée.

Cependant Fichteu, rempli d'assurance, croit prendre Kannt en flagrant délit d'erreur ; il proclame sa grande découverte. La loi de causalité, dit-il, appartient à l'intelligence du sujet, où elle est confinée ; donc elle n'est nullement propre à établir l'existence d'une réalité étrangère ; donc la conclusion de Kannt est fausse ; le facteur réel est décidément éliminé ; je le dis, ainsi c'est démontré.

Tout ce qui existe dans l'intelligence est simplement un produit de l'intelligence elle-même, hors de laquelle rien n'existe ; elle ne sort pas d'elle-même. Elle agit selon sa nature, ses lois, dans ses limites inexplicables comme ses opérations puisque nous n'étudions pas la Physique, Physiologie.

Tous les faits de la conscience ont leur origine dans le sujet, sont produits par le sujet même, ceux qu'il ne reconnaît pas avoir conçus, préparés, comme ceux dont il sait positivement être l'auteur.

Ces folies viennent simplement de l'ignorance des lois physiques, du mécanisme de l'action intellectuelle, affective. Vous reconnaissez que les lois, opérations de l'intelligence sont pour vous inexplicables ; donc tout ce que vous en dites n'est qu'une invention de votre fantaisie, une chimère, tandis que par nous ces opérations sont déjà expliquées.

Toute notre pensée est sans doute un mouvement de notre intelligence : le Non-moi y existe comme le Moi, comme en général l'affirmation et la négation, le blanc et le noir, le rouge et le vert ; il suffit de se dire qu'il ne s'agit là que de mouvements divers qui tous peuvent parfaitement se produire dans l'organe respectif. Quant à la loi de causalité, on se moquera de ceux qui essayent de l'obscurcir, de la restreindre. Ceci est plus fort que cette philosophie : la force est le mouvement d'un corps ; Dans l'obscurité je me heurte contre un obstacle ; cette impression désagréable sur mon nez serait l'œuvre de mon intelligence ! ! Non, l'action que je subis, ne vient pas de moi, de mon intelligence, de mon corps ; elle vient d'un corps étranger, du Non-moi ; vous prétendez que c'est votre intelligence qui a fait cela ; dans ce cas vous n'avez pas d'intelligence, vous êtes un Fou, qui veut lui-même se blesser ! Je tiens à la main une bougie allumée ; je ne suis pas brûlé ; avec une aiguille je perce la bougie ; je ne suis pas piqué ; c'est le Non-moi : vous êtes un Fou. On se sent touché au front par l'excitation de la peau du front transplantée sur le nez : n'est-ce pas, ce n'est pas un corps qui produit cet effet c'est l'œuvre, une invention de l'intelligence ? On ne doit pas admettre en dehors d'elle une spécialité produisant elle-même des effets si spéciaux ! Imbécile.

Puisque Fichteu n'admet aucune réalité extérieure, il n'admet pas Dieu comme substance étrangère au penseur ; toutefois il croit follement que ce mot, à l'usage des brigands, peut servir à désigner l'ordre moral ! Il revient à une Intelligence absolue, immanente, qui aurait produit le Monde avec un But, une Intention raisonnable ! Pour celui qui ouvre les yeux il n'y a dans ce Monde nulle trace de raison morale, rien que brutalité absolue.

Schellinngue, ce nom a dû quelque lustre, pour les

imbéciles, à l'enseigne suggestive : Philosophie de la Nature : qu'en est-il sorti ? Rien du tout. Passait pour le plus brillant (!) disciple et meilleur commentateur de Fichteu ; panthéiste, théiste, révélationiste, stupide. Le Moi créateur, dont la production inconsciente (ainsi en tout cas irrationnelle, atroce) est la Nature, ce monde réel, et dont la production consciente est le monde idéal ; ces deux produits sont dans leur racine identiques... Système d'identité, ainsi folie pure. Pour le penseur, qui ne veut pas se confondre avec la nature, la vérité, c'est le Dualisme absolu : d'un côté, la Brute inconsciente, de l'autre, dans la conscience humaine, la Raison absolue, antithéologie, antinaturalisme.

Schellinngue, revenant à la bonzerie qu'il appelle Philosophie positive, nous plante là un Seigneur Dieu qui précède tout commencement, ne peut-être contraint à produire un monde ; le joli monde que voilà est le résultat d'une libre action de Dieu qui a du goût, ne peut être l'objet d'une connaissance rationnelle, ne sera toujours qu'un fait d'expérience. Le mal n'est pas voulu, seulement permis, tandis qu'un père raisonnable ne le permet nullement, prend ses mesures pour l'empêcher à coup sûr, parce qu'il ne passe pas son temps à nourrir son cœur de délices gastronomiques, mais à instruire, protéger ses enfants. Ainsi peut finir, s'ensevelir lui-même un philosophe fatigué.

De même valeur le Héguel : « Comme Kannt, Fichteu, Schellinngue, notre Maître Héguel mit en lumière l'éternel fonds de raison contenu dans les formes historiques et symboliques du Christianisme » ! Arnold Ruge, des Annales de Halle : ce n'était qu'une théologie nous l'avons culbutée.

Chez Héguel, l'Idée se pose, se présente à elle-même dans l'Esprit absolu, c'est la création de la nature, de ce monde réel ! Ainsi ce n'est vraiment qu'une Théologie, une bêtise. « L'Absolu, la Raison est la seule réalité ; donc toute réalité est Raison ; la Raison est nécessairement réelle » ! Folie pure. « Tous les moments de la réalité sont vrais lorsqu'ils se produisent !» Dès le premier moment comme le lendemain le système de Ptolémée était faux, mon addition était fausse, imbécile !

Aussi vides, impertinents que les nôtres ; plus d'admiration ! Quelle idée nouvelle, quelle lumière sur l'existence le comédien nommé Lessinngue a t-il donc apportée ? Théiste, panthéiste il n'a aucune répugnance à être appareillé avec une brute, Hen kai Pan ; comme théiste il bégaye : pépère, si dans ta main droite, tu me présentais la vérité, et dans ta main gauche la recherche de la vérité, je saisirais la gauche, car la vérité même elle n'est pourtant que pour toi seul ! Avec un tel père pas plus de ressources qu'avec la saloperie du Pan, grand tout ! Pour passer le temps, supporter l'existence, il lui faut seulement, dit-il, le laudanum d'amusements littéraires, théologiques ! Misérable ; on n'ose pas se regarder sérieusement soi-même, l'état réel, c'est si triste trop ennuyeux. Vive un certain Athéisme qui d'un coup vous balaye tout cela, délivre, guérit de toute chose fâcheuse et que du reste on aime partout ; il ne mendie pas, n'a pas volé cela.

À toutes les époques, partout, des deux côtés de la frontière, la Religion, Philosophie, Histrionnerie, Poésie, tous ces Arts se montrent ennuyeux, piteux, donnent en somme un résultat détestable, font un triste monde d'ignorance, de mensonge, d'égoïsme, font désirer un monde meilleur, c'est-à-dire tout différent. Avec ces choses là les hommes cherchent à se désennuyer, mais s'embourbent de plus en plus. Cependant les nécessités de la vie sociale font promulguer des lois d'honnêteté, de justice ; eh bien, vous retiendrez, vous saurez que tous ces êtres-là, qui n'ont que l'éducation avec Dieu, c'est-à-dire qui n'ont pas d'éducation, ne peuvent avoir et n'ont qu'un vernis d'honnêteté, de justice et au dessous sont de fieffés polissons et de parfaits malfaiteurs, en tout cas par la pensée ; et si, retenus par la crainte, ils ne passent pas toujours facilement aux actes mêmes, qui leur attireraient de trop graves embarras, ils font leurs délices d'atrocités, d'obscénités écrites, car la Règle les ennuie horriblement : parlez-nous de la nature ; vive la nature, la poésie de la nature ! Les Poètes, des polissons maîtres de la parole, s'arrangent en conséquence pour emporter tous les suffrages, s'élever au rang des dieux, en tirer la gloire, les émoluments, tous les plaisirs.

« Mes chers amis, dit le chef d'orchestre des Homérides à ses sujets, pour réussir sûrement, dites leur élégamment que la belle Hélène est la Déesse des femmes, Dia Gunaikon ! Ça les traversera comme un éclair, comme si dans le culte du grand Dionysos, notre divin Bacchus, ils avaient vidé une coupe du vin le plus généreux, pour être ensuite hors d'eux mêmes, de parfaits héros ; vous serez les maîtres des citoyens et des citoyennes, avec le droit de tout entreprendre. Tenez, comme ça : Paris, le divin Alexandre à sa Belle : Non, jamais, ni lorsque je vous ai gentiment cueillie à Lacédémone, et que dans l'île de Kranaé nous nous sommes mêlés par l'amour sur la couche, jamais je n'ai brûlé comme je brûle maintenant pour vous, entraîné par un si doux désir, *hôs seo nun eramai kai me glukus himeros hairei!* Il. III, 441-446. Et l'on rappelle, pour le plaisir de tous, qu'ils ont réussi ensemble quatre garçons et une fille. »

Les poètes, montrant qu'ils savent mettre à profit une si grande leçon, s'élancent, atteignent d'un bond le sommet de l'art. Les hommes instruits par l'exemple du dieu suprême, pourront faire merveille ; voici donc l'Education par Dieu, un perfectionnement de la scène entre Alexandre-Paris et sa déesse. En poésie, Zeus le Chronie apostropha Hera-Junon, l'auguste épouse : « Allons donc, ma belle épouse, couchons-nous là vite pour nous unir en amour, car je n'ai jamais brûlé à ce point quand m'a dompté l'amour d'une déesse ou d'une femme, quand j'ai rendu mères l'excellente Callipyge et ses douze compagnes, la charmante Glycodore et ses agiles servantes, et toutes les autres dont je n'ai pas le temps de détailler la liste, je n'ai jamais brûlé comme je brûle à présent pour vous, vers qui m'entraîne un si doux désir, *hôs seo nun eramai kai me glukus himeros hairei!* » Il. XIV, 312-327. Une saloperie, transpercer, découper des hommes et se déshonorer en volant, déshonorant des femmes, toute la poésie une infamie, le désir, l'espérance, la crainte, le désespoir, travaille la folie, l'allégresse, le pleur, le regret, Dieu, la Nature, la Terre, le Ciel : c'est stupide, honteux. Est-ce qu'il y a dans ces millions de corps lumineux une ombre de sentiment, une idée d'honneur, une action pour le bonheur l'honneur de tous ? Pure stupidité, brutalité ; c'est tout ce qu'il y a dans cet énorme Univers.

Une seule chose mérite l'attention sympathique de l'être raisonnable : l'action intelligente pour le bonheur, l'honneur de tous, ce qui ne se trouve que chez cet Athéisme qui est la Vérité absolue, la Religion, l'Honnêteté. Hugo le Victor, bondieusard : Lui, toujours Lui, Colonne de Triomphe et grand Arc triomphal ; Frétillante et rimante, ou brûlante, ou glacée, toujours sa grande image occupe ma pensée...

> De Nonne elle devint Sultane,
> Sur la galère capitane
> Nous étions quatre-vingts rameurs
> Dignes d'admirer tes clameurs !
>
> Toute la poésie un déshonneur,

La Martine, du Lac. Ce Lac, tous les Parisiens l'adorent ; c'est naturel, tout parisien, puisqu'il y en a là deux, un fainéant et une fainéante excessivement suspects, de mauvaise odeur qui, sans idée, sentiment d'honneur, tournoient comme ça sur un Lac, très digne de les recevoir, engloutir, c'est d'un mauvais goût parfait.

Cette Martine bondieusarde dit de son Lac ou Marais : c'est une de mes poésies qui a eu le plus de retentissement dans l'âme de mes lecteurs, comme elle en avait eu le plus dans la mienne. La réalité est toujours plus poétique que la fiction ; car le grand poète, c'est la nature.

Le grand poète des bondieusards, des égoïstes, c'est la nature, car la nature, brutalité, c'est l'égoïsme. Il est évident que la nature en Dieu c'est l'égoïsme ; il se souvient peu des jours de la vie de l'homme, les peines, les souffrances de l'homme, il ne veut rien en sentir ; il occupe son cœur de délices ; cela lui suffit. Cette archi-vilaine Martine frétille avec rage pour s'abîmer de même dans ses délices, en écartant toute idée, souvenir des peines qui à côté surabondent ; elle s'accroche aux rochers muets, aux grottes, à la forêt obscure, à l'astre au front d'argent, au vent, au roseau et aux parfums légers ! Tout cela ne me regarde pas ; dans une plaine privée de tout accident à peindre ; je serais toujours tout heureux de réussir à faire naître sur un visage humain une expression de contentement.

Dieu, la Nature ne sent pas pour moi ; je ne sens pas

pour elle ; mais ceux qui m'entourent savent que tous les jours l'Athée agit, selon ses moyens, pour ceux qui souffrent, et dans la vie future ils verront que toujours l'Athée pensait à eux, leur bonheur, leur honneur ; les sombres abîmes ne manqueront pas de le rendre, et jusqu'à ma limite et je continue sans ennui, sans aucune lassitude. Cette poésie martinienne est ignoble comme la nature, la religion, la philosophie correspondante.

Si je passe la frontière, c'est la même chose : l'aveuglement, l'égoïsme des uns implique l'aveuglement, l'égoïsme des autres, de tous ; partout le même mensonge, la même laideur, tous ne songeant qu'à se défendre, s'agrandir, jouir furieusement aux dépens des concurrents, rivaux. Dans la Comédie du Dante, l'insanité, l'exaltation, l'horrible tyrannie d'un criminel faisant expier aux misérables hommes le crime qu'il a lui-même commis en les abandonnant; rien de mieux chez Schiller, Gœthe, Schakespeare ; il n'y a pas à recueillir une seule pensée de valeur sur la vérité universelle, la destinée humaine, la justice, l'honneur humain. Qu'est-ce que le peuple allemand pourrait donc apprendre chez le comédien nihiliste Schiller? *Die weltgeschichte ist das weltgericht.* « L'histoire du monde est le jugement du monde! » Pour prétendre que la justice se réalise ici par le simple fait des vicissitudes enregistrées par l'histoire, il faut avoir renié tout bon sens, tout sentiment humain, être vraiment démoralisé. Non, le tyran n'est pas frappé, le plus souvent la ruse le met à l'abri ; il ne sent pas, ne regrette pas ce qu'il a fait, pas de réaction, pas de jugement. Il dit cette insanité, parce qu'il veut vous arracher l'idée d'une existence future.

Vor dem tod erschrickst du! Du wünschest unsterblich zu leben?
Leb: im ganzen! Wenn du lange dahin bist, es bleibt.

Si cela doit être un ditique, hexamètre et pentamètre, alors il y a là neuf fautes de quantité. Tu trembles devant la mort, tu désire vivre immortel? Vis dans le tout, quand tu auras depuis longtemps cessé d'être, il subsiste.

Non, vous autres jouirez de vos bienfaits, de la science universelle, et souffrirez de la déraison. N'est-ce pas ce qui vous semble honnête, désirable, une croyance utile à la vie ? Alors pourquoi donc caresser ce chien-là ? Il faut renoncer à l'un ou à l'autre.

Voici maintenant qu'il prétend vous donner une leçon de haute philosophie :

Suchst du das hoechste, das groeszte ? Die pflanze kann es dichlehren :
Was sie willenlos ist, sei du es wollend, das ist's. (Six fautes).

Tu cherches ce qu'il y a de plus sublime, de plus grand ? La plante te l'enseigne : Ce qu'elle est sans volonté, sois-le avec volonté, c'est cela. La plante, sans intelligence, sans volonté, est l'égoïsme absolu, la stupidité parfaite, ne cherche nullement à savoir, pour acquérir les biens dont elle a besoin, éviter les maux qui la menacent, l'atteignent ordinairement; peut-elle me servir de modèle ? Imbécile !

Complainte — remplie de fautes — Hélas ! Que la Beauté doive mourir, que la Perfection périsse ? Tous les dieux, toutes les déesses pleurent... mais être l'objet d'un chant funèbre des êtres aimés, c'est encore magnifique, car ce qui est vil descend dans l'abîme sans que nul chant le salue.

L'être raisonnable ne chante pas ne veut pas qu'on le chante : l'affection sérieuse, honnête atteint ceux à qui elle s'adresse sans une sottise qui la rabaisse, Comédien imbécile.

Oh ! charmants dieux de la Grèce, ils sont donc partis, emportant avec eux toute beauté, notre bonheur : la Nature privée de dieux, c'est triste à périr ! Idiot ! Admirer un monde humain sans vérité, raison, amour ! Est-ce qu'un animal pareil est capable de comprendre ! Nous voyons ce qu'ils furent avec leurs dieux et ce que sont les autres avec leur chien de Juif.

Sa Muse.

Was ich ohne dich waere, ich welsz es nicht, aber mir grauet,
Seh'ich, was ohne dich hundert und tausende sind. (10 fautes).

Ce que je serais sans toi, je ne sais, mais je frémis en voyant ce que sans toi sont des centaines et des milliers. Ils ne savent pas penser, se conduire, comme tu ne sais pas penser, te conduire, conformité parfaite.

Les distiques de Gœthé valent ceux de Schiller ; j'en vois là un avec neuf fautes, le fond aussi glorieux que la forme ; mais quand ces coqs renoncent à se pavaner, se travestir sous cette robe étrangère et qu'ils se présentent en costume plus simple, ils sont tout aussi insupportables. Au moins quand ils écrivent en prose c'est seulement le fond qui ne vaut rien, Voici les iambes qui foisonnent chez eux; les deux dernières syllabes comme iambes !

Schiller : *Seliger, Glücklichen, Lachelté*; en quatre lignes consécutives : *Sterblichè, Edelster, Menschlicher, Gœttlicher.*

Gœthé : *Faszlicher, Wechselte, Himmlischem, Lachelté, Innigem, Gücklichen, Besænftiget, Lœblicher, Jeglicher...*

Ils se conduisent comme des fous! Jacob Grimm, au sujet de ce scandale, observe : *Die laxe metrische ausbildung ihrer zeit.* « C'était la métrique relâchée de leur époque. » Cela est parfaitement faux : il y a cent cinquante ans on mesurait, c'est-à-dire on appuyait sur les radicaux, on accentuait, on distinguait les toniques des atones exactement comme aujourd'hui ; Schiller et Gœthé, tout en ne sachant pas le quart de ce qui est dans le dictionnaire, possédaient la langue courante, mesuraient, accentuaient, prononçaient comme Jacob ou Wilhelm, car, lettrés ou illettrés, tous les Allemands accentuent correctement. Eh bien, alors? C'est simplement l'impertinence des faiseurs qui se disent qu'en leur qualité de grands producteurs, comédiens en chefs, ils peuvent prendre des libertés, pétrir la matière, arranger les choses comme il leur convient ! S'ils avaient eu le goût de la propreté, voulu réfléchir un moment, ils auraient évité toutes ces incongruités, car, pour faire un distique tout correct, la bonne volonté suffit; tenez :

Hier blieb moosumhüllt der begünstigte geber der freiheit,
Auch mein name verhüllt, glückliche machen genügt.
Wandrer, verkünde dem volk in Sparte, dasz der getreuen,
Schar hier focht, hier liegt, seinen befehlen gemsz.
Durch den vernichtenden schlag aufs Persische heer die Athener
Mieden der knechtschaft schmach, schirmten den heimischen herd.

Schiller veut inculquer au peuple allemand, à tous

lecteurs le dogme du ténébreux abîme ou selon sa nullité, la petite lumière de l'homme va s'éteindre, dit-il, pour ne jamais plus nulle part se rallumer ; c'est un corrupteur, un ennemi du peuple. Monsieur de Gœthe, au contraire, un corrupteur d'une autre espèce, vient tout rasséréner, rendre à la vie dégradée un charme nouveau, en insinuant au bourgeois qui achète et lit des vers que Madame Vénus ne nous a nullement quittés, comme on le prétendait, qu'elle se montre toujours charmante envers ceux qui l'invoquent avec Foy. Les images, délices dont il occupe son cœur, sont capables de récréer le sens fatigué, de réveiller l'âme affaissée du bourgeois.

Consolation de soldat : Non, ici on n'est pas en peine : « Filles noires, pain blanc ; demain, dans une autre bourgade, pain noir et filles blanches. » Peines d'amour, « Mon cœur dédaigne cela : Fi d'une douce misère, de suaves souffrances ; il me faut du solide, des yeux ardents, des baisers substantiels. Qu'un malheureux chien se sente rafraîchi par un plaisir mêlé de peine : ma belle, à ce jeune cœur tu donneras, sans nulle peine, toute jouissance.

— Une part vivante de sa vie la chérie m'a donné après une si molle résistance... — Les demoiselles sévères, il faut que je me résigne à les saluer ; avec les cascadeuses, doucereuses, je suis plus à l'aise... Des gestes libres, intelligibles peuvent me séduire ; j'aime mieux me relâcher que de m'ennuyer, *Ich will lieber schlechter werden, als mich ennuyiren* — Cher Maître, hier, avant-hier c'était une Catherinette ; qui donc aujourd'hui embellit votre si précieuse existence ? Camarade, voyez donc comme une certaine me salue ; c'est la séductrice — Tu es à moi, bien à moi, mais il te manque encore une chose : comme une colombe qui boit du bout de son bec, tu baises avec des lèvres si pointues ; pas si précieuse, tu entends ! — Je l'ai ramassée pauvresse sans vêtements ; elle me plaisait nue ; elle me plaît autant comme demoiselle ; cette fille est mon bonheur... c'est délicieux de tenir dans ses bras la bien aimée que l'on désire, quand par les battements de son cœur elle déclare son amour.

Maintenant il est encore plus délicieux de sentir,

formée par l'amour la vie nouvelle qui se meut, se nourrit, grandit dans le sein qui me charme ; vois-tu, m'amie, c'est la main de Madame Vénus qui t'a touchée ; elle mènera tout à bonne fin... Ainsi je jouissais, séparé des amis, bien caché dans la cité neptunienne — c'est que justement le mystère dans cette question, est le contraire de la bonne Règle, de l'honneur : tes aventures, celles de Jupiter, celle du Juif avec Mariam, c'est la honte, l'horreur pour toute âme honnête ! — Quand j'étais jeune damoiseau, les peintres trouvaient ma figure trop peu intéressante ; en revanche, mainte jeune beauté m'était dévouée de cœur ; maintenant que je suis ici installé comme Vieux-Maître, on m'annonce dans les rues et ruelles ; on me débite, comme le Vieux Fritz, sur têtes de pipe et sur tasses, mais les beautés restent à l'écart....

O rêve de la jeunesse ! O astre d'or ! — Toujours le même : Vieux, ne cesses-tu pas encore ? Toujours des Filles ! — Qu'il s'étonne, qu'il le dise ou non, il reste le même.

La culture de cette déesse Luxure, de Kômos, Festin, Gourmandise, de Bacchus, Folie du vin, c'est la poésie de la vie et la vie de la poésie, le joug qui pèse sur les esprits vides, les âmes abaissées. La sagesse acquise, la pensée de sa vieillesse, c'est le regret de ne pouvoir recommencer une vie de déshonneur, afficher le mépris de la Règle dont se vantent les poètes : *Stets in eigner narrheit schwellend spotten sie der Regeln zwang.* Il attirait chez lui des idiotes de distinction pour les souiller, appelant cela Unir l'œillet à la rose ; le *Figaro* disait cela du vivant d'une ordure appelée Victor-Hugo, déiste.

En Allemagne, pendant un long séjour, je n'ai jamais, ni à la ville ni à la campagne, rien vu ni entendu de contraire à la Règle de décence, d'honnêteté : alors d'où vient ce culte stupéfiant de toute cette saloperie ? C'est comme chez nous, le même état intellectuel, moral. Quand on vit dans cet Athéisme là, on est habitué à ne voir, à n'aimer la beauté, le bien désirable que dans une seule chose la Règle, la normalité absolue, la perfection, le bonheur, l'honneur de tous, et sans effort, sans sacrifice on agit toujours en conséquence. Quand on ne vit pas dans cet Athéisme-là, on porte un joug, une croix ; par exemple, on s'arrache un morceau de chair, quand on donne à un malheureux une pièce qui diminue toujours quelque peu les jouissances que l'on attend d'une partie de plaisir quelconque, sans laquelle on ne peut exister. *John Gilpin was a citizen of famous London town*, Jean Gilpin était un citoyen de la fameuse cité ; il n'a jamais voulu se faire pincer, empoigner par la police, mais il y a une chose qu'il ne comprend pas, c'est comment il a pu traverser ces ennuyeux vingt ans, *These twenty tedious years!*

Il faut pourtant une fois, comment une fois, trois fois par jour, se dédommager, sans danger ; pour cela il y a une variété de lectures, spectacles, exercices ; on assaisonne selon les besoins ; il ne reste rien à expliquer.

Un Athée comme cela, n'aimant que la parfaite honnêteté, ne veut empocher ni Flamands, ni autres ; il désire pour tous la Liberté, l'Egalité fraternelle, par l'honnêteté, la Science du Bien et du Mal, que l'on n'acquiert pas dans l'Université de Paris, mais pas davantage devant les chaires des érudits allemands.

L'ex-juif Lœbell, exposant dans sa chaire de Bonn l'histoire de la Littérature allemande, se pâmait d'admiration devant le Vieux-Maître Gœthé, allongeait un cou d'oie ou de serpent pour bien faire apprécier *Die unmittelbarkeit*, l'immédiatisme de Gœthé, en effet incontestable : il puise à la source de la Nature, qui est une saloperie, et sans mesure lance l'infecte matière au visage des gens.

Tous ces érudits de l'Est et de l'Ouest sont parfaitement incapables d'apprécier l'homme moral, l'histoire humaine. Jacob Grimm, au début de la Mythologie allemande, un trésor d'érudition, étale au grand jour sa parfaite incapacité ; il exhibe une abondance de documents ; il ne pense pas.

Le paganisme, dit-il, est une œuvre de l'innocence enfantine, un riche parterre de fleurs, tandis que le christianisme nous apporte le grain qui nous fait vivre ! Des deux côtés c'est absolument faux, contraire à ce que nous voyons. L'enfant, abandonné à lui-même, devient tout de suite un tyran, crapuleux, débauché, il personnifie, divinise tout de suite les mauvaises passions qui le possèdent ; il entend que ces dieux lui aident à assassiner, dépouiller ses frères : esclavage, sacrifices humains, anthropophagie, guerre perpétuelle, partout, Germains contre Germains, Gaulois contre Gaulois, de même pour les Italiotes, les Héllènes et tous les autres. Le christianisme, un mensonge qui n'éclaire pas, qui ne dompte pas l'égoïsme, ne change rien à cette horrible misère.

J'ai vu que les Philologues germaniques ont l'érudition, mais pas la science ; ils ne pensent pas. Quel est l'Usus, la Norma loquendi ? Ils se sont attelés à cette question, ils ont beaucoup fait pour la résoudre, et sont malheureusement arrivés à ce résultat, qu'ils sont faits, nés exprès pour admirer, adorer à genoux le grec et le latin, ce qui m'empêche absolument de les admirer.

Pour prendre une inscription, âgé de près de 20 ans, je me présente place du Théâtre, chez le célèbre Ritschl, vénéré comme grand maître, il me dit : « Les Velches ne sont rien en Philologie. Regardons un peu ce que les Allemands sont en Philologie, pour que vous puissiez vous rendre compte de ce que Ritschelius et les siens sont capables d'adorer. »

Ce qui fait le mérite d'une langue, représentation de l'idée, c'est d'être, autant que possible, significative, permettant de reconnaître, d'apercevoir assez nettement la chose à l'examen des éléments que l'on emploie pour l'exprimer. Pour l'homme, le pain, l'or, la ville, les Latins disent : *Homo, Panis, Aurum, Urbs* ; les Grecs disent : *Anthrôpos, Artos, Chrysos, Polis* ; des mots tout différents éveillent chez ces deux peuples la même idée ; aucun rapport nécessaire, saisissable entre le terme et l'objet, et il en est de même dans la plupart des cas ; tout cela semble arbitraire, conventionnel, plutôt un jeu du hasard qu'un travail de l'intelligence. Avec d'autant plus de soin l'intelligence aurait conservé dans leur intégrité, comme des choses très précieuses, les formations où le rapport du terme, du son avec l'objet, l'idée est donnée, en partie du moins, ne peut donner lieu à aucune équivoque. Une inspiration géniale a enseigné aux Primitifs, Initiateurs à former les personnes des verbes en rattachant simplement au radical certains éléments appropriés, surtout les pronoms personnels : Lu-egô, Dic-ego. C'est admirable, et si simple, raisonnable ! Cela n'explique pas encore le radical ; est-ce là une raison pour ne pas respecter, aimer Lu-egô, Dic-ego, Lu-e-su ?

Les imbéciles qui avaient reçu de leurs pères ce trésor, Lu-egô, Lu-e-su, se sont mis stupidement à chiffonner, cochonner cette chose, à jeter de la boue dans dans l'eau qu'ils devaient boire : Luô, Lues, pour renforcer la stupidité Lucis, comme si cet I était significatif pour la 2ᵉ personne !

O ne remplace pas Egô, ce n'est pas là une première personne ; o veux ou jveux, que dites-vous de ce langage ? J'veux est encore moins misérable, plus intelligible que Luô... Lues, ne vaut rien ; s, à lui seul peut aussi se rapporter à autre chose.

A côté de Lu-e-su, Dic-i-su : les Latins ont ramassé cela chez les Hélènes ; ainsi le latin est une langue incapable de former de son propre fonds une 2ᵉ personne du singulier, et comme Su n'est pas latin, il s'ensuit que réellement cette personne fait défaut à cette langue ! Elle prétend l'avoir, mais ne l'a pas ; un Latin non endoctriné, maquillé ne reconnaîtra pas dans cette S une 2ᵉ personne du singulier : admirez ! 3ᵉ personne, Lu-e-ti, cochonné en Luci, qui n'est absolument pas une 3ᵉ p. s. Si le Dic-i-t latin vient de Dic-iste, c'est une contraction stupide ; si cela vient du Ti grec, très éloigné du latin, c'est encore plus absurde ; le Latin ne peut comprendre Dicit, ou, le comprend seulement comme il comprendra un soufflet qu'on lui applique : admirez !

1ʳᵉ P. pl. — Lu-emeis (Lu-ames) ; c'est très bien, mais dans notre patois gallo-roman il n'y a rien de plus ridicule ou dégoûtant, que le classique Lu-omen, admiré des imbéciles.

3ᵉ P. pl. — Elle vise, dans les deux langues, Ontes, Stantes, Praesentes, Euntes ; Lu-ontes signifie donc en effet, exprime correctement : *Ces êtres font l'action indiquée par le radical*. Dans notre patois il n'existe rien d'aussi insignifiant, bête, dégoûtant que Lu-ousi ; ce patois est enfoncé. Certains dialectes conservent Nt, comme le latin ; cela ne suffit pas : Amant n'est pas un pluriel, pas plus que *Præsenti, præsentem, præsente* ; il faudrait *Ama-entès* !

2ᵉ P. pl. — Faites attention que S et F, produits par deux petits groupes d'organes voisins, situés près de la périphérie, peuvent bien l'un et l'autre servir à désigner l'extérieur, comme Tu et Su servent à cet usage ; dans le verbe, S figure au singulier, Luesu, T se trouve au pluriel ; seulement Luete n'est pas un pluriel, ne vaut rien, tandis que le latin Tis est acceptable. L'emploi très étendu de S pour marquer le pluriel des substantifs, adjectifs, est fondé sur la nature de cette sifflante qui, en prolongeant beaucoup le nom, peut figurer toute une série d'êtres de cette espèce. Pourtant aussi d'autres éléments servent à cet usage, I long, le sonore A bref, dans certaines langues les combinaisons *Er, Ler, Maenner, Osmanliler arslan iken keduk sisarinda terponchler osmanlis* lions étions de nous on a fait chiens : *Osmanliler, terponchler,* pluriels réguliers, *arslan,* pluriel anormal.

Pas d'admiration : ils ont indignement fripé, abîmé leur héritage ; tout est perdu ; *Alles verhunzt* ; les éléments significatifs sont tellement usés qu'ils ne remplissent plus cette fonction ; donc c'est une altération, non pas admirable, mais regrettable Lu-mo, Lu-ni, Lu-gou, Lu-bax, Lu-bims, Lu-dor : voilà aussi des formes qui ne peuvent être confondues ; pourquoi n'ont-elles aucune ombre de valeur ? Parce que ce ne sont pas les pronoms personnels et qu'elles ne peuvent aucunement éveiller cette idée ; les choses qui aujourd'hui occupent cette place ne le font pas non plus : ce sont des bêtises qui ne devraient pas être prises au sérieux. Accepter sérieusement pour des premières personnes *Eluon, Elusa, Leluka, Elelukein,* pour des troisièmes *Elue, Eluse, Leluke, Luoi,* etc., c'est purement stupide : *Gottfriedhermannus, Boeckhius, Ritschelius* à genoux devant toutes ces choses-là se trouvent dans une position pitoyable.

Si le latin à bout de génie a copié le grec Luete, en le corrigeant, pour faire Dicitis, il a bêtement copié Luames, pour avoir Dicimus, qui ne rappelle nullement Dicinos, ainsi n'est, pour le Latin, nullement significatif, parfaitement bête, inintelligible, il est clair que c'est l'inintelligence qui gouverne le latin comme le grec ; ce n'est pas ce que nous pouvons admirer.

Une curiosité. Il est alité — ne doit pas se prononcer, en faisant la liaison, Talité ; la consonnance est désagréable ; dans Réalité on sait parfaitement adoucir la rencontre des deux voyelles ; on doit le faire encore dans cet autre cas. Un cas pareil s'est présenté aux ordonnateurs du grec ; et savez-vous comment ils ont su résoudre la question ? Ils ont dit simplement : Il es alité !!! Admirez ! En effet, ils ont dit, à la 3ᵉ personne, *histési, tithési, didósi, deicknusi* ; comme on voit, pour éviter à tout prix Têti, ils mettent S à la troisième comme à la deuxième *histés, tithés*, une monstruosité que l'on évitait en écrivant à la troisième simplement *histesti, tithesti, didosti, deiknusti*. Au passif le T reparaît à la 3ᵉ personne *histatai, tithetai*. Ainsi tout évidemment la langue grecque a été sous le joug de l'inintelligence : les philologues allemands ne s'en doutent pas, n'y font pas attention, ils s'agenouillent tout de même parce que l'*Usus*, la *Norma loquendi* est en sûreté. En dehors de leur tâche, *Usus-Norma*, ces hommes ne pensent pas. *Das haben wir einmal uebersehen !*

Comment ces primitifs ont essayé de figurer le passé : Lu, une action actuelle, présente ; si l'on place devant ce Lu un autre Lu, que l'on obscurcit Lelu, pour figurer l'éloignement ; le Lu présent, clair et net, montrera qu'il s'agit bien d'une action Lu appartenant au passé, vivant dans le souvenir ; après un tel tour de force on impose un stupide *ka* comme désinence personnelle : *Lelukakaka*. Cela fait un effet ! Faites mieux si vous pouvez. L'augment est une atténuation du redoublement *Eluon, Elusa*. Redoublement latin : *Ii, Ivi, Perii, Amaivi, Monivi, Monvi, Tango, tetigi*, où se trouve encore une réminiscence de *Ivi*, qui s'est effacée, quand l'autre redoublement s'affirmait.

Les poètes se moquent de la grammaire comme de la décence, jettent par la fenêtre l'augment quand il ne s'accorde pas avec leurs grimaces ; disent insolemment Repé, Lipé, au lieu de Erépé, Elipé ! Ces sujets ne comprenaient plus rien. Le Redoublement et l'Augment ayant un sens et n'étant pas indécents, je les préfère à tous les vers de *l'Illiade* et de *l'Odyssée*, des rhapsodies qui n'ont pas de sens, de raison, ne sont pour le fond que stupidité, méchanceté, malhonnêteté surabondante.

Et le Futur ! Celui-là ne se prête pas à une manœuvre de ce genre : *Esomai, Ero, Ibo, Veniam*... On cherche en vain un élément significatif, un caractère commun : le Futur rationnel n'existe pas ; tout est arbitraire, conventionnel.

Quand à ce Passé, il est clair que ce n'est pas un fait qui s'impose ; l'ensemble de ces formes ne peut être comparé pour la clarté, la précision à des paroles toutes simples : Moi fair'cela hier, lui fair'cela maintenant, toi fair'cela ce soir, demain matin. Enfin, on accepte les langues telles qu'elles sont, mais je ne me laisse pas entraîner à une stupide admiration quand j'y trouve accumulées tant de preuves d'inintelligence.

Ce n'est pas une mauvaise idée, l'idée de posséder, pour les noms substantifs, adjectifs, les verbes, une forme spéciale exprimant la dualité, le nombre si remarquable désignant le père avec la mère, l'un et l'autre pied, l'un et l'autre œil, l'une et l'autre main. Les Sanscritistes, les Héllènes, ont eu cette idée ; rien n'est plus facile que de l'exécuter parfaitement ; ces gens-là n'ont pas du tout réussi, parce que ce sont des imbéciles qui s'en sont mêlés ; ils ont néanmoins fait accepter leurs bêtises, parce qu'ils n'avaient affaire qu'à des imbéciles de première qualité, en tous cas pour ce qui concerne la Religion, la Philosophie, la Poésie, la Philologie, etc.

Pour exprimer ce nombre il existe un terme, généralement connu, accepté, approuvé : *Duo, zwo, deux*. Auriez-vous le malheur d'en être mécontent, de le haïr ? Et lorsque vous avez besoin d'exprimer, communiquer cette idée, comment vous y prenez-vous ? Auriez-vous le malheur d'être tenté de dire Diable ou Dragon, je serai de retour dans dragon jours ? A moins d'être privé de bon sens, pour être tout de suite compris, on emploiera toujours, seulement le terme connu, généralement usité, sans l'altérer d'aucune manière : ainsi pour Deux pères, j'aurais dit du premier coup : Dupateròs, Dupateras, Dupaterôn, Dupatrasi ; j'aurais dit : Duluames, Duluetes, Duluontes.

Dans le club des Imbéciles tous les titulaires ont pensé qu'il fallait soigneusement cacher le Du : Moins ils comprendront, plus ils admireront les formes qui possèdent à coup sûr cette vertu cachée, comme on le leur inculquera, la vertu d'exprimer la dualité. Hardi : Patere (Nom. Acc.), Pateroin (G. D.), Lueton (2º pers.), Lueton (3ᵉ pers.), Pateroin, génitif et datif, Lueton 2ᵉ et 3ᵉ personne !! Justement il y a une qualité occulte, comprenez donc la qualité occulte, efficace, admirable.

Les Hellènes y mirent le temps, mais à la fin ils comprirent, sentirent, ils se dégoûtèrent absolument de la qualité occulte et leur laissèrent pour compte le duel de l'imbécilité. Notre élégant, fin Dioclès, le beau Neoptolème, en quittant les jongleurs, aurait dit Pateroin ! Ne répétez pas cette chose, c'est odieux.

Diastêtên erisante, ce sont là des duels autant que Diastêtax erisantan, Diastêtous erisantor; ce sont encore des duels pour Gottfried Hermannus, Bœckhius, Ritschelius ou leurs émules qui, a part la Norma loquendi, sont, comme en histoire, philosophie, aussi en philologie, incapables dépenser.

Sanscrit : 1, c'est Eka, 2, c'est Dua : il est clair que A n'est là que pour l'emballage, puisqu'il ne pourrait caractériser à la fois 1 et 2. Ainsi Du, rien de moins ; un duel n'est acceptable que s'il renferme cet élément.

Père, *Pitar*	Pl. Nom.	*Pitaras*	Dat. Abl.	*Pitrbyas* (Patribus)	
Mère, *Matar*	» »	*Mataras*		*Matrbyas* (Matribus)	
	Duel	*Pitarau,*	Nom. Acc.		
		Matarau,	» »		
		Pitrbyam,	Dat. Abl.		
		Matrbyam	» »		

Verbe, *Bodami,*	*Bodasi,*	*Bodati,*	*Bodamas,*	*Bodata,*	*Bodanti*
je sais,	tu sais,	il sait,	nous savons,	vous savez,	ils savent
Duel *Bodavas,*		*Bodatas,*		*Bodatas*	
nous 2 savons		vous 2 savez		ces 2 savent	

Je sais, nous savons que le duel sanscrit est aussi bête que le duel grec, nous comprenons que les formes Lueton, Bodatas, ne peuvent exprimer ces deux choses différentes ; elles n'expriment rien du tout : le duel n'existe là que de nom, mais il aurait pu exister, une chose qui n'a du reste qu'une importance nulle pour la pensée humaine.

Rien que l'Usus, *Norma loquendi ;* le reste ne les regarde pas. Le Passif, évidemment il implique l'idée d'une charge imposée, d'une chose triste, rude, crue, cruelle, douloureuse ; la consonne R, comme le pensèrent les Latins, peut exprimer ce sentiment, servir là de caractère. Les Hellènes expriment couramment le malaise, la douleur par des exclamations Οἴοι Αἴαῖ; ils retiendront cet Ai pour leur passif.

Une action que nul ne fait, c'est comme une arme, projectile déposé, couché sur le sol, *en terre* : L'Infinitif Legein, Legere exprime que l'action n'a été relevée par aucune personne.

Pater, Mater, grecs doriens, latins sont réellement les mots les mieux faits, les plus significatifs; les Hellènes et les Latins étaient ensemble, quand ils fixèrent ces termes ainsi que *Bous, Bos, Voikos, vicus, Kunos, Canis... Pater, Mater* sont des radicaux composés; c'est le bon *Pa*, la bonne *Ma* qui traîne, tire, travaille, *Traho, Draô, Tragen*. Il est clair que toute altération de ce magnifique A est regrettable. *Pitar, Mêtêr, Moutir, Per', Mèr* sont faux, la laideur même, mais tout sera excellent si le cœur est bon, gouverné par les idées parfaites.

Andrônte theônte, Hominumque deumque. Dans les désinences des déclinaisons il ne faut pas chercher des restes de radicaux : elles figurent des bruits, des mouvements. Il est certain que, par exemple, *ôn, um, rum, Andrôn, Militum, Servorum*, marque le murmure, bruit sourd qui émane d'une assemblée. *Ferire gladio reum, hostem* figure le claquement produit par un choc, un contact étendu; la sonorité de A le rend également propre à exprimer le coup qui atteint en plein un objet : *Quem virum aut heroa*. Le son aigu I, même O, rendra l'effet produit par un trait lancé : *Mittere fratri, amico*. I, Is, Os, Io figure le trait lancé en sens contraire, venant du dehors à celui qui parle : *Litteræ fratis, ami, Hectoros hippodamoio*, de même E, O, *a fratre, ab amico-Tradita sunt tristis munera ad inferias*, Catulle : *Tristis* s'est employé pour l'accusatif pluriel; mais l'usage s'est fixé sur *Tristes*; oui, ce mouvement est bon : *Tristis*, plus aigu, répond mieux au singulier; *Tristes*, plus ouvert, plus large convient pour le pluriel.

L'intelligence s'est bientôt dégoûtée de l'ampleur des formes destinées à bien mettre en évidence les rapports des organes du discours; elle s'est lancée à corps perdu dans ces stupides contractions qui enlèvent d'un coup le caractère significatif, mais font les délices de ces imbéciles en leur donnant l'occasion d'établir des Règles, et règnent, par exemple, dans cette hideuse lépreuse déclinaison attique ; elle a cru avoir fait merveille, en remplaçant Tanélegous thanatoios, qui avait encore grand air, par une saloperie comme Fanelêgous thanatou, justement comme procédaient les gouverneurs du langage gallo-roman : philologiquement ces deux œuvres méritent la même estime, admiration.

Cependant leurs destinées sont différentes : ceux-là se sont dépouillés, allégés afin de porter plus de saloperies ; jamais ils n'ont porté autre chose ; le gallo-roman devait être un Ether subtil intelligent atteignant toutes les hauteurs, profondeurs, pour éclairer, vivifier tout ce qui a le droit de vivre, consumer tout ce qui pour la paix, l'honneur du monde doit disparaître.

Nous en avons arraché les feuil'é' lé' fleur', nous en avon' fai' un' lanc' durci' qui lé' perc' de par' en par', en avan'! Plu' hau'! Encor'!

Gaulois, il faut aujourd'hui sortir de l'ornière ; votre place n'est pas dans ce dégoûtant bourbier. N'admirez pas autre chose que l'Honnêteté, le Bonheur, l'honneur de tous. Cet Athéisme-là, lui tout seul, mérite tous vos suffrages.

Encore une fois, n'admirez pas cette Philologie, n'admirez pas le grec Toutou : Ritschl a pourtant raté une chose : il a négligé d'écrire un Mémoire, un Programme, pour développer complètement les beautés du grec Toutou ; cela manque à sa gloire. Ritschl, dans son cours sur l'Encyclopédie et la Méthodologie des sciences philologiques, poussait ses dévots à la lecture : on ne lit pas assez les auteurs ; cela ferait reculer notre Philologie ; il faut lire, Homère en entier, « *Homer ganz* ». *Eine Homergans*! Une oie d'Homère... mais cette qualité ne l'empêche pas d'être, en dehors de la Norma, un incapable, comme tous les autres. En expliquant Aristophane il dit une fois, ex-abrupto, en dehors de la Norma : Il ne faudrait pourtant pas croire que Sokratess fût une personne comparable à Christos! — Un peuple saint adore Christos, mais n'adore pas Sokratess..... Imbécile !... Sokratess, Christos, des bavards comme les autres, sans clairvoyance, ignorant le Monde et l'Homme, dont la nullité se montre à découvert en ce qu'ils pataugeaient comme la foule, ainsi ne pouvaient la tirer du bourbier, lui apprendre à se conduire.

Permettre à ce peuple-là de se dire un peuple philosophique et à celui-ci de se dire le peuple généreux, champion de la Justice, de la Liberté, sans faire entendre une protestation motivée, ce serait une trahison : égoïstes et aveugles, au niveau l'un de l'autre, mais peut-être capables d'apprendre, telle est la vérité. Un philosophe est une harmonie, une vie où l'on n'est choqué par aucune contradiction : il aime la Raison, normalité, honnêteté, bonheur, honneur de tous, pour y conformer tous ses actes, être toujours un bienfaiteur ; il est donc clair qu'il ne peut judaïser ; il est clair qu'il regardera toujours comme une insanité ce dogme du Salut par la Foi sans les œuvres.

Comment tourne la discussion chez un peuple philosophique. Le pasteur luthérien Dn et, le directeur d'une école moyenne Of, après avoir vidé quelques verres, veulent discuter à fond David Strauss et sa doctrine. Voici Strauss et voilà Renan ; c'est absolument comme Sokratess et Christos, la science du Monde et de l'Homme n'est pas à leur portée ; rien qui puisse tirer l'homme de la fange.

N'ayant pas vidé de verres, je note les coups. Le pasteur dit vingt-cinq fois que, par une action aussi cruelle, Strauss a chargé sa conscience d'un poids effrayant ; sans cette action il n'aurait pas encouru cette responsabilité terrible que rien ne peut désormais atténuer. A ces observations le directeur ne manque pas de répondre vingt-cinq fois que Strauss a singulièrement simplifié le problème du monde, en affirmant énergiquement l'Immanence de l'Intelligence, de la Volonté. Tant que l'on ne s'appuyait pas sur l'Immanence, on était forcé de chercher au-dessus, à côté le ressort auquel tout obéit, mais avec l'Immanence on est dispensé de cette laborieuse recherche.

La puissance intellectuelle du peuple philosophique va même au-delà : dans l'Esprit absolu l'Idée se pose ; cela c'est tout simplement la création de la Nature, du monde réel, qui en se réfléchissant produit le monde idéal, pour achever l'œuvre de création.

Il existe encore dans d'autres pays des Créations pareilles ; il n'y a donc qu'à prendre un balai, et balayer ensemble toutes les fleurs philosophiques, pour les jeter aux immondices. Il ne doit plus en être question dans les écoles, où l'on ne considère que les faits, pour voir s'ils s'accordent ou ne s'accordent pas complètement avec les hypothèses proposées.

Mes compatriotes, un ancien empereur d'Allemagne disait : « le Roi d'Angleterre est le Roi des Anges, attachés à loi, le Roi d'Espagne est le Roi des hommes attachés à leur droit ; le Roi de France est le Roi des ânes, ses sujets font tout ce qu'il veut ; moi je suis le Roi des Rois, mes sujets font tout ce qu'ils veulent. »

En supposant, mais sans l'accorder, que l'âne soit si stupide, nous méritions, en effet, d'être appelés des ânes, puisque nous le méritons encore. Ne vous récriez pas, je répète seulement ce que tous les journaux, sauf les journaux des traîtres disent depuis des années avec raison. Comment, vous avez le suffrage universel ; vous faites le gouvernement ; sans barricades, sans coups de fusil, vous pourriez avoir un gouvernement selon vos désirs, économe, honnête, juste, assurant la liberté, et vous persistez à élire des gouverneurs dont la majorité des gouvernés ne cesse de se plaindre amèrement comme vendue en bloc aux traîtres, coupables de toutes les félonies, violations ! Des idiots ne pourraient faire un autre ménage que vous.

Avant de continuer, d'examiner ce qui vous convient, jetons pourtant un coup d'œil sur les affaires de cet empereur. Il est le roi des rois, ses sujets font ce qu'ils veulent ; hélas, oui, ses sujets tyrannisent à leur fantaisie les masses qu'ils tiennent sous leurs griffes, des millions justement aussi asinesques, stupides que les Gaulois ; pourtant une guerre de paysans s'est faite en Gaule comme en Germanie. Ces paysans avaient cent fois plus de cœur que les lâches bourgeois de nos jours. Vous observez que ces millions n'existent pas pour l'empereur ; il ne veut pas même y penser, de peur que sa pensée ne se souille au contact de ces âmes lurides, fuligineuses. Comment, il n'en a pas le droit ; telles sont les constitutions de l'Empire. Metz et Strasbourg étaient du nombre des quelques centaines de rois à qui l'Empereur avait le droit de penser ; mais malheur aux autres !

Telle était l'Europe germanique, Allemagne, France et le reste. Faire partie de l'Allemagne, de la France ou autre chose accepter ce régime, c'est un déshonneur; vos républiques ne valent pas la peine d'être ramassées, regrettées, tandis qu'aujourd'hui vous pouvez réaliser l'Idéal, si vous l'aimez, librement travailler à la solution de la question sociale, au bonheur, à l'honneur de tous, si vous avez entendu l'appel de la Raison. Certes, les Gaulois ont cherché bêtement la Gloire, mais les Allemands, aimant tant à parler de la Gloire de leur ancien Empire, cherchent la Gloire aussi bêtement que les Gaulois.

Ernst-Moritz, cherchant la Gloire disait: Les Allemands domineront le monde, car ils se peupleront.

Les allemands ne dureront que si, délivrés du mal par la pensée velche, ils renoncent bien vite à tous ces poisons, tabac, eau-de-vie, tous les mordants au moyen desquels les aveugles réussissent partout à s'affaiblir, s'abîmer chaque jour davantage jusqu'au moment où une débacle plus sérieuse sèmera l'épouvante.

Ernst Moritz Arndt, cherchant la gloire, *Multa jactans in sui laudem aliorumque infamiam,* dans la salle au premier, du côté de Poppelsdorf, porte à droite au fond du couloir, fenêtres ouvrant sur la ville, enseignait à ses étudiants que si ces respectables princes, bons pères de famille avaient pris des . . . . . éteignoirs de l'honneur, cela venait uniquement de ce que l'infâme de Versailles les avait forcés à suivre sa mode !!

Les étudiants, que je regardais, ne semblaient pas du tout surpris, mais capables de tout supporter. Je n'étais moi-même ni surpris, ni incapable.

Gaulois, l'honnêteté, l'honneur pour vous consiste à vous attacher à cette pure, vraie Religion, Liberté-Egalité-Fraternité, en reniant, désavouant tous les crimes, brigandages du jacobinisme robespierriste, bonapartiste; puis on ferme les casernes et l'on travaille en toute sécurité.

L'Allemagne, qui trouve avec raison, comme je le trouve, que c'est une impertinence d'afficher la Foi en la Liberté-Egalité-Fraternité quand on ne prouve pas excellemment une foi si remarquable, ou invraisemblable, miraculeuse, par des œuvres tout aussi remarquables, cette Allemagne cherche encore la gloire dans le Judaïsme luthérien, comme nos Huguenots la cherchent dans un Judaïsme calviniste. A Zeitz, en Allemagne, on conserve une lame allemande qui servait aux luthériens à racourcir les calvinistes et porte l'inscription appropriée : *Hüt dich Calvinist*, « Garde-toi Calviniste », *R. v. Bunsen, Zeichen der Zeit*; mais depuis que les Calvinistes ont dogmatiquement réduit, fait plier les Luthériens, Luther et Calvin sont ensemble comme deux doigts d'une main pour essayer d'abaisser, de ruiner les Catholiques, qui sont disent-ils, dit le Delattre, avachis par le Catholicisme, il ne seront sauvés que par le luthéro-calvinisme. Ils prétendent sauver les gens au moyen du pur Evangile, qu'ils assurent avoir retrouvé. Or le pur Evangile édicte incontestablement cette loi, par la bouche de Dieu même : « Aimez Dieu par dessus tout, et aimez votre prochain comme vous-même »; pas de domination; le plus puissant doit servir ses frères ; vous avez un même père, vous êtes tous frères, tous nobles. Cela est donné comme la pensée, la volonté, le commandement de Dieu ; ils jurent qu'ils le croient.

On le voit, ce que le livre donne comme la parole, la loi de Dieu, répond parfaitement, pour ce qui touche l'homme, à notre symbole Liberté-Egalité-Fraternité. Les désirs, besoins des hommes, restent les mêmes. Mais ici se présente cette chose invraisemblable, stupéfiante : Quand ce symbole sort de la bouche des Velches, les Allemands, selon la raison, exigent rigoureusement que les Velches appliquent d'abord eux-mêmes le principe, qu'ils prouvent leur foi par les œuvres, leur conduite entière, au contraire, quand le symbole est donné par l'Evangile, comme parole, commandement de Dieu, les Allemands, c'est-à-dire leur Théologiens luthériens pensent que l'homme fait le nécessaire, tout ce que Dieu demande, quand il dit qu'il croit que c'est là le commandement de son adorable Dieu sauveur! Dieu commande, et les Allemands peuvent regarder fixement cette idée, insister sur cette idée qu'un souverain maître, législateur, reconnaît comme un amour réel, un respect sérieux de sa personne, non pas l'obéissance à ses ordres, mais la simple déclaration que l'on croit fermement qu'il a donné de tels commandements, établi justement ces Lois !!!

Assurément, au point de vue du bon sens humain c'est là une folie, une insanité proprement dite. Aimez votre prochain *comme vous mêmes*, et par dessus tout le Seigneur Dieu qui vous protège et donne les instructions salutaires : voilà, certes, le commandant rigoureux donné à l'homme ; eh bien, si quelqu'un jure qu'il admet croit tout cela et dit à l'indigent, sans le secourir : « Allez, que Dieu vous aide ». Les autres admettront-ils qu'il accomplit la loi, qu'il aime *comme lui-même* son prochain que sa Foi est celle que demande le Nouveau-Testament, et aussi l'autre, pour que l'homme soit justifié, devienne un ami de Dieu ?

A de telles observations le Théologien luthéro-calviniste répond que le jugement, la sagesse de l'homme n'est que folie devant Dieu, dont la parole, l'Escripture sainte garantit la justification par la Foi seul sans les œuvres.

Examinons donc l'Escripture, pour résoudre la question. L'épistolier Paul, qui ne fut pas un disciple de Jésus, a écrit en effet quelques lignes dans ce sens ; une vraie déclaration luthéro-calviniste, mais tout le reste de l'Escripture, y compris les autres écrits de ce Paul même, contredisent absolument cette folie. Oui, une folie : est-ce qu'un luthéro-calviniste non théologien, payé pour chanter comme cela, sera jamais tenté de dire à un enfant : « Nous t'aimerons si tu as la Foi, si tu crois que tu dois bien te conduire, comme nous le désirons », au lieu de lui dire : « Nous t'aimerons si tu te conduis parfaitement de cette manière ? » Un de ces Théologiens sera toujours prêt à faire cela, chanter la Foi pour vexer le Pape de Rome, et flatter le Pape de Genève, Berlin, Londres, etc. : on ne leur parle pas, aux théologiens, mais tout au plus à ceux qui portent seulement la couleur, un vernis superficiel, et gardent peut-être un reste de liberté d'esprit ; on parle surtout aux autres, pour les confirmer dans leur mépris pour la Foy sans les œuvres.

Moi je peux vous dire que les Allemands lettrés que j'ai connus ne lisent pas la Bible, mais, avec raison, ils approuvent que l'on n'obéisse pas à Rome, ils pensent que l'Allemand *Arminn* accomplissait un acte de justice héroïque en détruisant les brigands de Rome, mais moi je n'obéis pas non plus à Rome, tout en méprisant ce qui est contraire au bon sens comme la Foi sans les œuvres. Quand un Juif dit que $2 + 2 = 4$ ou que la Foi doit-être prouvée par les œuvres, cela ne m'est pas étranger, ne m'apprend rien de nouveau. Voyons, si un homme s'est engagé par sa signature envers un Juif, à payer telle somme, à fournir tel ouvrage; dans tel délai, pourra-t-il satisfaire le créancier en disant : je reconnais, je crois que je vous dois? — Vous savez, vous croyez, et vous ne l'avez pas fait! Je vous exécute. Cela étant tout à fait certain, et comme, d'autre part, il est certain, d'après la Bible que le Juif est fait à l'image et à la ressemblance de son dieu, vous savez à l'avance que ce dieu est aussi peu que son adorateur ami de la Foi non appuyée, confirmée par les œuvres.

Vous allez voir qu'il en est ainsi. Il s'agit de la religion biblique, et quand dans la Bible, l'épistolier Paul, qui n'est pas le Maître, le Sauveur, dit Oui, et que le Seigneur lui-même dit non, vous saurez où est la Règle, qui s'impose, la Vérité à suivre.

Le sixième des 9 articles de Foi formulés par l'Alliance allemande, textuel : 0. *Die rechtfertigung des sünders durch den glauben alle* Nous admettons la justification du pécheur par la Foi .le.

Calvin : Nous sommes justifiez par la foy. Nous protestons que pour la règle de notre foy et religion nous voullons suyvre la seule Escripture, Parolle de Dieu.

Vous dites que vous voulez, vous ne le faites pas, vous dites que vous êtes revenus au pur Evangile, c'est un mensonge : le pur Evangile, chacun peut le lire, institue comme dieu, juges des hommes les disciples qui ont tout quitté pour le dieu Jésus, ces prêtres auxquels il dit positivement : Vous des dieux ; celui qui vous reçoit, me reçoit : celui qui vous repousse, me repousse ; vous avez les clefs de la cité sainte ; je vous dis en vérité, tout ce que vous lierez sur la terre sera lié aussi dans le ciel et tout ce que vous délierez sur la terre sera aussi délié dans le ciel. Et assurez-vous que je serai toujours avec vous jusqu'à la consommation des siècles. — Voilà tout de suite le plan d'une grande institution ; est-ce que les Foi-sans-œuvres remettent, retiennent les péchés ? N'est-ce pas le pur Évangile ! Faquins. Ainsi le dieu Jésus a tout remis non à un livre mais à des hommes.

Entendez, cela ne signifie nullement que l'on doit fermer les yeux : je les ouvre et constate que les prêtres sont mondanisés, endiablés ; ainsi la sainteté, la toute puissance n'est plus, n'a pas été avec eux ; donc tout cela n'est qu'une illusion, c'est bon à jeter. Mais si l'Evangile témoigne contre les prêtres, il témoigne aussi contre les Foy-sans-œuvres, Arlequins. Vous allez voir. MATTHIEU VII, 15, 23 ; Vous les connaîtrez par leurs fruits — les œuvres produites — Ainsi le Maître de la Foi dit aux hommes de faire ce qu'ils font déjà sans commandement, comme ils respirent, le sensitif étant toujours en éveil ; le Maître leur dit de juger les hommes par leurs œuvres ; donc le Maître lui-même juge les hommes par l'emploi qu'ils font de leurs forces, moyens, talents ; voici : Tout arbre — homme — qui ne produit point de bon fruit — bonnes œuvres — sera coupé et jeté au feu — au fond de l'enfer comme le riche de Lazare... Ceux qui me disent : Seigneur, Seigneur n'entreront pas tous dans le royaume des cieux ; mais celui-là y entrera qui fait la volonté de mon Père qui est dans les cieux. Aux misérables je dirai hautement : Je ne vous ai jamais connus ; retirez-vous de moi, vous qui faites des œuvres d'iniquité.

Rejetée l'orthodoxie, Foy sans œuvres du Lévite, agréé le Samaritain schismatique, hérétique, mais charitable. Envisagez maintenant cette scène, la plus imposante du pur Evangile, Mt. XXV, 32. Et toutes les nations étant assemblées devant le Roi, il dira à ceux qui sont à sa droite : Venez, bénis, bons serviteurs, recevez votre grande récompense ; vous m'avez donné à manger, à boire, logé, revêtu, visité ; autant de fois que vous l'avez fait, à l'un de ces plus petits de mes frères, c'est à moi-même que vous l'avez fait. Il dira ensuite aux maladroits gauchers : Vous nous avez laissés souffrir ; vous n'avez pas aimé votre prochain, comme vous-mêmes, allez au feu éternel, comme je l'ai dit à l'avance.

Ce Roi dit aussi chez Jean, V, 27 : Ceux qui auront fait de bonnes œuvres sortiront des tombeaux pour ressusciter à la vie, mais ceux qui en auront fait de mauvaises en sortiront pour ressusciter à leur condamnation.

Il est clair que le Roi traite la Foy pure et simple avec un parfait mépris, avec indignation, colère ; il faut un monstrueux aveuglement pour ne pas en être frappé, reconnaître à l'instant l'orthodoxie ; il est démontré que le pur Evangile n'est chez ces êtres-là qu'un impudent bavardage, mensonges ; l'Evangile est pour eux renfermé dans six versets de Paul, car ses autres versets leur sont un poison catholique exécré, inintelligible. C'est cette chose très curieuse Romains IV : Si Abraham a été justifié par ses œuvres, il a de quoi se glorifier, mais non devant Dieu. Et cependant que dit l'Ecriture ? Abraham crut à la parole de Dieu, et cette croyance lui fut imputée à justice. (Mensonge, comme vous allez voir). Or la récompense qui se donne à quelqu'un, pour ses œuvres, ne lui est pas imputée comme une grâce, mais comme une dette. Et au contraire, lorsqu'un homme, sans faire des œuvres, croit en celui qui justifie le pécheur, sa foi lui est imputée à justice, selon le décret de la *grâce* de Dieu.

Voilà en effet la stupide hérésie luthéro-calviniste, qui a possédé Paul pendant quelques instants. Avant de rechercher l'Ecriture, tronquée, falsifiée par Paul, écoutons le vrai, fidèle disciple Jacques II, 14 : Mes frères que servira-t-il à quelqu'un de dire qu'il a la foi, s'il n'a point les œuvres ? La foi pourra-t-elle le sauver ? — Aime ton prochain comme toi-même ! Prouver que l'on aime la Vérité en lui obéissant, voilà le salut. *Scène du jugement.* — Jacques : Si quelqu'un dit à un de ses frères, un indigent : Allez en paix, sans lui donner le nécessaire à quoi lui serviront vos paroles ? Ainsi la foi qui n'a point les œuvres est morte en elle-même. — Morte une foi pour qui n'existe pas cette loi : Aime ton prochain *comme toi-même.* — Notre père Abraham ne fut-il pas justifié par les œuvres, lorsqu'il offrit son fils Isaac sur l'autel ?,,, Ne voyez-vous pas que sa foi était jointe à ses œuvres, et que sa foi fut consommée par ses œuvres — Complet. Voici maintenant l'Ecriture, Genèse XXII, 16 : Je jure par moi-même, dit le Seigneur, que puisque vous avez fait cette Action, et que pour m'obéir vous n'avez point épargné votre fils unique, je vous bénirai... votre postérité possèdera les villes de ses ennemis.

Dieu se montre donc là aussi complètement satisfait par l'Action que l'homme lui-même est ravi de l'acte héroïque qui lui procure le salut : concevoir, aimer, vouloir et accomplir le bien, c'est l'harmonie de toutes les sphères, la perfection absolue ; l'œuvre, comme il semble à Jacques, est la consommation, c'est la réalisation de l'Idéal. Jacques possède l'essentiel de l'Ancien et du Nouveau Testament ; Paul est un bavard sans jugement, qui s'embarrasse dans les contradictions les plus pitoyables. 2 Cor. : I, 17, 18, Paul se vante que ce n'est pas chez lui que l'on trouve le Oui et le Non ! Vous allez voir ! Le voici qui cesse d'être luthéro-calviniste ; il a faim et soif des œuvres ; il s'y précipite avec une ardeur incroyable, Tite III, 8 : c'est une vérité très certaine et dans laquelle je désire que vous affermissiez les fidèles : que ceux qui croient en Dieu doivent être les premiers à pratiquer les bonnes œuvres. Deux minutes après il se croit obligé d'y revenir, verset 14 : Que nos frères apprennent à être toujours les premiers à pratiquer les bonnes œuvres, afin qu'ils ne demeurent point sans fruit ! A-t-il donc à la fin aussi entendu dire que le Maître jette simplement au feu ceux qui ne portent pas de fruit ! Ça chauffe, il cherche à se rattraper, 2 Cor. V, 10 : Nous devons tous comparaître devant le tribunal de Christ, afin que chacun reçoive en son corps ce qui est dû, selon les actions faites par lui, soit bonnes, soit mauvaises ! Le voilà revenu à l'Evangile JEAN v, 29 ; le Luthéro-calvinisme s'est éclipsé par une trappe. Une heure avant d'écrire les bêtises de Rom. IV, Paul écrivait Rom. II, 5 : Dieu rendra à chacun selon ses œuvres, la vie éternelle à ceux qui, par leur persévérance dans les bonnes œuvres, cherchent (comme de méchants crétins), la gloire, l'honneur et l'immortalité, tandis que sa colère, sa fureur, tombera sur ceux qui embrassent l'iniquité. L'affliction et le désespoir accablera l'âme de tout homme qui fait le mal, du Juif premièrement, et puis du gentil ; mais la gloire, l'honneur et la paix seront le partage de tout homme qui fait le bien, du Juif premièrement, et puis du gentil (!!), car Dieu ne fait point acception de personnes, ayant maintenant atteint un degré supérieur de civilisation. Qui l'eût espéré ? Trop tard, la cuisine est faite.

Ainsi cette tête troublée admet, après toutes culbutes, que le gentil est capable de bonnes œuvres qui le sauveront *sans la foi,* tandis qu'en réalité il n'y a ni bonne pensée ni bonne action, persévérance, sans la foi, le dogme, la vérité complète ; puis verset 13, un moment avant de sauter dans cette hérésie, insanité, il fait une déclaration nettement orthodoxe : ce ne sont point ceux qui écoutent la loi qui sont justes devant Dieu, mais ce sont ceux qui *gardent* la loi — aime ton prochain — qui seront justifiés !

Chez Paul on attrape donc la justification de trois manières : 1° par la Foi jointe aux œuvres, verset 13; 2° par la Foi sans les œuvres, Rom. IV, 5 ; 3° par les œuvres sans la Foi, II, 10. Choisissez !

La Foi, qui fut si grande princesse, tombe là dans une misère cruelle, tandis que chez moi on la soutient à outrance. 1 Cor. XIII, 2 : Quand j'aurais toute la Foy possible, juqu'à transporter les montagnes, ce dont j'ai autrefois entendu parler, si je n'ai point la charité je ne suis rien — Rien ! Puanteur papiste renversante ! — La Charité est douce et bienfaisante (SAOY), *Chrêsteuetai hê agapé,* dit-il, ce qui veut dire exactement : la Charité est serviable ; *Chrêstos, Chraomai,* je me sers ; serviable, c'est en effet, affable, doux, bienfaisant, mais les Luthéro-calvinistes, voulant chasser l'idée d'action, espèrent réussir en falsifiant : le Huguenot dit : la Charité est douce ! l'Anglais : *Charity is kind.* douce ; Luther : *Die liebe ist freundlich,* amicale : vous avez beau mentir, la Bible et le bon sens n'admettent pas la Charité, le respect, l'obéissance sans action.

Qu'est-ce qui a poussé Popaul à sa stupide, repoussante hérésie, le Salut par la Foy sans les œuvres ?

C'est évidemment la crainte d'une invasion de l'Orgueil humain ; il croyait, en appauvrissant, saignant l'homme, enlever à l'orgueil l'occasion de se produire ! La souveraineté absolue de la Grâce, c'est là en effet l'orthodoxie. Il faut s'entendre, s'expliquer sur cette grave matière. Le mot de Grâce n'a rien qui m'offusque mais la tyrannie m'offusque, me révolte. Donc, en présence d'un tout intelligent, tout-puissant Amour, je préfère la Grâce ; jamais je ne ferais sonner mon droit, me présentant comme créancier devant un débiteur ; je comprends assez que jamais je ne sais s'il vaut absolument mieux pour moi d'aller à droite que d'aller à gauche, de faire telle chose que de m'abstenir. Ainsi la sincère, constante affection d'un Père parfait regardant mon bonheur, mon honneur comme le sien, sans quoi pas de père, sera pour moi le plus précieux trésor, et je me laisserai arranger d'un jour, d'une année à l'autre, avec reconnaissance : ce n'est pas pour moi un déshonneur de ne pas être omniscient et de recevoir les leçons de l'Omniscience. Pourtant je reste toujours, moi seul, juge de la convenance du traitement : la vie normale est une harmonie, non une souffrance : un tout intelligent Amour ne me fera souffrir ni par l'excès ni par le défaut de quoi que ce soit, ni par l'inquiétude ni par l'ennui. Est-ce que le tendre enfant, bien gardé par sa bonne Ma, n'a pas lieu de se féliciter d'être ainsi arrangé, de vivre en paix, sous le régime de la Grâce, l'intelligence, l'affection qui procure tout bien aussi gracieusement que possible ?

Quant à ce dieu juif et à sa grâce c'est le plus horrible monstre, la plus horrible tyrannie, insanité que l'on puisse imaginer, c'est le plus cruel ennemi du genre humain que des fous assassins aient inventé. Rom. IX. Ce Père parfait se vante de faire miséricorde à qui il lui plaît et d'endurcir, pervertir qui il lui plaît. Vous me direz : Après cela pourquoi Dieu se plaint-il ? Qui résiste à sa volonté ? O homme, qui êtes-vous pour contester avec Dieu ? Un vase d'argile dit-il à celui qui l'a fait : Pourquoi m'avez-vous fait ainsi ? Le potier n'a-t-il pas le pouvoir de faire de la même masse d'argile un vase destiné à des usages honorables, et un autre destiné à des usages vils ? Ainsi Dieu voulant montrer sa colère et faire connaître sa puissance prépare des vases de colère pour la perdition, et des vases de miséricorde pour la gloire... Des hommes créés il n'y aura qu'un reste de sauvé. — Ainsi ce monstre dans sa soif de haine crée des multitudes d'êtres sensibles pour avoir le plaisir de les tourmenter, tandis que le potier ne fait nullement souffrir. Pendez-le en permanence, car pour le monde cette saloperie n'est qu'une chimère plus méprisable, malfaisante que Baal.

Celui qui fait là ces questions et ces réponses, assimilant des masses d'argile à des êtres humains, ne peut être qu'un vil crétin, digne de notre mépris. Du reste si ce Popaul était un être capable de penser, peser, comparer, opposer, associer des idées, il ne verrait pas dans cette doctrine de la Grâce un motif de rabaisser l'action humaine, vu que lui-même explique le parfait accord de la Grâce souveraine avec la doctrine d'un Livre qui fait une condition absolue du salut éternel, justement de ces œuvres qui rendent aux hommes la vie moins insupportable. C'est tout simplement ceci : les bonnes œuvres, p. e., énumérées dans le Jugement, adorées des hommes sont elles-mêmes une grâce, un don gratuit de Dieu, qui les ordonne, les prépare, enfin y porte ses amis. Popaul aux Philippiens, II, 13 : c'est Dieu qui opère en vous et le vouloir et le faire, selon qu'il lui plaît. Eh bien, est-ce que Dieu veut les œuvres ? Est-ce que les œuvres de Dieu sont adorables ? — Aux Corinthiens, 1, XV, 10 : c'est par la grâce de Dieu que je suis ce que je suis, et sa grâce n'a point été stérile en moi ; mais j'ai travaillé plus que tous les autres, non pas moi toutefois mais la grâce de Dieu qui est avec moi. Une couronne m'est réservée, le Seigneur, un juste juge, me la rendra. — Chez Jean il dit en effet : vous ne pouvez rien sans moi ! Votre Seigneur, Popaul, est un monstre, une saloperie, comme tous ceux qui l'aiment et désirent une couronne. Je désire uniquement le bonheur, l'honneur de tous ; il n'y a ni mérite ni démérite, mais les brutes humaines incapables d'apprendre il faut les détruire comme les quadrupèdes et autres qui nous menacent.

Donc Dieu veut les œuvres ; il donne les œuvres à ceux qu'il veut sauver, comme petits bienfaiteurs, élever jusqu'à lui, que l'on veut se représenter comme le grand bienfaiteur, tandis que cet amateur de vin est en réalité l'auteur responsable de tout mal. Popaul dit que l'on peut, que l'on doit même se glorifier de ces dons dans le Seigneur, *En kuriô*, pas devant Dieu, en dehors de Dieu, *Pros theon*. Popaul ne pensait donc pas à cette action de la grâce, quand il écrivait Rom. IV, 4 : or la récompense qui se donne à quelqu'un pour ses œuvres ne lui est pas imputée comme une grâce, mais comme une dette ! On oit que le bavardage est anéanti, qu'il n'y a ici pas de dette, puisque l'on reconnaît ensuite que les œuvres mêmes sont un don gratuit, une grâce de Dieu, car votre Dieu est un Père parfait qui ne doit rien du tout, qui ne doit pas la protection, l'éducation, aucun respect à ceux qu'il a faits à son image et à sa ressemblance, laquelle ne mérite ainsi aucun respect, ce que je reconnais volontiers.

L'Eglise a toujours enseigné cette chose, pour combattre l'orgueil : Dieu récompense ses propres dons ; il est admirable dans ses Saints ; il leur donne pour le bien, dit Bossuet, cette dilection invincible qui les empêche de faillir. Bossuet pose ensuite cette question : A-t-il manqué aux Anges infidèles quelque chose de la part de Dieu ? Non, dit-il, ces Anges sont tombés parce qu'ils l'ont voulu, par un abus de leur liberté ! Imbécile, n'est-ce donc pas la grâce de la dilection invincible qui garde les Saints ? Savez-vous donc ce que vous dites ? Ne comprenez-vous pas qu'un grand amour, cet amour invincible pour le bien, occupe, remplit la place, donne, selon ce terme, une impulsion que ne peut plus modifier une action différente, tandis que ceux qui sont privés de ce don seront à la merci de tous les vents ? Comme les hommes ils ont été trahis par un Père sans raison, sans honneur, adonné au vin, tout incapable de diriger une éducation.

La Liberté ! Est-ce qu'un sujet comme vous sait ce que c'est que la Liberté ! Moi seul je suis capable de l'entendre. D'abord il est certain que l'on ne se sent pas libre quand on est enchaîné à la paroi d'une prison, ou que l'on se voit, dans un espace étroit, entouré de barrières infranchissables : dans une telle situation l'homme est dans l'impossibilité d'exercer toutes ses facultés ; or le sentiment d'harmonie, la joie de vivre, ne résulte que d'un tel exercice, de sorte que l'empêchement est une espèce de mutilation, qui devient de plus en plus pénible.

La Liberté n'est nullement le choix, qui est, au contraire, l'embarras, l'inquiétude de se tromper : connaître l'objet parfaitement conditionné et ne pas être forcé d'en regarder, d'en voir un autre, voilà ce qu'il nous faut ; eh bien, nous avons là l'Idéal moral, qui peut nous fixer à jamais ; comment serait-il possible de le méconnaître ?

La Liberté est la possession de tout bien, l'absence de tout mal, jouissance tranquille de toutes les facultés dans des occasions favorables, variées, heureusement offertes, absence de barrières, obstacles, gêne, désaccord extérieurs ou intérieurs.

L'homme est libre quand, ayant reconnu la vérité, embrassant d'un coup d'œil l'immensité, il aime uniquement la Raison absolue, l'Honnêteté, la Règle, Bien absolu, Bonheur, Honneur de tous, ce qu'il faut pour être aimé, donc celui-là ne fait que ce qu'il aime, quand il agit efficacement pour consoler ; sûr que l'on ne pourra méconnaître sa bonne volonté, il agit sans nulle crainte, sans lutte, effort, ne connaît pas de tentations, pas de barrières, donc il est libre.

Ces anges seraient tombés par un abus de leur liberté! Voyez-vous maintenant ce que cela vaut?

Sans doute je ne suis pas libre du côté de la Brute, la Force inconsciente que la Raison, la Justice, la sainte affection ne peut atteindre, si ce n'est jusqu'à un certain point dans le domaine de la vie individuelle qui reste pourtant toujours exposée à bien des accidents que la Raison ne domine pas ; toutefois dans cette conscience, il règne une paix profonde, un parfait accord que nulle fureur de la Brute ne peut jamais troubler... On peut se dire en vérité : *Si fractus illabatur orbis Impavidum ferient ruinae.*

L'Epître de l'apôtre Jacques II, 14-26, nous montre que, dès les premiers jours, la question Foi et Œuvres était vivement discutée ; l'Epître de l'apôtre Pierre, 2, III, 15, 16. nous apprend que l'hérésie de Popaul agitait, inquiétait l'Eglise. La conduite de Pierre est honteuse ; il dit là que dans les lettres de son très cher frère Paul il y a quelques endroits difficiles à entendre ! C'est un mensonge : ce qu'il y a de difficile, c'est de les défendre du reproche d'hérésie. Pierre n'ose l'entreprendre, se prononcer pour ou contre, lui qui a charge d'affermir ses frères ! Est-ce qu'il devrait y avoir pour lui une difficulté de définir la doctrine ? C'est lui qui devait écrire ou confirmer la lettre de Jacques. Il s'est dit : « Si je parle, ce frétillard me sautera au nez, me mordra comme l'autre fois ; je me tais. » Les luthéro-calvinistes ont en Popaul un patron d'une imbécilité suffisante ; les catholiques ont en Pierre un pleutre, un lâche, un traître, responsable de toutes ces guerres de religion. Du reste il faut constater que les Théologiens catholiques et les luthéro-calvinistes sont là d'aussi mauvaise foi les uns que les autres : ceux-là devraient condamner Paul comme luthéro-calviniste ; ceux-ci devraient repousser Paul, Jacques, Jésus, comme infectés de papisme, mais les uns et les autres, pour ne pas bouleverser le champ de bataille, la Bible, s'obstinent dans le mensonge. Laissez leur donc la contradiction, le mensonge ; saisissez la Raison, la Liberté.

Les Huguenots s'amusent toujours furieusement à lancer aux Catholiques des admonestations bien senties Avachissement, Superstition, Chieurs, Pisseurs de Dieu, en aidant aussi avec rage la canaille juive, franc-maçonnique, à voler, persécuter ces prêtres, congrégations. M. le professeur Naville, de Genève, dit dans son volume *Le Témoignage*, que l'on trouve maintenant assez de ces ministres de l'Evangile qui ne croient plus ni à l'existence d'un Dieu distinct du monde, ni à la liberté de l'homme, ni à la survivance des âmes pas plus qu'à la justice à venir, n'ayant plus à craindre les bûchers de Calvin.

Que ceux-là parlent à l'aise des superstitions bibliques ; ils sont sans doute plus heureux avec la sale superstition théorique et pratique de la Nature. Quant aux sujets qui continuent encore à frotter leur nez dans le livre juif on peut montrer le mépris que méritent les bibliques friands des tenues de table et des chansons de toute verdeur servies en dessert.

Voyons, Huguenot, Superstition et Foy, Folie et Friponnerie, tu sais, Huguenot, voici de la Superstition judéo catholique ; regarde-moi ça. MATHIEU XXI, 21 : « Alors Jésus leur dit : Je vous dis en vérité, que si vous avez de la foi, et que si vous n'hésitez point, non seulement vous ferez le miracle du figuier, mais quand même vous diriez à cette montagne : Ote-toi de là et te jette dans la mer, cela se fera, et quoi que ce soit que vous demandiez dans la prière avec foi, vous l'obtiendrez.

Maintenant attention, voici du pur Evangile huguenot, de David Martin, vous savez, un Huguenot très sûr.

Et Jésus, répondant, leur dit : En vérité je vous dis que si vous avez la foi, et que vous ne doutiez point, non seulement vous ferez ce qui a été fait au figuier, mais même si vous dites à cette montagne : Quitte ta place et te jette dans la mer, cela se fera. Et quoi que vous demandiez en priant, si vous croyez, vous le recevrez.

Voyons, Huguenot, vous avez la foi, je pense, comme fidéiste de profession, élu du dieu de Moïse et de son Seigneur Fils ; eh bien, soulevez-donc un peu cette maison à cent coudées de hauteur, et déposez-la ensuite au bord de la route, à côté du jardin.

Comment, c'est votre pur Evangile, et vous ne le faites pas, malgré toute votre faim et soif de gloire ! Donc, selon votre pur Evangile, vous n'avez pas la foy, pas plus que le catholique, aussi impuissant que vous, mais vous avez la superstition, autant que le catholique, puisque l'un et l'autre, après une telle expérience, vous ne regardez pas, ne méprisez pas tout le livre juif comme une folie de fou fripon. A vous entendre déclamer contre la superstition papiste, on aurait pu croire qu'il y a chez vous du nouveau, que vous vous rapprochez de la Raison ; rien, il n'y a chez vous qu'un mensonge et une explosion d'impertinence. Attribuer à votre foy sans effets une action sur un Seigneur qui, selon l'Evangile, demande positivement des actes, voilà une superstition plus stupide que toute autre.

Calvin, le fou fripon, assassin, brûlait pour le miracle ; il s'entendit avec une particulière dont le mari malade devait mourir tout exprès pour être promptement ressuscité par un prophète divin. Or il arriva que le malade mourut réellement à l'approche du thaumaturge ; celle-là, effrayée, dévoila l'intrigue, mais put se soustraire par la fuite à la vengeance du fourbe.

La doctrine de la Présence réelle est enseignée par le Nouveau Testament aussi clairement que le Salut par la Foi jointe aux œuvres. Lisez-donc dans l'Evangile de l'apôtre JEAN VI, 48-68 et jugez si ce disciple n'y croyait pas absolument ; vous trouverez qu'il y croyait ; ainsi c'est le Nouveau Testament. L'aventurier n'a pas osé se charger de cette cérémonie, comme il n'a pas osé entreprendre de remettre et retenir les péchés, ce qui implique nécessairement que le dieu terrestre doit en prendre connaissance. Le prêtre Luther ose l'un mais pas l'autre. Ici encore on voit que l'individu ment, lorsqu'il assure qu'il prend l'Escripture pour reigle de sa foy. Du reste nous comprenons parfaitement le grand mystère. L'enfant a réellement besoin de voir, d'entendre, de toucher ses chéris ; toujours on avait ardemment désiré de voir le Seigneur Père ; l'expédient eucharistique doit donner satisfaction. Le Père, son égal, le tout-puissant protecteur est là ; jouissez de sa présence. Ce n'est qu'un mensonge ; le mystère, contraire à la Raison, n'a pas vaincu le mal, transformé le monde humain, donc il n'y a là aucune sainteté, toute puissance. C'est cet Athéisme qui a vaincu le mal, l'égoïsme, et mis en lumière le vrai, le bien, la Liberté, Egalité, Fraternité.

Le sentiment humain veut, avec le Père, aussi la Mère ; le sentiment humain a introduit dans la Bible, a rendu biblique le culte de la Mère ; les Luthéro-calvinistes qui le nient mentent, selon leur chère habitude. La Bible est la Parolle de Dieu ; ainsi quand chez Luc, 1, 48, la Mère annonce au monde : Désormais je serai appelée bienheureuse dans tous les siècles ! — c'est Dieu qui parle et institue le culte de la Mère. Donc les Luthéro-calvinistes veulent donner à Dieu un démenti ! Maintenant ils voudraient sans doute que la Bible ne fût pas autant la Parolle de Dieu ; il est trop tard. — La Mère obtenant d'un mot, à Cana, ce magnifique miracle, les catholiques sont autorisés par la Bible à espérer d'autres miracles par son intercession, l'intercession de leur bienheureuse, glorieuse Mère, qui est aussi la Mère de Dieu. En effet Dieu sur la croix dit à sa Mère placée près du disciple qu'il aimait : Voilà votre fils. Puis il dit au disciple : Voilà votre Mère. Par là tous les Fidèles sont devenus les enfants adoptifs de la divine Mariam, ainsi frères de Dieu, et par la volonté de Dieu elle est devenue leur Mère, évidemment pour être leur Protectrice. Les Luthéro-calvinistes ne trouveront pas justifiée une telle généralisation de cette maternité ; tant pis pour eux ; la Parolle de Dieu les met dans la gêne. L'Apocalypse n'est elle pas dans le canon de leur Ecriture sainte ? En voici, de l'Apocalypse, XII, 17 : Le dragon alors irrité contre la femme alla faire la guerre à *ses autres enfants*, qui sont tous ceux qui gardent les commandements de Dieu, et qui demeurent fermes dans la confession de Jésus-Christ. — Luther-Calvin sait-il maintenant jusqu'où Dieu étend cette maternité, cette filiation ? Il regrette de plus en plus que l'Ecriture sainte soit la Parolle de Dieu — comme on sait l'homme fut créé par Dieu à son image et à sa ressemblance : Attention. L'homme de cœur fait tout ce qu'il peut pour encourager son épouse enceinte, lui prouver qu'il l'aime parfaitement, donc il en est de même chez Dieu : il fait tout ce qu'il peut pour montrer à son épouse bénie qu'il l'aime comme il s'aime lui-même. Voyez donc Apoc. XII, 1, 2 : Un grand prodige dans le Ciel, une femme revêtue du Soleil et qui avait la Lune sous ses pieds, et une couronne de douze Etoiles sur sa tête. Elle était enceinte... Il est clair que Dieu, lui aussi, fait ce qu'il peut : il met l'Univers en mouvement ; par cet acte de toute-puissance il institue Reine du Monde son épouse unique, enceinte. Que voulez vous, c'est l'Escripture, Parolle de Dieu. En conséquence, puisque l'on respecte sa Majesté l'Impératrice comme on respecte sa Majesté l'Empereur, je dis que, si c'est la Parolle, il faut tout simplement adorer, comme on adore Dieu, celle qui, ayant épousé Dieu, ayant usé du mariage avec Dieu, nourrit dans son sein le Fils de Dieu : Figurez-vous la Reine enceinte, et adorez ; c'est tout à fait sûr. Je vous salue, ô pleine de grâce, le Seigneur est avec vous, vous êtes bénie entre les femmes ! Luc 1, 28... Si les Allemands lisaient ce livre juif, ils vous laisseraient pour compte votre Parolle du dieu juif et se tourneraient de ce côté.

Le culte des Reliques institué par l'Escripture sainte Parolle de Dieu. Allez aux Reliques : un mort, mis en contact avec les ossements d'Elisée, ressuscite ; le manteau d'Elie, les franges de la robe de Jésus, les linges de Paul opèrent des prodiges.

Allez à mon Hygiène : celle-là prévient tout mal physique et moral, assainit l'humanité ; sans doute il faut y aller convaincu, avec la sympathie sublime, l'enthousiasme pour le bonheur, l'honneur de tous : ce système rationnel, le résultat en démontre la valeur, peut convaincre... ceux qui sont capables d'être convaincus ; mais la lecture de la Bible peut aussi convaincre qu'elle n'enseigne pas le Salut par la Foi sans les œuvres ; elle n'a pourtant pas convaincu ces théologiens ; il sera moins difficile de leur faire jeter la Bible entière, quand ils la verront méprisée par une majorité de plus en plus grande.

Les superstitions qu'ils signalent chez les Catholiques sont en effet des superstitions, mais j'ai démontré que toutes sont celles de la Bible ; donc ils les auraient également, s'ils ne mentaient pas en disant qu'ils s'en tiennent à la Bible, ne croient qu'à la Bible ; mais leur superstition à eux, le Salut par la Foi sans action, c'est une négation de la Bible et un outrage au bon sens : prétendre que l'on peut acquérir l'approbation d'un chef, d'un législateur sans exécuter les commandements, les lois, est aussi absurde que de vouloir, sans action, sans contact, mouvoir un corps par la pure et simple volonté. La Superstition c'est l'attribution d'un effet à une cause que la Raison, l'expérience peut, doit même, après examen, juger inadéquate, inefficace, impuissante. Exemple : un certain mouvement du système nerveux central, la volonté, peut se communiquer au nerf moteur du bras, de la main, dont le mouvement représente, constitue ensuite une force assez considérable pour déplacer une certaine masse extérieure. L'idée, obstinément retenue, que la volonté pourrait, sans l'intermédiaire du bras, de la main, produire cet effet, en agissant directement sur le corps étranger, est une superstition, démentie constamment par les faits : chaise, montagne, viens ici, est une insanité. La Bible enseigne que l'homme, par une action persévérante, peut produire un effet extérieur, ce qui est évidemment conforme à un principe général de la Raison ; elle enseigne donc que l'homme, par son action, son obéissance aux commandements de Dieu, produit un effet, agit sur Dieu, le dispose tout favorablement à l'égard de son serviteur ; le Luthéro-calvinisme, au contraire, s'obstine dans l'idée que l'homme produit cet effet sur Dieu comme lorsque l'on pense : chaise, approche, sans action, sans cet acte d'obéissance, uniquement par ce petit mouvement intérieur, qui n'est pas la force entière, tout le talent donné à l'homme, par l'emploi duquel il peut se montrer tout dévoué à son Auteur : cela, cette gloire de l'Allemagne, c'est la plus stupide superstition de l'histoire humaine, par laquelle ces farceurs se moquent impudemment des instructions de leur Dieu même données explicitement dans la Bible.

Du reste la Prédestination calviniste est la plus horrible saloperie qu'un être avili ait imaginée : un être pensant qui se respecte ne veut pas s'humilier devant un monstre comme le dieu de Calvin ; il donne le coup de pied à la religion de Calvin et tout est dit. Le prêtre Luther n'y croit pas ; comme un pénitent hindou, il prétend tenir la toute puissance, vaincre toute mauvaise volonté par l'énergie souveraine de la Foi ; avec la Foi le Luthérien, comme le Catholique avec la prière et les sacrements est sûr de s'en tirer, même en commettant, comme il dit, cent adultères et cent assassinats par jour ! Les Catholiques s'appuient encore ici sur la Bible, la puissance de la Sainte Mère et *la promesse positive d'obtenir quoi que ce soit* que l'on demande avec foi ; le Toutpuissant est dans l'Eglise ; il ne peut rien refuser ; avec cela on peut vivre. Ainsi, par la Foi ou par la prière, l'aiguillon est brisé, l'horrible venin de la Prédestination calviniste est jeté aux ordures ; il ne sert plus qu'à torturer un lâche, un imbécile, qui ne se marie pas, car l'enfant pourrait être prédestiné à l'Enfer ; j'ai une fois rencontré un crétin lettré de cette espèce, et j'ai entendu de sa gueule ce que je répète.

Si l'Eglise romaine, sur ces questions là, s'est arrangée pour rester d'accord avec la lettre de sa loi, elle n'en a pas moins sur la conscience quatre violations, révoltantes hérésies, par lesquelles elle a indignement trahi l'humanité : la guerre, le servage, la domination, la persécution. Si, au lieu de vouloir simplement prendre rang parmi les grands seigneurs et propriétaires, accaparer en permettant de tuer depuis le lundi matin jusqu'au mercredi soir, comme les brigands ordinaires, elle n'avait songé qu'à inaugurer, faire entrer dans la pratique la loi de fraternité. « Aime ton prochain comme toi-même ; vous êtes tous frères », elle aurait pu, avec la menace d'excommunication, faire cesser la guerre et le servage, comme fit François de Sales ; elle sanctionnait, soutenait un régime maudit, excita contre elle-même par ses excès l'esprit révolutionnaire qui tend à le détruire sans connaître les vérités, principes capables de vaincre le mal. Le Nouveau Testament, comme on sait, interdit formellement la domination et la persécution, conformément à la loi fondamentale, c'est la condamnation de l'Eglise avec son fatras de stupides cérémonies.

Le célèbre orateur Monsabré s'est battu avec rage sur sa chaire, pour disculper, blanchir complètement son église ; le *Moniteur Universel* donnait des résumés, jugez : « L'Eglise est-elle responsable de ces exécutions d'hérétiques ? Non, non, non... non, non, non ! » — Oui, oui, oui... oui, oui, oui ! — « La religion chrétienne, dit-il, était devenue une loi de l'Etat ; donc le pouvoir séculier avait le droit et le devoir de la faire observer ». Ce n'est que cela ?... Mais qui donc enseignait à l'Etat la Religion chrétienne ? Traîtres, assassins, menaciez-vous l'Etat de l'excommunier, en lui montrant dans le livre la défense formelle de venger par la violence les injures faites à votre Dieu, vu qu'il se réserve de les venger lui-même ? Il leur fit réprimande ; vous ne savez pas encore à quel esprit vous êtes appelés !... Vraiment ils mentent aussi bien que les Huguenots ! C'est vous qui étiez à l'affût pour charger de chaînes votre ennemi et ordonner son supplice.

Mais sur tous ces points, horribles violences, persécutions, assassinats, les Huguenots ont de beaucoup surpassé leurs adversaires, par des crimes dont rien n'égale l'atrocité. Cette canaille, complètement démoralisée par leur prédestination, voulait, avec une exacerbation de férocité, se venger sur leurs rebelles les Catholiques qui ne se jetaient pas à leurs pieds, des tortures que leur insanité leur infligeait à eux-mêmes. Dieu ordonne expressément à ses juifs d'extirper les idolâtres, de tout tuer et l'homme de Dieu, David, obéit, les torture de tout son pouvoir ; ce commandement s'adresse à nous, les hommes du pur Evangile ; autant qu'aux Juifs ; les idolâtres ces catholiques ! Tombons dessus pour les anéantir. Dieu le veut ! Dieu le veut ! Etudiez David, Dieu le veut ! Moïse, Josué, Dieu le veut !

En 1560, ainsi douze ans avant cette grande fête de Saint-Barthélemy, les brigands pénètrent dans Lyon, par trahison : les églises idolâtriques furent saccagées ; on massacra les prêtres et les religieux de l'impure idolâtrie....

Est-ce que je cherche à faire prévaloir mon système autrement que par l'honnêteté, le dévouement, le raisonnement ? Est-ce que je saccage les églises et dépouille, pille, tue les prêtres, les religieux qui ne sont pas de mon avis ? Si mon frère le fait, je crierai : « Tuez le brigand ; confisquons, tuons le Jacobin, renversons les statues, monuments des traîtres, assassins, Coligny,

Danton, Napoléon... Tous les Huguenots ont mérité la mort... Une ordonnance convoquait d'office plusieurs fois par semaine, tous les habitants à une saloperie de pur Évangile, mensonge parpaillot, dont les biens de l'Église étaient le prix ; vous le voyez, c'est par la violence, l'attrait de la licence, cent adultères, assassinats par jour, qu'ils prétendent entraîner, enchaîner, s'asservir les hommes : contre le brigandage, la folie furieuse, il faut le sabre ; la Raison le veut, la Justice le veut.

Les religionnaires à Calvin laissent à leurs prisonniers l'alternative de l'abjuration ou de la mort ; ils les font monter puis les précipitent sur les lances calvinistes dressées en bas, « Ils s'emparent d'Angoulême. La ville s'est rendue à condition que les Catholiques, tant les ecclésiastiques que les autres y pourraient demeurer seurement, sans estre rercercez ni inquiétez. » Traître comme un Huguenot, dit Robespierre. Or le premier soin des vainqueurs est de choisir un certain nombre de Catholiques et de les emprisonner. Entre lesquels fut frère Michel Grollet de l'ordre de Saint-François et gardien du couvent de son ordre en la dite ville, qui fut appréhendé et, dès le lendemain, pendu et étranglé à un arbre, en la présence de Gaspar de Coligny, lors admiral de France.

A pendre également à un arbre la statue de l'infâme vendu à la cascadeuse d'Angleterre, assassin et traître, qui a cent fois mérité la mort ! — Frère Jean Viroleau, lecteur du dit couvent, fut par eux cruellement occis, lui ayant premièrement couppé les parties honteuses — Frère Jean Auril, âgé de 80 ans, eut par eux la tête fendue d'une hallebarde, et puis son corps jetté dans un retraict. — Frère Pierre Bonneau, docteur en théologie, après avoir été par eux détenu huit mois prisonnier en grande misère, fut pendu à un arbre près les murailles de la ville. En la maison d'un bourgeois de la même ville nommé Papin, ils enfermèrent trente personnes catholiques qu'ils firent mourir, mais par trois diverses espèces de cruels tormentz qu'ils inventèrent. En premier lieu ils en attachèrent une partie deux à deux, lesquels ils laissèrent languir, sans leur donner aucune chose pour vivre, afin que l'extrémité de la faim les contraignit se manger l'un l'autre, et ainsi moururent de faim avec extrême langueur. — Et après ils étendirent d'autres sur des cordes fort bandées pour les sier et fendre ainsi par le milieu, et les firent mourir en ce plus que barbare torment. — Le dieu juif, calviniste aime cela ; David et les calvinistes ne faisaient que ce qui lui était agréable. Finalement ils en lièrent d'autres à des poutres de bois, et par derrière en allumèrent des petits feux, afin que par long torment peu à peu ils fussent ardez et consommez par feu. A Montbrun où les Parpaillots tenaient garnison, quelques-uns d'entre eux s'emparèrent d'une pauvre femme, leur hôtesse, la forcent à monter dans une chambre où ils avaient allumé du feu, et là faisant rougir des pelles de fer, ils lui brûlèrent la plante des pieds et les jambes, de manière à lui arracher la peau par éguillettes. — A Chasseneuil, près Angoulême, ils prennent un prêtre Loys Fayard, lui plongent la main dans une chaudière pleine d'huile bouillante, et ensuite ils lui versent l'huile bouillante dans la bouche. Une autre fois ils pendent deux prêtres côte à côte dans une cave, par chacun un pied, leur donnent de temps en temps à manger pour prolonger le supplice ; puis quand l'un de ces martyrs à la fin expire, ils massacrent l'autre. Il faudrait beaucoup de pages pour énumérer seulement l'infinie variété de supplices que les Parpaillots infligèrent à leurs ennemis quand ils furent les plus forts : ils les enterrent vifs, les précipitent du haut des remparts, les jettent dans la rivière, leur arrachent la langue, les ferrent comme des chevaux, les attellent comme des bœufs : ils creusent leurs ventres pour y faire des mangeoires pour leurs chevaux.

Jamais ceux qui aiment à considérer une douce figure de Mère, des Catholiques, ni Inquisiteurs ni autres n'ont commis des crimes pareils, mais aux Parpaillots leur dieu chuif crie, dans un livre, avec menaces : Que votre œil ne soit touché d'aucune compassion en les voyant ; extirpez l'idolâtrie. Il est clair que toute la horde a mérité la mort. Ils n'ont pas reçu ici leur châtiment, mais dans le Jugement ils ressentiront toutes les tortures qu'ils ont infligées. Nos Parpaillots admirent toujours ces exploits ; c'est leur âge héroïque ; en se souvenant qu'ils avaient la mission de vous asservir et que l'entreprise a raté, ils vous haïssent, comme au XVIe siècle, et se liguent avec les Juifs et les Maçons et leurs complices anglais pour prendre leur revanche. Il faut s'entendre pour écraser toute la Ligue, l'expédier aux Anglais qu'ils nous préfèrent.

Si vous voulez une fois les connaître tels qu'ils sont à votre égard, voici encore un trait à méditer. Dans le Bulletin de la Société bibliographique de Saint Paul je trouve cette note d'un curé catholique : Nous sommes ici un petit groupe de Catholiques au milieu d'une population calviniste ; pour nous construire une chapelle nous avions à peu près conclu l'achat d'un terrain ; les intrigues des Calvinistes ont fait manquer l'affaire ; des ennemis acharnés : le forgeron, menuisier, tailleur... refuse de travailler pour les Catholiques !

Eh bien, dès lors si nous nous respectons en tous lieux restons chez nous ; certes nous pouvons nous suffire, nous qui n'aimons que le Salut, la Foi, la Fraternité prouvée par l'honnêteté parfaite, par des œuvres puissantes capables de vaincre le mal, et qui méprisons la superstition calviniste comme une absurdité, une immoralité, la honte de l'espèce humaine, par là rabaissée vraiment au-dessous de l'animal. Un rapprochement, une conversation avec une pareille race de bourreaux, menteurs, vipères, souille, déshonore celui qui s'y prête. Il faut rompre toute relation de société avec cette engeance, annoncer par avis spécial la résolution arrêtée.

Avant la paix il faut l'œuvre de la Justice. Un but à poursuivre avec une inébranlable fermeté : si ce peuple encore grand, et qui le deviendra bien plus s'il jette aux ordures l'immorale chimère juive pour saisir la vérité, il comprendra qu'il ne peut se tenir pour battu dans la guerre que lui a faite et continue la horde judéo-maçonnique et huguenote : Pour les expulsions, les vols, les fraudes de tout genre on leur impose une peine de Cinquante Milliards, dommages-intérêts, restitutions, amende, on saisit meubles, immeubles, personnes, pour briser toute résistance. On saisit tout de suite les traitements, revenus des clergés, conseils, calviniste et juif qui ont trempé dans ces affaires de persécution, trahison et ceux de tous les amis des traîtres. Pas d'affaires avec les traîtres, jamais.

Un père, une mère qui ont du bon sens voudront-ils

pour instruire leur fils, leur fille, des êtres qui adorent cet horrible monstre, veulent le Salut par la seule Foi calviniste ? C'est dégoûtant.

Des étudiants, qui ont déjà appris à penser, ne croiront-ils pas se rabaisser en se courbant devant des nullités intellectuelles morales, les dévots à Calvin, comme les bonzes, les juifs, les maçons, tous incapables de concevoir sur l'homme, l'existence une idée raisonnable ! Tournez le dos à tous ces vils crétins, qui sont en même temps les traîtres les plus détestables. La stupide infâme superstition calviniste, biblique, que les charlatans voudraient vous faire accepter comme un remède indispensable, infaillible, elle a fait des scélérats, d'abord des Juifs, ensuite des Huguenots, aussi des hypocrites brigands anglais, devenus aujourd'hui un objet d'horreur pour le monde entier : ils ont traité les Catholiques espagnols comme trop longtemps les Huguenots traitèrent ceux de la Gaule. Ils sont trente mille devant Badajoz, défendu par quatorze mille bonapartistes ; enfin, ils réussissent à emporter la place ; dans l'ivresse du triomphe, le calviniste Wellington trouva tout opportun pour récompenser les brutes qu'il commandait, de leur abandonner cette population catholique pour en faire tout ce qu'elles voudraient, tandis qu'il se présentait comme libérateur : *Here the pen must stop nor disclose the scene of wild and disperate wickedness which tarnished British Glory (!) when the miserable city fell into the hands of its assailants; the horror of that scene lasted three days, till the soldiers were exhausted by their own excesses. Hughes.* Ici la plume doit s'arrêter, ne pas dévoiler le spectacle de sauvage, furieuse méchanceté qui ternit la Gloire Britannique, lorsque la malheureuse ville tomba aux mains des assaillants ; l'horreur de cette scène dura trois jours, les soldats étant à la fin épuisés par leurs propres excès. Ce calviniste Iouse, admire trop la Gloire britannique pour dire que ces Calvinistes n'entrèrent que par trahison, comme à Lyon, par la défection d'une troupe allemande qui gardait un poste important. Comme les Calvinistes à Angoulême violèrent une capitulation régulière pour se conduire en scélérats, de même le calviniste souteneur de prostitution Nelson à Naples, viola une capitulation régulière pour se conduire en as sassin, se venger de l'amiral italien qui avait bravement défendu son pays, et qu'il fit pendre comme un criminel. Les Calvinistes empoisonneurs de la Chine, guerre de l'opium. Les Calvinistes dans l'Inde écorchent, pillent, ruinent, au premier rang cet ignoble Macaulay, et s'entendent ensuite parfaitement à se payer des harems à la turque ; un Allemand l'a écrit et je le garde : cette saloperie parle de sauver la France par le Calvinisme ! Il s'agit de nettoyer radicalement, au plus vite, la Gaule de cette ordure, la plus urgente mesure de salubrité publique. Faire le vide... C'est l'ennemi national.

Mais il ne suffit pas de ne pas se laisser infecter par la superstition étrangère, il faut résolument en finir avec la superstition juive qui depuis tant de siècles s'est implantée dans ce malheureux pays. Comment, c'est un prétendu Père parfait juif et une Mère parfaite de la même race qui est l'idée dirigeante, dominante dans votre ménage, et il vous suffit de vous repaître de la fable qu'ils sont infiniment riches, puissants, tandis qu'ils ne vous ont jamais soulagés dans les plus cruelles nécessités, ne vous ont jamais épargné une de ces funestes intempéries, une gelée désastreuse ! C'est une monstrueuse duperie. La vérité, c'est que la seule réalité sur laquelle vous puissiez compter, c'est ce cœur humain si bien disposé pour vous, qui vous donnerait tout de suite avec joie des milliards, s'il les avait, comme il donne avec joie les quelques solides, sols dont il peut disposer. Cela n'est-il pas autre chose que ce chimérique amour de fantômes qui n'existent que dans les rêves, mais que vous n'avez jamais vus ni ne verrez jamais dans vos besoins ? Ne laissez plus ces fantômes escrocs tripatouiller votre ménage ; faites-le vous-mêmes avec votre bon sens, votre honnêteté ; mettez-y votre amour humain, de plus en plus d'amour, et de plus en plus ce monde cessera d'être le triste monde qui vous dégoûte.

Si vous désirez être servis à votre convenance, servez-vous désormais vous-mêmes ; si le peuple veut être enfin bien gardé, gouverné, administré, jugé, qu'il se garde, gouverne, administre, juge lui-même.

Et la question de capacité, par exemple, pour la fonction judiciaire ?

Nul n'est censé ignorer la Loi ; toute personne majeure, même un peu moins âgée, tout électeur est jugé très capable de discerner le juste de l'injuste, ainsi de résoudre une question de ce genre. Pour être professeur de sciences, diriger une industrie, il est clair que la capacité spéciale doit être bien établie ; pour se conduire décemment et juger une conduite, l'honnêteté suffit ; elle suffit pour apprécier à leur valeur les jugements de ces spécialistes de Justice. Voyons cela.

L'Impartial de l'Est, Nancy, écrivait ce qui suit : De toutes nos institutions judiciaires la Justice de paix est peut-être la moins imparfaite, et pourtant on peut dire qu'elle ne donne de bons résultats que lorsque le Juge de paix est un brave homme (1) Nos lecteurs verront si c'est le cas dans l'affaire que nous allons exposer. Une pauvre veuve, petite boutiquière à Paris, viie arrondissement, avait vendu un verre en cristal à un acheteur qui, après examen, l'avait accepté, payé vingt sous. Quatre jours plus tard l'acheteur revient, prétend qu'on lui a vendu un verre fêlé, et demande le remboursement. Le Juge de paix condamne simplement la marchande, avec une amende de 50 francs ! De preuves il ne peut y en avoir. La malheureuse, indignée, veut aller au tribunal civil ; on lui refuse l'assistance judiciaire ; elle persiste et y arrive ; le tribunal confirme le premier jugement ; total à payer : 140 francs !..

L'affaire a évidemment attiré l'attention, puisque le bruit s'en est répandu si loin, et parmi ces multitudes il ne s'est pas trouvé un seul défenseur du droit, rien que de vils crétins. Les chefs, qui savent le Code par cœur, n'ont rien trouvé à redire. Le peuple, du premier coup, aurait bien jugé ; il peut, pour l'avantage de tous, reviser tous les jugements de ce genre, remplacer le Juge de paix et le Tribunal civil, mettre de côté le Code et s'en tenir au bon sens. Un homme qui a passé par l'Ecole de droit et les examens disait de ces lois, dans son journal *Le Figaro*, où je l'ai lu : ce sont des lois mal faites, qui ne garantissent pas les droits, la liberté des citoyens. *Ignotus*.

Encore une tournée, pour régler définitivement l'affaire de la science juridique. Emprunt textuel fait à un journal indépendant. « Un arrêt monstrueux. Nous avons signalé et commenté l'arrêt plus qu'étrange de la

Cour d'appel de Besançon dans le testament de Mademoiselle Goguillot. Mademoiselle G... ayant légué une certaine somme pour construire un hôpital, et ayant formellement prescrit que l'Etat, la Commune ou le Canton ne s'immiscent en rien dans les affaires de cet établissement, la Cour de Besançon a décidé la remise entre les mains du maire des fonds destinés à la fondation susdite. On annonce aujourd'hui que la Cour de Cassation a confirmé purement et simplement l'arrêt de Besançon. C'est la consécration d'une flagrante et odieuse iniquité. » La Loge juive a ordonné, pour écraser, cette église, la confiscation de cette somme importante.

Tant que la propriété privée n'est pas abolie, c'est une révoltante iniquité. La justice populaire peut remplacer avantageusement Cour d'appel et Cour de cassation, et demander compte du dernier centime. L'Athée, dans sa lutte contre la chimère, ne procède pas comme la Loge des Circoncis, mais il agit seulement par l'Honnêteté et la Science. — Justice entièrement gratuite ; Juges, au civil et au pénal, criminels, les Pères et les Mères de famille de la Commune.

Le Maître du Nouveau Testament dit : N'allez pas devant le Juge ; là vous serez écorché ; portez votre affaire devant l'Eglise ; le peuple appelé dehors, convoqué ; le Maître, se fixant au bon sens du peuple, pense que, lorsque l'on a les bons principes, on sait bien juger, sans autre Code. De même PAUL, 1 COR. XI, 1, dit que c'est une honte d'aller se faire juger par ceux qui n'ont pas les bons principes : cela doit s'arranger entre les frères et sœurs, sans autre Code.

Une commission perçoit l'impôt, comme je l'ai vu faire dans cette petite République, où l'ordre règne dans l'administration. Le travail de l'enregistrement est évité par le dépôt d'une copie complète de l'acte faite à la machine. Toutes les fonctions publiques sont des prestations en nature, entièrement gratuites. Comité de surveillance, vigilance : un ou plusieurs groupes de trois bons tireurs circulent et assurent l'ordre, la sécurité : celui qui, sommé de se rendre, prend la fuite est poursuivi à coups de fusil. Celui qui dans une ville ne justifie pas de moyens d'existence est ramené dans sa commune avec défense de quitter, sous peine de mort.

Mise sous surveillance des suspects ; rentrée à heure fixe, sous peine de mort. Pour le vol la fusillade. Droit au travail. Il suffirait d'un peu d'énergie et de quelques exemples pour assurer une sécurité complète,

L'assemblée du peuple établit selon les besoins de la Commune des impôts proportionnés aux revenus des contribuables. Le gouvernement central, confié à des rentiers responsables, chaque jour révocables est tout gratuit, ne nomme à aucune fonction rétribuée ; c'est l'affaire du peuple qui travaille, fournit les moyens. Il ne convoque ni électeurs ni élus, lesquels sont chaque jour révocables par leurs commettants et non rétribués. Il ne nomme pas les experts pour la réception de travaux effectués pour l'Etat. Naguère l'Etat faisait construire un vaisseau, que les ingénieurs chargés de l'examiner déclarèrent inacceptable ; un sac d'or tombant sur le ministre rendit le vaisseau acceptable !

Voilà la science du gouvernement que les voleurs dénient au peuple, dont ils déclarent le peuple incapable, en quoi ils ont raison ; mais il faut leur dire que la science du vol des politiciens cesse de convenir au peuple, qui veut inaugurer enfin la politique de l'honnêteté. Une farce d'une autre couleur : des trains chargés de marchandises de prix entrent dans notre pays sans s'arrêter à la douane : voilà, des sacs d'or tombés sur le ministre ont fait entrer les marchandises sans revision ; c'est le ministre qui a empoché les droits dus au trésor, c'est-à-dire une partie des droits, pour laisser encore un assez gros bénéfice aux fraudeurs ! Encore une science politique refusée au peuple ! Est-ce que le peuple continuera encore à s'humilier devant un tel gouvernement, ou bien se décidera-t-il enfin à être lui-même le gouvernement ?

Quand un train entre dans ces conditions ; il y a bien dans la gare une douzaine de personnes qui s'en aperçoivent : cela s'est divulgué de cette manière, et des journaux l'ont imprimé, sans être poursuivis.

Demandez compte du dernier centime. Une loi, avec effet rétroactif, abolit toute prescription : le peuple veut atteindre le crime ; le peuple a raison, et il est le maître ; si vous pendez l'effigie du criminel au poteau d'infamie, le criminel le ressentira tout de suite dans la vie future.

Vous et moi ne demandons pas la prescription ; c'est le criminel qui la demande. Frappez d'une peine, amende effrayante tout plaidoyer pour la prescription.

Peuple souverain, reprenez votre bien ; pour vous gouverner, vous administrer vous-même honnêtement, retirez les pouvoirs que vous délégués ; faites cela tout régulièrement, en faisant connaître à vos mandataires, futurs Députés, Sénateurs, votre résolution, votre volonté. Le peuple travailleur qui, dans les villes et villages tient la demeure nette, en ordre, économise plus ou moins, il sauvera de même l'Etat, compromis par une stupide, basse politique, le peuple gratuitement policier, conseil municipal et maire, juge, receveur, préfet, député, sénateur, ministre, président, toujours le maître absolu, révoquant dès que cela lui convient, imposant des amendes jusqu'à cent milliards.

Travailleurs de toute catégorie, il nous faut 400 ou 500 millions par an pour inaugurer, réaliser la Providence, ou du moins faire un commencement sérieux; remplacement des chaumières, dotation des caisses de secours mutuels et de retraites, avec expulsion des rapaces qui dévorent l'Assistance publique, administrée désormais gratuitement.

Pour avoir ces 500 millions il faut, en désavouant le brigandage jacobin, Colonne, Arc-de-Triomphe, Gloire des Grandes Armées, de tous ces généraux, maréchaux, ducs, comtes, barons, ennemis du peuple, pour eux une vile chair à canon, lesquels disaient : bah les femmes nous en feront d'autres !! — Il faut, dis-je, fermer les casernes, répartir entre toutes les communes les officiers chargés d'enseigner partout le tir, à l'exclusion de toute grimace, rien que le tir, peu à peu aussi les sciences. Chevaux à échanger contre des fusils, sauf les attelages de l'artillerie. Une bonne infanterie avec l'artillerie se suffit, Napoléon 1806. Les officiers en général, très compétents sur la question de l'armement, ne savent pas tirer le meilleur parti des forces d'un peuple ; ils ne savent pas ménager les forces de l'homme pour une action prolongée. Une pièce de fer, d'acier, serrée entre d'autres pièces fixes, et mise là en mouvement par une action puissante, atteint par ce frottement la température rouge en quelques moments, alors elle perd la meilleure partie de sa dureté, résistance; de même l'homme, que l'on force stupidement d'agir en le serrant à outrance dans des vêtements trop étroits, perd en peu de temps la meilleure part de sa faculté d'agir sans décharges extraordinaires, efforts désespérés ; c'est une trahison ! Tout travailleur, en été, dans une mine profonde, est porté par le bon sens à se débarrasser d'un vêtement qui emprisonnerait, concentrerait sur lui la chaleur ; il le fait afin d'être en état de mieux prolonger une action énergique : cela est au-dessus de l'intelligence de l'officier et de son sot docteur ; cet imbécile croit avoir remporté une victoire, quand il obtient l'action en lâchant contre le système nerveux ces irritants, le poison alcoolique, le poison caféique ; il ne comprend pas que c'est implanter le germe d'une irrémédiable défaillance. Je disais à deux sous-officiers prussiens : vos deux étapes de Bitche à Wissembourg, 48 kilomètres, je les ai faites la semaine dernière en un jour, c'est-à-dire que j'ai poussé jusqu'au 25ᵉ kilomètre, derrière Niedersteinbach. L'aîné, 11 ans de service, répondit : Nous jeunes hommes ferions bien d'un coup les deux étapes, mais l'uniforme nous empêche. Son camarade, 7 ans de service, portant la main à son cou cerclé de fer, ajouta : On est trop serré ! Sur cette même rou   le bataillon faisant l'étape par une chaude journée, quatre-vingts hommes tombèrent, et deux, dont un sous-officier, ne se relevèrent plus. Tant mieux, si tous étaient tombés, la victoire de la discipline eût été plus éclatante ! C'est une trahison. Notre peuple, brisant ses chaînes, revenant avec moi au bon sens, fera mieux que le politicien, le financier, l'administrateur, le juge, le prêtre, le docteur, académicien, l'officier qui verra l'accoutrement remplacé par une blouse recouvrant d'autres vêtements assez amples, si, à telle et telle température, le besoin s'en fait sentir.

Mais il serait tout aussi urgent de supprimer, sous peine d'amende et de prison, les tailles de guêpes qui sont un véritable danger pour la race. Et il ne serait certes pas moins nécessaire de rejeter toutes ces absurdes combinaisons culinaires qui, aussi propres que l'alcool, le café, le thé, à ébranler, détraquer le système, fausser tous les ressorts, condamne une race à disparaître, comme ont disparu les Gréco-romains, tandis que celles qui les ont remplacés, victimes de la même ignorance, avec une santé de plus en plus précaire, sont depuis longtemps engagées dans la même voie de perdition.

S'il vous semble désirable de jouir des avantages dont j'ai parlé, il faut suivre le régime qui les procure gratuitement. La fièvre digestive résulte de la prompte introduction dans le sanctuaire de la vie, le système nerveux central, d'éléments tout étrangers qui attaquent, agitent violemment le système, ne sont pas susceptibles d'une véritable assimilation : chez moi aucune trace de fièvre digestive ; le système humain n'est pas affecté par ces pures substances, l'eau, le lait, le blé, comme par des étrangers ; elles ne se comportent comme étrangers à aucune phase de leur élaboration ; c'est toujours l'harmonie, la paix. Ce ne sont pas des paroles, une théorie que l'on oppose ici à une détestable routine, mais des expériences, des résultats invincibles, arguments qui s'imposent à la raison.

Travailleurs, quel changement, adoucissement de votre misère sociale, quels avantages réels vous a donc procurés la destruction par nos anciens tyrans des Républiques de Metz et de Strasbourg, et ensuite cette horrible, brutale domination jacobine, qui nous a précipités dans un abîme de maux, d'humiliation, de honte ?

Jusqu'à ce jour tout restait à faire, mais nous sommes en mesure de réussir cette fois, d'accomplir la transformation sociale. Repoussez simplement l'héritage des rois français et des Jacobins, désavouez tous ces crimes, laissez de côté une fois pour toute, la malsaine, folle chimère de la revanche que vos ennemis veulent exploiter contre vous, alors sans nul danger nous pourrons fermer les casernes ; nous aurons une paix assurée avec l'Allemagne. Vos ennemis crient chaque jour : L'Allemagne nous a volé l'Alsace et la Lorraine ! C'est un mensonge : l'Alsace-Lorraine a réellement été volée par les Français, qui voulaient encore voler le Rhin.

Dans les années qui suivirent la guerre il paraissait chaque jour à Paris, avec la permission d'un stupide gouvernement, des paquets de brochures : *Sommes-nous prêts ? Est-ce pour demain? A quand la revanche?* Notre gouvernement était coupable; il permet encore maintenant que l'on écrive chaque jour : « L'Allemagne nous a volé l'Alsace-Lorraine ». L'Allemagne fait preuve d'une remarquable longanimité; elle pourrait dire : « Pour celle-là, il me faut 50 millions de dommages-intérêts, sinon j'entre en campagne. Elle a 15 millions, 18 millions d'habitants de plus que nous : elle a pitié. Que ce désordre cesse tout de suite. Désavouez et nous sommes sauvés. Pour donner une preuve de bonne volonté qui sera hautement appréciée, supprimons la Légion étrangère; ce serait un vrai gage de raison, d'amitié.

La suppression de la caserne sera un bienfait immense : quel travail gagné et quelles dépenses évitées ! Combien cela vaut-il pour un cultivateur, pour toute famille, de garder pour le travail un jeune homme de 20 ans ?

Ouvriers, courage! Ouvriers, debout!

Comme premier acompte, il s'agit d'introduire dans notre législation

LE DROIT AU TRAVAIL!

Voici, tout le travail national doit vous appartenir. Remuez-vous! En campagne! Aux armes! J'ai près de 78 ans; je voudrais encore voir cela.

Aucun étranger ne doit venir vous faire ici concurrence; nulle part nous ne devons faire concurrence aux travailleurs étrangers. C'est clair comme le jour. Refuser le travail à un compatriote, un frère, à qui l'on demande, le cas échéant, le sacrifice de sa vie, et occuper un étranger, qui sait, un espion, un ennemi !!

Ouvriers le Droit au travail, vous l'avez; il faut le faire reconnaître, le faire descendre du ciel, quand il y serait fixé avec des chaînes d'acier.

Tous les matins les délégués des ouvriers de toute catégorie ont le droit d'aller chez le patron qui emploie l'étranger, afin de toucher l'indemnité quotidienne pour la caisse commune, à l'avance, à volonté, 10 ou 100, ou 10,000, etc., livres par tête et par jour.

Même procédé scientifique pour l'Industrie, le Commerce : il faut payer 1000, 10,000, 100,000 par jour.

Les grands Bazars des Nez-de-travers qui veulent tuer le petit commerce payeront pour chaque espèce de marchandise le droit qui rétablit l'équilibre et contentera tout le monde si ce n'est le Nez-de-travers. Les marchandises étrangères trouvées chez nous en magasin payeront comme les autres à l'entrée. Qu'une bonne loi réagisse sur les injustices passées, c'est la raison. Tout le commerce des blés est entre les mains de l'Etat ; l'Etat romain le tenait avec soin ; en tout cas nous-mêmes le caresserons comme il faut : Ouvriers, assurés de vivre, vous ne voudrez pas, comme les Nez-de-travers, étrangler nos bons cultivateurs ! Peu à peu les appointements des fonctionnaires iront à vous : un lieu de délices ! Sous les peines les plus sévères aucun étranger, ni indigène, ne doit, sans permission, détenir, porter ici ni couteau, ni bâton ferré, ni matraque, ni arme quelconque.

Le Droit au Travail est enchaîné, rivé à un devoir du Travail : celui qui ne veut point travailler, dit le docteur Paul, 2 THESS, III, 10, ne doit pas manger. C'est cela. En conséquence tout honnête homme exécutera chaque jour pour la Communauté un certain travail, manuel ou autre. On suivra ces freluquets, la baïonnette stimulante au bout, du matin au soir, pour qu'ils apprennent, fournissent un travail, au lieu de musique, d'histrionnerie, Mécanique, Physique, Chimie, Agriculture.

Le dogme sacro-saint de la solidarité développe une sympathie, qui inspire un parfait dégoût pour toute futilité, amusement puéril ; toutes les idées sont dirigées vers les occupations utiles, l'étude du système universel qui aboutit à une connaissance de plus en plus parfaite de notre propre vie et destinée, fournit les moyens d'assurer l'harmonie de notre existence, intimement liée à celle de tous les membres de la société humaine. Pour reposer le cerveau du travail scientifique on applique la connaissance acquise de tous les métiers ; on confectionne des objets utiles à ceux qui en sont dépourvus. Dans les *Missions Catholiques* du 6 octobre 1899, p. 480, vous trouveriez ceci : « J'ai remarqué chez ces peuplades laotiennes une charité mutuelle digne de fervents chrétiens. Une famille est-elle à bout de ressources ? Elle va prendre ses repas chez les voisins. Chacun entre chez son prochain comme chez soi; tous ont concouru à élever la maison des autres. Les portes restent grandes ouvertes quand tout le monde va au bois. Pas de cadenas, pas de serrures, personne ne semble craindre les voleurs. Je n'ai jamais entendu la moindre querelle. Quereller ? Non, me fut-il répondu, ce n'est point la coutume ».

Un si admirable accord n'est possible qu'en l'absence de tout désir immodéré, indiscret, injuste, ne pouvant manquer de déplaire, faire de l'homme une gêne, un objet d'aversion; il n'existerait pas si les rapports sexuels n'étaient pas également réglés par une honnêteté comprise de tous, aussi réelle que l'affection réciproque dont ils donnent des preuves si frappantes.

Pour ne pas entamer le trésor de force, il faut des exercices toujours modérés, que chacun peut réussir.

Si, au lieu de se contenter de la nourriture la plus simple, ils avaient la rage de ces mordants coûteux, ils seraient comme une société européenne, abêtie, démoralisée par la folie juive, la pourriture gréco-romaine, où le stupide orgueil, la gourmandise, la luxure perpétuent l'aversion, la guerre de tous contre tous, où nécessairement la Fraternité réelle passe pour une insanité, une friponnerie. Dans cette boutique les docteurs, professeurs sont bourrés de détails, mais n'entendent rien à l'ensemble, ne savent d'où ils viennent, où ils vont; ne savent ce qu'ils doivent manger, boire pour être sains et forts, avec cela comme des juifs rapaces, cumulards, adorateurs du festin vénéneux et fous d'orgueil.

L'homme libre, Athée, antijuif, antinaturel; sait se conduire, agit en connaissance de cause; il n'a pas la science, mais il a l'instinct, qui assure les résultats que l'on désire. Il n'a pas la science, ne voit pas la constitution de ces molécules diverses et les engrenages de leurs actions physico-chimiques ; les professeurs n'ont ni la science ni l'instinct; leurs résultats, l'état de santé de l'humanité dirigée par eux, c'est tout ce qu'il y a de plus pitoyable.

Mes résultats. Le 22 mai 1900, cent-trois jours avant l'accomplissement de ma 78e année, je fis l'excursion de

Darney, Vosges, au Chêne des Partisans, aller et retour cinquante kilomètres, sans une seule fois, un seul instant, m'asseoir, m'appuyer, sans jamais manger, boire aux fontaines, par une chaude journée, de 7 heures du matin à 7 heures du soir.

Dans la vie supérieure, sans chercher, vous verrez que c'est exactement vrai. Du reste il est intéressant de savoir quel régime soutient le mieux les forces de l'homme.

Tout cela sans nul effort, interdit par l'hygiène rationnelle, excepté quand il s'agit de sauver une vie humaine. A bas toute la gymnastique des heurts et des soubresauts, aussi mauvaise que l'alcool, le café, etc. A bas, à bas, à bas, toute cette stupidité! Si ce bœuf en avait fait, il n'aurait pas vaincu le lion.

Une chaussure qui permet de faire une course cinq fois plus longue qu'une autre chaussure, est cinq fois plus solide, résistante; de même un homme qui ne peut parcourir plus de dix kilomètres sans s'arrêter, se reposer est cinq fois moins solide, résistant que moi, évidemment les éléments immédiats, molécules se déplacent, dilatent, écartent, désagrègent ici moins facilement; par là le conducteur, conserve mieux la conductibilité nécessaire pour l'action énergique : donc les molécules se fixent, s'emboîtent plus solidement par une interpénétration plus profonde, comme un pieu est plus solidement fixé, quand on l'a poussé à une plus grande profondeur.

Puisque les végétariens se distinguent par leur capacité de fournir un travail plus prolongé que celui des carnivores, il faut en effet admettre que les molécules végétales absorbées par les premiers s'assimilent bien plus complètement, se combinent plus intimement pour former un tissu plus cohérent que les molécules nullement identiques qui ont déjà figuré dans un tissu animal et y furent profondément modifiées par le mouvement spécial de tel ou tel organe; ces molécules différentes les unes des autres ne seront plus les éléments d'un tissu aussi homogène et résistant. On voit aussi tout de suite qu'un tissu plus résistant ne fournira pas aux microbes, microphytes un terrain aussi favorable à leur développement, évolution qu'un tissu relâché : une pomme, une poire fraîchement cueillie, dure comme du bois, ne sera attaquée par ces petits champignons que plus tard, quand, après avoir exhalé beaucoup de gaz, les tissus ne sont sans doute plus que des amas de ruines.

On voit que les misérables aveugles qui, sous les auspices d'une Faculté d'aveugles, ne cessent, d'un bout de l'année à l'autre, de harceler leur pauvre vie par tous les mordants qu'ils peuvent découvrir, s'affaiblissent, se rendent de plus en plus incapables de résister aux influences défavorables du dehors, et seraient tous incapables de fournir un travail comme celui dont j'ai parlé. Aucun homme de mon âge, adonné à la cochonnerie, débris de cochon et autres animaux et végétaux empyreumatisés, salés, poivrés, renforcé par une saloperie de vin, bière, eau-de-vie, café, thé et le reste, n'est capable de me suivre ; en trouverait-on un seul parmi nos jeunes, arrangés, honteusement maltraités de cette manière et pour achever la déroute, s'enrôlant dans la bande des souteneurs de prostitution ?... Il n'existe pas. L'étudiant bonnois Wilhelm Ihne, arrivé depuis à la notoriété, me disait en 1843 : Mon ami Pick (Pik) a été à Paris ; il a vu comment se conduisent ces étudiants là !... Il a répété chez lui que vous vous conduisez d'une manière honteuse, dégoûtante, méprisable pour des étudiants allemands. S'il vous restait une ombre d'honneur, après avoir été ainsi piqués, vous vous arracheriez violemment à cette honte, pour vous conduire enfin comme un velche qui sait se conduire, sans avoir jamais rien appris des Allemands, lesquels, en effet, se conduisent tout autrement, conformément à une routine ennemie de tout progrès.

RÉSUMÉ

Vu les résultats indiqués il est certain, démontré qu'il est avantageux à l'homme, utile à la santé, au bien-être, ainsi raisonnable de ne dépenser pour sa nourriture que 40 à 50 centimes par jour, à la campagne, pour lait, blé, pommes de terre, un peu de fruit, en excluant absolument tous ces mordants dont l'usage prolongé a détruit des peuples, des races entières, et qui, sous nos yeux, ne fait que miner, débiliter l'être humain, le prédisposer à tous les maux, produit, aggrave sans cesse un état de santé précaire, inquiétant, menaçant pour quiconque veut réfléchir, un symptôme non équivoque de dégénérescence.

D'un autre côté, il est évident que l'accomplissement sérieux, réel de la loi Aime ton prochain comme toi-même, Liberté, Egalité, Fraternité, peut seule satisfaire la justice, assurer la paix sociale, l'ordre moral. Or comme toi-même, Liberté, Egalité, Fraternité, c'est vraiment le Communisme, rien de moins, notre inéluctable destinée : nous sommes absolument solidaires ; les jouissances et les souffrances deviendront communes entre tous. Le Communisme est possible, avec cette conviction, la Solidarité, et si la réflexion, la Raison fait adopter par tous un régime qui n'est pas plus coûteux que celui des pauvres de nos jours. Dans l'état actuel les pauvres sont d'aussi grands obstacles à l'ordre moral que les riches, car ils sont aussi affamés que les riches de mordants coûteux ; pour tous ces êtres c'est la béatitude ; la table du dieu juif la nocerie perpétuelle, c'est comme les houris pour les tenants de Mahom, Moham.

Pauvreté d'esprit ! Les érudits, des sujets qui ne peuvent pas, qui ne connaissent pas l'homme, l'honneur, sont logés à la même enseigne : par eux une chose étrangère a l'esprit, est poussée en avant pour fustiger l'esprit ! Manger, boire c'est pour l'Athée une corvée nécessaire. Quand il eut trouvé que ce mélange était l'aliment normal, dès le premier moment la chair disait : C'est excellent ! Pas de tapage ! Ces pures substances qui sont la santé, la force, lui parlent tout bas ; il écoute avec une complaisance, décidément, l'Athée aime la Raison beaucoup plus que ne l'aime la Faculté, l'Académie. Cette nourriture rend la Fraternité possible ; donc c'est délicieux : décidément, l'Athée aime les hommes beaucoup plus que ce Juif, l'Eglise juive ne les aime. On vous aimera partout ! Néanmoins l'Athée est un Fou et un Fripon, c'est entendu !...

Il n'y aura pas de pauvre, de mendiant dans le pays que vous habiterez... Il y aura toujours des pauvres dans ce pays ; Faites l'aumône, Ancien Testament Deuter. A celui qui fait l'aumône de son bien tout est pur. Je vous ai purifiés, vous êtes purs, vous aimerez le prochain comme vous-même, et il y aura toujours des pauvres, hommes-torchons parmi vous !

Nouveau Testament. Pot-de vinier ! Noceur ! Juif ! Ioutt ? Roy des Juifs ! Rattenkœnig !... Ce Juif admire, adore Moïse, Josué, David, Salomon ; donc ce Juif n'est pas le type de l'honnêteté ; il est clair que le brigandage d'Israël, l'obscénité juive, l'infamie reste nichée au fond de son être... Tournez-vous donc de ce côté, vers cette Raison, cet Athéisme : c'est ici la Lumière, l'Honnêteté, l'Honneur, le Bonheur, la Liberté, la Famille que vous aimez, qui vous aime.

Que peut-on attendre de l'être humain ignorant, tout abandonné à lui-même, condamné par l'ignorance, le Destin à faire sa propre éducation ?

On ne peut attendre de lui, en Physique, en Morale, que malentendu, erreur, explosion de féroce égoïsme, brigandage, crapule, débauche.

Mais voyez-donc de quoi est capable une bande de malappris, d'écoliers, d'abord ennuyés, opprimés dans l'école, ensuite atrocement abandonnés à eux-mêmes. Les maladresses de leurs stupides pédagogues ont amassé en eux un trésor de venin, de colère qui cherche à s'exhaler, se décharge sur les êtres inanimés et animés en brisant, ravageant autour d'eux autant que possible. Cependant le père de famille, les pères de la cité ne veulent pas de ce train-là dans leur intérieur ; donc ils établissent pour l'intérieur des règlements, peines sévères et, comme soupape de sûreté pour donner à la barbarie indomptée, le moyen, l'occasion de s'exercer, se satisfaire, ils tiennent en réserve et mettent à propos en avant une interminable série de guerres étrangères, brigandages contre les voisins, lesquels, en principe, doivent être autant que possible tous exterminés ou réduits en esclavage. Tapez-là de toutes vos forces, tuez, pillez, violez, comme il vous plaira ; la patrie vous honorera pour la gloire acquise, les sujets nouveaux, les masses d'or et d'argent que vous lui apporterez.

Voilà comment se comporte la horde de brigands, le club de scélérats qui s'appelle *Senatus Populusque romanus*, les Sénats et peuples hélléniques, le Sénat juif et tous les autres Sénats et peuples enjuivés ou non enjuivés. Voilà toute l'histoire humaine, voilà l'état moral d'une humanité qui se vante d'avoir un Père tout puissant, parfait.

Est-ce possible ! Ne faut-il pas avoir perdu la tête pour oser heurter, insulter de telles masses, qui occupent une si grande place, présentent une telle surface, parler avec mépris de si grandes forces intellectuelles (! ! !) et morales (! ! !). Et les monuments élevés par d'illustres savants, Theodor Mommsen, Georg Curtius, etc., à ces brillantes civilisations, qui nous éclairent encore !

Les esclavagistes ! Ces civilisations brigandesques vous éclairent, vous ? Elles amusent vos stupidités, qui n'ont nulle intelligence, nul goût pour la Raison, le Bonheur, l'Honneur de tous.

Voyons, est-ce que nous nous mettons à caresser, admirer, estimer, aimer un voisin, des familles de notre voisinage que nous savons avoir été engagées dans des entreprises de brigandage atroce, et qui continuent à s'en vanter au lieu de les regretter, d'offrir des compensations ? Si les Grecs, les Romains, avaient dévoilé, nous avaient transmis les mystères de la destinée humaine, nous continuerions à les haïr pour leurs crimes comme des monstres ; mais comme ils n'ont dévoilé que des bêtises, de même que les bourreaux juifs et les autres, nous les jugeons tous, anciens et contemporains, modernes, simplement selon leurs œuvres abominables, dont nous avons et aurons à souffrir.

Ces illustres savants sont des érudits absolument incapables d'apprécier les idées, la valeur morale, ne sachant rien du tout de l'origine, de la fin, de la constitution intime des choses, incapables de reconnaître la parfaite nullité de bavards tels que Socratès, Aristotelès, Platon, etc., pour la recherche, découverte de la Vérité suprême; de même que le Juif, ils n'ont nullement rendu les hommes moins méprisables ; ainsi le coup de balai, c'est tout ce qu'il leur revient. Ceux qui combattaient pour la Liberté avec Armin ou en 1813, ne pensaient pas que ce qui a plus de surface mérite pour cela le respect. Ce qui nous est précieux et cher, nous l'avons trouvé dans notre raison, notre sentiment, sympathie, rien chez ceux-là. J'ai là les volumes de ces deux dévots ; j'ai tout lu, sans omission : ne les lisez pas, une dévotion dégoûtante : lisez sciences physiques, éclairant les profondeurs morales, ensuite par l'Exposition antithéologique, anti-luthéro-calviniste, vous apprendrez le respect que l'on doit à une Foi prouvée par des œuvres qui font le bonheur et sont l'honneur de l'être raisonnable.

Mes compatriotes, qui n'êtes pas mes semblables, mais qui pourriez d'un jour à l'autre le devenir, encore par ces derniers événements, Dreyfus, vous avez pu vous convaincre que vous êtes partout détestés. Il y a au fond un motif raisonnable : votre stupide obstination à vous vanter de vos crimes, qui ont fait le désespoir des autres, de Cadix à Moscou, et à protester contre un règlement qui a mis un terme à vos entreprises brigandesques en Europe, une protestation aussi ridicule que possible, mais qui n'en est pas moins une cause de l'insécurité, du malaise général.

Mais là dessus est venu Dreyfus; les Juifs ont voulu profiter de cette animosité, l'employer pour fonder, exercer leur domination ; avec l'argent volé ils ont partout acheté les consciences, pesé sur les pouvoirs publics, et tous ces étrangers se sont en effet soumis, ont obéi aux circoncis ; avec la connivence des gouvernements la Presse vomissant la sale injure, a partout proclamé la parfaite innocence du baron Dreyfus et la scélératesse de ses adversaires, de ses juges, comme si les justes motifs d'aversion ne suffisaient pas ! Cette insanité, cette obéissance aux créatures circoncises sera la honte éternelle de tous ces sujets : les sujets des juifs, je regrette en attendant de ne pouvoir les estimer.

D'après ces apparences, le Rabbin glorieux a pu

écrire, dans le *Citoyen*, de Marseille : « Dans cinquante ans il n'y aura plus d'autres législateurs que les Juifs; les juifs seuls diront ce que les hommes doivent maudire, doivent adorer. »

Oui, mais pour cela il ne suffira pas de voler de l'argent, que l'on peut reprendre aux voleurs d'un jour à l'autre; il faut l'autorité du fait surnaturel : obtenez, prêtres de Jahwé *cuncta supercilio moventis*, que Jahwé, qui selon vous, affermit la Terre sur ses fondements, d'un clignement d'œil accomplit toute chose, transporte autour du globe le Mont-Blanc, de l'Ouest à l'Est, du Nord au Sud, puis le ramène sur sa base comme perpétuel jardin enchanté. Pour appuyer vos prières, vos cérémonies et stimuler Jahwé, nous pendrons Jahwé comme brigand devant toute synagogue et demeure juive. Si, pour vous venger de ne rien obtenir, vous avez recours à l'Assassinat, alors vous périrez tous, car vous êtes tous solidaires; vous l'avez montré sur la tête de Dreyfus. Il faut bien y réfléchir : Avec un Jahwé tout puissant, vous serez les plus forts, nécessairement victorieux, sans assassinat; si ce Jahwé manque, alors vous serez les plus faibles, aussi en Hongrie, pour être poussés dans la fosse.

On voit que je ne crains ni le diable Jahwé ni ses sous-diables, car je suis honnête, je désavoue tout mal; avec enthousiasme je suis prêt, pour ce qui me concerne, à tout restituer en Europe, à me faire aimer partout ailleurs par des bienfaits continus. Est-ce que ces amis étrangers de Dreyfus et domestiques des Coupés peuvent en dire autant? Je leur suis intellectuellement, moralement, physiquement supérieur; je sais bien mieux que tout cela, conduire une vie humaine. Gaulois, mes amis, sous condition, au nom de la Raison, au nom de l'Honneur, sortez de cet égoût, soyez le peuple de la Révolution, désavouez.

Désavouez hardiment ce qui vous a depuis si longtemps attiré toutes les haines, tous les mépris : Convention, Colonne, Arc-de-Triomphe...

L'anéantissement de la haine, c'est là une victoire honnête, honorable; tandis que les victoires jacobines sont des hontes et désastres, conduisent aux abîmes.

La Politique? C'est vraiment cette chose, cette réso

lution-ci : Supprimez aujourd'hui la Légion étrangère !
Rendez ces fils à leurs mères désolées... Perdu... pour
toujours ! Non, non, les voilà, vos fils !... On les conduit,
vêtus comme ils doivent l'être à la frontière : Voilà vos
mères perdues, retrouvées..... Voici vos fils perdus,
retrouvés.

Je possède la Politique... *Scio che son d'onor, d'onor
m'intendo*... Cette victoire par laquelle le mal est vaincu,
notre Foi... Je hais Dieu, les délices de Dieu, la Nature,
ayant pris, pour unique objet de ma pensée, de mon affection, le Bonheur, l'Honneur de Tous.

Le Théisme, c'est le culte du brigandage, de la polygamie, du concubinage, de la crapule, ainsi une saloperie.

L'athéisme judéo-maçonnique est le culte de la débauche, de la crapule assaisonnée de chansons obscènes
qui charment toujours les voleurs des deniers publics :
une saloperie.

L'athéisme que je professe est la vraie lecture, la Religion unique, le culte de la Raison, de l'Honnêteté, de
l'Honneur ; à la place de l'irresponsable, insensible, obscène monstre juif il y a une Humanité qui, bien avertie
de sa responsabilité, de la Solidarité absolue entre tous
ses membres, éclatant sans atténuation dans une vie
future, saura, par une intime sainte bienveillance, des
œuvres parfaites, assurer le salut, le bonheur, l'honneur
de tous.

Ainsi le Salut, sans grâce mystérieuse, monstrueuse,
par les œuvres de la Raison, de l'affection humaine ; donc
il n'y a dans une telle société aucune place pour des adorateurs d'une horrible monstruosité, Juifs circoncis et
Juifs non coupés, Huguenots, lesquels n'ont pas à recevoir de cartes d'électeur et devront s'éloigner au plus
vite, avec les nihilistes, maçons, qui n'acceptent pas la
responsabilité dans une existence ultérieure.

Liberté de conscience ! La liberté c'est l'amour, l'observation de la bonne règle, de la Justice ; les polissons
qui n'aiment pas la bonne Règle, l'Honnêté, la Justice,
aiment beaucoup un Monstre qui fait grâce à Dreyfus, le
soustrait, le vole à la Justice ! Le Peuple dira : c'est moi
qui suis ici Juge, Maître, Dieu ; vous me payerez. Le peuple, comprenant une fois de quoi il s'agit, ne supportera
pas qu'il séjourne dans la cité des sujets qui voulant être

libres, croient pouvoir échapper à la responsabilité, soit par la grâce d'un Monstre, soit en se tirant un coup de pistolet. Cette liberté est une impertinence, une absurdité révoltante.

Moi je dis au peuple : Voilà ce que je crois, et je vous fais juge de mes principes et de tous mes actes. Empoignez-les ! Révoquez tout cela ; rejugez tout ce que vous trouvez mal jugé ; pas de traîtres dans aucune Académie ni aucun emploi. Je n'ai peur d'aucun diable ; je sais vivre et je sais mourir.

Peuple gaulois, vous êtes ici, devant vos justiciables, maître légitime de la Vie et de la Mort : je vois avec colère que vous vous conduisez comme un capon en présence de ces insolents, qui usurpent vos droits et, en vous méprisant, s'efforcent, deux à deux, de s'entretuer à l'arme blanche ou à feu. Nos Roys, sentant bien que c'était un mépris de leur autorité, essayèrent bien et firent sauter pas mal de têtes pour extirper le Duel ; mais ils n'étaient pas assez adroits pour réussir. Tenez, vous et moi nous n'en ferions qu'une bouchée, du militaire et du civil ; la menace suffirait probablement ; mais en tous cas une seule exécution extirperait sûrement le mal. La menace : Une amende de dix milliards à payer solidairement par les familles des polissons, combattants et témoins ; la mort, par fusillade ou canonnade, des témoins, médecins, combattants, ascendants, descendants, et conjoints des polissons ; ensuite même traitement de tous ceux qui oseraient produire une parole de blâme contre ce jugement du peuple, « afin que tout le peuple l'apprenant soit saisi de crainte, et qu'il n'y ait plus personne qui ose entreprendre rien de semblable. » *Pentateuque.*

La fin, les moyens, mais on voit que c'est doux comme un zéphyr, sans rapport avec David Juif et les Ammonites, les Huguenots !

S'il ne se trouvait là personne pour tenir la mèche, vous me verriez accourir. Pour allumer le peuple encore trop stupide, trop lâche, et renseigner les polissons, je dis avec plaisir : Moi je me bats. Chez moi c'est au fusil, à 1 m. 25. C'est que je suis le fils d'un volontaire de 1700 qui passa deux fois l'Océan pour aller se battre à Saint-Domingue, et eut la mauvaise chance de se promener dans la Capitale prussienne. Arrivant de Germanie au camp devant Saragosse, il apprend que le sergent-major Lise était chargé d'un transport d'artillerie de l'attaque de droite à celle de gauche ; il court chez le chef pour offrir ses services ; on est content du zèle, il obtient la commission.

Le Maréchal de camp commandant l'Ecole Royale d'artillerie de Douai certifie que R... a été employé sous ses ordres en 1808 et 1809 au siège de Saragosse..... Les chemins étant très mauvais, il fut surpris par le jour.... néant moins il parvint par sa fermete et malgré le feu de l'ennemis qu'il a Reçu à decouvert pendant une assez longue distance, à Remplir sa mission, qui était de conduire 2 pièces de 24 à la nouvelle Batterie. à la fin du siège la décoration des Braves fut demandée pour lui : le général verrait avec plaisir que cette grâce lui soit enfin accordée. *Douai le 9 décembre 1824. — Baron de Camas.*

Ils l'appelaient toujours leur Brave et rien ne fut accordé. C'est pour moi, âgé de deux ans, qu'il s'était fait solliciteur. Il n'aimait pas Napoléon ; j'ai cela par écrit ; il écrivait très bien, lisait le latin et brûlait de me transmettre au plus vite ces connaissances.

A cinq ans je devais faire connaissance avec *Rosa, Rosae, Dominus, Domini, Soror, Sororis ;* une inattention, et le revers d'une vilaine main osseuse se rabattait sur mon visage. Quand il mourut, 1829, à 57 ans, je sentais bien, en présence de la cruelle douleur de la Bonne, image ineffaçable, qu'il convenait de donner les marques sensibles d'une véritable affliction, en vain : aucune larme ne parut ; sans la moindre larme je vis la salve suivre le cercueil dans la fosse.

Gardez vos enfants pour les protéger, diriger vous-mêmes tous leurs pas ; sans aucune violence, contrainte, occupez, instruisez-les chez vous : tout doucement, sans surmenage. Lecture, Ecriture, Grammaire, Calcul ; le reste viendra aussi à son heure.

Ne laissez pas tourmenter vos enfants par des ouistres qui font tout de travers, qui n'entendent rien à l'éducation ; le jugement des enfants se formera quand ils vous verront agir et qu'ils vous entendront raisonner vos actes et tous les autres. Il faut apprendre, se mettre à raisonner. Voyons, est-ce que votre bons sens supporte que l'on appelle toujours Père parfait, pouvez-vous aimer comme Père parfait, un prétendu tout-puissant, tout libre qui occupe au loin son cœur de délices, si bien qu'il pense infiniment peu aux hommes ses enfants, qui ne le voient jamais et auraient pourtant le plus grand besoin de sa présence, d'être protégés, guidés, instruits pour ne pas devenir des monstres, un Père qui, au lieu d'instruire également tous ses enfants pour qu'ils s'entraiment et l'honorent en atteignant ensemble la perfection, se plaît à gracier, caresser les seuls Juifs et à endurcir, pervertir tous les autres ; il gracie les Juifs en leur donnant le bien des autres, fruit d'un long pénible travail, et en leur ordonnant de tuer ces condamnés, détestés, hommes, femmes et enfants ; il assure qu'il aidera lui-même les Juifs à exécuter ses arrêts et les menace de sa colère s'ils se montrent trop lents à obéir; les Juifs auront pour récompense les festins, la polygamie avec le concubinage ; ils n'ont qu'à se hâter de saisir ces réjouissances, car la mort met un terme à l'existence : le tombeau engloutit l'homme entier. Il est formellement interdit aux Juifs de rien ajouter aux termes de cette Loi admirable d'en rien ôter.

Avec ce chef-d'œuvre de Loi juive cet admirable Père-parfait a mis dans l'humanité, sa famille, une haine, une discorde, une guerre qui ne cessera que par l'extirpation de cette loi, un venin dont la présence rend toute guérison impossible. Tacite, Hist., V, 5, dit des Juifs : *Apud ipsos fides obstinata, misericordia in promptu, sed adversus omnes alios hostile odium ; projectissima ad libidinem gens... inter se nihil inlicitum.* Ils ont entre eux un attachement opiniâtre, un dévouement toujours prêt, et contre tous les autres hommes une haine implacable. Une race très lubrique... entre eux tout est permis. — L'horrible circoncision, multipliant les excitations, intempestives auxquelles sont soustraits tous les êtres, impose la lubricité.

Paul, 1 thess. II, 15 : Les Juifs ne plaisent pas à Dieu et sont ennemis de tous les hommes.

Les Juifs se vantent que leur dieu tient les hommes, peut les forcer, comme, selon le Livre, il força les Egyptiens, à leur prêter, à traiter avec eux ; si vous voulez convertir les juifs, montrez-leur tout d'abord que leur bondieu n'a sur vous nul pouvoir, que Jahwé est aussi nul que Baal ; si vous le faites, si vous ne leur parlez plus, le Judaïsme s'effondrera comme un château de cartes ; autant par intérêt que par motif raisonnable, ils admettront cette preuve sensible qu'ils sont dupes, esclaves d'une vile chimère.

Donc si le jour de la Raison est arrivé pour vous, si le parfait Père juif que l'on a l'impertinence de vous proposer excite en vous une colère, entendez-vous avec des amis pour arrêter les termes d'une déclaration qui annoncera votre délivrance du joug de la superstition théologique, et en même temps de la superstition politique, sociale dans laquelle des traîtres, escrocs juifs, francs-maçons, huguenots prétendent vous retenir, enchaîner pour toujours.

Nous soussignés déclarons que nous avons cessé d'appartenir au culte fondé sur les Livres juifs, reconnus comme un produit de l'erreur puérile, du mensonge, puisqu'il est démontré que le Fait surnaturel, sans cesse affirmé, promis par ce Livre, ne se produit absolument pas. Tout ce qui agit en dehors de l'homme, la Nature n'est qu'une Force brutale, inconsciente ; chez l'homme seul il existe une raison, une affection qui donnera toute satisfaction à l'homme trompé longtemps par des craintes et des espérances également chimériques. La foi en l'honnêteté, la justice, prouvée par les œuvres d'une Fraternité parfaite, voilà le salut, bonheur, honneur de tous.

La solidarité absolue de tous les membres de la société humaine se manifeste complètement dans une existence supérieure, où se réalise une parfaite communauté des jouissances et des souffrances.

Cette église catholique-romaine, qui comprend trente-sept millions de nos compatriotes, admet, comme nous, le Salut par la Foi active, charité. Fraternité, mais elle est théologique : donc nous, amis de la justice, regardons comme ridicule, vexatoire, tyrannique la nomination par l'Etat athée de dignitaires de la société théologique ; ainsi nous voulons l'église libre, s'administrant elle-même sans immixtion de l'Etat libre. Les biens de l'Eglise, provenant de dons des fidèles donnaient un revenu de 180 millions ; il faut rétabli le chiffre de 45 millions longtemps admis pour le budget de cette église, et réduit par le vol, la mauvaise foi des tyrans ; il faut faire restituer par les voleurs, Juifs, Francs-maçons, Huguenots, tous les droits d'accroissement et autres fraudes, dès qu'il sera établi, par une nouvelle enquête, que l'impôt de main-morte répond bien au droit de succession.

La justice rendra aux communes le droit de choisir ses instituteurs ; s'il y a lieu, il faut partager les allocations. L'école prétendue neutre, l'athée la repousse ; il faut des principes allant au fond des choses ; sans cela je ne peux rien faire. La morale dépend du dogme, comme l'hygiène dépend de la physiologie et pathologie Il est notoire que les partisans de la neutralité ne savent pas penser, sont des fourbes, escrocs, polissons, amateurs de chansons infâmes, essayent d'introduire par la ruse leurs saloperies où la science n'a aucune part. Dogme et Morale : Telle est mon origine, ma fin, ma constitution, tels sont mes rapports avec le monde ; donc je dois me conduire de telle manière. N'essayez donc pas de parler science avec des saloperies qui tiennent la table dans la Loge juive. Que le Théisme et l'Athéisme relevant la visière cherchent à s'anéantir l'un l'autre par une discussion approfondie, voilà qui est utile, mais la neutralité ! La clarté n'est-elle pas aussi nécessaire à l'enfant qu'à l'adulte ? D'où vient que l'enfant multiplie spontanément les Pourquoi ? Toujours il les a dans l'idée sinon à la bouche. Et la Neutralité, est-ce la clarté ? Idiots tyrans, escrocs, lâches ! Donc Ecole contre Ecole, épée contre épée, chaque jour, partout, jusqu'à ce que pour la paix définitive, l'un des deux ait mordu la poussière. que le peuple note les coups et juge ; le bon sens suffit pour apprécier les fruits de l'arbre, d'une Foi, d'une Doctrine.

Vous avez eu l'infamie, comme ces Anglo-Saxons au Canada, en Irlande, d'expulser brutalement de leurs terres des pauvres, paisibles, inoffensifs !

Il faut réparer, restituer, car cette action nous empêche de bien vivre et de bien mourir : il faut que les dettes soient liquidées pour avoir le calme, la paix au moment suprême, pour ne pas s'affaisser devant le Destin.

Cinquante mille livres au moins pour agir sérieusement : une souscription ; je souscris pour 300.... 350... 500...

— Il vaut mieux envoyer cet argent aux Pères Blancs, dit le prêtre catholique ; il soulagerait là bien des misères La misère des Expulsés n'est pas une vraie misère !

— La question n'est pas élucidée, dit Edouard Drumont !!!

Peuple gaulois, je vous dis que ces plumitifs n'entendent rien à la politique dont ils se mêlent de parler ; ils ne méritent aucune considération. Je vous dis qu'il nous faut absolument restituer, pour une bonne politique, pour notre honneur. J'ai là une réserve de 500 livres, que je verserai de grand cœur pour que nous arrivions à nous libérer, je l'expédierai sans retard à une personne qui me sera désignée, un dignitaire de l'Eglise qui prend les Œuvres au sérieux, comme une preuve tout indispensable de la Foi ; le reste ne compte pas.

Pas une souscription ordinaire, mais une cotisation conservant un caractère tout privé. Pour sauvegarder notre honneur, je fais appel à seulement cent catholiques, donnant chacun, ou à deux, plusieurs, cinq cents livres. On n'accepte rien des ennemis, des persécuteurs, des traîtres. Quand nous aurons le nécessaire, nous prierons le Clergé musulman de la région de rechercher, moyennant une bonne indemnité, les ayant-droit, les victimes ou leurs proches.

Docteurs, est-il possible que vous regrettiez un temps, un régime, où chaque année il éclatait entre vos tribus une demi-douzaine, une douzaine de guerres, où vous étiez bien forcés de voir des Musulmans massacrer avec rage des Musulmans ?

De telles choses se sont passées, se passent encore aussi chez les Chrétiens, qui n'ont certes aucune raison de se croire moralement supérieurs. Pour l'honneur de votre Religion vous ne le regrettez pas, je pense, il ne peut rien y avoir d'aussi mauvais que cette folie furieuse. Cependant les Musulmans ont eu à se plaindre de cruelles injustices comme cette atroce usurpation de terrains ; vous voyez aujourd'hui combien nous les regrettons et en souffrons, vous reconnaîtrez la parfaite bonne volonté que nous mettons à réparer le mal autant que possible. Mais nous devons vous mettre en garde contre les traîtres, menteurs anglais qui se glissent parmi vous en distribuant des armes et vous excitent à nous faire la guerre, vous jurent que vous auriez toutes vos terres si vous vous souleviez pour devenir Anglais ! S'ils veulent que justice se fasse, qu'ils rendent donc bien vite leurs terres aux Irlandais dépouillés, asservis depuis trois siècles, aux Indous à peu près aussi misérables, qui les détestent, comme ils sont détestés en Egypte et partout. Aussi méprisable que leur politique brigandesque est leur saloperie de religion qu'ils essayent de propager en Algérie commme en Gaule, laquelle les enchante en leur promettant le salut éternel par la foi sans les œuvres d'honnêteté, fraternité, qui sont pourtant évidemment le salut de chacun et de tous, de la société humaine : Un rapide coup d'œil sur le Nouveau Testament dont ils se réclament peut vous montrer que ce livre dit le contraire et que ceux-là mentent impudemment, mais j'observe que votre livre s'accorde ici avec le Nouveau Testament. Je possède trois traductions de votre Coran, deux gallo-romanes, de Kasimirski, Pauthier, une allemande de Ullmannt, j'ai relevé de nombreux passages, c'est comme dans le Nouveau Testament : Leurs œuvres les suivent — dans la vie future, dit l'Apocalypse, de même dans le Koran, les hommes s'y montrent forcément accompagnés de leurs œuvres, leur foi et leur volonté ; ce sont les œuvres qui décident de leur sort, justement comme dans cette vie les bénédictions, sympathies des hommes vont au bienfaiteur, tandis que le malfaiteur est maudit.

Etes-vous Musulmans ? Puisque vous êtes Musulmans, Docteurs, il vous appartient de prémunir ces âmes simples contre les attentats de ces hérétiques, la morsure de ces horribles vipères ; qu'il ne soit plus permis aux menteurs de s'asseoir dans aucune demeure musulmane ni catholique pour débiter leur venin. Allez-vous en au diable, pour ne plus revenir.

Il faut aimer le Bien, les Bons, Honnêteté, Religion, Bonheur, Honneur de tous ; il faut haïr le Mal, les Mauvais, le Dieu juif et sa grâce, le Seigneur des armées ce qu'il permet, sa noceric, ses délices. Vous êtes haïssables, les autres aussi. Vous n'avez pas désavoué vos crimes les autres ne désavouent pas davantage : canonner des maisons sans défenseurs, des villes qui ne se défendent pas, pour que l'idée de se défendre ne puisse leur venir, tout piller, meubles, argenterie, bijoux, châles, robes de soie, étoffes chez les marchands, tout le contenu des caves, défoncer les murs pour chercher des trésors, imposer à un paisible propriétaire une rançon de quatre-vingt mille francs, continuer à piller après conclusion de l'armistice, faire prisonniers et entraîner au loin de paisibles habitants, fusiller des soldats pourvus de commissions et revêtus d'uniformes connus, forcer les habitants de travailler à fortifier les ouvrages ennemis, voilà ce qu'a ordonné, permis, approuvé toute la nation allemande. Après la reddition de Soissons le gouverneur se plaint du bombardement des maisons particulières, s'avisant de dire que Vauban considérait seulement les fortifications des places, ce qui est parfaitement vrai. Ceci est donné en note dans l'ouvrage du grand état-major prussien, afin d'exciter dans toute l'Allemagne un immense éclat de rire, de ce que l'on prétend avec Vauban lui imposer un frein alors qu'elle est victorieuse? *Was bedeutet in der rohen zeit solch gerede von gerechtigkeit?* C'est le français Karl qui a massacré les prisonniers saxons ; c'est le français Lautwitcht qui a brûlé le Palatinat ; nous Velches n'avons pas agi de cette manière après 1789.

Les Autrichiens, précurseurs des Prussiens, ont couvert Lille de boulets rouges, sans toucher aux fortifications. L'Autrichien archiduc Charles rejoignant son armée ordonne d'abandonner des canons, plutôt que de forcer les blessés à la marche. Le Gaulois (Moreau) lui fait rendre ses canons, ne voulant pas les canons abandonnés pour un tel motif. Les Allemands pensaient que c'était une perfidie velche n'étant eux-mêmes pas capables d'autre chose : Une infamie allemande, assassinats de Rastatt, coups de couteau donnés à Berlin à notre consul. *Eine deutsche schandtat, Schlesische zeitung,* etc., etc.

Les journaux des prédicants allemands, servirent à leur public un entremets de cette espèce : Les malheureux soldats allemands dans les hôpitaux; ambulances velches sont soumis à des tortures, aux traitements les plus révoltants, des crimes abominables qui appellent des châtiments épouvantables. Dupanloup montra ces choses à des Allemands qualifiés, qui trouvèrent dans nos refuges des soldats allemands soignés comme des Velches et parfaitement contents du service ; mais il n'y eut pas de châtiment pour les royaux calomniateurs.

Du reste ce mensonge là ne peut être plus atroce que celui dont ils vivent, par lequel, ils attribuent à la Bible la doctrine du Salut par la Foi seule, sans les œuvres, *Durch den Glauben allein.*

En résumé, il se trouve que tous sont aussi aveugles, ridiculement déraisonnables, méchants crétins, désagréables les uns que les autres : chacun s'imagine qu'il possède à lui seul l'esprit, l'honnêteté, l'honneur, la belle littérature, philosophie, civilisation ; Apoc. VII, 17, 18 : vous dites : Je suis riche, je suis comblé de biens, et je n'ai besoin de rien, voyez mes arsenaux, magasins, collections, musées ; et vous ne savez pas que vous êtes malheureux et misérable, et pauvre, et aveugle et nu ; vous vous demandez avec angoisse dans quelles préparations culinaires, quelles boissons vous trouveriez des sensations plus exquises, délicieuses, et ce qu'il peut y avoir de plus succulent sur la terre, le Bouddhisme, le Panthéisme, le Jésuitisme ou l'Opium !

Je vous conseille de jeter aux immondices votre Littérature, Religion, votre Art, le culinaire, le musical, toutes ces histrionneries, les autres littératures, religions, et de vous précipiter dans la Mode velche, l'enthousiasme pour la Grande Lecture, l'Honnêteté, pour se faire aimer continuellement comme Bienfaiteur de tous les Compatriotes, qui croient au Salut par les saintes œuvres, car les hérétiques nous sont étrangers. Décidément, qui trop embrasse mal étreint ; nous nous devons d'abord à notre famille ; si nous y faisons régner l'honneur, la fraternité, cette révolution, nous en sommes sûrs, sera aussi grandement utile à l'humanité entière.

Tous ces voisins sont dreyfusards pour nous témoigner leur aversion : eh bien, c'est très simple, n'y allons plus jamais ; des brutalités, voilà, selon les journaux, ce qui vous attend chez les Anglais, les Allemands, qui voient en vous des espions, des traîtres, refusent la permission d'aller voir une personne mourante.... Eh bien, qu'on n'en demande plus ; c'est un déshonneur d'en demander.

L'Anglais Johnson, correspondant du *Figaro*, nous renseignait, disait franchement : Les Anglais haïssent cordialement les Français, *French dogs*, Français dogues, chiens de Français, c'est la désignation courante. — Un des nôtres, négociant travaillant en Espagne, écrivait au *Figaro* : Les Espagnols nous haïssent plus qu'on ne peut l'exprimer ; ils abîment nos marchandises, sous prétexte de fumigaions anticholériques. Nous savions, qu'en 1870 ils surpassaient les Allemands par leurs déclamations furibondes. Les Espagnols ont commencé, ils sont venus les premiers brigander chez nous ; l'Espagnol voulait absolument régner sur la Gaule. Vendez vos Chemins espagnols, pour que leurs chers Wellingtoniens Allemands s'y installent et que chez nous il ne soit plus question de l'Espagne. Les Italiens, pour qui beaucoup des nôtres ont donné leur vie, sont devenus nos ennemis, une partie de l'armée dreyfusarde :

N'y allons plus, supprimez l'Ecole de Rome, pour apprendre, comprendre la pensée velche ; mais moi, pour me venger, je donnerais la liberté aux Corses, qui ont lutté pour ne pas subir le joug de ces sujets-là. Soyons non plus Français, mais Velches. Quant aux Suisses, la *Libre Parole*, après enquête, a reconnu que le peuple entier est dreyfusard, obéit au Juif. J'y étais 14 ans pour éviter le Napoléon. Les Genevois crient et impriment que Genève est la ville la plus antifrançaise du monde ; moi je suis le plus anti-juif, ainsi anti-calviniste, anti-bonapartiste des hommes. La ville la plus antifrançaise ? Berne, Bâle, Zurich, etc., enragent, chacun prétendant avoir droit à ce titre glorieux. Voici. Ce peuple de bouchers d'hommes à gages, comme le furent les Allemands en général, Armin et sa parenté, se trouvait être sous un joug honteux ; ils étaient les sujets, la chose d'un certain nombre d'aristocraties absolues, comme les gracieux seigneurs du peuple allemand, changeant à leur gré la religion de leurs bêtes ; cette cuisine déplut à nos Jacobins. Je suis bien forcé de dire que les Jacobins, par exception, apportèrent ici la Liberté. Donc les Jacobins arrivèrent sur les aristocrates, tapèrent si vivement sur les pattes d'ours qu'elles lâchèrent la proie. Une rencontre eut lieu à Noueneck ; les aristocrates célèbrent dans leurs feuilles plusieurs fois par an leur prétendue victoire de Neueneck, le lendemain de laquelle les Jacobins entraient à Berne. Un bataillon de la Côte-d'Or fit une promenade pour renverser la Gloire des bouchers, démolir l'ossuaire de Morat. Les Suisses le virent et ne bougèrent pas, ne firent pas un faux mouvement ; on poursuivit l'aristocrate Aloïss Reeeedin...ne jusqu'au fond des vallées ; la Suisse était libre. Une haine pour durer jusqu'à la fin des siècles, comme notre mépris, s'installa chez les ours contre ceux qui avaient dérangé le ménage ; ainsi dreyfusards de naissance, tous ensemble. Comment, et les ci-devant sujets ? Les ci-devant maîtres leur disent : Chez nous régnait le plus bel ordre ; ces brigands-là ont tout abîmé ; par patriotisme vous devez les haïr ! Et les sujets obéissent encore ; le calvinisme affermit la chose : une abjection phénoménale. En 1815 les aristocrates suisses se mettaient en mouvement pour ressaisir leur proie, secouer jusqu'au souvenir de l'horrible cauchemar, mais ici les sujets montrèrent les dents à la canaille de noblesse suisse ; pourtant cet incident ne les éclaire pas ; ils obéissent tout de même, par patriotisme suisse ! Les Suisses prirent part avec les alliés au siège de Huningue ; ceux des Bâlois qui ne purent s'y employer formèrent des bandes de brigands, pour piller les villages de la Haute-Alsace, retrouver les impôts de guerre des Jacobins. Si jamais vous remettez le pied dans ce pays-là, vous n'êtes que de lâches crétins.

Est-ce que les Suisses souffrent chez eux une occupation étrangère ? Donc tous les Suisses de la Garde royale de Paris ont mérité la mort ; ils ont régulièrement touché ce qui leur était dû, c'est justice. Tous les Suisses de la Garde royale de Naples ont mérité la Mort ; ils n'ont pas touché ; c'est une injustice, c'est réservé : ils ressentiront ci-après tous les actes de tyrannie dont ils furent les vils soutenours.

Tous les voisins ne méritent pas plus de sympathie que vous ; retenez-le : ce n'est pas devant eux que l'on s'humilie. En face de tous ces bondieusards notre Etat depuis des années affecte de ne plus prononcer le nom de Dieu ; « la moitié des pasteurs ne croit pas en Dieu ; l'autre moitié ne croit pas à la trinité de Dieu » (*Libre Parole* 4 juin 1900) ; cela ne les gêne pas du tout pour gueuler leur pur Evangile et encaisser les émoluments. Votre Athéisme honteux est une saloperie comme le Calvinisme vrai et le Calvinisme faux de nos ennemis : ce qu'il vous faut c'est mon Athéisme lumineux à moi, qui montre au grand jour la Raison par les œuvres parfaites, intelligibles pour tous.

Il faut ne pas se respecter pour entrer dans une maison où l'on se sait détesté : restons chez nous ; n'allons plus que dans nos colonies, comme bienfaiteurs tout aimables. Supprimons toutes les ambassades, on se dira par la poste le nécessaire ; plus d'exterritorialité chez nous ; l'Etat peut ouvrir toutes les missives de tout genre ; nous n'aurons plus d'espions, nous tuerons chez nous tout ce que l'on soupçonnera d'espionnage, de trahison, homme, femme, enfant, indigène ou étranger : des règlements connus contre lesquels on ne pourra réclamer.

Rappelons des pays ennemis, dreyfusards tous nos nationaux ; congédions tous les ennemis, par l'élévation des droits et patentes. N'exposons plus nos nationaux aux avanies en les envoyant chez l'ennemi, mendier des commandes : remise d'échantillons excellents à quelques personnes honnêtes, voilà tout. Vivez comme moi, qui suis plus fort que tous les étrangers de mon âge, et vous aurez assez de revenus. On imposera la rente, un impôt progressif, qui répondra facilement à toutes les nécessités, sans gêner les honnêtes gens. Il faut enrégimenter, armer tous les hommes, par classes d'âge ; quand cette organisation sera consolidée on fermera les casernes.

Des bandes de lustrine noire sur la Colonne, l'Arc-de-Triomphe ; supprimez la Légion étrangère.

Le peuple interdira, supprimera les rapports avec les sociétés scientifiques ennemies ; on se procure le nécessaire par une librairie non souillée.

Il n'y a pas lieu de s'alarmer du faible accroissement de la population, mais de la multitude des morts prématurés, de l'affaiblissement, de la dégénérescence résultant du régime corrosif patronné par une Faculté d'imbéciles qui n'entendent rien à la normalité humaine. On a constaté que les blessures guérissent difficilement, très lentement chez les alcoolisés : le mouvement excessif, fébrile, excité, entretenu par tous les mordants en général rend évidemment plus difficile le rapprochement, la fixation des molécules, rend impossible une combinaison intime, la formation d'un tissu plus ferme, résistant, pour la guérison d'une blessure ou dans la formation d'un être nouveau. Ainsi la vie normale est une vie calme ; on conçoit donc parfaitement qu'une telle surexcitation, prolongée pendant plusieurs générations implique un affaiblissement progressif qui aboutit à la destruction de la race ; une famille, un peuple renonçant aux mordants, s'abstenant comme je le fais, verrait diminuer, bientôt disparaître les morts prématurées ; sa supériorité sur les mordancés s'affirmerait de plus en plus. La santé durable, la longévité voilà un certificat de sagesse, l'honneur d'une race, et non l'accumulation d'individus enfiévrés, plus ou moins défectueux, que l'on presse de déguerpir, de chercher au loin la place pour vivre, dans des climats beaucoup moins favorables que notre Europe, où nous sommes si parfaitement acclimatés. La plupart de ces contrées sont mauvaises ; nous ne vivons, pensons librement, normalement que dans notre délicieuse Europe ; plusieurs pays en Europe même sont gâtés par l'ignorance, les déboisements imprudents. Un observateur qui mérite confiance, Desor, nous apprend, après expérience faite, qu'aux Etats-Unis de l'Amérique du Nord une miche de pain est toute sèche au bout de vingt-quatre heures. Ce dévorant climat, en agissant de même sur l'être humain a changé cette bonne race germanique, qui a le grand avantage d'une irritabilité moindre, ainsi plus calme, réfléchie que la nôtre, en ces êtres amaigris, enfiévrés, poussés comme par de mauvais esprits à une activité malsaine, excessive. Eh bien, la statistique américaine établit, le Registrar a reconnu, que les naissances appartiennent presque toutes aux deux premières générations des immigrants, c'est-à-dire que si la population n'était pas constamment renouvelée par le flot de l'immigration, apportant des éléments, effluves relativement sains, l'artifice pseudo-américain se montrerait bientôt dans sa vanité, *a merc humbug*. Ces voleurs reviennent de l'Inde avec une bonne maladie du foie pour le reste de leur sale existence. La fièvre jaune, la fièvre des bois vous guette à droite et à gauche ; il est reconnu que les

Européens ne peuvent remuer ce sol tropical, sans qu'il déverse sur eux des torrents de poisons mortels. Dans ces contrées à cyclones, typhons, tornades vous êtes exposés chaque jour à perdre en une heure le travail de dix ans et d'être écrasés sous les débris. Donc si vous êtes sages, vous aurez simplement en vue l'équilibre de la population et vous garderez votre enfant avec vous en Europe ; en profitant de mon expérience vous aurez en perspective une longue période de paix, de bonheur.

Messieurs les Allemands, il faut nous lâcher, de bonne grâce : vous êtes plus riches que nous ; votre industrie et votre commerce sont trois fois plus considérables que les nôtres, ainsi votre revenu est proportionné, tandis que nos dettes et impôts sont dix fois plus grands.

Votre religion est judaïque, dreyfusarde, hélas, comme celle de ce pays ; votre Littérature, Philosophie est bête comme la Parisienne ; votre régime est celui de tous les aveugles qui ont l'érudition, mais ni la science, ni l'instinct ; si vous voulez y réfléchir, vous reconnaîtrez que depuis longtemps votre état est stationnaire, que, si les sciences physiques s'enrichissent toujours, le ressort du progrès intellectuel, moral, semble absolument paralysé, impuissant comme hier et avant-hier ; la source ne donne plus rien...

Cette érudition ne suggère aucune idée sur le fond des choses, le mystère de l'origine, ne relève nullement le caractère, relations sociales, politique ; mais si vous avez des yeux pour voir, vous pourriez reconnaître ici une force nouvelle qui a déjà produit des effets aussi remarquables que ceux des rayons X.

Die unterzeichneten, auf Deutschen unterrichtsanstalten gebildeten, freistehenden Maenner, finden sich veranlaszt, ihren austritt aus der juedisch-lutherisch-calvinistischen religionsgemeinschaft hiermit anzuzeigen. Nichts nimmer juedisch, roemisch, griechisch, indisch, naturmenschlich, sondern nur reinvernünftig, reinsittlich, nur Deutsch.

Nur Deutsch ?

Hallische Jahrbuecher, Prof. Bayrhoffer :

Christentum... ein mythologischer prozess... nicht mehr in abrede zu stellen...

Gauss: Thou Nature art my Goddess, to thy Laws my services are bound.

Pfui! Soll es heiszen, dasz der Deutsche sich im niederreiszen ruehrig erwies, im aufbauen jedoch es nur bis zum viehdienst brachte!

Ein aufrichtiger wunsch : Dieses volk moege denn ein hoeheres, das hoechste ziel ins auge fassen, durch schaerferes denken, staerkeres wollen sich verteidigen, sein erbteil, jugendkraft, jugendbluete auf undenkliche zeizeiten ehrenvoll bewahren, was durch verinnerlichung, beseitigung zweckwidrigen, eines denkers unwuerdigen genusses unfehlbar zu erreichen ist!

ESPÉRANCE!

Étudiants, je sais que vous êtes, en raison de votre âge, moins encroûtés dans la stupide, dégradante routine, beaucoup plus capables que ces vieux singes-là, de concevoir une idée de raison, de justice, d'honneur, de la traduire en actes généreux. Donc un moment de réflexion vous convaincra que c'est pour nous une honte de permettre que l'on nous appelle, de nous appeler nous-mêmes des Français, ce qui est contraire à la vérité. La race des brigands germaniques, les riches Rth par la rapine, elle a péri tou' entière par la crapule, la débauche; il y a déjà plusieurs siècles on ne comptait que quelques centaines de familles titrées, mais dont la noblesse ne remontait pas à plus de deux, trois générations; c'est la race des travailleurs qui survit, constitue la nation.

Donc se vanter, faussement, comme ces imbéciles, d'être Français, c'est simplement se vanter d'avoir été les laquais, torchons des Français, marqués de leur lettre, pécores aux Français; c'est autoriser les Allemands à dire : cette race de laquais se vante toujours d'avoir été piétinée par nos gens pendant quatorze siècles! Velches âmes de laquais, semence de bétail! Nous sommes donc toujours leurs maîtres, seigneurs, la race dominante, aristocratique. qui les tient en bas, les muselle, les couvre, les étouffe!

Rien de cela, pur mensonge! Qu'un Russe observateur traverse lentement la Germanie, pour arriver enfin et séjourner un peu chez nous : il ne manquera pas de constater qu'il est ici au milieu d'une race très différente de celle qu'il vient de quitter; il retrouve justement les caractères attribués par les anciens à la race gauloise, une singulière mobilité, dans l'état d'ignorance, promptitude fatale à faire le mal, mais avec la Religion, honnêteté absolue, encore cette mobilité, une sympathie parfaite, une aptitude ailleurs inconnue à réaliser tout de suite tout le bien, le bonheur, l'honneur de tous, à prouver par les œuvres, sans cesse la parfaite affection fraternelle.

Chez l'Allemand le rêve confus du salut par la Foi sans les œuvres ; le tabagiste est atrocement fier d'avoir découvert, comme il pense, que le Livre Juif enseigne cette chose-là, et sans hésitation, il sacrifie son bon sens à cette chimère. L'aristocratie intellectuelle, morale de l'Allemand, une pure insanité.

Etudiants, soyez avec nous; non plus Français, Germains, mais Gaulois pour le bonheur, l'honneur de notre race, de notre patrie, la Gaule, Fédération gauloise.

Cependant il reste un compte à régler avec une autre prétendue aristocratie qui nous menace, nous presse même cruellement.

J'abrège autant que possible. Eh bien, vieux singes, comédiens, antisémites qui raffolez des Sacrements sémitiques, et appelez vous-mêmes couramment les Juifs les Elus, les Chéris, le Peuple de Dieu, du Dieu que vous adorez tous les jours à genoux comme le Saint, le Tout-puissant, Père parfait de tous les hommes, et qui essayez ensuite de vous montrer indignés de ce qu'une race de voleurs ose s'appeler la première Aristocratie du monde, ne voyez-vous donc pas, lâches crétins, que si ce que vous dites-là est vrai, les Voleurs sont parfaitement dans leur droit, que c'est vous-mêmes qui les soutenez, les exaltez, les poussez à cet excès de déraison, d'insolence ! Selon la fable juive, avec laquelle les prêtres voulaient se faire adorer, le Saint, le Tout-puissant, Père parfait ordonnait aux Juifs d'emprunter aux Egyptiens tous leurs objets précieux, pour dépouiller les Egyptiens en prenant la fuite, et il tournait dans ce sens le cœur des Egyptiens : vous adorez ce dieu, père parfait; alors vous êtes fous de vous plaindre, d'accuser les Juifs, ou bien vous êtes fous d'adorer ce dieu, un livre infâme de polygamie, concubinage, brigandage, crapule. Si vous prouvez par le fait à une Semence de bétail que le Grand Chien qu'elle adore n'a plus le pouvoir de tourner votre cœur, de vous forcer à la saluer, à lui apporter votre argent, elle dira bientôt : l'animal est trop vieux, il ne peut plus rien faire : bonsoir, Rabbi, le jeu n'en vaut plus la chandelle ; ça ne paye plus ; je ne suis pas animal à ce point-là.

Etudiants, pas d'Aristocratie intellectuelle, morale à servir : décidément, pour être un bondieusard il faut être un fou-fripon, brigand, complice, un méchant crétin. Il est démontré que l'ordre surnaturel n'existe pas, d'un autre côté, que la perfection intellectuelle, morale, la parfaite intelligence, honnêteté, bonté, existe chez l'homme qui est parvenu à se reconnaître, et que chacun de nous est assuré de trouver une protection pour ainsi dire toute puissante dans une Société intelligente qui a pris pour but et règle : le Bonheur, l'Honneur de tous. Détournez-vous donc pour toujours de l'horrible chimère, monstre d'égoïsme qui tout évidemment se souvient peu des jours de la vie de l'homme, parce qu'il occupe son cœur de délices ! Attachons-nous avec enthousiasme à ceux qui dès l'origine de notre naissance nous ont chaque jour prouvé leur affection par des bienfaits, et agissons de même en retour envers eux et leurs amis. S'ils ont disparu, restons en rapport avec eux, comme ces peuples moins frelatés que les Européens, non pour leur offrir des aliments ou leur demander un secours, mais pour les associer à nos œuvres de fraternité, et leur adresser à haute voix, tous ensemble, l'hommage de notre affection, gratitude : soyez sûrs qu'il les atteint, les nourrit, les fait revivre et qu'ils nous reconnaissent.

Mon énergique éducateur jugea un jour qu'il était temps, pour ma formation, d'associer la Théologie à la Grammaire latine. En me remettant un jouet qu'il m'avait rapporté il me dit en montrant le ciel, je vois le geste : tout le bien qui nous arrive nous devons en remercier Dieu, à qui nous le devons ! Cela ne réussit pas avec moi, mais pas du tout. Je voyais sans cela comme il travaillait pour nous procurer le nécessaire ; j'étais en conséquence très disposé à le remercier encore de cette petite chose, mais il me déplaisait absolument de diriger cela vers le ciel, un vide affreux ; je me dis : Celui-là ne m'aime pas, non, non, non, jamais ! J'étais content quand on cessait d'en parler. Ce premier mouvement était le bon.

Mais la bonne Ma!... Je lui dis que le café me déplaisait absolument ; jamais elle ne me dit un mot pour me ramener ; jamais elle ne me présenta plus le café, dont elle-même ne voulait pas se passer, mais toujours elle m'offrit le délicieux liquide blanc, qu'il fallait apporter de loin au fort où nous étions... Avec angoisse mon regard se détourna de la dure grammaire latine, cherchant la bonne Ma... Je vis comme une flamme défaillante, une saisissante, inoubliable image de tristesse, et j'entendis une très douce parole de protestation... Tout de suite j'avais compris : C'est celle-là qui m'aime ! Ma... Ma, vous savez que je vous aime...

J'ai évité comme un danger mort ce qui l'aurait fait rougir de moi.

Mon père, je suis toujours touché du zèle avec lequel vous avez travaillé... Je garde avec soin vos écrits depuis 74 ans : « Tu ne seras pas un trompeur... »

Vous voyez si vos ordres furent suivis, si un travailleur de la pensée, comme votre fils, un initiateur avide de ce bonheur, cet honneur fut un trompeur de femmes... « M'en seras-tu reconnaissant ? » Vous en êtes sûr ; je vous appartiens.

Vous voyez dans cet Océan ce que nous avons gagné : dans le grand Univers la pure, honnête affection humaine c'est l'unique valeur, harmonie, beauté, cette infecte, insolente juiverie n'est..... rien

Etudiants, vous voyez cela, un Athée, un homme libre, un homme qui possède l'amour de la Loi absolue, ainsi, puisque c'est l'Amour, dit et fait ce qui est utile, produit les œuvres parfaites qui renouvellent la vie, consolent, réjouissent l'humanité.

Les OEuvres, toujours les OEuvres ; la Foi sans l'Amour, qui agit, cela ne compte pas, dit Paul, après le Maître, qui condamne expressément cette Foi : Le gousin gar kai ou poiousin, ils disent et ne font pas, n'agissent pas.

Le zuzu lui-même n'a ni la foi, la vérité, sans l'amour, que la vérité nous prépare, soutient ; il dit : Toujours des pauvres parmi vous ! Ainsi le Zuzu ne connaît pas la solidarité ; il n'aime pas assez pour exiger que parmi les siens mêmes, dans son troupeau il n'y ait pas de misérables ; il aime la nocerie, les festins que peuvent lui préparer les riches seuls, dont l'existence implique celle des souffre-douleur.

Ainsi l'Athéisme qui proclame la solidarité, établit la Liberté, l'Egalité, la Fraternité, qui ne peut exister que par la suppression pure et simple de la nocerie, gourmandise, chose parfaitement réalisée chez nous. Les dieux aiment le vin, « le veau très tendre et fort excellent », les aventures déshonnêtes ; l'Athée repousse toute cette indignité, donne le précepte et l'exemple ; si vous aimez l'honneur, vous trouverez moyen de me suivre.

Espérance !

Etudiants gaulois, debout ! Entrez avec enthousiasme dans la Politique, c'est-à-dire mettez-vous à étudier, discuter sérieusement toutes les questions, autant les questions historiques, sociales que les philosophiques, religieuses.

La bonne politique c'est l'honnêteté, la justice ; si vous êtes honnêtes, comme celui qui n'aime, ne cherche que le bonheur, l'honneur de tous, vous serez, quoique jeunes, étrangers à l'intrigue, peu exercés au mensonge, meilleurs politiques, plus sûrs de réussir que les fourbes qui rencontrent partout la méfiance, l'aversion.

Je vais vous montrer en peu de mots que la Légion étrangère de nos anciens maîtres, conquérants, est un outrage, une honte de notre nation — ou bien on insinue que les jeunes hommes de la Gaule sont incapables de dévouement, d'énergie pour soutenir une noble cause, ou bien c'est pour une détestable besogne que l'on veut gagner des soudards qui, traités par l'eau-de-vie, pourront agir avec une rage aveugle.

Je consens à ne pas te laisser périr de faim, si tu veux te faire tueur d'hommes à mon commandement ! Est-ce là un langage, une conduite humaine, raisonnable ?

Pour faire acte de solidarité, de patriotisme, respect de notre famille, rappelons à la maison paternelle, maternelle tous nos frères, afin de leur infuser l'esprit nouveau, et pour leur faire place, rendre celle qui leur est due, congédions tous les étrangers.

Ne recevons les étrangers ni pour en faire des tueurs à gages ni des travailleurs qui travaillant au rabais enlèvent la subsistance à nos frères, au dévouement desquels nous devons faire appel dans le besoin.

Souhaitons aux autres tout ce qu'il y a de mieux, comme je fais, mais désirons nous rapprocher seulement de ceux qui font régner chez eux, dans leur propre domaine, la Liberté-Egalité-Fraternité, car ceux qui traitent leurs proches mêmes avec un brutal égoïsme ne peuvent chercher à se rapprocher de nous que pour nous trahir, nous abîmer; ils s'introduisent dans les maisons pour surprendre les secrets de fabrication, inventorier tous les articles, valeurs, afin que l'Ernst-Moritz puisse tout dévorer.

En 1870, ils étaient les indicateurs, guides de ceux qui venaient piller, horriblement souiller nos demeures. Les Allemands, après avoir nocé dans la maison pendant dix jours, demandent à la propriétaire au moment du départ une somme de 25.000 fr.; en cas de non-payement elle sera pétrolée. Elle livre 15.000. Encore 10.000, voilà le pétrole; du reste nous acceptons votre signature pour votre banquier, que nous tenons à Brême comme ôtage. Assez des Ernst-Moritz.

Travaillez, pour devenir tous d'excellents tireurs, et cassez la gueule à ceux qui chantent la gloire française, jacobine, bonapartiste. Studieux, honnêtes, sobres, endurants comme je suis : vive l'honneur !

Pour chacun il faut un métier ou plusieurs métiers ; il y a temps partout quand toutes les saloperies sont éliminées. Vous devriez être tous agriculteurs et laisser là les cuistreries universitaires : rien que l'Exposition antithéologique et les Traités scientifiques.

Ne jamais aller chez les amis de nos traîtres chez les indigènes pas plus que chez les autres ; ne leur ouvrez pas votre porte, leurs lettres, envois, ne les saluez pas, car celui qui les salue participe à leurs mensonges, mauvaises actions.

Le peuple est propriétaire, de tous les emplois, revenus, taxe à volonté, interdit la possession, du terrain gaulois par un étranger, expulse tout étranger qui déplaît, dissout Académies, chargées d'éléments impurs en relation avec l'ennemi, emploie les prix pour les nôtres qui souffrent cruellement.

La Mort à la Reine Parise :

> Reine, de vos plaisirs la coupe est épuisée,
> Partons, c'est le chemin du funèbre séjour,
> Moi que ni la beauté ni l'or n'ont apaisée,
> Vers ce monde inconnu je vous guide en ce jour.

La Reine Parise à la Mort :

>Moment épouvantable, effroyable douleur.....
>Et mes Dames..... de gloire, essaim au doux sourire
>Qui tous les jours si bien fit mousser mon bonheur?
>Ma Mort..... attendez-moi..... la terre..... me désire.....

Étudiants, donc les plats fins, les élégances, brillants, gloires, salons, cabinets, danses, musiques, mascarades, comédies, tout cela n'aboutit qu'à l'épouvante, l'effroyable douleur.

Enfoncée la Parise ; vouée au mépris, suivie de malédictions l'existence des égoïstes. Avec l'Exposition antithéologique nous n'avançons pas vers un monde inconnu ; le penseur qui a travaillé à ce bonheur, cet honneur, jouit de toutes ces lumières, ressent les joies, consolations qu'il a procurées, il sait que ses affections demeurent, que, sans grâce, ses œuvres lui assurent la satisfaction qu'il désire.

Pour la Télégraphie sans fil :

Vos républiques ne méritent pas que vous les regrettiez : vous y étiez courbés sous la honteuse superstition, l'horrible joug du Monstre juif, patron des égoïstes ; aujourd'hui, en face de l'Idéal, membres immédiats de l'Univers, votre intelligence règne sur l'immensité sans se heurter à aucun obstacle.

Kein zweckfressen mehr, brüderlichkeit allein... Glaube-Werke Sieger.

Haut les cœurs !

Les Russes

Quand au dixième siècle les Russes firent leur entrée dans l'histoire, les Byzantins saisirent tout de suite un trait singulier du caractère des nouveaux-venus :

Les Russes ne fuient pas.

Les Byzantins montèrent contre les Russes une machine qui leur semblait sérieuse, un escadron de douze mille cuirassiers ; la dite machine escadron réussissait à tortiller les rangs des Russes, mais, résultat très sérieux imprévu, comme l'air rejoint l'air, les rangs des Russes se rajustaient toujours dans le champ voisin : c'est entendu,

Les Russes ne fuient pas.

Fatigant. Il fallut un tribut, un gros poids d'or pour décider les Russes à prendre un peu plus loin leurs quartiers d'hiver. Le duc des Russes ne se distinguait pas de ses compagnons par une plus haute stature ; le duc ramait comme les autres de bon cœur dans la barque où il s'était placé.

Vive le Duc des Russes !

Il faut que je présente aux Russes mes vœux et souhaits d'ami sincère pour le siècle nouveau :

Que les Russes arrivent au pas de course à ce but si désirable, à confectionner eux-mêmes tous les objets nécessaires, pour s'affranchir d'un tribut qui pourrait faire croire à leur maladresse, tandis qu'ils sont très adroits. Qu'ils n'achètent donc plus ces Romans, ces vins, fruits, pâtes fines, ces meubles, tissus moins solides que l'ouvrage indigène ; qu'ils arrivent enfin à préférer le lait de la vache russe à l'eau-de-vie indigène et étrangère, un résultat plus précieux que tout l'or terrestre et les diamants.

En retour je demande avec instance aux Russes qu'ils nous accordent, eux aussi, une bonne parole : qu'ils parlent avec fermeté aux Gouverneurs de Paris : Les journaux de Paris répètent encore couramment que l'Allemagne a volé l'Alsace-Lorraine ; nous pensons que cette assertion, nullement exacte ni diplomatique, est une provocation dangereuse ; il est impossible à la Russie de l'encourager. Notre empereur Alexandre a vu dans la déclaration de guerre de 1870 une terrible erreur dont la France doit porter les conséquences ; il n'y a plus à discuter les conclusions du traité de Francfort. Nous ne regardons pas notre Alexandre comme un insensé.

Le vaste champ d'activité qui s'est ouvert pour la France doit lui suffire, elle doit cesser d'inquiéter l'Europe. Si la France s'obstine, la Russie se récuse.

Moi j'espère encore que le peuple gaulois reconnaîtra cette erreur de son gouvernement et se rendra à la raison, une raison supérieure à celle de ses politiciens, clubistes.

Tout homme sensé, honnête s'attachera à l'idée que l'entente cordiale de l'Empire d'Allemagne et de l'Empire de Russie sera le boulevard inébranlable de la Paix du Monde. Le Monde en a besoin, elle s'établira pour le progrès de la Civilisation.

Cependant il faut considérer, embrasser les choses possibles dans les circonstances actuelles, aujourd'hui même réalisables.

Si les deux seigneurs réussissent à s'entendre, s'ils comprennent et veulent, ils peuvent en formant un accord à deux, sans nul mystère, sans demander, sans admettre le consentement, l'accession d'aucun autre, en subordonnant à cet accord toute amitié, liaison particulière, dicter d'emblée leur volonté à tout l'Ancien Continent, que l'on mesure sans vaisseaux d'une extrémité à l'autre : « Par le présent acte Nous soussignés, interdisons la Guerre, provisoirement en Europe et sur les Mers d'Europe ; nous mettrons en mouvement et unirons Nos forces, pour exécuter, chasser du Continent quiconque osera Nous désobéir. Que l'on respecte cela et que l'on nous obéisse. Avertissement : la désobéissance à Nos ordres emporte toute amitié. »

Seigneurs, soyez donc les Grands Politiques, Policiers, Juges, Dictateurs, faites-nous les Maîtres, en dépit de ces misérables mauvaises volontés sauvez le Monde par l'impérialisme sans rival, l'Humanité applaudira. Avec un tel accord aucune impertinence ne lèvera plus la tête, vous garderez bien dans vos coffres, pour vos peuples, des centaines de millions de frais de caserne, sans nul préjudice, toujours alertes, prêts à l'action qui exclut la réplique.

Et que serait-ce si les Seigneurs connaissaient comme nous la Solidarité, la communauté dans la vie future !

L'étranger règne chez nous en 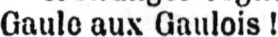 Tunisie ! Assez, la Gaule aux Gaulois !

MEAUX. — IMP. LALOT, 16, QUAI VICTOR-HUGO

www.ingramcontent.com/pod-product-compliance
Lightning Source LLC
Chambersburg PA
CBHW070907170426
43202CB00012B/2222